전국퇴직금융인협회가 제시하는
구조적 혁신과 미래 도약 전략

대한민국 개조론

전국퇴직금융인협회 금융시장연구원

권의종 · 나병문 · 백승희 · 정기석 공저

경제전문가
4인의
강력한 해법

MYUNGJIN C&P

발간사

새로운 도약을 위한 우리의 약속

전국퇴직금융인협회가 창립 10주년을 맞아 세 번째 논고집 '대한민국 개조론'을 출간하게 된 것을 진심으로 기쁘게 생각합니다. 이 책은 단순히 금융과 경제를 넘어 정치, 사회, 문화 등 우리 사회 전반의 구조적 문제를 진단하고, 이를 해결하기 위한 혁신적인 비전을 제시하고자 하는 의미 있는 시도입니다.

지난 세월, 대한민국은 한강의 기적이라 불리는 경제적 도약과 민주화를 통해 전 세계가 주목하는 성취를 이루어냈습니다. 그러나 오늘날 우리는 새로운 도전에 직면해 있습니다. 글로벌 경제의 급변, 사회적 불평등의 심화, 정치적 불신의 확대 등은 우리에게 근본적인 변화를 요구하고 있습니다. 기존의 성공 방식을 답습하기보다는 미래를 위한 새로운 패러다임을 구축해야 할 시점입니다.

이 논고집은 단순한 문제의식을 넘어, 대한민국이 나아가야 할 방향을 구체적으로 제안하는 청사진입니다. 금융 시장의 혁신과 사회적 공정성을 강조하며, 정치적 책임성과 문화적 정체성의 조화를 통해 지속 가능한 미래를 설계하는 데 중점을 두고 있습니다. 이는 특정 분야의 과제가 아닌, 모든 세대와 계층이 함께 만들어 가야 할 공동의 과제입니다.

특히, 이 책이 강조하는 것은 '변화'라는 단어의 본질입니다. 변화는 때로 두렵고 어렵게 느껴지지만, 이를 이루지 못한다면 우리는 정체와 쇠퇴의 길에 들어설 수밖에 없습니다. '대한민국 개조론'은 과거의 성취를 기반으로 미래를 위한 새로운 비전을 제시하며, 이를 실현하기 위한 실천적 대안을 담고 있습니다. 이는 우리 협회의 사명과도 깊은 연관이 있습니다.

이번 논고집이 대한민국의 더 나은 내일을 위한 출발점이 되기를 기대하며, 이 책이 많은 독자들에게 영감과 통찰을 제공하기를 바랍니다. 전국퇴직금융인협회와 금융시장연구원은 앞으로도 대한민국의 지속 가능한 성장을 위해 노력할 것을 약속드립니다.

안기천 전국퇴직금융인협회 회장

새로운 대한민국을 꿈꾸며

　지난 수십 년간 대한민국은 한강의 기적으로 상징되는 놀라운 경제 성장을 이루며 세계적으로 주목받는 발전을 이루어냈다. 한때 세계 최빈국 중 하나였던 대한민국이 현재는 글로벌 경제 대국으로 자리매김한 이 여정은 분명 기적이라 할 만하다. 경제적 성취뿐 아니라, 군사 독재를 극복하고 민주화를 쟁취하려는 국민적 열망과 투쟁, 그리고 최근 세계적 주목을 받은 K-컬처의 성공은 우리 모두의 자부심이자 다음 세대를 위한 귀중한 자산이다.

　그러나 우리는 여전히 새로운 도약이 필요한 기로에 서 있다. 대한민국의 성장은 더 이상 양적 확장만으로 평가될 수 없다. 경제적 불평등은 심화되고 있으며, 정치적 불신은 국민과 지도층 간의 간극을 더욱 넓히고 있다. 금융 시스템은 급변하는 글로벌 환경 속에서 여전히 경직성을 벗어나지 못하고 있고, 사회적 가치관의 변화는 개인과 공동체 사이의 균형을 흔들고 있다. 또한, 문화적 정체성에 대한 혼란은 우리가 글로벌 시민으로서의 역할을 다하면서도 우리의 뿌리를 지키기 위한 진지한 고민을 요구한다.

◎ 대한민국 개조론의 필요성

　이 책은 현재의 위기를 단순히 진단하는 데 그치지 않고, 대한민국을 근본적으로 변화시키기 위한 비전과 실천적 대안을 제시한다. 우리는 정치, 경제, 금융, 사회, 문화 전반에 걸친 구조적 문제를 직시하고 이를 해결하기 위한 종합적 접근이 필요하다. 대한민국이 나아가야 할 방향은 기존의 성공 모델을 답습하는 것이 아니라, 새로운 패러다임을 통해 지속 가능한 미래를 설계하는 것이다.

정치 분야에서는 투명성과 책임성을 강화하여 국민의 신뢰를 회복하고, 실질적인 참여 민주주의를 실현할 수 있는 제도적 개혁이 필요하다. 선거 제도의 개편, 권력 분산, 그리고 시민 참여 플랫폼 구축은 그 첫걸음이 될 것이다. 경제와 금융에서는 기존의 성장 중심 모델을 탈피하고, 공정한 분배와 지속 가능한 성장을 동시에 추구해야 한다. 노동 시장의 유연성과 안정성 간 균형, 스타트업과 중소기업 지원, 그리고 혁신 산업 육성이 핵심 과제가 될 것이다.

사회적으로는 약자와 소외된 이웃을 포용하며 모두가 함께하는 따뜻한 공동체를 만드는 것이 중요하다. 인구 감소와 고령화라는 구조적 도전에 대응하기 위해 가족 정책, 주거 정책, 그리고 교육 정책의 전반적 재검토가 필요하다. 또한, 문화적 측면에서는 전통과 현대를 조화롭게 융합하며, 세계로 확장할 수 있는 한국적 가치를 재발견해야 한다. 한국 문화의 독창성과 보편성을 동시에 강화하여 글로벌 문화의 중심에서 새로운 역할을 수행할 수 있도록 노력해야 한다.

🔍 변화의 과정과 도전, 미래 세대와의 약속

이러한 변화는 결코 쉬운 일이 아니다. 그러나 대한민국이 이 변화를 이루지 못한다면, 우리는 정체와 쇠퇴의 길로 접어들 수밖에 없다. '개조'는 과거의 성취를 부정하는 것이 아니다. 오히려 그것은 우리가 이룩한 성취를 바탕으로 미래를 설계하는 창조적 도전이다. 기존의 성공이 더 이상 지속 가능하지 않은 상황에서 새로운 비전을 모색하는 것은 우리 모두의 책임이자 의무이다.

'대한민국 개조론'은 특정 계층이나 세대만의 것이 아니다. 이 책이 제안하는 혁신의 비전은 정치인, 기업인, 학자, 시민 등 각계각층이 함께 참여하고 논의하며 만들어갈 청사진이다. 이는 단순히 정책과 제도의 변화에 그치는 것이 아니라, 우리의 사고방식과 삶의 방식을 근본적으로 변화시키는 과정이다.

우리가 꿈꾸는 새로운 대한민국은 단지 경제적, 물질적 부유함을 넘어서, 모든 국민이 존중받고, 기회가 공정하게 주어지며, 사회적 연대 속에서 개인의 꿈과 잠재력이 실현되는 나라다. 이는 다음 세대에 우리가 물려줄 가장 소중한 유산이다. 우리 앞에 놓인 도전은 결코 가볍지 않지만, 국민 모두가 참여하고 연대할 때 우리는 더 나은 대한민국을 만들 수 있다.

이 책이 변화와 도약을 갈망하는 독자들에게 영감과 통찰을 제공하기를 바란다. 더 나은 내일을 꿈꾸는 우리 모두가 함께 새로운 대한민국을 만들어 나갈 때, 그 꿈은 현실이 될 것이다.

공동저자 **권의종 나병문 백승희 정기석**

CONTENTS

목차

3. 대한민국 산업개조론

CONTENTS

대한민국
경제개조론

정치와 경제 동반 위기, 대한민국

🔍 헌정사상 초유의 권력 공백과 경제 한파

2024년 12월, 대한민국은 정치적 혼란과 경제 위기가 맞물리며 전례 없는 위기에 직면했다. 윤석열 대통령의 탄핵소추안이 가결된 지 13일 만에 한덕수 대통령 권한대행 겸 국무총리까지 국회 본회의에서 탄핵안이 통과되면서 국가 지도부는 공백 상태에 놓였다. 최상목 대통령 권한대행 체제가 출범했지만, 이는 '권한대행의 권한대행'이라는 헌정사상 유례없는 상황을 초래하며 정치적 혼란을 더욱 심화시켰다.

이 같은 정치적 불안정은 경제 전반에 악영향을 미쳤다. 12월 27일 서울 외환시장에서 원-달러 환율은 1482.6원을 기록하며 2009년 글로벌 금융위기 이후 최고치를 경신했다. 증시는 장중 2400선이 무너졌고, 외국인 투자자들이 대거 이탈하면서 금융시장은 불안정의 늪에 빠졌다. 외신들은 한국의 정치적 공백이 군 통수권의 부재를 초래하고 외교적 신뢰를 심각하게 훼손하며 한국 경제 위기를 가중시키고 있다고 평가했다.

국내외 경제 환경도 악화 일로를 걷고 있다. 미·중 갈등이 심화되고 글로벌 고금리 기조가 유지되는 가운데 공급망 불안이 지속되며 세계 경제가 위축되고 있다. 이러한 글로벌 리스크 속에서 한국의 내부 정치적 혼란은 경제 구조를 더욱 취약하게 만들고 있다. 국가 신용

등급 하락 가능성과 외환위기 재발 우려 등이 현실로 다가오며 한국 경제는 새로운 국면에 접어들었다.

최상목 권한대행 체제의 과제와 한계

최상목 대통령 권한대행은 국가적 위기 극복을 위해 안보 강화, 경제 안정, 치안 유지를 3대 과제로 제시했다. 그는 외환시장 안정을 위해 대외 소통을 강화하고, 외국인 투자 유치를 위한 다각적인 노력을 기울이겠다고 밝혔다. 또한, 물가 관리와 일자리 창출을 통해 내수를 활성화하겠다는 계획도 발표했다.

그러나 권한대행 체제에는 근본적인 한계가 있다. 대통령과 국무총리가 모두 부재한 상황에서 권력의 연속성과 정책 신뢰를 확보하기는 쉽지 않기 때문이다. 특히 여야 간 정치적 갈등이 심화되며 필요한 입법과 정책 집행이 지연되고 있다. 헌법재판소의 탄핵 심판 결과를 기다리는 동안, 최 권한대행의 활동에는 한계가 있을 수밖에 없다.

정치적 갈등이 민생 문제 해결을 저해하고 있는 현실은 경제 회복을 더욱 어렵게 만들고 있다. 민생 경제 안정은 시급한 과제이지만, 정치권이 차기 대선 유불리나 따지며 '치킨게임'을 벌이는 등 대립을 이어가는 한 실질적인 대책 마련은 더디게 진행될 가능성이 크다.

국민의 역할과 성숙한 시민의식

정치적 혼란과 경제 위기를 극복하기 위해 국민의 성숙한 시민의식이 무엇보다 중요하다. 국가의 주인인 국민은 과격한 정치적 선동에 휘둘리지 않고 냉철한 판단으로 국가적 위기 극복에 동참해야 한다.

대한민국은 과거에도 경제 위기를 국민의 단합된 의지로 극복한 경험이 있다. 1997년 외환위기(IMF 사태)와 2008년 글로벌 금융위기 당시 국민들은 자발적인 협력과 희생으로 경제 회복의 기틀을 마련했다. 이번 위기 역시 국민의 단결된 노력과 협력이 절대적으로 필요하다.

국민은 경제 활동을 유지하며 소상공인과 자영업자를 지원함으로써 사회적 기반을 튼튼히 해야 한다. 또한, 정쟁을 일삼는 정치권에 엄중히 책임을 묻고, 민생 안정을 위한 정책이 실현되도록 성숙한 자세를 보여야 한다.

🔍 경제 회복 대책과 위기 극복 방안

정부는 경제적 신뢰를 회복하기 위해 다각적인 조치를 즉각 시행해야 한다. 외환시장 안정을 위해 주요 국가들과 외환 스와프를 확대하고 외화 유동성을 확보하는 것이 중요하다. 또한, 외국인 투자 유치를 위해 투자 환경을 개선하고 대외 신뢰를 회복하는 노력이 긴요하다.

내수 경제 안정을 위한 정책도 병행되어야 한다. 물가 상승을 억제하기 위해 공공요금 인상을 동결하고, 취약계층 지원을 확대해야 한다. 청년, 중소기업, 소상공인, 자영업자에게 실질적인 혜택이 돌아갈 수 있는 지원책을 마련하고 이를 통해 일자리 창출과 경기 활성화를 도모해야 한다.

안보와 치안 강화를 통한 국민 불안 해소 역시 필수적이다. 북한의 군사적 도발 가능성에 대비한 철저한 대응과 국내 치안 강화를 통해 국민적 불안을 해소하고 경제 회복의 기반을 조성해야 한다.

이번 정치적 혼란과 경제 위기는 대한민국에 중대한 시련을 안겨주었다. 그러나 위기는 곧 새로운 도약의 기회가 될 수도 있다. 정치권은 책임 있는 자세로 협치와 초당적 노력을 통해 국가적 위기를 극복해야 한다. 국민은 흔들리지 않는 의지와 성숙한 시민의식으로 경제 회복과 사회적 안정에 기여해야 한다.

정부와 국민, 정치권이 힘을 합쳐야만 대한민국은 이번 위기를 극복하고 더욱 견고한 경제와 사회를 만들어갈 수 있다. 이러한 위기 극복은 지속 가능한 성장을 이루고, 글로벌 신뢰와 위상을 회복하는 데 결정적인 계기가 될 것이다.

〈2024년 12월 28일, 권의종〉

'무주공산(無主空山)' 공공기관

🔍 탄핵 정국 속 멈춰선 공공기관장 임명

대한민국 공공기관은 국민의 삶과 국가 경제를 떠받치는 핵심 기둥이다. 교육, 복지, 보건, 안전, 에너지, 산업, 금융 등 다양한 분야에서 국민의 안정된 삶을 뒷받침하며 국가 경쟁력을 유지·강화하는 데 필수적 역할을 한다. 그러나 이 시스템이 제대로 작동하지 않으면 국민의 일상은 위협받고, 국가 경제의 근간이 흔들릴 위험이 크다.

현재 다수의 공공기관이 리더십 공백 상태에 놓여 있다. 공공기관 경영 정보 공개 시스템 '알리오'에 따르면, 공기업과 준정부기관 87곳 중 올해 연말까지 기관장 임기가 만료되는 곳은 31곳에 달한다. 여기에 내년 상반기까지 공석이 되는 29곳을 더하면 총 60곳. 전체 공공기관의 34.5%가 기관장이 없는 '무주공산' 상태에 처하게 된다.

공공기관장은 단순한 최고경영자가 아니다. 조직의 비전을 제시하고 정책 방향을 설정하며 주요 사업을 추진하는 핵심 리더다. 이들의 부재는 조직 내부 혼란은 물론, 대외 신뢰도 저하와 국가 경쟁력 약화로 이어질 가능성이 크다.

특히, 기관장 공석은 정책 집행 차질과 행정적 공백을 초래하며 국민 삶에 직접적인 영향을 미친다. 주요 사업과 계획이 표류하거나 중단되면서 국민의 불편이 가중되고, 이는 공공서비스 질 저하로 이어진다. 결과적으로 정부에 대한 국민 신뢰는 추락하고, 악순환이 반복될 것이다.

🔍 탄핵 정국이 몰고 온 위기와 장애

현재 공공기관장 공백 문제는 대통령 탄핵 심판 절차로 인해 더욱 악화되고 있다. 탄핵 정국은 국가적 리더십 공백을 초래하며 공공기관 운영에도 부정적 영향을 미치고 있다. 모든 공공기관의 역할과 기능이 중요하지만, 강원랜드와 한국공항공사는 이 문제의 심각성을 보여주는 대표적인 사례다.

강원랜드는 폐광 지역 경제 활성화와 고용 창출이라는 중대한 임무를 맡고 있다. 기관장이 부재한 상태에서는 신규 고용 계획이 지연되고, 지역 개발 사업이 중단될 가능성이 크다. 이는 폐광 지역 주민의 생계를 위협하고, 지역 경제 침체를 야기해 국가 경제에도 부정적 영향을 미칠 것이다.

한국공항공사는 대한민국 항공 인프라를 책임지는 중요한 공공기관이다. 항공 안전 관리, 시설 확충, 운영 계획 수립 등 국가적으로 중요한 과제들이 기관장 부재로 인해 차질을 빚을 가능성이 크다. 이는 항공 안전사고로 이어질 위험을 높이고, 국제적 신뢰도와 경쟁력도 약화시킬 수 있다.

공공기관 리더십 공백 사태는 이번이 처음이 아니다. 과거 박근혜 정부 시절 황교안 대통령 권한대행은 공공기관장 공백 문제를 해결하기 위해 신속한 조치를 취한 바 있다. 당시 48개 공공기관장을 임명한 사례는 정치적 논란 속에서도 국정 운영의 연속성을 유지하기 위한 불가피한 결정으로 평가받았다.

정치권의 책임과 협력도 중요하다. 우선 야당은 이미 차기 정권을 넘겨받은 양 점령군 행세를 하며 공공기관장 임명을 보류하라는 정치적 수사를 남발해서는 안 된다. 공공기관 운영 정상화를 방해하는 행위는 국민과 국가를 위한 정치적 책임을 외면하는 것이다.

정부와 여당도 책임 있는 조치를 해야 한다. 갑작스러운 탄핵 사태로 공공기관 인사 문제까지 신경 쓸 겨를이 없을 수 있다. 하지만, 그럴수록 공공기관 리더십 공백을 조속히 해소해야 한다. 정책 공백이 길어질수록 국민의 피해는 더욱 커지고, 국가 경쟁력도 약화될 것이다.

◉ 공공기관 정상화를 위한 노력

공공기관장 공석 문제는 단순히 정치적 논쟁의 영역을 넘어 국민 생활과 직결되는 사안이다. 공공서비스 질 저하, 정책 추진 중단, 행정 혼란 가중 등으로 이어져 국민과 기업에 심각한 피해를 초래한다. 나아가 국가 경쟁력을 약화시키고 국제사회에서 대한민국의 위상을 떨어뜨릴 위험이 있다.

공공기관장 자리는 특정 정권의 전리품이 아니다. 국민을 위해 일하는 공직이다. 국가적 책무를 다할 수 있는 리더가 필요한 자리다. 정치권은 여야를 떠나 초당적으로 협력해 전문성과 책임감을 갖춘 적임자를 신속히 임명해야 맞다. 이를 통해 공공기관 운영의 안정성과 연속성을 확보해야 한다.

공공기관장 공석 방치는 단순히 개별 조직의 문제에 국한되지 않는다. 국가 운영 전반에 영향을 미칠 수 있는 커다란 장애이자 중대한 위기에 해당한다. 지금은 정치적 갈등을 넘어 국민과 국가를 위한 결단력 있는 의사결정이 절대적으로 필요한 시점이다.

탄핵 정국 속에서도 공공기관 경영자 공백을 신속히 메우고, 국민에게 신뢰와 안정을 되찾아주는 것이 국가의 미래를 위한 첫걸음이 되어야 한다. 정치권은 초당적으로 협력해 대한민국의 위기를 극복하고, 국민의 삶을 지키는 데 힘을 모아야 한다. 선장 없는 항해는 결코 성공할 수 없다. 그 결말은 파국일 뿐이다.

〈2024년 12월 26일, 권의종〉

정치 격랑 속,
흔들림 없는 경제

🔍 가계부채의 덫: 한국 경제의 생존 시험대

한국 경제는 계엄과 탄핵 등 정치적 격동 속에서 중대한 시험대에 올라 있다. 주요 경제 지표들이 심각한 위험 수위에 이르고 있다. 가계부채는 단순한 경고 수준을 넘어 실제 위협으로 다가오고 있다. 2024년 3분기 기준 가계부채는 이미 1,913조 원에 이르렀다.

국제결제은행(BIS)에 따르면, 올해 1분기 한국의 GDP 대비 가계부채 비율은 92.1%를 기록했다. 주요국 대비 현저히 높은 수준이다. 영국(78.1%), 미국(71.8%), 일본(63.0%), 중국(63.7%), 싱가포르(46.1%) 등과 비교하면 그 격차가 뚜렷하다.

게다가 코로나19 팬데믹 이후 대부분의 주요국에서 가계부채는 감소세를 보인다. 그러나 한국은 오히려 증가세를 지속하며 글로벌 흐름에 역행하고 있다. 정부의 대출 억제 정책에도 불구하고 가계부채는 감소 기미를 보이지 않고 있다. 이는 국민의 재정 부담을 가중시키고 경제 안정성을 위협하는 주요 요인으로 작용하고 있다.

🔍 심화하는 위기: 부채 증가가 몰고 온 악순환

가계부채 증가는 주로 주택담보대출과 신용대출의 확대에서 비롯되었다. 특히 한국은 소득 대비 부채 부담이 상대적으로 크고, 가계자산의 대부분이 부동산에 집중되어 있어 금융 위험에 취약한 구조로 되어 있다. 여기에 변동금리 대출 비율이 약 75%에 달해, 금리가 0.25%만 상승해도 가계의 연간 이자 비용이 약 3조 원 증가한다.

부채 증가는 가계 소비를 위축시키고 경제 성장 둔화로 이어지는 악순환을 초래한다. 가계부채 문제는 더 이상 미룰 수 없는 국가적 과제가 되었다. 한국 경제의 지속 가능성을 위협하는 핵심 변수로 자리 잡고 있다.

잠재된 파국: 사회적 균열을 부추기는 가계부채

가계부채 문제는 개별 가계의 재정적 어려움을 넘어선다. 사회 전반에 구조적 영향을 미친다. 가계부채로 인한 소비 위축은 기업 매출 감소로 이어지고 고용 불안정을 초래한다. 특히 중소기업과 자영업자에게 큰 타격을 준다. 그리고 이는 내수 기반 약화의 주요 요인으로 작용한다.

가계부채 억제 정책은 주택 시장 침체를 유발하고 금융권 리스크를 증가시킨다. 주택 가격 하락으로 담보 가치가 감소하면 금융회사의 대출 회수에 어려움이 발생한다. 이는 금융권의 자본 건전성을 약화시키고 금융 시스템 전반의 안정성을 위협할 수 있다. 2008년 글로벌 금융위기 당시 부채문제는 개별 금융회사의 위기를 넘어 세계 경제를 흔들었다. 한국 또한 그와 유사한 위기를 다시 겪지 않으리라는 보장이 없다.

더 나아가, 가계부채는 세대 간 경제적 불평등을 심화시킨다. 청년층은 고금리와 급등하는 부동산 가격으로 인해 내 집 마련이 어려워지고 있다. 자영업자와 고령층은 부채 부담 속에서 생존을 모색하는 형국이다. 이러한 상황은 경제적 안정뿐 아니라 사회적 신뢰와 연대

기반을 무너뜨린다.

🔍 위기를 넘어서: 경제 회생을 위한 전략적 선택

가계부채 문제를 해결하기 위해서는 금융정책부터 강화해야 한다. 대출 심사 기준을 엄격히 적용해야 한다. 총부채원리금상환비율(DSR)을 상향 조정해 과도한 대출을 억제해야 한다. 또한, 고정금리 대출 비중을 확대하고 변동금리 대출을 고정금리로 전환할 수 있도록 정책적 지원과 인센티브를 제공해 금리 변동에 따른 가계 부담을 완화해야 한다.

부동산 정책 개편도 필수적이다. 주택 구매 대출을 실수요자 중심으로 제한하고 공공임대주택 공급을 확대해 부동산 시장의 안정성을 확보해야 한다. 실거주자 중심의 투기 억제 정책도 강화할 필요가 있다.

취약계층에 대한 지원 또한 시급하다. 신용회복위원회의 채무조정 프로그램을 활성화하고 긴급 대출 지원을 확대해 경제적 취약계층의 부담을 덜어야 한다. 이를 통해 단기적 위기 해소와 함께 장기적으로 사회 안전망을 강화하는 접근이 긴요하다.

🔍 기회를 찾아서: 도전과 극복을 통한 미래 개척

가계부채는 단순히 금리나 대출 조건 조정을 넘어서는 문제다. 경제 구조 전반의 근본적 전환과 경쟁력 강화를 요구한다. 이를 위해 청년층과 중장년층을 대상으로 직업훈련과 재취업 지원 프로그램을 강화해야 한다. 자영업자에게는 저금리 대출과 경영 컨설팅을 제공해야 한다. 생애 주기별 금융 교육을 통해 가계가 스스로 부채를 관리할 역량을 키우는 것도 중요하다.

빚 앞에 장사 없다. 과도한 부채는 개인과 경제 모두에 힘이 아닌 짐이 된다. 가계부채 문제를 해결하지 않고서는 한국 경제의 지속 가능한 성장은 애당초 불가능하다. 정부, 금융권, 가계가 각자의 역할을 충실히 수행하며 긴밀히 협력해야 한다.

기회는 위기 속에서 싹트는 터. 가계부채라는 도전 과제를 어떻게 극복하느냐에 따라 한국 경제의 미래가 달려 있다. 안정과 성장을 향한 길을 선택할 열쇠는 우리 모두의 손에 달려 있다. 정치의 소용돌이가 거세도 경제는 멈출 수 없다.

〈2024년 12월 9일, 권의종〉

정치가 살면
경제는 날아

🔍 정치와 경제는 떼려야 뗄 수 없는 동반자

정치와 경제는 상호의존적인 관계에 있다. 정치적 결정은 국가 경제의 방향을 설정하고, 경제는 정치적 안정성을 뒷받침한다. 두 영역 간의 협력은 국가 발전을 위한 핵심 축이다. 그러나 현실은 이상과 거리가 멀다. 특히 한국에서는 그렇다. 정치와 경제의 조화가 제대로 이루어지지 않는 경우가 빈번하다. 정치가 갈등과 비효율의 구조에 갇혀 경제를 뒷받침하지 못하는 일이 반복되고 있다.

정치권은 종종 당리당략에 매몰되어 경제 문제를 해결하기보다는 오히려 악화시키는 모습을 보인다. 정치적 불확실성은 경제의 일관성을 저해하며, 경제 환경의 불안정을 초래한다. 이는 기업과 투자자들에게 위험 요소로 작용하며, 특히 중소기업과 스타트업 같은 자원이 제한된 경제 주체들에게 치명적인 영향을 준다.

정치적 불확실성은 경제 악순환을 야기한다. 불확실한 정책 환경은 투자 감소와 일자리 창출 저하로 이어지고, 이는 다시 국민 경제의 활력을 약화시킨다. 결국, 혁신과 성장은 더욱 멀어질 수밖에 없다.

한국의 규제 체계는 정치적 이해관계와 로비에 종속되는 경우가 적지 않다. 이로 인해 경제적 논리보다 정치적 계산이 우선시되는 구조가 형성된다. 과도한 규제와 특정 집단에 대한 특혜가 반복되면서 시장의 효율성은 저하되고, 생산성과 경쟁력 또한 약화된다.

포퓰리즘의 덫

포퓰리즘적 공약은 국가 재정에 심각한 부담을 준다. 선거철마다 쏟아지는 대중영합적 공약은 단기적으로는 유권자의 귀를 솔깃하게 하지만, 장기적으로는 국가 재정 안정성을 위협한다. 무리한 복지 확대나 비효율적 개발 사업은 막대한 예산을 소모하면서도 실질적 성과는 미미한 경우가 대부분이다.

정치적 갈등은 경제의 필수 과제인 구조 개혁을 가로막는다. 노동시장 개혁, 연금 개혁, 세제 개편, 금융 혁신 등 시급한 과제들이 이념적 대립과 소모적 정쟁 속에서 계속 뒷전으로 밀려나고 있다.

특정 계층이나 지역에 편중된 정책은 경제적 불평등을 심화시킨다. 수도권과 지방, 대기업과 중소기업, 부유층과 빈곤층 간의 격차는 점점 커지고 있다. 글로벌 경제 환경 변화 속에서 이러한 문제는 더욱 두드러진다. 정치권의 근시안적 접근과 리더십 부재는 국가 경쟁력을 약화시키는 주요 원인으로 작용한다. 단기적인 정치적 이익에 집착한 결과, 정책이 산으로 향한다. 경제 혁신을 저해하고 국가 비전 부재로 이어진다.

구조적 문제와 리더십의 부재

한국 경제가 직면한 난제를 해결하려면 형식적 공론이 아닌 실사구시적 접근이 필요하다. 장기적이고 일관된 정책을 수립하고, 정권 교체와 관계없이 주요 정책이 지속될 수 있도록 초당적 합의와 사회적 대타협을 이루어야 한다. 예컨대, 기후 변화 대응이나 저출산·고령화 등 인구 문제는 정치적 논쟁을 넘어선 초정파적 협력이 필요하다.

규제 혁신과 기업 친화적 환경 조성은 경제 활성화의 핵심 요소다. 과도한 규제를 완화하고, 중소기업과 스타트업이 자율적으로 활동할 수 있는 여건을 마련해야 한다. 디지털 전환과 혁신 기업 지원을 통해 지속 가능한 경제 성장을 이루는 것도 중요하다.

재정 건전성 확보 또한 시급하다. 선심성 공약과 비효율적 예산 집행을 줄이고, 공공 부문의 효율성을 높여야 한다. 공정한 세제 개편으로 세입 기반을 강화하고, 경제 성장과 고용 창출을 통해 세수 증가를 유도해야 한다. 이는 국가 경제의 지속 가능성을 보장하는 핵심 조건이다.

더 나은 미래를 위한 실사구시적 해법

노동시장 유연성과 안정성을 확보하는 것도 필수적이다. 이를 위해 노사 간 합의와 사회적 대타협이 요구된다. 노동자와 기업 간 상생 모델을 구축하고, 대기업 중심의 경제 구조를 개선해 중소기업과 벤처기업의 성장을 지원하는 공정한 경쟁 환경을 조성해야 한다.

정치와 경제는 불가분의 관계다. 한쪽이 무너지면 다른 한쪽도 온전할 수 없다. 정치적 안정과 일관된 정책은 경제 발전의 필수 전제 조건이다. 정부와 정치권은 단기적 이익에 매몰되지 말고, 장기적인 국가 비전을 제시해야 한다. 국민의 신뢰를 회복하고 경제의 지속 가능성을 확보하려면 책임감 있는 리더십과 초당적 협력이 필수적이다.

"정치가 살아야 경제가 산다"는 명제는 단순한 캐치프레이즈에 그쳐서는 안 된다. 정치와 경제의 불협화음은 곧 국민의 고통으로 직결된다. 두 영역의 조화로운 협력은 국가의 미래를 여는 열쇠다. 지금

이야말로 정치권과 경제 주체들이 힘을 모아 대한민국의 도약을 준비해야 할 시점이다. 이제는 말이 아닌 행동으로, 구호가 아닌 결과로 보여줘야 한다. 미래는 준비된 자의 몫이다. 더 이상 머뭇거릴 시간이 없다.

〈2024년 12월 1일, 권의종〉

경제인들의
'채식주의자'

🔍 경제적 관점에서 본 노벨문학상 작품의 가치

노벨문학상을 수상한 작가들의 작품은 경제적으로도 중요한 의미를 가질 수 있다. 이들은 경제 발전과 사회 문제, 인간의 삶의 질, 그리고 사회적 불평등을 다각도로 조명하며, 현대 사회가 직면한 다양한 경제적 딜레마와 모순을 예술적으로 풀어낸다. 경제적 관점에서 노벨문학상 작가들의 작품은 매우 중요한 시사점을 제공한다.

많은 수상 작가들은 급격한 경제 성장으로 인한 개인의 소외와 상실을 묘사한다. 예를 들어, 가즈오 이시구로의 작품은 급변하는 사회 속에서 인간이 느끼는 소외감과 정체성 상실을 다룬다. 오르한 파묵은 전통과 현대화의 충돌로 인해 변해가는 터키 사회와 경제적 불평등을 그린다. 이러한 작품들은 경제 발전이 단순히 국가나 사회 발전을 의미하는 것이 아니라, 인간 내면과 사회적 결속에도 깊은 영향을 미친다는 것을 보여준다.

노벨문학상 수상 작가들은 빈부 격차와 같은 사회적 불평등을 비판적으로 다룬다. 경제적 발전이 모든 이에게 동등한 혜택을 주지 않는 현실을 드러낸다. 도리스 레싱의 작품은 사회 구조 속 불평등과 소외된 계층에 대한 공감을 불러일으킨다. 이러한 작품은 불평등의 근원과 그로 인한 사회적 갈등을 심도 있게 다루며, 독자들에게 포용적 성장과 공정성을 고민하게 만든다.

최근에는 환경 문제와 지속 가능성을 다루는 노벨문학상 수상작도 증가하고 있다. 이러한 작품들은 지속 가능한 성장이 왜 중요한지 경제적 관점에서 일깨운다. 자원 고갈과 환경 파괴로 인해 미래 세대가 직면할 위험을 경고하며, 경제와 환경이 조화를 이루는 발전의 필요성을 제시한다.

🔍 경제 성장의 이면에 숨겨진 인간성 상실과 소외

전쟁과 폭력에 대해 다룬 작품들 역시 그 배경에는 경제적 요인이 큰 영향을 미치는 경우가 많다. 가브리엘 가르시아 마르케스와 어니스트 헤밍웨이 같은 작가들은 전쟁이 초래하는 경제적 파탄과 사회적 충격을 묘사하며, 경제적 불평등과 자원의 불균형이 전쟁을 야기하거나 심화시킬 수 있음을 이야기한다. 이는 현대 경제 체제가 갈등을 조장할 수 있는 구조적 문제를 드러내며, 평화와 번영을 위한 새로운 경제적 시스템에 대한 고민을 자극한다.

여러 노벨문학상 수상 작가들은 자본주의가 인간 가치와 윤리를 훼손할 가능성에 대해 우려를 표한다. 자본주의 사회에서 인간이 물질적 성공과 효율성에만 치중하며 인간적 가치를 잃어가는 상황을 비판하는 작품들이 많으며, 자본주의의 장단점을 균형 있게 바라볼 필요성을 강조한다.

노벨문학상 수상 작가들의 작품 세계는 경제 발전과 사회 진보가 항상 긍정적인 방향으로 이루어지지 않을 수 있음을 보여주며, 경제 발전이 인간의 삶과 사회적 가치에 미치는 영향을 깊이 탐구하게 한다. 이는 경제 성장의 목표를 더 넓은 관점에서 재정의하고, 공정하고 지속 가능한 경제 시스템을 지향하도록 하는 중요한 메시지를 담고 있다.

2004년 노벨문학상 수상자인 한강의 작품은 경제와 사회에 중요한 시사점을 제공한다. 한강은 주로 개인의 고통, 인간의 상처, 그리고 환경 문제 등을 주로 다루며, 현대 사회의 빠른 경제 성장과 그로 인한 소외, 상실, 환경 파괴 등을 조명한다. 특히, 그의 소설 '채식주의자'와 '소년이 온다'는 현대 사회의 구조적 폭력과 그에 따른 인간의 고통을 묘사하며 경제 성장 이면에 숨겨진 문제들을 드러낸다.

한강의 작품이 경제에 주는 중요한 시사점

'채식주의자'는 경제적 발전에 대한 집착 속에서 상실되는 인간성과 자아를 은유적으로 표현한다. 이는 한국 사회가 빠른 경제 성장 과정에서 겪은 무자비한 경쟁, 가족과 사회 내 억압, 그리고 개인적 선택의 상실을 보여주며, 경제 발전이 항상 긍정적 결과만을 가져오는 것이 아님을 시사한다.

'소년이 온다'는 1980년 광주 민주화 운동을 배경으로 하여 정치적 폭력에 의해 고통받는 사람들의 이야기를 다룬다. 이는 현대 한국 사회에서 경제적 불평등과 사회적 약자를 배려하지 않는 구조가 심화되며, 이들의 목소리가 묵살되는 현실을 비판적으로 바라보게 한다. 경제적 성공만을 추구하는 사회적 분위기보다 소외된 사람들을 포용할 수 있는 시스템의 필요성을 강조한다.

또한, 한강은 작품에서 자연에 대한 경외심과 생태 문제를 다루며 인간과 자연의 조화로운 관계를 지향한다. 이는 경제 성장 과정에서 자원이 무분별하게 소비되는 한국 사회에 경각심을 일깨우며, 지속 가능한 성장과 환경 보호의 중요성을 상기시킨다. 그의 작품은 현대 한국 경제가 단순히 성장에 집중하는 것을 넘어, 성장 과정에서 발생하는 사회적·환경적 문제에 대해 깊이 고민할 필요성을 제시한다.

한국 경제가 수출 둔화와 내수 침체로 어려움을 겪는 상황에서, 한 강의 작품은 경제에 대한 올바른 이해와 바람직한 방향 설정에 있어 소중한 지침서가 될 것으로 기대된다. 그런 점에서 경제인들에게는 필독서로서 안성맞춤이다. 단번에 읽기보다는 시간을 두고 천천히 정독하며, 필요할 때마다 다시 펼쳐 보며 깊이 생각해 보기를 권하고 싶다. 문학이 스승이다.

〈2024년 11월 12일, 권의종〉

모든 게 정부 탓
'구시렁'

🔍 경제 위기 속에서의 '정부 책임론'

"모든 게 정부 잘못이고, 전부 다 정책 탓이다." 요즘 '기승전 정부 실패'라는 말이 유행처럼 번지며 정부에 대한 불신이 커지고 있다. 경제 상황이 악화되면서 기업들이 어려움을 겪자, 경제난의 책임을 정책에 돌리는 경향이 더욱 강해졌다. 정부와 정책을 탓하는 목소리가 여기저기서 들려온다. 기업인 모임이 정부를 성토하는 자리가 되기도 한다.

경제 구조 변화와 불확실성이 커진 상황에서 이런 반응은 어느 정도 이해할 만하다. 하지만 기업들이 스스로 대책을 마련하지 않으면 더 큰 위기가 닥칠 수 있다. 기업은 기본적으로 영리를 추구하는 존재다. 정부 정책에만 의존하기보다는 스스로 체질을 강화하고 변화에 대응해야 한다. 문제를 분석하고 개선 방안을 찾는 것은 기업 스스로 해결해야 할 과제다.

기업이 어려움의 책임을 전적으로 정부에 돌리고 자신의 역할을 간과할 경우, 사회적 신뢰가 무너질 수 있다. 경제 위기의 책임을 정부에 전가하면 소비자와 투자자, 심지어 직원들에게까지 부정적인 메시지를 전달하게 된다. 이는 기업 이미지에 손상을 주고, 결국 브랜드 신뢰도 저하로 이어진다. 그 피해는 고스란히 기업 자신에게 돌아온다.

외부 요인에만 의존해 어려움을 해결하려는 기업의 태도는 경쟁력 약화로 이어질 수 있다. 세계 시장은 급변하고, 각국의 정부 정책과 환경도 변화무쌍하여 예측하기 어렵다. 이러한 상황에서 기업이 정책 변화에 유연하게 대응하지 못하면 스스로 경쟁력을 잃고 만다. 글로벌 시장에서 살아남으려면 혁신과 자구 노력이 필수적이다. 정부 정책에만 의존하는 태도는 기업의 지속 가능성을 위협할 수 있다.

◎ 책임 전가는 결국 자기 손해

경제가 어려울수록 기업은 이를 극복할 돌파구를 찾아야 한다. 정부 정책 탓만 하며 자발적인 대책 마련에 소극적이라면 경제 회복 속도는 더뎌질 수밖에 없다. 기업이 스스로 변화하고 혁신해 시장에 긍정적인 신호를 줄 때 소비와 투자가 활성화될 가능성이 커진다. 반면, 위기의 책임을 정부에 떠넘기면 경제 회복의 주체로서의 역할을 상실하게 된다.

기업은 내부적으로 위기관리 시스템을 강화하고 외부 변수에 흔들리지 않도록 체질을 지속적으로 개선해야 한다. 리스크 관리팀을 상시 운영하고 불확실성에 대비한 계획을 철저히 세울 필요가 있다. 특히 글로벌 시장 환경을 분석하고 정부 정책 변화에 신속히 대처할 시스템을 마련해 유연하게 대응할 역량을 갖춰야 한다.

기업이 비교우위의 경쟁력을 확보하려면 지속적인 혁신이 필수적이다. 자동화, 디지털화, 친환경 기술 도입을 통해 생산성과 효율성을 높이고, 비용 절감과 경쟁력 강화에 집중해야 한다. 단순히 정부 정책에 불만을 제기하기보다 미래 시장의 변화에 대비하는 것이 장기적 성장 가능성을 높이는 지름길이다.

기업들은 정부와 긴밀히 소통하며 협력적 관계를 유지해야 한다.

산업 단체와 지원 기관, 정부 간 정기적인 소통 창구를 마련해 정책 변화와 관련된 피드백을 전달하고, 상호 이해를 바탕으로 정책 방향을 조율하려는 노력이 긴요하다. 이 과정에서 기업의 현실적 어려움을 설명하고, 정부도 이를 반영해 정책적 유연성을 발휘하도록 협력해야 한다.

◎ 정부는 정책을, 기업은 대책을 잘 세워야

기업이 단기적 이익만을 목표로 해서는 안 된다. 그보다는 장기적 생존을 위해 사회적 책임을 다하는 모습을 보일 때 사회로부터 신뢰를 얻을 수 있다. 지속 가능성, 환경 보호, 노동자 복지 등에 대한 투자를 통해 경제적 이익과 사회적 책임을 균형 있게 추구하는 기업이 많아질수록 소비자와 사회는 기업에 대해 신뢰를 갖게 될 것이다. 이를 통해 기업은 긍정적 가치를 더하며 이미지와 브랜드 가치를 강화할 수 있다.

지금 겪고 있는 경제적 어려움은 기업과 정부, 국민과 사회가 협력해야 해결할 수 있는 난제다. 기업도 정부에만 기대어 위기를 극복하려는 태도에서 벗어나야 한다. 스스로 대책을 마련하고 혁신의 주체가 되어 경제 회복에 앞장서야 한다. 그렇게 될 때 한국 경제는 더 강력한 회복력을 갖추고, 앞으로의 위기에도 보다 효율적으로 대처할 수 있을 것이다.

정부 정책과 기업 대책의 지향점은 다르다. 정부는 사회 전체의 공익과 질서를 위해 정책을 세운다. 다양한 이해관계자의 이견을 조율하고 국민 전체에 영향을 미치는 방향을 설정한다. 정부 정책은 법률과 규제를 통해 모든 국민에게 적용되며, 목적은 사회의 안정과 공공의 이익을 증진하는 것이다.

반면, 기업은 이윤 창출을 주된 목표로 한다. 정부 정책에 맞춰 자체적인 대책을 세워 대응해야 한다. 정부 정책을 분석하고 자사에 미치는 영향을 최소화하거나 기회로 활용하기 위한 최적의 전략을 수립해야 한다.

정부가 큰 틀에서 국민을 위한 정책을 설정하면, 기업은 그에 맞춰 경쟁력 유지와 성장 방향을 잡아야 한다. 정부도 정책을 잘 세워야 하지만, 기업 또한 대책을 잘 마련해야 한다. 정책과 대책이 서로 균형을 이뤄야 한다. 그래야 정부와 기업이 잘되고 국민이 잘사는 길이 열린다.

〈2024년 11월 5일, 권의종〉

'성장의 슈퍼스타'
한국의 빛과 그림자

◎ 세계은행 칭찬에 대통령실 화들짝

세계은행은 칭찬에 인색지 않다. 올해 발표한 '중진국 함정 (middle-income trap)'이라는 제목의 보고서만 봐도 그렇다. 한국을 '성장의 슈퍼스타'로 높이 평가했다. 중진국 함정을 극복하기 위한 조건으로 투자, 기술도입, 혁신을 들면서 한국을 대표적 성공 사례로 꼽았다. "한국 경제사는 모든 중소득 국가의 정책 입안자들이 숙독해야 할 필독서(required reading)"라며 치켜세웠다.

틀린 말이 아니다. 한국의 경제적, 정치적 성취는 분명한 사실이다. 국민 모두 자부심을 느낄만하고 전 세계가 부러워할 만한 성과다. 1960년대 1인당 국민소득 60달러 안팎의 빈곤국이 세계 10위권 경제 대국으로 점프했다. '30-50클럽'(인구 5,000만 명 이상, 1인당 국민소득 3만 달러 이상)에 일곱 번째로 이름을 올렸다. 반도체, 자동차, 조선, 철강, 석유화학에 이어 원전, 방산까지 경쟁력을 갖춘 데다 한류 등 소프트파워까지 확보했다.

칭찬받을 때 참기 힘든 게 있다. 자랑이다. 겸손이 미덕인 줄 알지만 그게 말처럼 쉽지 않다. 순간적으로 맞장구치며 자랑하고 싶은 건 인지상정. 이번 세계은행 보고서에 대통령실이 보인 반응 또한 그렇다. 마치 보고서가 나오기를 기다렸다는 듯 화들짝 반색하며 브리핑을 자청하고 나섰다.

경제수석은 3대 성공조건과 관련해 "보고서에는 없으나 한국은 R&D의 경우 개도국 중 선도적으로 1966년 한국과학기술연구원을 설치하고 지속적인 투자 노력을 기울였다"며 "2022년 기준 GDP 대비 R&D 규모 세계 2위 수준에 달하고 있다"고 밝혔다. 그리고 "전 세계적으로 권위 있는 국제기구 세계은행이 한국의 경제 발전 역사를 극찬하고 다른 개도국들에 모범이 될 성장 전략을 제시했다는 건 매우 고무적"이라고 평가했다.

🔍 자부심 유익하나 자화자찬 위험

수석의 설명은 거기서 그치지 않았다. 세계은행 보고서가 투자와 기술의 중요성을 강조한 건 우리 정부가 추진하고 있는 국가전략기술에 대한 세제지원, 반도체 메가 클러스터, 첨단전략산업 특화단지와 같은 첨단산업기반 조성 등이 올바른 정책 방향임을 증명한 것이라고 설명했다. 보고서에서 창조적 파괴라고 언급한 것은 우리 잠재성장률 저하 문제 해결을 위한 핵심적 요인이 결국 경제 체질 개선을 위한 구조개혁에 있다는 것을 의미한다고 풀이했다.

이어 경제수석은 "정부는 우리 경제의 역동성과 생산성을 높일 수 있도록 지속적인 노력을 경주할 것"이며 "노동, 의료, 교육, 연금개혁 및 인구위기 극복에 반드시 성공함으로써 한국경제의 재도약을 이끌겠다"고 언급했다. 또 윤 대통령과 아제이 방가 세계은행 총재 간 두 차례 면담을 비롯한 한국 정부와 세계은행 간 긴밀한 협력관계가 결실을 본 것이며 한국의 발전 경험이 세계적으로 인정받고 있으며 우리의 글로벌 위상이 높아졌음을 보여주는 사례라고 강조했다.

그러면서 경제수석은 "디지털전환 부총재 선임을 계기로 세계은행과 한국 간 협력사업이 확대될 것으로 전망되며 디지털, 인공지능 분야의 글로벌 리더로서 우리나라의 국제사회에서 역할이 더욱 강화될 것으로 기대한다"는 내용까지 부연했다.

국민의 알 권리를 충족시키려는 정부의 노력은 참으로 가상하다. 매우 긍정적이다. 국민의 큰 박수 감이다. 다만, 가만히 있어도 언론 보도 등을 통해 알게 될 사실을 그것도 주무 부처가 아닌 대통령실이 직접 나서 설명하는 건 왠지 어색하다. 자화자찬 같아 솔직히 낯간지럽다. 역효과가 날까 마음이 편치 않다. 정 알리고 싶으면 나중에 관련 사안을 언급할 때 돌려 말하는 게 더 나았을 것이다.

🔍 노동·교육·연금 등 시스템 개혁 시급

대통령실 브리핑에 감히 토를 다는 건 어떤 의도가 있어서가 아니다. 화려한 성장의 이면에 어두운 불안 요인이 공존하는 현실이 영 마음에 걸려서다. 국가소멸론까지 거론될 만큼 저출산 고령화가 심각하다. 생산가능인구가 급격히 줄어들면서 경제 활력이 급속히 추락하고 있다. 이를 해결하려면 노동, 교육, 연금, 금융 개혁 등 사회적 시스템 혁신이 시급하나, 말만 무성할 뿐 실행은 요원한 상태다.

말이 나온 김에 하는 얘기지만 연구·개발은 자랑할 거리가 못 된다. 윤석열 정부가 성역으로 불리던 R&D 부문을 '이권 카르텔'이라고 지목하고 올해 예산을 삭감했다가 과학연구계의 거센 반발을 샀다. 재정 누수를 줄이려는 취지는 사라지고 연구개발 홀대라는 프레임에 갇히고 말았다. 충분한 설명과 설득 과정 없이 추진했다가 역풍을 맞았다. 정부가 다시 내년 R&D 예산을 역대 최고 수준으로 편성할 것을 밝히자 업계는 원상복구에 불과하다며 평가절하다.

정치권은 사사건건 싸움질이다. 민생은 말뿐, 국민은 안중에도 없어 보인다. 법안 통과 강행과 대통령 거부권 행사, 필리버스터 지연과 법안 재의결이 도돌이표다. 그래도 전 국민 25만 원 민생회복지원금 등 포퓰리즘 이행에는 기를 쓴다. 국민 여론마저 두 동강 나 합리적 사고와 분별력은 고장 나 있다. 나라가 어디로 가고 경제가 어찌 될지 예측 불가다. 한 치 앞도 내다보기 힘든 시계 제로, 카오스다.

IMF 외환위기와 글로벌 금융위기 때는 그나마 위기의식이라도 있었다. 나라를 살리고자 어린아이의 돌 반지까지 들고 나왔다. 그 덕에 위기를 딛고 다시 일어설 수 있었다. 지금 와서 또 그러라면 아마도 힘들 것이다. 성공에는 묘한 특성이 있다. 성공에 취하는 순간 성장은 뒷걸음치고 만다. '성장의 슈퍼스타' 대한민국이 늘 조심하고 또 조심해야 할 주의 사항이다.

〈2024년 8월 8일, 권의종〉

여소야대 타개할
세종의 치세

🔍 정쟁으로 허송세월하기엔 경제 엄중

조선 제4대 국왕, 세종은 대왕(大王)이다. 위대한 업적에 걸맞은 존칭이다. 세종은 과학 기술, 예술, 문화, 국방 등 여러 방면에서 다양한 업적을 남겼다. 백성들에게 농사에 관한 책, 농사직설을 펴냈으나 글을 몰라 이해하지 못하는 모습을 보고 누구나 쉽게 배울 수 있는 효율적이고 과학적인 문자 체계인 훈민정음을 창제했다.

훈민정음은 언문으로 불리며 왕실과 민간에서 사용되다 20세기 주시경이 한글로 발전시켜 오늘날 대한민국의 공식 문자로 쓰이고 있다. 세종은 과학 기술에도 두루 관심을 기울였다. 혼천의, 앙부일구, 자격루, 측우기 등의 발명을 전폭적으로 지원했다. 그 과정에서 신분을 뛰어넘어 장영실, 최해산 등의 학자들을 적극적으로 후원했다.

국방에서의 업적도 탁월했다. 이종무를 파견해 왜구를 토벌하고 대마도를 정벌했다. 이징옥, 최윤덕, 김종서 등을 북방으로 보내 평안도와 함길도에 출몰하는 여진족을 국경 밖으로 몰아내고 4군 6진을 개척, 압록강과 두만강 유역으로 국경을 확장했다. 백성들을 옮겨 살게 하는 사민정책(徙民政策)을 실시, 국토의 균형 발전을 위해서도 힘썼다.

법전과 문물을 정비했고 전분육등법(田分六等法)과 연분9등법 (年分九等法) 등의 공법(貢法)을 제정하여 조세 제도의 확립에도 업적을 남겼다. 세종이 이룬 위대함의 압권은 통치 체제다. 황희와 맹사성, 윤회, 김종서 등을 등용하여 정무를 주관했다. 이는 일종의 내각 중심 정치제도인 의정부서사제(議政府署事制)의 효시가 됐다.

⚲ '권한 나누고 지혜 모으는' 정치 혁신

의정부서사제는 태조가 건국 초기부터 도입하여 추진한 국가통치 체제다. 최고 관부인 의정부가 3정승의 합의에 따라 국가 중대사를 처리했다. 6조의 판서는 자신의 업무를 의정부에 보고하고 의정부의 지시에 따라 업무를 수행했다. 이후 왕권의 약화를 우려한 태종이 '왕-6조-속아문'으로 연결되는 6조직계제(六曹直啓制)로 바꿨다가 세종 때 다시 시행했다. 왕의 권한을 신하와 분담하는 이 제도는 조선시대 국가운영체제의 큰 틀로 자리 잡았다.

6백 년 전 세종의 통치 방식을 뜬금없이 소환하는 건 나름의 이유가 있어서다. 22대 국회가 여야 간 반목과 대립으로 국정이 표류하고 있어서다. 막강한 대한민국의 대통령중심제도 여소야대 국면에선 영 맥을 못 춘다. 거야(巨野)의 입법 강행과 대통령의 거부권 행사가 빈번하다. 민생 법안과 개혁 입법이 국회 문턱을 못 넘고 줄줄이 대기 상태다.

한쪽으로 권력을 몰아주지 않으려는 선거 민심이 작용한 결과이기는 하다. 그렇다 해도 여소야대로 인한 대가치고는 정도가 심하다. 민주주의 체제가 정착한 제6공화국 이후 여소야대에 신경 쓸 필요가 없었던 때는 이명박 정부 시절뿐이었다. 그때도 친이·친박 간 당내 갈등으로 정국이 안정적으로 운영되지 못했다.

여소야대 구도를 해소할 방안이 없는 건 아니다. 여당이 야당 의원을 빼 오거나 합당 등 인위적인 정계개편을 시도하면 될 것이다. 1990년부터 2001년까지 총선에서 나타난 여소야대를 여대야소로 바꾼적도 있다. 하지만 그게 말처럼 쉽지 않다. 이런저런 잡음이 생기고 여소야대를 만들어준 민심의 역풍을 맞을 수 있다.

경제가 정치 논리에 휘말리면, '망조'

여소야대 상황에서 가장 우려되는 건 경제다. 경제가 정치 논리에 휘말리면 되는 일이 없다. 망조가 들고 만다. 정치인이 저지른 잘못으로 애꿎은 국민만 피해를 본다. 고래 싸움에 새우 등 터진다고, 경쟁력이 취약한 서민과 소상공인, 자영업자 등의 어려움이 가중된다.

정쟁으로 허송세월하기에는 당면한 경제 현실이 너무나 엄중하다. 넘어야 할 산이 많다. 위험요인이 곳곳에 도사리고 있다. 대저 악재는 혼자 오지 않는 터. 미·중 갈등, 글로벌 공급망 재편, 경기불황 장기화까지 거시경제의 격랑이 한꺼번에 몰려오고 있다. 여기에 인플레이션 지속, 원자재 및 식료품 가격 상승, 증시 변동성 확대 등의 기조도 위협적이다. 부채위기 고조, 고금리 지속, 통화가치 불안도 부정적 변수로 작용할 소지가 크다.

기술 경쟁 또한 뜨겁다. 기술 주권을 넘어 기술 패권의 시대를 맞이하고 있다. 산업 간 융복합, 디지털화 진전, 인공지능(AI) 고도화 등이 가속화하면서 산업 판도는 물론 국가 운명을 바꿀 신기술 개발 경쟁이 한창이다. 국가건 기업이건 미래 기술을 선점하는 쪽이 모든 걸 차지하는 뉴노멀 시대가 본격화하고 있다. 미국과 유럽연합(EU), 중국, 일본 등 선진 주요국이 반도체, 바이오, 배터리 등 핵심 기술공급망을 자국 역내로 재편하려는 시도는 도발적 야욕의 한 단면에 불과하다.

성과는 자기 성찰과 상호 협력에서 비롯된다. 경제가 맥 빠진 연유를 곰곰이 짚어봐야 한다. 정부가 자기중심의 생각에 집착, 변화를 내다보지 못하고 미래를 대비하지 못한 책임이 작지 않다. 국회도 잘하는 게 없다. 책임은 안 지고 권한만 행사하려 한다. 득표만 의식한 선심 대책이 풍요를 이룬다. 나라가 어찌 되든 경제가 어디로 가든 알바 아니라는 식이다.

그럴수록 필요한 게 양보와 협력이다. 22대 국회도 마찬가지다. '권한은 나누고 지혜는 모으는' 600년 전 세종의 리더십에서 깨달음을 얻어야 한다. 주제넘은 사설인 줄 알지만, 300명에 이르는 이 땅의 선량들에게 한 말씀 고하려 한다. 정치가 무엇이고 공직자가 어떤 존재인지를 일깨우는 '조선왕조 세종실록'의 일독을 권한다.

〈2024년 6월 21일, 권의종〉

부동산 침체,
2~3년 후 집값 폭등

🔍 '규제 풀고 지원 늘려', 주택시장 살려야

춘래불사춘(春來不似春). 봄은 왔는데도 부동산 시장은 전혀 봄 같지 않다. 부동산경기가 2년 가까이 가라앉으면서 건설·부동산업계는 여전히 긴 겨울잠을 자고 있다. 고금리·고물가 영향, 경기 침체 지속, 건설 원가 상승, 자금 조달 애로 등 4중고에 시달리며 건설업계에 돈이 돌지 않는다. 지독한 돈 가뭄에 부동산 개발업체, 건설사, 하도급 업체 할 것 없이 위기감이 최고조에 달해있다.

올해 들어 3월 초까지 건설업체 844곳이 문을 닫았다. 지난해 같은 기간 751건보다 11%가량 폐업이 늘었다. 같은 기간 기준으로 10년 만에 최대치를 기록했다. 공사비 상승에 따른 수익성 저하, 그로 인한 유동성 악화 등으로 우량한 건설업체들까지 비틀거린다. 4월 위기설이 간단없이 떠도는 이유다.

건설업 관련 실업자가 늘고 있다. 1월 건설업 구직급여 신청자가 2만700명, 지난해 11월 1만600명, 12월 1만2,700명에 이어 증가세다. 건설업 임금체불액이 지난해 4,363억 원으로 1년 새 49% 급증했다. 신규 취업자 규모를 가늠하는 건설업 고용보험 가입자는 작년 8월 이후 내리막이다. 부동산 신탁사 14곳의 지난해 당기순이익이 2,491억 원으로 전년 대비 61% 줄었다. 부동산 프로젝트파이낸싱(PF) 직격탄을 맞은 저축은행 78개사는 5,559억 원 적자를 냈다.

부동산 중개업소도 불황의 불똥을 피해가지 못한다. 지난해부터 전국적으로 매달 1,000여 건의 휴·폐업이 이어진다. 공인중개사협회에 따르면 지난 1월 폐업업소 1,177곳, 휴업업소 127곳으로 신규 중개업소 1,117곳을 넘어섰다. 1월 기준으로 폐업이 개업을 넘어선 건 2015년 관련 통계 집계 후 처음이다. 신규 개업도 2018년 2,250곳에 비하면 반 토막 났다.

🔍 공사비 급등, 주택 인허가·착공·입주 급감

공사비 급등이 심각하다. 전국 재건축·재개발 현장에 비상이 걸려 있다. 철근, 시멘트 등 주요 건설 자잿값이 급등한 데다 최저임금 인상 등으로 인건비가 천정부지로 뛰었다. 여기에 품질·안전 강화, 층간소음 사후인증제, 중대 재해 처벌법 시행 등 안전관리 인원 투입에 따른 부담까지 가세한다. 주 52시간 근무로 인한 근로시간 단축, 레미콘 토요 휴무제 적용 등으로 건설 기간이 늘어나 평균 공사비마저 3년 새 43% 점프했다.

시공사와 조합 간 공사비 마찰로 인한 공사 중단과 법정 공방 등으로 아파트 공급 일정이 줄줄이 밀리고 있다. 서울 노른자위 땅에서도 개발 포기가 속출한다. 건설사와 금융권의 연쇄 위기로 도시 슬럼화와 더불어 주택 공급 부족이 우려된다. 올해 서울 아파트 입주 물량이 역대 최저 수준을 기록할 것으로 예측되고 전셋값 상승으로 부동산 시장 불안이 가중될 것으로 예상된다.

국토교통부 주택통계에 따르면, 지난 1월 중 전국 주택 인허가 물량은 2만5,810가구에 그쳤다. 전달과 대비해도 72.7% 줄어든 수치다. 이 기간 수도권 인허가는 1만967가구로 전월 대비 81.9% 급감했다. 지방은 1만4,843가구로 56.3% 감소한 것으로 집계됐다. 유형별로는 아파트 인허가가 2만2906가구, 비아파트가 2904가구로 각각

72.7%, 9.8% 감소했다.

향후 2~3년 후 주택시장 상황을 가늠하는 주택 착공 또한 줄고 있다. 지난달 전국의 주택 착공 물량은 2만2,975가구로 한 달 전보다 41.0% 감소했다. 수도권 착공은 1만2,630가구로 46.2% 줄었고, 지방은 1만345가구로 33.25% 감소했다. 아파트와 비아파트 착공 역시 각각 41%, 7% 적어졌다.

ⓝ 실효적 대책으로 주택 공급 가뭄 해소해야

주택 공급 부족은 지금도 그렇지만 2~3년 후가 더 문제가 될 수 있다. 금리 인하와 임대차법 적용 시기가 맞물리면서 전셋값과 매매가격 폭등으로 이어질 공산이 크다. 고금리와 부동산경기 침체로 지금은 관심에서 멀어져 있으나 주택 공급 감소가 현재화될 경우 2022년 이전의 부동산 가격 폭등이 더 심각한 상황으로 재현될 수 있다.

난제일수록 원론적 대응이 유효한 터. 지금으로서는 어떻게든 공급 가뭄을 해소하는 게 급선무라 할 수 있다. 주택 공급을 촉진하기 위해 정부가 토지 개발 정책을 강화하고 공공 부문이나 재개발·재건축 등을 통한 주택 공급을 늘려야 한다. 주택시장 안정을 위한 금리정책도 필수다. PF대출을 연착륙 정상화하고 금리를 낮춰 주택 거래를 촉진하고 부동산 투자를 유도해야 마땅하다.

세제 혜택으로 부동산 거래의 숨통을 터줘야 한다. 공공 부문과 민간 투자를 활성화하기 위한 세제 혜택도 긴요하다. 가장 중요하고 시급한 것은 규제 완화다. 주택시장 회복을 막고 있는 비현실적인 규제를 풀고 투자를 유도하는 환경을 조성해야 한다. 공공 기여제 개선, 분양가 상한 해제, 토지거래허가구역 중단, 용적률 상향, 인허가 기간 단축 등 동원 가능한 대책을 총망라할 필요가 있다.

시장 안정은 불 끄기와 같다. 강 건너 불로 방관했다간 안방으로까지 불이 옮겨붙는 참변을 당할 수 있다. 정부는 상황의 심각성을 인식하고 실효적 대책으로 침제된 부동산 시장을 살려내야 한다. 규제는 풀고 지원을 늘려 호미로 막을 걸 가래로도 못 막는 잘못을 범해선 안 된다. 지난날의 집값 폭등은 생각만 해도 진저리가 난다. 기억조차 하고 싶지 않은 쓰라림을 다시 겪는 일은 없어야 한다. 망건 쓰다 장 파할 수 있어 미적대는 것보다 덤벙대는 게 낫다.

〈2024년 3월 26일, 권의종〉

한국인의 경제이해력
'과락'

🔍 고장 난 경제교육, 낙오된 경제 실력

어디서 뭐가 잘못된 걸까. 우리 국민의 경제이해력 점수가 58.7점으로 나왔다. 기획재정부 의뢰로 한국개발연구원(KDI)이 지난해 9~11월 18세 이상 3천 명을 대상으로 '2023년 전 국민 경제이해력'(Economic Literacy)을 평가한 결과다. 2021년 직전 조사 때보다 2.4점 올랐으나 60점에 미치지 못했다. 여전히 과락 수준을 맴돈다.

기준금리, 정기예금 등 금융 분야에 대한 이해도가 특히 취약한 것으로 나타났다. 주제별로는 '기준금리 파급효과' 항목이 35.3%로 가장 낮았다. 이어 정기예금(37.1%), 근로계약(43.3%), 온라인 거래(48.8%), 세금(49.3%) 순으로 낮은 정답률을 보였다. 수요·공급 원리(79.2%), 재무관리(71.4%), 자산(69.4%), 연금(68.2%) 등에서는 비교적 높은 이해력을 과시했다.

연령대별로는 70대의 평균점수가 46.8점으로 가장 낮았다. 60대도 53.6점으로 저조했다. 30대(63.8점), 20대(61.9점), 40대(60.9점), 50대(59.9점)의 경제이해력은 그나마 높은 편이었다. 권역별로는 수도권(61점)과 비수도권(56.2점)의 차이가 심했다. '경제교육 의견조사'에서는 '경제를 잘 모르는 편'이라는 답변이 30.5%로, '잘 아는 편'(16.2%)이라는 응답의 두 배에 가까웠다.

경제에 관한 관심도 또한 저조하긴 마찬가지. 평소 경제 이슈에 관심을 갖고 있다는 답변이 40.1%에 불과했다. 관심이 없다는 응답(21.8%)을 크게 앞질렀다. '학교 밖' 경제교육의 필요성에 대해서는 82.3%가 긍정적으로 답했다. 목돈의 투자 항목으로는 정기예금(39.1%)을 가장 많이 꼽았다. 부동산(24.6%), 주식·채권 직접투자(18.2%)가 그 뒤 순이었다.

🔍 교육은 전문 영역, 전문가가 맡아야

초·중·고교 학생의 경제이해력 점수는 60점이었다. 초등학교 6학년 점수(65점)가 가장 높았다. 중학교 3학년(58점)과 고등학교 2학년(57점) 점수는 그보다 낮았다. 학년이 올라가고 상급 학교에 진학할수록 경제이해력이 떨어지는 기현상을 보였다. 대학 입시에서 난해한 경제 과목을 일찍부터 포기한 결과일 수 있다. 멀쩡하게 대학을 나오고도 빚투, 영끌 투자에 나섰다가 쪽박을 차고 신용불량자로 전락하는 20·30세대가 늘어난 것도 이와 무관치 않을 것이다.

경제이해력 향상을 위한 교육 콘텐츠의 양적·질적인 개선이 시급하다. 디지털 경제로 전환이 가속화되고 금융·부동산 사기가 급증하는 등 국내외 경제 환경이 급변하고 있다. 합리적인 의사결정을 위한 경제 지식 배양이 중요해지고 있다. 학교 내에서 경제교육을 비중 있게 다루고, 학교 밖에서 평생 학습 측면에서 성인 대상의 경제교육에 더욱 힘써야 하는 이유다.

기준금리, 정기예금 등 이해도가 취약한 주제에 대해서는 중점을 둬 교육할 필요가 있다. 기본원리와 함께 실제 사례 중심의 콘텐츠로 경제에 대한 이해도를 높여야 할 것이다. 금융 취약계층에 대한 경제교육도 강화해야 한다. 경제이해력 점수가 낮게 나타난 60대 이상은 주로 방송 매체를 통해 경제 지식을 습득하고 있다고 응답했다. 또 경제교육 미경험자의 40.3%는 '경제교육에 대한 정보가 없어서' 교육을 받을 수 없었다고 대답했다. 이런 사실에 주목, 경제교육의 기본이 되는 온·오프라인 프로그램을 다양화하고 이에 대한 접근성도 높여야 할 것이다.

이와 관련해 경제교육을 담당하는 기재부는 의욕적이다. 오는 6월 '디지털 경제교육 플랫폼'을 출범하는 등 각종 경제 콘텐츠를 제공할 계획이다. 청년층의 사회 진출 과정에서 필요한 경제 지식을 망라한 '청년 경제교육 스타터 팩'도 연내에 제작·보급할 예정이다. 지역 경제교육센터 및 지방자치단체와 네트워크를 강화하고 소외계층에 대한 경제교육 역시 늘려갈 방침이다.

경제선진국은 경제 우등국민이 필요

우선, 학교 내 경제교육 정상화를 서둘러야 한다. 정부가 2028년도 입시 때부터 경제 과목을 수능 필수과목으로 지정한 바 있다. 잘한 일이다. 하지만 그것만으로는 충분치 못하다. 학생과 현실에 맞는 전문적인 경제교육이 제대로 이뤄져야 한다. 교육체계를 재구축하고 커리큘럼을 재편성하며 관리 및 운영 방식을 재조정해야 할 것이다.

교육은 전문 영역. 전문가나 전문가 집단이 맡아야 한다. 정부가 교육 실행의 주체로 전면에 나서는 건 곤란하다. 득보다 실이 클 수 있다. 지금까지 정부가 직접 나서서 제대로 된 일이 있었던가. 어디까지나 행정은 행정이고 교육은 교육이다. 감독이나 코치가 선수로 뛸 수는 없다. 정부는 정책을 기획하고 사업을 관리하며 예산을 후원하는 조력자 역할에 그쳐야 한다.

경제교육 전문인력이 부족하면 금융회사나 경제부처, 민간기업의 퇴직자를 활용하면 된다. 전국퇴직금융인협회가 양성하는 금융

해설사만 해도 1천 명에 이른다. 석박사는 물론 경영지도사, 재무분석사, 경제·금융 컨설턴트 등 이론과 실무를 겸비한 전문가들로 구성돼 있다. 이들은 지금도 1사(社) 1교(校) 금융교육, 청년 경제아카데미, 자영업자·소상공인 맨토링, 금융취약자층 경제교육의 일익을 맡고 있다.

　우리 국민의 경제이해도를 높이는 건 그리 어렵지 않다. 우리가 누구인가. 전쟁의 잿더미 위에 세계 10대 경제 강국을 일으켜 세운 저력의 국민이다. 세계가 인정하고 부러워하는 바다. 그런 국민의 경제이해력 점수가 과락이라니. 당치 않다. 창피하고 분할 뿐이다. 고장 난 경제교육을 바로잡아 국민의 경제이해력을 끌어올려야 한다. 경제 선진국은 경제 우등국민을 필요로 한다. 지금 대한민국이 바로 그러하다.

〈2024년 3월 4일, 권의종〉

'미국 우선주의'와
한국의 선택

🔍 자유무역과 보호무역, 상반된 두 흐름

세계 경제는 자유무역과 보호무역이라는 두 축을 중심으로 발전해 왔다. 자유무역은 국가 간 장벽을 허물고 상품, 서비스, 자본, 인력이 자유롭게 이동할 수 있는 환경을 조성하여 글로벌 경제 활성화를 이끌었다. 반면 보호무역은 자국 산업 보호와 경쟁력 강화를 위해 관세 및 비관세 장벽을 강화하며 외부 경쟁을 제한하려는 경제 정책이다.

지난 수십 년간 자유무역은 세계 경제 성장의 핵심 동력으로 작용했다. 이는 국가 간 경제 협력을 촉진하고 소득 증대와 기술 이전을 가속화하며 국제적 안정성을 강화하는 데 기여했다. 예컨대, 칠레는 1990년대 이후 다양한 자유무역협정(FTA)을 통해 경제를 획기적으로 성장시켰다. 이러한 자유무역 체제는 자원 배분의 효율성을 높이고 기술 발전과 산업 다각화를 가능하게 했다.

그러나 자유무역의 긍정적 효과가 모든 국가와 모든 계층에 균등하게 분배된 것은 아니었다. 특정 산업과 지역은 자유무역의 압박으로 쇠퇴하거나 경쟁력을 상실하기도 했다. 이러한 한계는 보호무역주의 부상으로 이어졌고, 세계 경제는 두 무역 체제의 충돌로 새로운 국면에 접어들었다.

🔍 '미국 우선주의'와 보호무역주의의 부상

트럼프 행정부는 '미국 우선주의(America First)'를 핵심 기조로 내세우며 국제 경제 질서를 변화시키고 있다. 이는 미국의 이익을 극대화하기 위한 보호무역적 접근으로, 관세 인상, 무역 협정 재검토, 수출 통제 강화 등을 포함하는 강경 정책이다.

이러한 변화는 세계 경제에 큰 충격을 주었으며, 특히 한국과 같은 수출 의존도가 높은 국가에 중대한 도전 과제를 제기했다. 미국은 자국 산업 보호를 명분으로 자동차, 반도체, 전자제품 등 주요 산업에 높은 관세를 부과하거나 수출 규제를 강화하며 한국 경제에 직간접적인 영향을 미치고 있다.

이 정책 변화는 단순히 수출 감소로 끝나지 않는다. 글로벌 공급망 불안정성과 생산비 증가를 초래하며 국가 간 경제 협력의 신뢰를 약화시키고 있다. 특히 한국은 미국 시장 의존도가 높은 만큼, '미국 우선주의'가 지속될 경우 중장기적 경제 전략 수정이 불가피하다.

🔍 한국의 선택: 변화에 대응하는 전략적 접근

세계 경제가 보호무역주의와 자유무역주의의 갈림길에 선 지금, 한국은 새로운 전략을 모색해야 한다. 변화하는 무역 환경에 효과적으로 대응하기 위해 다음과 같은 구체적인 접근이 필요하다.

첫째, 미국 내 투자 확대 및 협력을 강화해야 한다. 한국 기업들은 미국 내 제조 기반을 강화하고 첨단 기술 분야에서 협력을 확대해야 한다. 이는 미국의 보호무역 정책에 따른 압박을 완화하는 동시에 양국 간 경제적 유대를 강화하는 방안이다. 특히 전기차 및 재생에너지와 같은 친환경 기술 분야는 협력 잠재력이 크다.

둘째, 수출 품목 다변화 및 대미 무역흑자 조정을 기할 필요가 있다. 대미 무역흑자를 완화하기 위해 미국산 에너지와 농산물 수입을 확대하는 등 균형 잡힌 교역 관계를 구축해야 한다. 동시에 기존 수출 품목의 경쟁력을 강화하고 전기차, 친환경 반도체와 같은 신산업 분야를 개척해야 한다.

셋째, 한미 FTA를 적극 활용해야 한다. 한미 자유무역협정(FTA)은 한국이 미국의 보호무역주의에 대응할 수 있는 강력한 도구다. 세이프가드 조항과 분쟁 해결 메커니즘을 적극 활용해 피해를 최소화하고, 디지털 무역 및 서비스 산업을 포함한 협정 보완 협상을 추진해야 한다.

넷째, 글로벌 공급망을 다변화해야 한다. 미국 의존도를 줄이고 안정적인 공급망을 확보하기 위해 유럽연합(EU), 동남아시아(ASEAN), 중남미와의 협력을 강화해야 한다. 특히 인도와 베트남 같은 신흥 시장으로 공급망을 분산시키는 전략이 필요하다.

다섯째, 디지털 및 친환경 산업 협력 강화다. 디지털 기술과 친환경 산업 분야에서 미국과 협력을 강화해 새로운 성장 동력을 창출해야 한다. 전기차 배터리, 재생에너지 프로젝트, AI 및 데이터 활용 기술 등은 글로벌 경쟁력을 확보할 핵심 분야다.

마지막으로, 민관 협력 거버넌스 구축도 필수다. 정부와 민간 기업 간 협력을 강화하여 무역 환경 변화에 신속히 대응할 수 있는 거버넌스를 마련해야 한다. 민관 협력위원회를 구성해 기업의 의견을 반영하고 정책 입안자와 긴밀히 소통해야 한다.

위기를 기회로, 지속 가능한 성장의 기반

'미국 우선주의'는 한국 경제에 중대한 도전을 제시하고 있다. 그러나 이는 새로운 성장 기회를 모색할 계기가 될 수 있다.

다각적이고 구체적인 전략을 통해 한국은 무역 갈등 완화를 넘어 글로벌 경제의 선도 국가로 자리매김할 수 있다. 자유무역과 보호무역의 공존 속에서 한국이 추구해야 할 길은 지속 가능한 성장과 경제적 안정성이다.

지금이야말로 자유무역의 성과를 재조명하고 변화하는 글로벌 질서 속에서 새로운 비전을 제시해야 할 때다. 이는 대한민국이 글로벌 경제 중심에서 미래를 설계하고 주도적 역할을 할 기회가 될 것이다.

〈2025년 1월 5일, 권의종〉

전통시장,
'우리 동네 광장'으로

🔍 위기의 전통시장, 쇠퇴하는 지역 공동체

전통시장은 과거 지역 경제와 문화의 중심지로서 막대한 가치를 지닌 공간이었다. 신선한 재료, 독특한 상품, 정감 있는 상인들의 모습은 전통시장의 상징이었다. 단순히 물건을 사고파는 상거래 공간을 넘어 사람 간의 교류와 공동체를 형성하는 중요한 역할을 해왔다. 그러나 오늘날 전통시장은 그 역할과 가치를 점점 잃어가며 심각한 위기에 처해 있다.

현대화된 소비 패턴과 대형마트, 온라인 쇼핑의 확산은 전통시장의 입지를 위축시키고 있다. 대형마트는 다양한 상품과 체계적인 품질 관리를 바탕으로 소비자에게 편리한 쇼핑 환경을 제공하며 신뢰를 얻었다. 온라인 쇼핑은 클릭 한 번으로 시간과 공간의 제약 없이 원하는 상품을 구매할 수 있는 편리함을 제공한다. 반면, 전통시장은 이러한 변화에 제대로 대응하지 못하며 경쟁력을 잃어가고 있다.

좁고 불편한 통로, 부족한 주차 공간, 비위생적인 환경 등은 소비자들이 전통시장을 외면하게 만드는 주요 요인이다. 이는 단순히 경제적 쇠퇴로 끝나지 않는다. 전통시장의 약화는 지역 공동체의 해체, 지역 정체성의 상실, 그리고 지역 문화의 소멸을 의미한다. 소비자가 더 이상 물리적 공간에 얽매이지 않는 시대에 전통시장은 그 자리를 잃고 정체된 공간으로 남아 있다.

더욱이 상인들의 고령화와 젊은 세대의 부재는 전통시장 쇠퇴의 중요한 원인 중 하나다. 전통시장 상인의 상당수가 50대 이상으로, 청년층은 디지털 환경에 익숙하고 안정적이며 혁신적인 직업을 선호하는 경향이 강하다. 전통시장이 젊은 세대와의 연계를 잃으면서 현대화와 혁신의 동력을 상실하고 있는 실정이다.

새로운 접근이 필요한 전통시장

전통시장은 단순히 경제 활동의 장을 넘어 지역 공동체의 핵심이자 문화적 가치를 지닌 공간이다. 이 공간을 유지하고 발전시키기 위해서는 전통과 현대를 아우르는 혁신적인 접근이 필요하다.

우선, 전통시장에 대한 부정적인 이미지를 전환하는 것이 시급하다. 전통시장은 저렴한 물건만 파는 곳이라는 고정관념이 강하다. 이를 넘어 품질 좋은 상품과 신뢰성 있는 서비스를 제공해 소비자의 신뢰를 회복해야 한다. 이를 위해 낡고 비위생적인 시설을 현대화하고, 깨끗한 화장실, 넓은 주차 공간, 효율적인 이동 동선을 갖춘 편리한 쇼핑 환경을 조성해야 한다.

또한, 디지털 전환은 선택이 아니라 필수다. 전통시장의 상품을 온라인 플랫폼과 연계해 더 넓은 소비층에 다가가야 한다. SNS, 유튜브 등 디지털 매체를 활용해 젊은 세대의 관심을 유도하고, 디지털 주문과 결제 시스템을 도입해 소비자 편의를 극대화해야 한다.

전통시장의 차별화된 강점도 살려야 한다. 대형마트나 온라인 쇼핑몰에서는 경험할 수 없는 지역 특산품, 전통 음식, 수공예품, 지역 문화와 역사적 요소를 전면에 내세워야 한다. 전통시장을 단순히 물건을 구매하는 공간에서 나아가 지역 문화를 체험하고 즐길 수 있는 복합 문화 공간으로 탈바꿈해야 한다.

🔍 젠트리피케이션, 희망과 갈등의 두 얼굴

일부 지역에서는 전통시장의 쇠퇴를 극복하기 위해 젠트리피케이션(gentrification)을 도입하고 있다. 낙후된 지역에 외부 자본과 젊은 상인을 유치해 시장을 활성화하는 전략으로, 충남 예산시장은 그 대표적인 성공 사례로 꼽힌다. 전문가 컨설팅을 통해 현대화된 시장으로 탈바꿈하며, 연간 350만 명이 방문하는 명소로 자리 잡았다.

하지만 젠트리피케이션은 임대료 상승이라는 부작용을 낳기도 한다. 기존 상인들은 높은 임대료를 감당하지 못하고 시장을 떠나야 했으며, 이는 시장의 고유한 정체성을 약화시키는 결과를 초래했다. 젠트리피케이션은 신중히 접근해야 하며, 임대료 상한제 도입이나 공공 임대 상가 운영 등을 통해 기존 상인들이 생계를 유지하고, 지역 주민들과 함께 시장 활성화의 혜택을 공유할 수 있도록 해야 한다.

🔍 '우리 동네 광장'으로의 재탄생

전통시장은 단순히 상품을 사고파는 장소가 아니다. 이는 지역 정체성과 공동체 정신을 담아내는 공간이며, 주민과 관광객이 어우러지는 문화적 중심지다. 전통시장을 되살리는 일은 단순히 경제적 회복이 아니라 지역 사회의 풍요로운 미래를 여는 과정이다.

전통시장이 다시금 지역의 중심으로 자리 잡기 위해서는 이름과 정체성도 현대적으로 재구성할 필요가 있다. 기존의 '재래시장'이나 '전통시장'이라는 명칭은 낡고 고루한 이미지를 줄 수 있다. 이를 대신해 '우리 동네 광장'이라는 새로운 이름을 제안한다. 이 명칭은 전통성과 현대성을 동시에 담아내며 지역 주민들에게 친근함과 소속감을 불러일으킬 수 있다.

'우리 동네 광장'은 전통시장이 지역 주민의 일상 속에서 자연스럽게 어우러지는 장소가 되는 것을 목표로 한다. 전통시장은 이 새로운 이름 아래, 지역 경제와 문화를 이끄는 중심으로 자리 잡으며 사람과 이야기가 살아 숨 쉬는 공간으로 거듭날 것이다.

〈2025년 1월 4일, 권의종〉

미국 대통령
누가 되든 국익이 먼저

10일(현지시간), 전 세계가 트럼프-해리스 대선 토론에 주목했다. 미국은 세계 경제와 정치에 중요한 영향력을 가지고 있기에 미국 대선 때마다 모든 국가들이 촉각을 세우고 미국 대선후보자들의 토론회를 대서특필하며 보도한다. 특히 이번 미국 대선토론은 코로나19 팬데믹 이후 경제 회복이 필요한 시점으로 미국 대통령 후보들이 경제 회복을 어떻게 이끌어 갈 것인가에 대한 정책을 엿볼 수 있기에 더욱 주목됐다.

도널드 트럼프 전 미국 대통령과 카멀라 해리스 부통령은 경제회복을 위한 여러 정책들을 제시했지만 이번 토론에서 다시 한번 확인된 것은 미국 중심의 경제·안보 정책이었다. 트럼프 전 대통령이 늘 외치던 'America First'는 이번 대선에서도 또 다시 강조되었으며, 해리스 부통령 역시 바이든 행정부의 미국 내 경제 회복 및 글로벌 리더십 강화를 주요한 목표로 삼고 있다는 점에서 미국 우선주의의 입장은 트럼프 전 대통령과 크게 다르지 않았다. 이에 대미 의존도가 높고 수출, 수입 비중이 큰 우리나라는 미국의 대선 결과에 맞춰 경제와 안보 측면에서 여러 대비를 해야 한다.

◎ 미국의 보호무역주의로 인한 파급효과

두 대선 후보가 공통적으로 주장하는 것은 미국의 보호무역주의 정책이다. 트럼프 전 대통령은 재선에 성공하면 다른 나라에서 수입하는 모든 제품에 대해 보편적으로 10%의 관세를 매기겠다고 공표하였다. 해리스 부통령 또한 경제 동맹국과 함께 미국 내 산업과 공급망 육성에 집중하는 경제 정책 기조를 제시하였다.

과거 트럼프는 재임 기간 동안 한미 자유무역협정(FTA)를 재협상하며 우리나라에 더 많은 양보를 요구한 바 있다. 이번 토론에서도 그는 미국 우선 원칙을 재차 강조함에 따라 향후 재선 시 무역적자를 이유로 한국산 제품에 대해 추가 관세를 부과하거나 더 유리한 조건을 요구할 가능성을 배제할 수 없다.

우리나라는 철강, 자동차, 반도체, 통신기기와 같은 주요 산업에서 미국의 보호무역조치에 따라 많은 변동이 나타나고 있다. 과거 자동차 산업은 미 대선 다음 해에는 마이너스 성장률을 보였다가 이후 플러스 성장을 보일 정도로 미국에 의존도가 매우 높은 것으로 나타났다. 이에 백악관에 누가 입성하든 우리나라는 수출 감소와 환율 변동과 같은 불안정한 상황을 감내해야 하는 상황에 놓일 수 있다.

미중 갈등 사이에서 갈팡질팡 하는 우리나라

첫 미국 대선 TV토론에서 트럼프 전 대통령과 해리스 부통령은 대통령 직을 두고 서로의 약점을 비방했지만 중국에 대한 강경 정책만큼은 생각이 같았다. 두 후보는 지속적으로 중국에 대한 견제를 하며 대중국 압박정책을 펼치는 등 미중 간 갈등을 지속하려는 의지를 표명하였다. 이러한 가운데 우리나라는 경제와 안보 측면에서 중국과 미국 사이에 끼어 있는 난처한 상황이다. 중국은 우리나라의 주요 무역 파트너이지만 미국 또한 군사 동맹국이자 주요한 경제 협력국이기 때문에 미국의 대중국 압박 정책을 고수하면서 기술 전쟁을 강화한다면 우리나라는 최악의 경우 중국 시장을 포기해야 하는 상황이 발생할 수도 있을 것이다.

🔍 기후변화와 에너지 정책, 우리 산업에 제약으로

해리스 부통령은 기후변화에 대해 강력한 대응을 촉구하며, 미국이 재생에너지 및 친환경 기술에 집중할 것을 강조했다. 반면 트럼프 전 대통령은 에너지 자급자족을 우선시하며 기존의 화석연료 산업 보호를 주장했다. 양측의 입장이 다소 다르지만, 모두 자국 중심의 에너지 독립을 강화하고, 해외 에너지 수입에 의존하지 않겠다는 기조를 보이고 있다.

이는 우리나라에게는 또 하나의 중요한 문제로 다가온다. 우리나라는 에너지 자원이 부족한 나라로, 미국에서 수입하는 액화천연가스(LNG) 등 에너지 원자재에 의존하고 있다. 미국이 에너지 자급자족을 강화하면서 에너지 수출을 줄이거나 가격을 인상하게 되면, 우리나라의 에너지 비용 부담이 크게 증가할 수 있다.

이는 가뜩이나 적자에 허덕이는 한전에게 또 다시 시련으로 다가올 수 있다. 또한 미국의 재생에너지 관련 규제가 강화되면 우리나라의 제조업이나 철강, 석유화학 산업들은 탄소 배출 기준으로 인해 미국과의 교역에서 불리한 상황에 놓일 가능성도 있다. 이처럼 두 대선 후보의 에너지 정책은 상반되어 각각의 상황을 대비할 필요가 있다.

🔍 자주적인 외교·경제 전략 필요

다음 미국 대통령이 누가 되든 대한민국 국민에게 중요한 것은 미국 내 이익을 최우선으로 삼는 "미국 중심"의 정책 기조로 인해 큰 변화가 있을 것이라는 점이다.

따라서 우리나라는 경제적 손실을 입지 않도록 각 대통령 후보가 주장하는 정책 환경에 맞춰 시나리오 기법을 통해 신속하게 대응할 준비를 해야 한다. 또한 미국의 보호무역주의와 미중 갈등 속에서 외교적 딜레마를 겪지 않도록 자주적이면서 균형 잡힌 외교를 하고 다양한 무역 파트너를 구축하여 경제 다변화 전략을 신속히 추진해야 한다. 이를 통해 강대국의 변화로부터 우리나라의 중심이 흔들리지 않도록 만반의 대비를 해야 한다.

〈2024년 9월 12일, 백승희〉

자발적 상장폐지,
'적정한 공개매수가'로

최근 우리나라에서도 사모펀드의 자발적 상장폐지 사례가 속출하고 있다. 올해 들어서만 쌍용C&E, 락앤락, 커넥트웨이브 등이 자발적으로 주식시장을 떠나고 있다. 자발적 상폐를 결정하는 경영진의 입장에서는 공시의무, 주가 변동성, 일반주주 관리 등의 부담에서 벗어나려는 '경영 편의성'을 높인다는 목적이 크다는 명분을 내세운다.

하지만 자발적 상폐에 반발해 법적 대응까지 불사하는 소액주주연대 '개미들'의 입장은 다르다. 사실상 이들 기업이 자산 매각, 배당 확대, 감자 등을 통한 투자금 회수가 본질적 목적이라고 비판한다. 목표 수익에 이르면 이익을 실현하고 빠져나가기 때문에 주로 기업의 인수합병에 사용되는 사모펀드의 속성이기도 하다.

그런데, 문제는 대주주인 사모펀드가 매수자, 일반주주가 매도자로서 공개매수를 통한 자발적 상장폐지의 거래 구조 때문에 발생한다. 이 때문에 이해상충과 정보비대칭의 논란과 갈등을 피할 수 없다.

이와 관련 최근 자본시장연구원은 '최근 사모펀드에 의한 상장폐지 원인과 시사점' 보고서를 통해, 공개매수가에 대한 일반주주의 불신이 불식되려면 공개매수가의 적정성이 담보되어야 한다고 제언한다.

최근 미국, 유럽 등 서구 주식시장, 그리고 일본 등 아시아 주식시장에서 사모펀드(private equity)에 의한 자발적 상장폐지를 통해, 이해상충 가능성이 있는 M&A 시 거래가격 등 절차의 공정성을 담보하는 방안을 제시하고 있다.

미국, 유럽, 아시아 등 '자발적 상폐' 급증 추세

이 보고서에 따르면, 지난 몇 년 간 미국 사모펀드의 상장폐지는 2016년 28건, 420억달러에서 2022년 45건, 2,704억달러로 급증했다. 다만, 2023년에는 기준금리 인상 여파로 33건, 755억달러로 줄어든 상황이다.

일본은 코로나19 시기 이후 급증, 2022년 12건, 2023년 18건의 MBO(Management Buyout) 방식 상장폐지로 과거 13년간 최대치를 기록했다. 심지어 지난해에는 일본의 대표 상장기업 중 하나인 도시바가 일본 사모펀드 컨소시엄에 공개매수된 후 상장폐지되기도 했다.

우리나라는 2023년부터 일부 대형 사모펀드 운용사에 의한 공개매수 후 상장폐지 사례가 본격화하는 추세이다.

그렇다면, 왜 상장기업의 경영자들은 어렵게 성취한 상장기업의 실익과 영광에서 벗어나려는 것일까? 한마디로 경영진의 부담 또는 불편 때문이다. 상장기업의 경영진은 공시의무를 포함한 각종의 상장 관련 규제 준수 비용, 일반주주 관리 비용, 무엇보다 주식시장 투자자의 요구와 기대를 충족시켜야한다.

특히 상장폐지를 통해 주주가치가 증대된다는 것이다. 해외 상장폐지 사례를 분석한 결과, 사모펀드에 의한 상장폐지가 주가 상승 또는 상장폐지 프리미엄을 통해 주주가치를 증대시킨 사실이 실증됐다. 사모펀드와 경영진이 비상장 상태에서 기업성과와 기업가치에 대해 좀 더 집중할 수 있었다는 분석이다.

최근 국내외 사모펀드에 의한 상장폐지의 경우를 살펴봐도, 상장폐지의 대표적 동인으로 기업의 재무적 성과 및 장기 전략에 대한 집중 가능성, 상장유지 비용의 제거, 그리고 저평가된 상장기업 인수를 통한 투자수익 창출 등이 제시된다.

무엇보다 국내 사모펀드에 의한 자발적 상장폐지 사례가 최근 증가하는 요인은, 현재까지 사모펀드 결성액이 지속적으로 증가하고 선도 운용사 중심으로 사모펀드 대형화가 이루어지고 있기 때문이다.

게다가 양호한 투자수익 창출이 가능하면서 대규모 바이아웃 자금을 투자할 만한 신규 투자대상 비상장기업의 수도 충분하지 않은 실정이다. 따라서 투자대상 물색 차원에서 상장기업 경영권 인수로 확대된 부분이 작용하고 있다는 것이다.

여기에, 상장기업의 경우 그간 바이아웃 투자가 드물어 사모펀드 특유의 기업 지배구조 개선을 통한 기업가치 제고 가능성이 열려 있었다.

🔍 공정의견 보고서 공시의 미국, 공정한 M&A 촉진 지침의 일본

이처럼 국내에서 사모펀드에 의한 상장폐지는 통상 사모펀드가 상장기업의 경영권 행사 가능 지분을 먼저 인수한 후 잔여 일반주주 지분을 공개매수를 통해 추가 취득한 후 상장폐지하는 형태로 이루어지고 있다.

그런데, 기존 사모펀드 대주주가 매수자, 일반주주가 매도자가 되는 이러한 거래구조는 대주주인 사모펀드와 일반주주 간 이해상충

가능성과 정보비대칭 가능성을 잠재적으로 내포하고 있다. 대상기업의 이사회가 대주주의 영향력에 놓일 경우 대주주의 이익을 우선할 가능성에 대한 우려를 완전히 불식시키기 어렵다.

따라서 일반주주 입장에서 공개매수에 응할 지의 여부를 결정하는데 가장 중요한 고려사항은 공개매수가의 적정성 여부일 것이다. 현재는 공개매수가의 공정성에 관해 투자자들이 판단할 수 있는 정보의 범위가 제한되어 있다.

따라서 일반주주에 대한 이해상충과 정보비대칭 가능성을 해소하기 위해 상장폐지 과정에 있어서 일반주주의 정보 접근성을 강화해야 한다. 가령, 독립적인 제3자 재무자문사에 의한 공정의견 보고서를 공시하는 미국이나, 공정한 M&A 촉진을 위한 정부의 지침을 갖춘 일본의 선례를 참고할 필요가 있다. 한마디로, 상장폐지는 '공정하게' 이루어져야 한다.

〈2024년 7월 23일, 정기석〉

'재벌(chaebol)'은
영원할까?

재벌(財閥)은 거대 자본을 가진 경영진이 가족, 친척 등 동족(同族)을 주축으로 이루어진 혈연적 기업체를 뜻한다. 그 어원은 일본의 자이바츠(財閥)에서 유래되었다. 유래는 과거 메이지 유신 시기 일본 정부의 산업 정책에 편승한 기업가를 뜻하던 정상(政商, せいしょう)으로 거슬러 올라간다. 오늘날 미쓰이, 미쓰비시, 스미토모, 야스다 등 4대 자이바츠가 대표적이다.

한국에서는 범삼성가나 범현대가, 범SK가, 범LG가, 범롯데가 등을 이른바 5대 재벌로 꼽을 수 있다. 심지어 한국의 재벌은 영어사전에도 'chaebol'로 따로 등재될 정도로 원조 일본 보다 더 토착화됨 셈이다.

이같은 '한국형' 재벌은 중세적 특징까지 지닌다는 평가를 받을 정도다. 혼맥과 혈연으로 맺어지고 부의 세습이 강하게 이루어지며, 재벌 회장이 지주회사의 사장들을 거느리는 모습은 마치 봉건국가의 군주와 영주들을 연상케한다는 것이다.

◎ '총수의 황제경영'이 횡행하는 한국의 재벌

최근 경실련은 한국 5대재벌의 현재 모습을 조사하고 평가했다. 우선 오늘날 한국경제에서 재벌의 경제력 집중은 더욱 심화되고 있다는 점을 확인했다. 5대 재벌(삼성, SK, 현대자동차, LG, 롯데)의 계열사는 2007년 227개에서 2023년 504개로 증가했다. 지난 16년간 277개, 2.22배나 늘어난 수치다.

특히, 내부거래가 용이한 전문·과학·기술·교육·사업지원 등 비제조·서비스로의 진출이 압도적이라는 특징도 찾아냈다. 또한 기술혁신이 필요한 주력사업보다는 경제력 활용으로 진출이 용이한 비제조분야 건설·부동산·임대, 금융업, 그리고 탄소배출이 많은 석유·화학업으로의 진출이 높다고 지적했다.

돌이켜보면, 한국의 재벌은 과거 권위주의 정부가 주도한 개발경제형 성장전략 하에서 태동하고 형성되었다. 일정 부분 국가산업과 국민경제에 기여한 것은 사실이나 정부의 정책지원 특혜가 없었다면 재벌의 성장과 성공을 불가능했을 것이다.

그런데, 오늘날 또는 다가오는 미래에도, 지속가능한 성장과 사회적 역할이 가능할 수 있을까? 선뜻 그렇다고 자신할 수 없다. 태생적으로 재벌이 안고 있는 문제와 한계가 적지 않기 때문이다.

수직계열화, 경영권세습, 사익편취 목적 내부거래 등은 한국 재벌의 대표적인 특징이다. 새로운 혁신기업의 시장진입과 성장을 막고 경쟁을 제한, 성장동력의 기반을 무너뜨리는 한국경제의 병인이다. 이로써 왜곡된 소유지배가 고착, 정상적이고 합리적인 기업거버넌스가 작동하지 않은지 오래되었다. 이른바 '총수의 황제경영'이 여전히 버젓이 횡행하는 게 현실이다.

마침내 기업은 총수일가의 사익추구 수단으로 전락하고 재벌의 경제력 집중은 시장의 왜곡을 촉발시킨다. 재벌의 경제력 집중은 시장지배력이나 독점력과는 다른 차원의 심각한 문제다. 특정 개인이나 집안이 경제전반과 사회전반에 영향력을 행사해 사회적, 정치적, 정책적 사업적 의사결정에 그 개인이나 집안의 사익을 반영하는 지경에 이른 상태를 말한다.

이번에 재벌들의 계열사 현황을 조사한 경실련은 "이렇게 특정 재벌에의 경제력 집중이 방치된다면 기술혁신과 시장활력을 통한 국가의 지속가능한 성장은 불가능해진다"고 개탄하면서, "재벌개혁은 꼭 필요한 정책적 과제이므로 국회와 정부는 재벌개혁을 위한 제도개선에 나서달라"며 거듭 촉구하고 있다.

⊛ '돈 벌기 쉬운' 비제조·서비스업 및 내부거래 치중

지난날 재벌이 비록 정부로부터 금융, 세제, 수출 등에서 각정 정책지원 특혜를 받았지만, 국가경제 성장을 견인했던 성과는 인정할 수밖에 없다. 하지만 이제는, 더 이상은 아니다. 오늘날 재벌의 경제력 집중에 따른 각종 폐해가 누적되고 왜곡되어 재벌 스스로는 물론, 국가경제의 지속가능한 성장가능성이 의심받고 위협받고 있기 때문이다.

그동안 출자총액제한, 신규순환출자금지, 상호출자금지, 채무보증제한 등 재벌의 전횡을 통제하려는 다양한 제도가 없었던 게 아니다. 하지만 제대로 작동하지 못한 채, 오히려 재벌에 대한 규제만 계속 완화되었다. 이제 과거에 작동하던 특혜적인 경제구조와 제도를 개선, 시스템 리스크를 줄이고 양극화 심화를 줄여야 한다.

경실련의 조사에 따르면, 지난 16년 동안 5대 재벌은 277개의 계열사가 증가(2.2배)했다. 그런데 제조업은 65개사(1.74배)가 증가한 반면 비제조/서비스업은 212개사(2.53배)나 증가했다. 이로써 5대 재벌 계열사는 비제조업이 68.9%를 차지하고 있다. 특히 SK그룹은 M&A 등을 통한 비제조·서비스업의 진출이 유난히 두드러진다.

특히, 내부거래가 용이해 혁신성이 낮고 경제력으로 손 쉽게 진출할 수 있는 전문·과학·기술·교육·사업지원서비스가 전체 대비 17.3% 를 차지한다. 건설·부동산·임대(전체 대비 9.5%) 도매·소매업(전체 대비 8.1%), 금융·보험·증권업(전체대비 5.2%)등 자본력만 있으면 진입도, 수익창출도 쉬운 업종들을 선호하고 있다.

한편, 현 정부는 재벌개혁정책은커녕, 재벌친화 또는 특혜정책을 펼치고 있다. 동일인 범위 축소로 재벌 총수 일가의 사익 편취 규제가 무력화되었다. 일감몰아주기 증여 의제 과세도 사업부문별, 수출목 적거래 등 기준으로 축소했다. 국내모회사의 해외 자회사에 대한 지 분율 기준도 완화되고 해외자회사로부터의 배당소득도 익금불산입 처리되었다.

경실련은 무엇보다 재벌의 소유지배구조 개혁이 최우선과제라고 제안한다. 공정거래법을 개정해 기업집단을 단위로 지주회사체제와 지주회사를 지정, 지주회사 밑에 모든 계열사들이 편입되도록 해야 한다는 것이다.

또한 그룹 전체 주식의 5%도 안되는 지분으로 대기업집단을 장악 할 수 있는 기형적 소유지배구조와 의사결정구조도 혁파, 지배주주 의 통제 하에 있는 지분을 제외한 주주들의 다수결로 의결하는 'Majority Of Minority(MOM) Rule'을 적용할 필요가 있다고 제안 한다.

아울러 징벌배상 및 디스커버리 제도 도입, 총수일가의 사익편취 근절, 산업전환에 따른 RE100 클러스터 및 분산형 전력망 도입 등을 구체적인 개혁방안으로 제시하고 있다. 지금 개혁하지 않으면 재벌 은 더 지속가능할 수 없다는 마지막 경고로 들린다.

〈2024년 6월 17일, 정기석〉

'좀비기업' 양산하는
기술특례상장

지난 10일 서울중앙지법에서는 반도체설계 스타트업 파두의 첫 재판이 열렸다. '증권관련 집단소송법'에 따른 손해배상청구소송이었다. 이른바 '뻥튀기 기업공개(IPO)'로 주가가 급락, 손실을 본 주주들이 파두와 상장주관사인 NH투자증권, 한국투자증권을 상대로 소송을 제기한 것이다.

지난 2월 코스닥시장에 입성한 주사전자현미경(SEM) 제조 기업 코셈은 올해 1분기 적자를 냈다. 상장하면서 올해 당기순이익을 26억300만원으로 제시했으나 당기순손실 1억4700만원을 기록했다. 상장 대표 주관사 키움증권은 최근 3개년간 영업이익 및 당기순이익 흑자를 시현하고 2016년 이후 지속적으로 매출이 성장했다며 이 회사의 가치를 높이 평가한 바 있다.

최근 반도체 설계자산(IP) 기업 퀄리타스반도체는 595억원 규모 유상증자를 결정했다. 이 회사는 지난해 10월 코스닥시장에 상장했다. 불과 상장 반 년 만에 공모자금(300억원)의 2배 규모로 또 유증을 한 것이다. 회사는 연구개발 인력 확보를 위해 투자하는 운영자금이 필요하다고 설명했다. 그러나 주주들은 주주를 기만하고 주식 훼손했다는 크게 반발했다. 주가도 급락했다.

지난 4월에는 보안업체 시큐레터가 코스닥 상장 7개월만에 주식 매매거래가 정지됐다. 2023년 재무제표에 대한 외부감사에서 상장

폐지 사유 중 하나인 감사의견 거절을 받았기 때문이다. 감사인 태성 회계법인은 기초 회계의 불안정성 때문에 감사범위가 제한된다는 이유를 근거로 들었다. 그런데 상장 과정에서는, 금감원이 지정해준 회계법인이 오류가 포함된 재무제표에 대해 '적정'하다는 감사의견을 냈었다.

유전체분석 바이오기업 이원다이애그노믹스(EDGC)는 최근 결국 기업회생 절차에 돌입했다. 서울회생법원에 '회생절차개시', '회사 재산 보전처분, 포괄적 금지명령, 신청서를 접수했다. 이 회사는 2023년 '의견거절' 감사판정을 받음에 따라 지난달 상장폐지 사유가 발생, 거래정지 상태에 들어갔다.

◎ '문턱만 자꾸 낮춘' 기술특례상장

파두, 코셈, 퀄리타스반도체, 시큐레터, EDGC. 이들 기업은 공통점이 있다. 모두 기술특례상장제도를 통해 코스닥시장에 입성했다는 점이다. 지난해 기술특례로 상장된 32개 기업에서 매출추정치를 달성한 기업은 단 1곳이다. 12곳이나 추정 매출의 절반도 안 되고 80% 가량은 적자를 면치 못했다. 매출, 손실 등에서 관리종목 지정 유예 특혜를 받아, 죽어도 죽지않는 '좀비기업'을 양산한다는 비판과 자조의 목소리가 들릴만하다.

기술특례 상장 제도는 2005년 도입됐다. 기술력은 우수하나 재무요건을 충족하지 못하는 혁신기업이 자금을 유치해 성장할 수 있도록 하자는 취지이다. 한국거래소가 지정한 전문평가기관 중 2개 기관으로부터 기술평가를 받아 통과하면 된다. 심지어 적자기업이라도 기술특례 상장이 가능하다. 상장 이후에도 상장 유지를 위한 재무적 요건을 장기간 적용받지 않는 특혜도 덤이다.

처음에는 바이오기업만 대상이었다. 2014년부터 바이오에서 전업종으로 상장 요건이 완화, 대상이 확장됐다. 2017년부터는 기술평가 외에 성장성 평가를 통과하면 상장할 수 있도록 제도가 더욱 완화됐다. 2021년부터는 유니콘 특례제도가 도입, 시가총액 1조원 이상 기업은 기술평가를 면제받았다. 시가총액 5000억원 이상은 1개 전문평가기관으로부터 A등급 이상을 받으면 상장할 수 있다.

올해 1월부터는 기술력 있는 기업은 '혁신기술 트랙'을, 사업모델이 차별적인 기업은 '사업모델 트랙'을 활용하도록 유형도 단순화했다. '초격차 기술특례'도 도입, 국가적으로 육성이 필요한 첨단전략 분야 기업 중 성장 잠재력을 검증받은 기업은 1곳의 전문평가기관에서 A등급 이상 받으면 상장된다. 최대 출자자가 중견기업이면 상장이 허용되도록 출자자 요건도 완화됐다.

이로써 기술특례 상장의 혜택을 본 사례는 지속적으로 증가, 2017년 7건, 2018년 21건, 2019년 22건, 2020년 25건, 2021년 31건, 2022년 28건, 2023년 35건에 달했다.

◎ '부실기업 뻥튀기'의 유혹, 기술특례상장

적자기업인 기술특례 상장기업은 미래 실적을 추정해 기업 가치를 평가한다. 기업의 가치를 계량화하기 위해, 기술적으로 미래의 추정 수익을 기준으로 불확실성 및 리스크를 반영해 할인하는 DCF(현금흐름할인법) 등을 적용한다.

바로 이 지점에서 이 제도의 한계와 문제가 드러난다. 당장 눈에 보이지 않고, 손에 분명히 잡히지 않는, 미래의 추정 수익과 불확실성 및 리스크를 계산하는 게 어디 쉬운 일이겠는가. 무엇보다 할인율은 바라보는 시각에 따라 모두 달라 표준화, 객관화가 어렵다. 기업들과 상장 주관사는 기업 가치와 공모금액을 최대한 부풀릴수록, 또는 뻥튀기할수록 이익이 늘어나는 구조악의 유혹에 빠질 위험이 없지 않다.

금융위원회 등은 지난해 7월 '기술특례상장 제도 개선 방안'을 확정했다. 자본시장 투자자들의 신뢰를 바탕으로 발전해 나갈 수 있도록 '옥석'을 가려낼 수 있는 선별 기능을 강화하면서 상장 주관사의 책임성을 높이려는 목적이다. 개선방안에는 '상장 신청-심사-사후관리'에 이르는 전 단계에서 제도와 집행 관행을 개선하는 14개 세부과제가 포함됐다.

특히, 기술특례상장기업이 상장 후 2년 이내에 부실화될 경우, 해당 기업 상장을 주관한 증권사가 이후 기술특례상장을 주선할 때는 6개월간 주관사가 주식을 되사는 풋백옵션을 부과하고 인수 주식 보호예수기간은 3개월에서 6개월로 연장하는 내용이 눈에 띈다.

업계는 사업성에 우선을 둔 사업모델 트랙 대신 혁신기술 트랙을 밟아 상장에 도전하는 사례가 늘 것으로 전망하는 등 대체로 이번 제도 개선 방안을 환영하고 있다. 반면 벤처캐피탈업계는 제약바이오기업 대상 질적심사 기준에서 '매출처와의 거래 지속 가능성 또는 신규 매출처 확보 가능성'이 삭제된 점은 우려하고 있다.

기술특례상장 기업은 코스닥 규정상 관리종목 지정을 매출 기준 5년, 손실요건 3년 등을 유예받는다. 어쨌든, 5년 안에는 매출 30억 원 이상을 기록해야 상장이 유지된다. 기술특례라는 특혜를 받아도, 돈을 벌어야, 수지를 맞출 수 있어야, 기업이라 할 수 있다.

〈2024년 5월 20일, 정기석〉

'갑질'로 돈 버는 대기업들

"난 스트레스 푸는 감정 쓰레기통, 노예였다." 재계 순위 30위 SM 그룹의 퇴사자들의 울분에 찬 절규의 항변이다. 이들은 그룹 회장의 둘째 딸이자 재무기획본부장에게 일상적으로 갑질을 당했다고 한다.

이들은 그녀가 평소 직원들에게 공개적으로 면박을 주면서 고성을 지르고 종이를 집어던지는 등 인격을 모독하는 발언과 행동을 서슴지 않았다고 입을 모았다. 심지어 폭언으로 인해 공황장애 판정을 받고 퇴사한 직원도 있는 것으로 파악되었다.

지난 3월 한 시민단체는 SM그룹 회장의 둘째 딸을 직원들에 대한 상습폭행과 명예훼손 혐의로 경찰에 고발했다.

업계에 따르면, 그녀는 장시간 경영 수업을 받으며 그룹의 후계구도의 중심에 서 있었던 중요 인물이라고 한다. 그룹의 주역기업인 삼환기업의 2대 주주이자 감사로서, 삼라, 우방, SM중공업, SM화진, STX건설 등 주요 계열사에도 감사로 등재, 그룹 경영에 직·간접적으로 참여한 것으로 알려진다.

🔍 이랜드그룹은 노조 규탄, 근로감독에 경찰고발까지

"갑질 STOP, 걸핏하면 직장갑질/괴롭힘 이랜드는 각성하라!"

지난 2월 NC백화점 수원터미널점 앞에 뉴코아이랜드노동조합공동교섭연대의 명의로 현수막이 하나 내걸렸다. 이랜드그룹의 고질적인 직장 내 갑질과 괴롭힘을 규탄하는 집회 현수막이다.

이랜드그룹은 지난해 말부터 잇따라 갑질 논란에 휩싸이며 고용노동부의 특별근로감독팀으로부터 현장감독까지 받는 지경에 이르렀다.

이것 말고도 이랜드그룹은 갑질 사례는 다양하다. 지난해 말에는 그룹 회장의 이랜드 매장 불시 점포 방문을 대비, 직원들에게 밤샘근무를 시켰다. 또 그룹 연말 행사에는 이랜드월드 직원 수백 명을 동원했다. 거기에 이랜드리테일은 4년간 공휴일 가산수당을 지급하지 않아 '임금체불' 논란에 휩싸이고 있다.

특히, 이랜드리테일은 2019년에는 납품업체에 판촉비를 떠넘겨 공정위 제재를 받기도 했다. 납품업자들의 매장 위치와 면적, 시설을 기존 조건보다 불리하게 변경하며 비용을 전가한 것도 부당하다며 법원의 판결을 받기도 했다. 판촉행사의 비용을 약정 없이 부담시키는 것은 일종의 업계 관행이었다고 한다.

한편, 지난해 말, 시민단체인 서민민생대책위원회는 이랜드그룹의 창업자인 박성수 회장을 비롯해 윤성대 이랜드리테일·이랜드파크·이랜드건설 대표이사, 최운식·최종양 이랜드월드 대표이사를 강요, 업무방해, 근로기준법 위반 등으로 서울경찰청에 고발했다.

◎ '검사 출신 갑질 회장'이 'CVO'로 몰래 복귀한 대웅제약

2022년 5월에는 '갑질 논란'으로 물의를 빚은 뒤 경영에서 물러났던 전 대웅제약 회장이 슬그머니 복귀했다는 소식이 논란거리가 되었다. 그것도 회장 타이틀이 아닌 '최고비전책임자(CVO)'라는 생소하고 비밀스러워 보이는 자문 역할 명함을 들고 말이다.

대웅제약에 따르면 전 회장은 그해 1월부터 대웅제약과 지주사 대웅, 계열사 한올바이오파마에서 CVO라는 비상근, 미등기 임원직을 맡았다고 한다. CVO는 '전문경영인이 의사 결정을 하고 CVO는 주요 현안에 대한 자문 역할을 하는 회사의 방향성을 제시하는 업무'라는 설명이다.

전 회장은 대웅제약 창업자인 명예회장의 셋째 아들이다. 또 지주사 대웅의 지분 11.6%를 보유하고 있는 최대주주로 그룹 내에서 절대적인 영향력을 갖고 있다.

검사 출신인 그는 가업을 이어받기 위해 대웅제약 경영에 참여, 2014년 회장으로 승진하면서 오너 2세 시대를 열었다. 그런데 2018년 8월 전 회장은 모든 자리에서 갑자기 물러났다.

직원들에게 폭언과 욕설 등을 퍼부었던 녹취록이 공개되었던 것이다. '정신병자' 등 입에 담기 민망한 거친 욕설을 직원들에게 거리낌 없이 내뱉었던 '갑질'이 녹취록을 통해 만천하에 드러나며 세상 사람들의 지탄을 받았다.

그는 3년 4개월에 걸친 반성과 자숙의 시간을 가졌으므로 나름대로 복귀 시점이 됐다고 판단했던 걸까. 회사 측은 "경영에는 전혀 참여하지 않고 있다"라고 변명하지만 그 말이 곧이곧대로 들리지는 않는다. '갑질 논란'을 일으킨 기업주에게 너무 쉽게 면죄부를 주는 게 아니냐는 차가운 여론이 적지 않다.

심지어 표면적으로는 경영 일선에서 물러났다는 그 자숙의 기간에도 전문경영인에게 전적으로 지휘봉을 맡기지는 않았다는 주장도 제기된다. 특히, 그룹의 사활이 걸렸다는 메디톡스와 보툴리눔 톡신(일명 보톡스) 소송전도 검사 출신인 전 회장이 뒤에서 지휘했다는 게 거의 정설이다.

이런 의문과 의혹의 논초리에도 대웅제약은 복귀한 전 회장은 '자문 역할' 뿐이라고 대답한다. 가령, 신약 연구개발(R&D)나 글로벌 경영과 같은 굵직한 현안들에 한해 자문한다는 것이다. 이사회 등에 참석하지도 않고 단지 전화로 의견을 말하는 정도라는 것이다. 그런데, 이런 게 본질적으로, 실질적으로 경영행위와 뭐가, 얼마나, 어떻게 다른건지는 잘 모르겠다.

매우 궁금하다. 이른바 '갑질 경영'을 잘 해서 돈을 더 많이 벌게 되면 쾌감과 성취감이 생기는지. 계열사를 더 많이 거느리면 배가 불러 포만감이 드는지. 재계순위가 더 높아지면 자존감과 자부심이 더 높아지는지. 직원이나 거래처들이야 죽든말든 그저 나만 잘 살면, 정말 재미있고 행복하게 살아갈 수 있는지.

〈2024년 5월 7일, 정기석〉

불경기 민생 탈출, 자영업부터

심각한 불경기가 심화되고 있다. 불경기란 생산, 소비 등 경제활동이 활발히 돌아가지 않는 상태를 말한다. 수입이 줄어든 기업은 지출을 줄여야하니 정리해고 등 구조조정을 피할 수 없다. 인력이 줄어든 기업은 생산동력과 시장기반이 위축되거나 상실된다. 직장을 잃고 임금과 소득이 줄어든 소비자들은 시장을 이용하지 못한다.

이렇게 생산과 소비가 돌아가지 않는 불경기의 악순환의 고리는 끝이 보이지 않는다. 생활에 지친 소비자들은 복권이나 도박에 매달리고 인터넷 중고시장에 생활용품까지 내다 판다. 와중에 저가의 물품으로나마 사치를 즐기려는 일부 소비자들의 '립스틱 현상'도 여전히 사라지지 않는다. 이같은 동네시장의 침체와 왜곡은 결국 국가경제의 혼란과 위기로 연결된다.

지금같은 불경기의 상태와 수준을 보면 국가가 나설 때가 이미 지나친 건 아닌지 우려된다. 국가가 나서서 급여노동자들의 임금을 인상하고 소상공인 등 취약계층의 소득을 창출하는 정책적, 제도적 노력을 보여줘야 불경기는 해소될 수 있을텐데 말이다. 장기 불경기의 직격탄에 무방비로 노출된 자영업자들을, 민생을 구할 국가는 지금 어디 있는가?

🔍 1000조 자영업 대출과 180만 자영업 다중채무자

불경기라는 위협과 위험에 치명적인 손실과 피해를 보기 쉬운 소상공인 등 자영업자의 문제는 해당 자영업자만의 문제가 아니다. 자영업자는 민생의 뿌리이자 토대이기 때문이다. 국가경제의 보루이자 최전선이기 때문이다.

게다가 자영업자는 세법상으로 다종다양한 개인 사업자로서 특성상 소규모의 영세한 사업자가 대부분을 차지한다. 따라서 일부 유망기업들이나 중산층 이상에게 혜택과 효과가 제한될 수 있는 대출 만기 연장, 이자 유예 등 금융 지원 조치만으로는 아무래도 위기에 취약한 자영업자를 챙기는 데 한계가 있다. 자영업자의 문제를 해결하려면 산업의 구조조정을 통한 근본적인 체질 개선이 절실한 이유다.

최근 소상공인진흥공단이 집계한 전국 소상공인 체감경기실사지수(BSI)를 살펴보면 하락세는 계속되고 있다. 이유는 단순하고 분명하다. 우선 고금리에 따른 이자 부담 증가로 가계의 실질소득이 감소했다. 당연히 소비가 줄어든데다 물가까지 금리와 동반 상승했다. 물가 상승은 자영업자의 원가 부담 증가와 판매 부진에 따른 수익 감소와 직결되었다.

통계청의 발표를 살펴봐도 자영업자 위주 서비스업 둔화 추세는 확연하다. 특히 영세 자영업자가 많은 숙박·음식업의 서비스업 생산(불변지수)은 지난해 2분기 -2.7% 감소세로 전환하고 3분기에는 -4.7%로 더욱 감소했다. 소상공인들이 주로 신청하는 개인회생은 지난해보다 41%나 급증했다.

지금 자영업자들은 빚으로 빚을 갚고 있는 최악의 난국에 빠져있다. 지난해 상반기에 이미 자영업자들의 대출잔액은 1000조원을 넘어섰다. 특히 3개 이상 금융기관에서 대출을 받은 전국의 자영업 다중채무자는 178만여명으로 역대 최대치를 기록했다. 6백여만명의 자영업자의 셋 중 하나는 다중채무자의 굴레를 짊어지고 있는 셈이다.

당연히 부실대출의 연체율도 지난해 대비 두 배 이상 늘어났다. 은행에서 더 돈을 빌리지 못하는 자영업자들은 마침내 고리대금업과 다를 바 없는 사설 대부업체의 급전창구를 기웃거린다. 물론 금융당국 등 정부가 자영업의 위기가 심각한 단계라는 사실을 모르지는 않는듯하다. 손을 놓고 있다고 비난만 할 수도 없다.

소상공인 채무 조정, 고금리 대출의 저금리 은행대출로 대환 등의 자영업자용 프로그램을 지속적으로, 추가적으로 시행하고 있다. 대출 만기 연장, 이자 유예, 손실 보상 등 채무조정 조치로 적지 않은 자영업자들이 단기 유동성 위기를 벗어나기도 한 건 사실이다.

하지만 이같은 특단의 한시적 금융구제프로그램은 일부에게 일시적으로 '진통제' 효과를 줄 뿐이다. 근본적인 불경기 해소책이 전제되지 않는 단기처방 미봉책에 불과하다. 가령, 코스피 상장사의 평균 영업이익률조차 5%가 안 되는데 소상공인 자영업자의 낮은 영업이익으로 5%가 넘는 대출이자를 감당하는 건 애초에 어불성설이다.

◉ 자영업 생태계 회생은 한국경제 구조조정으로

정부는 자영업의 위기는 자영업자의 문제에서 시작되고 그치지 않는다는 인식을 새삼 다질 필요가 있다. 결국 한국경제의 구조적 문제에서 비롯되는 고질적이고 만성적인 자영업의 어려움은 불경기 산업구조 변화에 따른 수요 변화 때문이 아닌가. 이제 전통시장에서 최대 경쟁자는 동종업자가 아니라, 중대규모 업자가 아니라 다국적 온라인 쇼핑몰이 된지 오래이다. 급격하고 파격적인 소비행태 변화의 직격탄은 이처럼 자영업자들이 자구책으로 대처하기에는 치명적인 것이다.

더군다나 한국 경제는 저출산과 고령화라는 어두운 터널과 깊은 늪에 빠져있다. 인구 감소와 고령화는 소비 위축, 자영업자들의 매출 감소로 직결된다. 자영업자들의 잘못이나 문제가 아니다. 무엇보다 한국은 경제협력개발기구(OECD) 회원국들 가운데 자영업자의 비중이 가장 높다. 2022년 기준으로 전체 취업자 중 자영업자 비중이 23.5%에 달했다. OECD 평균은 15% 수준에 불과하다.

한국 자영업의 높은 비중은 타 OECD 국가들에 비해서 양질의 일자리가 크게 부족하기 때문이다. 그래서 '묻지마 창업', '선택의 여지가 없는 원치않는 창업'이 횡행하는 것이다. 청년의 취업이나 은퇴 고령자의 재취업이 어려운 것, 그러니까 청년이나 중장년이나 먹고살만한 마땅한 일거리가 없는 게 핵심원인이다. 또 자영업자 비중은 소득 수준에 반비례한다. 지금도 한국에서는 매년 약 100만명이 창업을 해서 80만명 정도가 매년 폐업한다고 한다.

정부는 빚이 빚을 낳는 악순환 구조에 빠져있는 자영업자들에게 명확한 탈출구를 제시해야 한다. 그게 구호만 난무하는 민생을 챙기는 가장 근본적이고 가장 시급한 과제이다. 금융지원, 세금 감면 등 일시적, 한시적 약물치료는 자영업자의 지병을 더 악화시킬 뿐이다. 빚이 더 많은 빚을 낳아 자영업자 뿐 아니라 금융계마저 동반위기로 내몰 수 있다.

지금은 자영업자 생태계 구조조정이라는 외과수술이 필요한 시점이다. 글로벌 차원의 산업 재편에 대응한 자영업 구조조정 로드맵과 프로그램이 제시되어야 한다. 당장의 채무 재조정, 세금 감면 외에, 근본적이고 중장기적인 대책으로 폐업 지원, 사업 전환, 재창업 및 재취업 등 혁신적 구조조정 출구정책을 시행해야 한다. 민생의 뿌리이자 열쇠인 자영업이 먼저 살아야 한국경제는 불경기의 늪에서 빠져나올 수 있다.

〈2024년 1월 5일, 정기석〉

대한민국
금융개조론

푸른 뱀의 해,
연금 개혁의 호시절

초고령 사회 진입, 연금 개혁 하대명년

해가 또 바뀌었다. 을사년의 새 동이 텄다. 하지만 연금 개혁은 또다시 해를 넘겼다. 우리나라 국민연금은 노후 소득을 보장하는 중요한 사회적 안전망으로 그 역할이 갈수록 중요해지고 있다. 통계청에 따르면, 올해인 2025년 우리나라 65세 이상 인구는 전체의 20%를 초과하며, 초고령 사회에 진입할 것으로 전망된다. 이는 단순한 인구 구조의 변화가 아니라, 사회적·제도적 대응이 시급한 중대한 전환점이다.

고령화가 가속화됨에 따라 고령층의 경제적 자립과 삶의 질 향상, 그리고 국민연금의 지속 가능성을 동시에 확보하는 것이 시급하다. 그러나 현재 국민연금 제도는 초고령 사회의 현실과 미래에 부합하지 못하는 여러 문제를 안고 있다. 특히 '소득활동 연계 감액제'는 제도의 본래 취지와 시대적 요구에 맞지 않는 비효율적 제도로, 조속히 개선되어야 한다.

소득활동 연계 감액제는 일정 소득 기준을 초과한 노령연금 수급자의 연금을 삭감하는 제도다. 국민연금 제도가 설계될 당시 "연금 수급자는 경제활동을 하지 않을 것"이라는 가정을 전제로 만들어졌다. 그러나 이 가정은 오늘날 고령층의 현실과 맞지 않는다. 건강 수명의 연장과 경제적 필요, 자기실현 욕구가 커지면서 많은 고령층이 활발히 경제활동에 참여하고 있다.

🔍 "나이 들면 일하지 말라" 제동 거는 국민연금

이 제도는 고령층에게 "일하지 말라"는 잘못된 신호를 준다. 소득 기준을 초과하면 연금이 삭감되기 때문에 경제활동을 꺼리게 된다. 이는 개인적으로 경제적 불이익과 삶의 질 저하를 초래할 뿐 아니라, 사회적으로도 고령층의 노동력과 경험을 낭비하는 결과를 낳는다.

또한, 감액제는 소득 유형에 따른 불공정성을 초래한다. 근로소득이나 사업소득은 감액 대상이지만, 금융소득이나 임대소득은 제외된다. 같은 소득을 올리더라도 근로와 사업으로 소득을 창출하는 고령층은 불이익을 받는다. 이는 고령층의 노동 의욕을 저하시킬 뿐 아니라, 경제적 자립을 위해 노력하는 이들에게 불공평하다는 인식을 심어준다.

결과적으로 이 제도는 고령층이 금융소득이나 임대소득 같은 소극적 소득에 의존하도록 유도하는 부작용을 낳는다. 나아가 경제의 생산성과 역동성을 저해할 뿐 아니라, 사회적 불평등을 심화시킬 가능성이 크다.

감액제를 유지하는 주된 이유는 국민연금 재정의 안정성을 확보하기 위해서다. 하지만 감액제가 재정 안정에 기여하는 효과는 미미하다. 현재 감액제의 영향을 받는 수급자는 전체 노령연금 수급자의 약 2%에 불과하다. 이를 통해 절약되는 재정 규모는 연간 약 2,000억 원에 그친다. 국민연금의 총 재정 규모를 고려하면 매우 작은 수치다.

게다가 초과 소득 여부를 확인하고 연금을 삭감하는 과정에서 발생하는 행정 비용과 절차적 비효율성을 고려하면, 감액제의 실익은 더욱 줄어든다. 결국, 감액제는 재정 안정이라는 명분에 비해 실질적 효과가 거의 없는 제도다.

◎ 감액제 운영 4개국, 그리스 스페인 일본 그리고 한국뿐

현재 소득활동 연계 감액제를 유지하는 나라는 그리스, 스페인, 일본, 그리도 대한민국 단 네 나라뿐이다. 대부분의 경제협력개발기구(OECD) 회원국은 감액제를 운영하지 않았거나, 운영했어도 이를 폐지하거나 완화하며 고령층의 경제활동 참여를 장려하는 방향으로 정책을 전환했다.

미국은 2000년 감액제를 폐지하면서 연금이 수급자의 보험료 납부에 기반한 권리임을 명확히 했다. 그 결과 고령층의 경제활동 참여가 촉진되었고, 이는 개인 소득 증대와 국가 경제 활성화로 이어졌다.

프랑스 역시 2009년에 감액제를 폐지하며 고령층의 노동 참여 확대를 통해 노동 시장에 긍정적 영향을 미쳤다. 일본은 아직 감액제를 유지하고 있으나, 2022년 감액 기준을 완화하며 제도의 한계를 보완하려는 노력을 기울이고 있다.

◎ 국민연금 개혁의 시작, 감액제 폐지부터

소득활동 연계 감액제는 국민연금의 본래 취지인 '안정적 노후 소득 보장'과 정면으로 상충된다. 이 제도는 고령층의 경제활동을 억제하고 연금 제도의 신뢰성을 저하시킬 뿐 아니라 불공정한 결과를 초래한다.

감액제를 폐지하면 고령층은 더 자유롭게 경제활동에 참여할 수 있다. 이는 개인의 경제적 자립을 촉진하고, 고령층의 경험과 역량을 사회적으로 활용할 수 있는 계기가 될 것이다. 나아가 고령층의 노동 참여는 생산성 증대와 세수 확보로 이어져 국가 경제 활성화에도 이바지할 수 있다.

초고령 사회로 진입하는 우리나라에서 국민연금 개혁은 더 이상 미룰 수 없는 과제가 되었다. 그런 맥락에서 감액제 폐지는 국민연금 개혁의 출발점이자 초고령 사회를 대비한 중요한 정책 변화의 시작이 될 것이다. 부디 새해에는 국민연금이 본래의 취지인 노후 소득 보장을 충실히 이행하며, 공정하고 신뢰받는 제도로 거듭나는 호시절이었으면 하는 간절한 바람을 보탠다.

〈2025년 1월 1일, 권의종〉

퇴직 금융인,
'고물'인가 '보물'인가

◎ 명예퇴직, 그 이후가 더 중요

금융권에서 명예퇴직(early retirement)이 잦아졌다. 어느 순간부터 금융회사의 연례행사가 되었다. 흥행도 성공적이다. 명예퇴직을 시행하면 대상자 대부분이 퇴직을 신청한다. 임금이 깎인 채 근무하는 것보다 명예퇴직금을 받고 나가는 것이 더 유리하기 때문이다. 퇴직자들이 자발적으로 회사를 떠나는 만큼, 공식저기으로는 명예퇴직이 아닌 희망퇴직이라는 용어가 사용된다.

명예퇴직은 기업의 비용 절감과 조직 효율성 개선 측면에서 단기적으로 긍정적인 효과를 거둘 수 있다. 그러나 장기적으로는 여러 사회적 손실을 초래할 수 있다. 그중에서도 인적 자원 손실이 크다. 금융권에서 퇴직하는 인력은 대체로 풍부한 경험과 전문성을 갖춘 고연차 직원들이다. 이들의 퇴직은 기업 내 핵심 지식과 노하우 상실로 이어질 수 있으며, 조직은 이 공백을 메우기 위해 신입 직원 채용을 위해 추가적인 비용을 지출해야 한다.

노동 시장에 미치는 영향도 크다. 명예퇴직자는 주로 중장년층에 집중되는데. 이들이 새로운 일자리를 찾기 어려워지는 문제가 발생한다. 이는 퇴직자의 경제적 불안을 초래하며, 사회적 안전망에 부담을 가중시킬 수 있다. 소비 둔화와 경제 위축도 우려된다. 고연봉자의 퇴직으로 가계 소비 여력이 감소하면서 지역 경제에 부정적인 영향을 줄 수 있다. 특히 중장년층의 조기 퇴직이 늘면 개인의 소비와 저축 패턴이 변화해 경제 활동이 위축될 위험이 있다.

심리적·사회적 부작용도 우려된다. 퇴직자가 새로운 삶을 준비하지 못하면 정체성 혼란과 심리적 불안을 겪을 수 있다. 이는 가족 관계와 사회적 관계의 악화로 이어지며, 사회적 고립을 초래할 수 있다.

퇴직 금융인을 재활용하는 방법

금융회사의 태도에도 문제가 있다. 명예퇴직금을 조금 더 얹어주는 것으로 책임을 다했다고 여긴다. 정작 퇴직자가 안정적으로 사회에 재진입할 기회는 소홀히 한다. 재취업 교육, 창업 지원, 경력 상담 프로그램 등은 퇴직자들이 새로운 도전에 나설 수 있도록 돕는 중요한 방안이지만, 금융회사는 이러한 역할을 사회와 국가에 떠넘기고 있다.

금융회사는 마음만 먹으면 다양한 방식으로 퇴직자를 활용할 수 있다. 예를 들어, 퇴직자를 컨설턴트나 멘토로 재고용하는 방안이 있다. 오랜 현장 경험과 실무 노하우를 지닌 퇴직자는 조직에 여전히 큰 자산이다. 이들을 외부 컨설턴트로 재고용하거나 자문위원단으로 구성해 의사 결정 과정에 참여시키면 인력 활용의 효율성을 높일 수 있다.

단기 프로젝트나 파트타임 계약을 통해 퇴직자를 유연하게 활용하는 것도 가능하다. 수요에 맞춰 퇴직자를 맞춤형 인력으로 활용하면 인건비 부담을 줄이면서도 경쟁력을 강화할 수 있다. 전국퇴직금융인협회 등 퇴직 금융인들이 구축한 비즈니스 네트워크를 활용하면 신규 사업 개발과 제휴 기회 발굴에도 유용할 것이다. 금융회사는 이를 전략적으로 활용할 필요가 있다.

퇴직 금융인을 금융교육 등 사회공헌 활동에 참여시키는 방안도 적극적으로 고려해야 한다. 오랜 기간 축적된 금융 지식을 사회에 환원하면 상당한 효과를 거둘 수 있다. 예를 들어, 기업의 사회공헌 프로그램이나 청년 대상 금융교육 프로그램에 퇴직 금융인을 멘토로 참여시키는 방법이 있다.

🔍 금융교육과 사회공헌에 참여시키기

특히 정부, 지방자치단체, 금융감독원과 협력해 퇴직자를 금융교육 강사로 활용하면 좋다. 이를 통해 청소년, 대학생, 고령층에게 신용 관리, 금융 사기 예방, 연금 설계 등 맞춤형 교육 서비스를 제공할 수 있다. 유튜브나 줌과 같은 비대면 플랫폼을 활용해 강의 콘텐츠를 개발하고 제공하는 것도 효과적이다. 이를 통해 퇴직 금융인의 지식과 경험을 사회에 환원할 수 있다.

퇴직 금융인의 사회공헌 활동은 금융교육에만 국한되지 않는다. 소상공인과 자영업자를 위한 멘토링과 자금 조달 컨설팅도 기대할 수 있는 활동 영역이다. 고령자, 청년, 다문화 가정 등 취약계층에게 신용 회복과 자산 관리 상담을 제공할 수도 있다. 지역사회와 협력하여 지역 복지센터와 연계한 재무 교육과 청소년 상담 프로그램을 운영하는 것도 가능하다. 나아가, 국제 비영리단체(NGO)와 협력해 개발도상국의 금융 인프라 지원과 지식 보급 프로젝트에 참여하는 것도 좋은 방안이다.

퇴직 금융인의 사회공헌 활동을 촉진하려면 다양한 유인책이 필요하다. 금융해설사 자격 공인이나 금융교육 봉사자 인증서 발급, 우수 활동자 시상 등을 통해 권위와 명예를 부여할 수 있다. 퇴직자들 간의 네트워킹 기회도 중요하다. 세미나와 포럼을 통해 교류와 협력을 촉진하고, 자문 그룹을 구성해 새로운 활동 기회를 모색할 수 있다. 금전적 인센티브도 중요한 요소다. 강의료와 활동비를 제공해 퇴직자들의 적극적인 참여를 유도해야 한다.

명예퇴직 제도에 대한 새로운 인식도 필요하다. 명예퇴직을 단순히 인력 구조조정이나 비용 절감의 도구로만 이해해서는 안 된다. 오히려 퇴직자의 소중한 경험과 전문성을 사회에 환원하는 계기로 삼아야 한다. 아무리 뛰어난 지식과 경험도 그대로 두면 결국 고물이 되고 만다. 그러나 필요한 사람에게 나눠 주면 보물이 된다. 폐물(廢物)이 폐물(幣物)로 탈바꿈한다.

〈2024년 11월 3일, 권의종〉

금융회사
사회공헌은 '남는 장사'

금융회사 이익 증가와 비판의 역설

금융회사는 밥을 먹지 않아도 배가 부른 상황이다. 시도 때도 없이 욕을 먹기 때문이다. 금리 인상과 대출 확대로 역대급 수익을 올렸지만, 사회적 평가는 냉담하다. 수익이 커질수록 비난도 함께 커지는 역설에 처해 있다. 경기 불황으로 가계와 기업의 부담이 커지는 가운데 금융회사의 이익 증가는 오히려 비판의 대상이 되며, 축하 대신 격하를 받는 형국이다.

일반 기업에서 이익 극대화는 칭찬받을 만한 일이다. 하지만, 공공성과 밀접한 금융업계에서는 그렇지 않다. 이익 추구보다 사회적 책임(CSR) 이행이 우선이라는 인식이 특히 강하다. 금융회사는 단순히 수익 창출을 넘어 사회공헌에 적극적으로 나서야 한다는 요구가 커지고 있다.

실제로 금융회사는 사회와의 유기적인 관계 속에서 성장하고 발전한다. 특히 대출이자가 오르는 시기에는 취약계층의 금융부담이 커지기 때문에, 사회공헌 활동은 금융회사의 이미지 개선과 신뢰 회복에 중요한 역할을 한다. 수익의 일부를 취약계층 지원에 사용하는 기부 프로그램은 사회적 환원의 좋은 사례로 꼽힌다.

🔍 ESG 경영과 사회적 요구 증가

최근 ESG(Environmental, Social, Governance) 경영이 주목받고 있으며 금융회사에 대한 사회적 가치 창출 요구가 더욱 강해지고 있다. 친환경 금융과 금융 취약계층 지원 등은 이러한 예이다. 금융회사가 이를 소홀히 할 경우 정부 규제가 강화될 수 있다. 반면, 적극적인 사회공헌 활동은 정책적 협력을 끌어내는 유용한 수단이 된다.

사회공헌 활동은 기업 발전을 촉진하는 중요한 요소다. 금융업은 고객 자산을 다루는 특성상 신뢰가 핵심이다. 그리고 이러한 신뢰는 사회적 가치 실현을 통해 강화된다. 금융회사가 사회 문제 해결에 적극적일수록 건강한 경제 생태계 조성에 도움이 되고, 지속 가능한 성장을 뒷받침한다.

ESG 경영에 부합하는 사회공헌 활동은 금융회사의 평판을 개선하고 고객과의 긍정적인 관계를 형성하는 데 도움이 된다. 사회적 가치를 실현하는 금융회사에 대해 고객들은 더 높은 신뢰를 보이며, 이는 충성 고객 확보의 기반이 된다.

사회공헌 활동은 경제의 동반 성장에도 기여한다. 금융회사가 지역사회와 취약계층을 지원하면 소비가 촉진되고 경제가 활성화된다. 또한, MZ세대는 사회적 책임을 중시하는 기업을 선호하기 때문에, 사회공헌 활동은 우수 인재 유치에도 긍정적인 영향을 미친다. 나아가, 사회공헌은 경제적 불평등 완화와 금융 리스크 감소에 기여하며 금융회사의 경영 안정성을 높인다.

🔍 방식의 변화와 책임 있는 운영

사회공헌의 중요성은 아무리 강조해도 지나치지 않다. 금융회사는 ESG 경영과 연계된 사회공헌 활동을 통해 지속 가능성을 높일 수 있다. 녹색 금융상품 개발이나 환경 보호 캠페인 참여 등이 대표적 사례다. 일회성 지원보다는 장기적이고 체계적인 프로그램 운영이 바람직하다. 자영업자와 소상공인, 청소년과 고령층을 대상으로 한 금융교육과 자산관리 컨설팅은 대표적인 사회공헌의 예다.

지역사회와 협력해 맞춤형 지원을 제공하는 것이 바람직하다. 지방자치단체나 시민단체, 공익단체와 협력해 현지의 필요에 맞는 서비스를 제공할 필요가 있다. 금융회사 내부 구성원과 금융 경험자, 전문가의 참여를 유도해 사회공헌 문화를 내재화하는 노력도 필요하다. 임직원의 재능 기부나 퇴직 금융인의 자원봉사는 효과적인 대안이 될 수 있다.

성과 측정과 투명성 확보 또한 필수적이다. 평가 없는 성과는 기대하가 어렵다. 사회공헌 활동의 성과를 정량적·정성적으로 평가하고, 정기적으로 보고서를 공개해 금융회사의 신뢰를 높여야 한다. 금융상품과 연계한 사회공헌 프로그램을 통해 고객의 적극적인 참여를 유도할 필요도 있다.

🔍 비용 아닌 투자, 기부 넘는 기여

사회공헌 활동은 단순한 홍보 수단이 아니다. 성과 중심으로 운영되어야 한다. 금융회사가 특정 단체에 거액을 기부하는 것으로 책임을 다했다고 생각하면 곤란하다. 사실상 그 자금은 금융소비자가 대출이자와 예금이자에서 부담한 결과물이다. 허투루 쓰여서는 안 되며 꼭 필요한 곳에만 사용되어야 한다.

사회공헌은 단순한 기부에 그쳐서도 안 된다. 실적 증가에 대한 비난을 피하려는 목적으로 이용해서는 더더욱 안 된다. 지속 가능한 발전과 사회적 가치 창출로 이어져야 마땅하다. ESG 경영, 성과 측정,

지역사회와의 협력을 통해 진정한 사회공헌이 실현되어야 한다. 사회와 상생하고 신뢰를 강화하며 성장의 초석이 되어야 한다.

주목할 점은 따로 있다. 금융회사의 사회공헌 활동이 비용이 아닌 투자이며, 기부를 넘어선 기여라는 사실이다. 남을 돕는 동시에 자기발전에도 이바지하는 것이다. 돌 하나로 두 마리 새를 잡는 일석이조, 도랑 치고 가재 잡는 일거양득의 상생 전략이다. 경쟁이 일상화된 요즘, 이보다 더 남는 장사는 없다.

〈2024년 11월 3일, 권의종〉

잦은 빚 탕감,
성실 채무자만 바보

채무감면 불가피, 자주 하면 불상사

내 이럴 줄 알았다. 정책금융을 시도 때도 없이 쏟아낼 때부터 알 아봤다. 결국, 정부가 빚 탕감에 나섰다. 중증장애인과 기초생활 수 급자의 소액 채무원금을 100% 감면하기로 했다. 근로자햇살론, 햇 살론15, 햇살론유스 등 정책 서민금융 상환에 어려움을 겪는 영세 소 상공인과 비정규직 근로자에게는 1년간 상환 유예 기간을 부여한 다. 고금리 지속과 내수 경기 부진으로 취약계층의 빚 부담이 커진 결과다.

미취업 청년과 중소기업 재직 1년 이하 청년만을 대상으로 했던 햇 살론유스도 창업 청년까지 확대된다. 저소득 청년 사업자는 최대 900만 원의 자금을 지원받을 수 있다. 기초생활 수급자나 차상위 계 층 청년은 연 2%대의 초저금리 대출이 가능해진다. 기초생활 수급자 나 중증장애인은 500만 원 이하의 소액 채무를 1년간 상환이 유예되 고 그래도 못 갚으면 원금 전액을 감면받는다. 신용보증기금이 지원 하는 소상공인 위탁보증 상품에 대해 코로나19 피해를 본 소상공인 에게 최대 5년의 추가 상환 기간을 준다.

취약계층에 대한 채무감면은 불가피하다. 누구도 토를 달기 어렵 다. 정부로서도 경제적 어려움을 겪는 이들을 버려두기 어려울 것이 다. 실제로 코로나19 팬데믹 이후 자영업자와 저소득층 상당수가 심각한 재정적 위기를 겪고 있다. 이들의 고통을 덜어주는 건 필요한 사회적 책무이자 당연한 국가적 의무라 할 수 있다.

상황이 예사롭지 못하다. 빚의 굴레에서 허덕이는 취약계층이 늘고 있다. 신용회복위원회에 따르면, 올해 상반기(1~6월) 채무조정 신청 건수는 9만6,000건에 이르렀다. 이 추세라면 카드 부실 사태 직후였던 2004년(28만7,000건)과 2005년(19만4,000건)에 이어, 약 20년 만에 가장 많은 수준에 도달할 것으로 보인다. 서민 정책금융기관인 서민금융진흥원의 대위변제액도 올해 들어 1조 551억 원에 달했다. 2022년 대위변제액은 6,220억 원이었으나 올해엔 8개월 만에 1조 원 벽을 넘었다.

🔍 긍정적 효과와 함께 우려되는 부작용

취약계층에 대한 채무감면은 분명 긍정적 효과를 가져온다. 중증 장애인과 기초생활 수급자의 경제적 부담을 덜어주고 이들의 생활 안정을 도울 수 있다. 장애인과 저소득층의 사회적 고립을 줄이고, 이들이 사회에 적극적으로 참여할 수 있는 기반을 마련해 줄 수 있다. 채무 스트레스가 줄어 정신적 안정과 삶의 질 향상도 기대된다.

채무감면으로 여유 자금이 생기면 소비가 늘어 지역 경제 활성화에도 이바지할 수 있다. 재정적 어려움에서 비롯되는 불만이 줄어들고, 경제적 불안정에 따른 사회적 문제를 예방할 수 있다. 금융기관의 부실채권 위험도 줄어 금융시스템의 안정성도 높아질 것이다.

그러나 문제도 있다. 채무감면이 채무자의 실질적인 상환능력을 반영하지 못한다. 채무원금과 가용소득 등을 고려하는 채무조정이 이뤄지지 못하고 있다. 감면 조치도 너무 잦다. '빚 탕감' 정책은 이번이 처음이 아니다. 2018년, 문재인 정부는 1,000만 원 이하 원금을 10

년 이상 갚지 못한 연체자 25만 2,000명을 '경제 대사면' 했다.

당시 금융위원장은 이를 '일회성 대책'이라 했으나 빈말이 되고 말았다. 2019년에도 기초생활 수급자, 70세 이상 저소득자, 장기 소액 연체자 등의 빚을 최대 95%까지 감면했다. 일반 채무자의 원금 감면 비율도 70%까지 늘렸다. 감면의 정도 또한 심하다. 연체 초기의 채무자에게까지 원금 상환을 유예하고 금융회사가 받을 수 있는 '미상각 채무'까지 감면하는 것은 지나치다.

도덕적 해이 막고 정책 효과 높여야

재무감면 활성화를 위해 금융회사에 대한 인센티브 제공도 필요하다. 채무조정채권의 자산 건전성 재분류기준을 완화하고 채권매각에 대한 책임 요건 강화, 채무조정 이용자의 신용등급 하락 방지 방안 등을 마련해야 한다. 채무감면은 정부의 재정 부담을 가중한다. 다른 사회적 서비스나 프로그램의 축소로 이어진다. 신용 질서를 훼손하고, 금융시장 안정성에도 악영향을 미칠 우려가 있다.

공정성 논란도 일 수 있다. 채무감면 혜택을 받지 못한 사람들은 불공정하다고 느끼며 사회적 갈등이 커질 수 있다. 채무감면이 제대로 관리되지 않으면 도움이 필요한 사람보다 필요성이 적은 이들이 혜택을 볼 수 있다.

큰 우려는 도덕적 해이다. 채무감면이 반복되면 차용자의 생각이 달라질 수 있다. "빚은 어차피 나중에 감면될 것"으로 여기게 된다. '정부 돈은 눈먼 돈', '먼저 본 사람이 임자'라는 잘못된 사고가 고개를 들 수 있다. 대출을 가볍게 여기며 감당할 수 없는 빚을 끌어다 쓸 수 있다. 그리되면 어려워도 대출금을 꼬박꼬박 갚아온 성실한 채무자만 바보가 된다. 악화가 양화를 구축하는 상황이 벌어진다.

채무감면은 양날의 검과 같다. 잘만 활용하면 경제 회복과 취약계층 지원에 기여할 수 있다. 동시에, 도덕적 해이, 재정 부담, 형평성 문제 등 여러 부작용이 불거질 수 있다. 감면 효과를 극대화하고 예상되는 문제를 최소화하려면, 신중한 대상 선정과 지속적인 모니터링, 획기적인 개선이 필요하다. 정책은 종합예술과도 같다. 빈틈없는 시행과 절묘한 운용의 묘가 발휘돼야 한다.

〈2024년 10월 21일, 권의종〉

정책금융 손익계산서, 빚더미 조심

🔍 대출에 편중된 소상공인 지원, 득보다 실

기업에 없어서는 안 되는 게 있다. 돈이다. 돈이 있어야 원재료를 사고 직원도 뽑을 수 있다. 사업장을 마련하고, 기계나 사무집기를 들여놓을 수 있다. 기업을 사람의 몸에 비유한다면 돈은 혈액과 같다. 돈이라는 피가 돌아야 기업이라는 몸이 살아갈 수 있는 것이다. 우리나라에서는 민간 금융회사의 기능이 충분치 않아 정책금융이 차지하는 비중이 높다. 정책금융은 대기업과 중소기업은 물론, 소상공인에게도 꼭 필요한 존재다.

소상공인에 대한 정책금융이 대출에 편중돼 있다. 중소벤처기업부는 내년도 소상공인 융자 예산을 3조 7,700억 원으로 책정했다. 올해 예산안보다 600억 원, 1.6% 증가한 금액이다. 코로나19 팬데믹 당시인 2020년(4조 5,500억 원)과 2021년(5조 6,000억 원)을 제외하면 가장 많은 수준이다. 내년도 전체 소상공인 관련 예산(5조 9,000억 원)에서 대출이 차지하는 비중은 64%에 달한다. 소상공인과 관련된 지역 신용보증재단의 재보증 예산도 올해 1,254억 원에서 내년 2,109억 원으로 68.2% 늘었다.

정책금융 중 대출 비중이 높은 게 꼭 좋은 것만도 아니라는 평가다. 한국개발연구원(KDI)이 올해 초 작성한 '중소기업 정부 지원 개선 방향' 보고서에 따르면, "중소기업 정책자금 대출 금리가 시장 이자율보다 낮다 보니 정책 지원이 필요하지 않은 기업도 정책금융에 지속적으로 의존하는 경향이 심화되고 있다"고 분석했다.

정책금융 지원이 소상공인의 경쟁력 저하로 이어질 가능성도 작지 않다. 경제협력개발기구(OECD)는 '2024년 한국 경제 보고서'에서 "중소기업에 대한 관용적인 정부 지원이 대기업과의 생산성 격차를 유발하고 있다"고 지적했다.

🔍 대출은 빚, 못 갚으면 자금난 심화

실제가 그렇다. 대출 중심의 정책금융은 소상공인을 한계 상황으로 내모는 측면이 있다. 높은 부실률이 이를 방증한다. 소상공인시장진흥공단에 따르면, 소상공인 정책금융 부실률은 2022년 2.79%에서 지난해 9.98%로 7.19%포인트 급증했다. 부실 금액은 같은 기간 2,195억 원에서 8,240억 원으로 약 3.8배 증가했다.

대출받은 소상공인이 원리금을 갚지 못해 보증기관이 은행에 대신 물어주는 금액도 급증하고 있다. 양부남 더불어민주당 의원실에 따르면, 지역 신용보증재단의 재보증기구인 신용보증재단중앙회의 대위변제액은 지난해 1조 7,126억 원에 달했다. 2022년(5,076억 원)보다 세 배 이상 증가한 수치다. 올해 상반기만 해도 1조 2,218억 원으로, 연간 규모는 작년을 훌쩍 넘어설 전망이다.

경기침체와 내수 부진으로 고전하는 소상공인에 대한 금융지원은 필요하다. 경제의 '아픈 손가락'인 소상공인을 돕는 것은 정부에 부여된 소명이기도 하다. 그렇다 해도 대출 위주의 정책금융 지원은 득보다 실이 크다. 대출이 소상공인의 돈 가뭄 해소에 일시적인 도움이 될 수는 있으나, 구조적인 문제나 경쟁력 향상에는 근본적인 해결책이 못 된다. 반복적인 대출 지원은 오히려 빚만 늘려 자금난을 부채질할 수 있다.

대출은 결국 갚아야 하는 빚이다. 종국적으로 기업의 재무건전성에 부정적인 영향을 미치게 마련이다. 대출은 주로 운전자금으로 활용되기 때문에 경쟁력 강화를 위한 설비 투자나 기술 개발, 인력 확보 등에 사용되기 어렵다. 혁신 역량을 강화하는 데 한계가 있다.

🔍 대출 외에 R&D, 인력, 컨설팅 지원 필요

대출 위주의 정책금융은 지양해야 맞다. 대신 보조금, 혁신 및 연구 개발(R&D) 자금, 컨설팅 및 인력 양성 프로그램 등도 지원하는 게 좋다. 또한, 업종, 규모, 성장 단계에 맞는 맞춤형 서비스로 소상공인의 실질적인 수요를 충족시켜야 한다. 예를 들어, 성장이 가능성이 큰 경우에는 기술 개발 지원을, 생존에 어려움을 겪으면 운영비를 지원해야 마땅하다.

정책금융의 형식적 운용도 개선해야 한다. 주어진 목표를 달성하는 게 능사가 될 수 없다. 목표를 조기에 달성하고 찾아온 고객을 돌려보내는 일은 없어야 한다. 정책금융은 한정된 재정에 기초하는 만큼 지원 효과를 극대화해야 한다. 대출 조건을 다양화하고 상환 기간을 유연화해 채무 상환 부담을 덜어 줘야 한다.

정책금융 지원 효과를 주기적으로 평가하고, 소상공인의 피드백을 적극적으로 반영해야 한다. 이를 통해 금융지원의 효율성을 개선해야 한다. 성과가 미흡하거나 활용도가 낮은 정책자금 지출을 지양하고, 성과가 높은 제도 위주로 지원을 집중해야 한다. 이러한 개선을 통해 소상공인의 경영을 효율적으로 뒷받침해야 할 것이다.

정책금융에 대한 소상공인의 접근성을 높여야 한다. 인공지능(AI) 기반의 비대면 플랫폼 구축은 대안 중 하나다. 정부, 지방자치단체,

금융기관이 제공하는 정책금융상품을 한 곳에서 검색하고 비교할 수 있도록 해야 한다. 플랫폼이 모든 금융 상품의 자격 요건, 혜택, 신청 방법 등의 정보를 제공하고 맞춤형 서비스를 추천하며, 보증서 발급부터 대출 실행까지 한 번에 지원해야 한다. 서민금융 플랫폼 '잇다'의 형식을 참고하되 보다 발전적 형태가 돼야 할 것이다.

정책이나 제도를 만들면 수요자가 알아서 이용할 것이라는 생각은 커다란 착각이다. 어림짐작식 탁상행정은 보여주기식 전시행정만도 못하다. 소기의 효과를 거두지도 못하면서 재원, 인력, 시간 등 소중한 자원만 낭비할 뿐이다.

〈2024년 9월 23일, 권의종〉

금융 길들이는
조변석개 금리운용

엇박자 정책, 산으로 가는 금융

정부는 굼뜨다. 답답할 만큼 느리다. 가계부채 대책도 실기했다는 평가다. 지난 6월 주택 가격 상승 경고음이 켜졌을 때, 대출 한도를 줄이는 2단계 스트레스 총부채원리금상환비율(DSR) 규제를 해야 했다. 당시 서울 아파트 매매가는 고공행진. 6월 넷째 주까지 14주 연속 상승했다. 전국 아파트 매매 수급지수는 90.4로 지난해 9월 이후 최고였다. 그 상황에서 시행일을 일주일 앞두고 2단계 DSR 규제를 미룬 것이다.

정책은 엇박자다. 이처럼 대출 규제를 미루면서 동시에 대출을 조이는 모순된 행보다. 그러다 대출이 급격히 늘어나자 금융감독원이 은행 부행장 간담회를 긴급 소집하고 현장 점검에 나섰다. 은행들은 가산금리를 올리며 정부의 대출 억제 요구에 화답했다.

그러면서 금융당국은 적반하장, 책임회피다. 금융감독원장이 TV에 출연, "은행에서 자율적으로 (대출) 물량 관리를 해줬으면 좋겠다는 바람이 있었다"며 "지금까지는 은행 자율성을 고려해 개입을 적게 했는데, 앞으로 더 개입을 세게 해야 하지 않나 생각한다"고 발언했다. 최근의 대출 급증세를 금융당국의 정책 실패가 아닌 은행의 관리 실패로 돌렸다.

당국은 가계부채와 맞물려 뛰는 집값을 잡기 위해 대출 규제 카드를 만지작댄다. 100%까지인 전세자금대출 보증 비율을 80% 이하로 축소하는 방안을 검토한다. 주택담보대출 거치 기간을 없애는 것도 고려한다. 그래도 집값이 안 잡히면 담보인정비율(LTV) 강화까지 할 태세다.

금리 운용은 조변석개다. 불과 1~2년 전만 하더라도 정부가 은행들에 주담대 등 대출 금리를 내리라고 성화를 댔다. 은행별로 금리를 공시하고, 저금리 대환대출 제도를 마련하는 등 금리 인하에 올인했다. 이런 금리 인하 압박과 한국은행 기준금리 인하를 예상한 은행들은 대출 금리를 낮췄다. 한 달 전까지도 주담대 금리를 2%대 후반까지 내려 운용했다.

죽어나는 채무자, 살판나는 은행들

그러던 금융당국의 태도가 돌변했다. 금리 인하의 정책 기조가 가계부채 우려가 커지면서 금리를 올리는 쪽으로 급선회했다. 그러다 보니 금리 움직임이 종잡을 수 없게 됐다. 대출 금리는 오르는데 예금금리는 내리는 기현상이 빚어졌다. 예금금리와 대출 금리의 차이가 벌어지면서 차입의존도가 높은 서민과 소상공인들만 죽어나게 생겼다.

은행들만 살판났다. 시장금리 하락에도 대출 금리 인상을 요구하는 당국이 그렇게 고마울 수 없다. 누가 알까 싶어 표정 관리에 나서야 할 판이다. 실로 격세지감. 얼마 전까지만 해도 은행들은 욕을 잔뜩 먹었다. 안방에서 편안하게 이자 장사나 한다느니, 사상 최대 흑자로 돈 잔치나 벌인다느니 등. 온갖 비난에 시달렸다. 정치권도 횡재세 부과를 들먹이며 은행권을 압박했다.

그나마 대책도 무(無) 약발이다. 은행들이 하루가 멀다고 금리를 올렸으나 효과가 없다. 오히려 역효과다. 5대 은행(KB국민·신한·하나·우리·NH농협)이 주담대 금리를 총 20여 차례 올리는 동안 가계대출 증가세가 꺾이지 않았다. 이들 은행의 7월 말 주택담보대출 잔액은 559조7,501억 원으로 한 달 만에 7조5,975억 원 더 늘었다. 관련 집계가 시작된 2016년 이후 최대 월간 상승 폭을 보였다.

정부발 금리 역주행에 풍선효과마저 우려된다. 은행들이 주담대를 조이면서 보험사를 비롯해 새마을금고·신협 등 2금융권으로 대출 수요가 옮겨갈 조짐이다. 2금융권은 DSR이 50% 적용돼 은행권의 40%보다 대출 한도가 더 많다. 최근 은행권의 금리 인상으로 금리 경쟁력까지 생겼다. 놀란 금융당국은 2금융권을 비롯한 모든 가계대출 한도를 규제하는 3단계 스트레스 DSR 시행 가능성까지 열어둔 상태다.

지나친 간섭은 해(害), 과도한 개입은 화(禍)

대출 관리조치가 먹히지 않는 건 정부의 지나친 개입과 무관치 않다. 디딤돌·버팀목 대출, 신혼부부 전용 대출, 신생아 특례대출 등 저금리 정책 금융상품을 쏟아내며 시장을 왜곡했다. 반면에 스트레스 DSR 확대 적용을 늦추면서 은행권의 금리 인상을 부추겼다. 무원칙한 정책에 금융이 산으로 가고 있다.

정부는 이중 행동이다. 은행들에는 주담대 등 대출 금리 인상을 종용하면서 한국은행에 대해서는 기준금리를 내려주기를 바라는 모양새다. 대출 금리가 오르면 부동산 시장이 과열되고 가계부채가 증가할 수 있어서다. 또 기준금리가 내려야 침체한 경기를 되살릴 수 있기 때문이다. 지난 8월 한은이 기준금리를 3.5%로 동결하자 대통령실이 내수 진작 측면에서 아쉬움이 있다는 의견을 낸 것도 그런 연유에서다.

어려운 경제 현실에 시급히 대응해야 하는 정부의 처지는 이해가 간다. 하지만 자칫 되로 주고 말로 받는 소탐대실이 될 수 있다. 주담대를 강화하면 그나마도 힘든 서민과 청년들의 내 집 마련이 요원해지고, 전세대출을 조이면 전세금 마련이 어려워 월세살이를 전전해야 할 수 있어서다.

기실 알고 보면 금융만큼 어려운 게 없다. 금융정책은 반응이 예민하고 효과가 예리하다. 양날의 칼과 같아 잘 쓰면 득이 되나, 잘못 쓰면 독이 된다. 정책마다 유익한 목적으로 시행되나 여러 가지 부작용과 문제점을 동반한다. 현상을 잘 살피고 미래를 정확히 예측, 적기에 최적의 처방을 내려야 하는 어려움이 있다. 정치가 경제를 짓누르거나 정부가 금융을 길들이려 해서는 안 되는 이유다. 지나친 간섭은 해(害)가 되고 과도한 개입은 화(禍)를 부른다.

〈2024년 9월 7일, 권의종〉

정치금융으로 악용하려는
정책금융

🔍 정치 개입 무리수, 금융 왜곡 자충수

돈을 좀 벌면 손 벌리는 곳이 많다. 여기저기서 도움을 청해온다. 정치권의 요구는 단순한 부탁이 아닌 강압적 명령조다. "좋은 말할 때 내놓으라"는 식이다. 은행의 서민금융 출연을 늘리는 법률 개정이 그 예다. 은행의 올 상반기 이자수익이 29조 8,000억 원으로 사상 최대치를 기록한 시점에, 은행의 서민금융진흥원 출연비율 하한을 대출금의 0.03%에서 0.06%로 올리는 내용을 담은 '서민의 금융생활 지원에 관한 법률' 개정안이 국회를 통과했다.

출연금은 은행의 대출금 월중 평균잔액에 출연 요율을 곱해 산출된다. 출연기준 대출금에는 가계대출, 현금서비스, 장기카드대출 등이 포함된다. 이번 출연요율 인상으로 은행의 연간 출연액은 2023년 985억 원에서 1,970억 원 이상으로 증가할 것으로 예상된다. 최근의 가계대출 증가세를 고려하면 향후 부담금이 더욱 커질 가능성도 있다.

이 출연금은 서민금융진흥원에 설치된 서민금융보완계정을 통해 근로자햇살론, 최저신용자 특례보증, 햇살론뱅크, 햇살론카드 등 다양한 서민금융 프로그램의 재원으로 사용된다. 이는 저신용자 신용보증을 통해 대출을 공급하고, 채무자가 상환하지 못하면 보증기관이 대신 갚는 구조다. 최근의 고금리와 고물가, 경기 악화로 저소득·

저신용자들이 어려움을 겪으며, 지난해 서민금융진흥원의 대위변제액은 1조 원을 넘었다.

서민금융법 개정안을 발의한 강준현 더불어민주당 의원은 "최근 은행의 이자수익이 계속 상승하는 가운데 서민들은 고금리로 고통받고 있다"며 "은행이 얻는 막대한 수익의 일부를 출연하는 것은 은행의 사회적 책임을 강화하는 것이며, 이는 서민금융정책의 확대로 이어질 것"이라고 설명했다.

🔍 은행 옥죄는 입법 횡포 기승

강 의원의 주장은 논리적 비약이 있다. 이번 출연요율 인상이 서민금융지원의 확대로 이어지기 어렵다. 연간 1,000억 원도 안 되는 출연금 증가분은 올해 기준으로 2,000억 원 이상 줄어들 것으로 예상되는 서민금융보완계정의 잔액 감소분의 절반에도 미치지 못한다. 적자를 메우기에도 턱없이 부족한 금액이다.

은행의 부담도 크다. 은행이 금리 인하와 이자 면제 등 자영업자와 소상공인을 위한 대규모 민생금융 지원을 펼치는 상황에서, 다시 은행을 옥죄는 정치권의 조치는 불합리하다. 은행은 서민금융보완계정 외에도 신용보증기금, 기술보증기금, 지역 신용보증재단 등에도 출연하고 있다. 2024년에는 2,214억 원 규모의 민생금융 지원도 시행 중이다.

이번 서민금융계정 출연 확대는 형평성에 어긋난다. 금융권 중에서 유독 은행만 출연 요율을 인상한 것이다. 은행이 고금리 상황에서 '앉아서 벌어들인' 수익을 정책금융기관과 2, 3금융권 신용공급 자금으로 재배분하는 리밸런싱(rebalancing)이라는 설명은 억지 논리다. 설득력이 부족하다. 더 큰 문제는 따로 있다. 출연비율 인상이 대출 가산금리 상승으로 이어져 결국 금융소비자에게 부담이 전가된다는 점이다. 비용은 금융소비자가 대고, 생색은 정치권과 정부, 은행이 내는 격이다. 아랫돌을 빼서 윗돌을 괴는 하석상대(下石上臺)에 불과하다.

서민금융보완계정에 대한 은행 출연은 시장경제 원리에 부합하지 않는다. 정부가 운영해야 할 정책금융을 민간 은행의 출연으로 강제하는 것은 지나친 정치 개입이다. 출자는 주주권 행사나 배당이라도 받을 수 있지만, 출연은 대가 없는 순수 기부 행위다. 정책금융을 위해 민간 은행에 무상 출연을 강제하는 법률은 세계 어디에서도 찾아보기 어렵다. 국내에 진출한 외국 은행들도 이를 이해하기 어렵다는 반응을 보인다.

◎ 관치금융보다 더 나쁜 정치금융

입법 제안의 배경에도 문제가 있다. 더불어민주당은 지난해 은행의 직전 5년 평균 이자수익 대비 120%를 초과하는 순이자수익을 초과수익으로 규정하고, 이 초과수익의 40% 이내를 기여금으로 징수하자는 '횡재세'를 추진했다. 그러나 이중과세 등의 문제로 비판받자, 사실상 유사한 효과를 내는 은행 출연 확대로 방향을 튼 것이다.

은행을 괴롭히는 입법 횡포는 여기서 그치지 않는다. 민주당은 대출 금리 산정 체계의 합리화를 골자로 한 은행법 일부 개정안도 발의했다. 이 개정안의 주요 내용은 가산금리 산정 시 교육세와 법정 출연금 등 법적 비용을 제외하고, 가산금리 구성 항목에 대한 세부 내역 공개를 강화하는 것이다. 무리한 요구다. 은행의 영업 비밀인 금리 명세를 공개하라는 것은 기업에 생산단가를 밝히라고 요구하는 것과 다름없다.

민주당은 디딤돌대출과 보금자리론 등 정책 모기지론에 대한 중도상환수수료 면제 법안도 발의했다. 대출자들이 여유자금이 생길 때마다 대출금을 상환하려 하지만, 높은 중도상환수수료가 걸림돌이 되고 있다는 점을 고려한 것이다. 이 역시 선을 넘는 요구다. 고객이 대출을 조기에 상환하면 은행은 예상했던 수익을 확보하지 못할 뿐만 아니라 대출관리비용도 회수하지 못하게 되는 점을 간과한 편파적 조치다.

결국, 정부 사업을 은행 자금으로 운영하려는 시도가 문제다. 은행들이 수익을 올렸다고 해서 법률로 출연을 강제하는 것은 올바른 접근이 아니다. 정책사업은 정부 재원으로 운영돼야 한다. 정책금융을 정치금융으로 악용하면 금융시장이 왜곡되고 금융산업의 발전이 저해된다. 피해는 금융소비자에게 돌아간다. 관치금융보다 더 나쁜 게 정치금융이다.

〈2024년 9월 5일, 권의종〉

약(藥)도 되고 독(獨)도 되는 정책금융

🔍 금융은 이론 아닌 실제, 디테일이 전부

기업에 없으면 안 되는 게 있다. 돈이다. 기업을 사람의 몸에 비유한다면 돈은 혈액이다. 돈이 있어야 원재료도 사고, 직원도 뽑고, 사업장도 마련하고, 기계나 사무집기도 들여놓을 수 있다. 돈이라는 피가 돌아야 기업이라는 몸이 살아갈 수 있는 것이다. 민간 금융회사의 역할이 충분치 못한 우리나라는 정책금융이 차지하는 비중이 높다. 대기업과 중소기업은 물론, 소상공인과 서민에 이르기까지 없어서는 안 될 필수 공공재다.

정책금융이 뭐길래. 정부가 경제 성장, 산업 구조 개선, 중소기업 육성, 사회적 약자 지원 등 특정 경제·사회적 목표를 달성하기 위해 금융자원을 제공하거나 지원하는 것을 의미한다. 이는 주로 정부 예산, 공공 금융기관 등을 통해 이뤄지며, 저리 대출, 보조금, 보증 등 다양한 형태로 지원된다.

정책금융은 순기능이 지대하다. 초기 단계의 산업이나 혁신 기술에 자금을 지원함으로써 경제 성장을 촉진할 수 있다. 인프라 개발, 신산업 육성 등에 필요한 자금을 공급해 경제 발전을 도모한다. 대출 조건이 까다로운 민간 금융회사 대신 정부가 중소기업에 자금을 지원해 이들의 성장과 발전을 뒷받침한다. 중소기업이 창출하는 일자리 증가와 경제 활성화에 기여한다.

저소득층, 청년, 여성 등 사회적 약자를 위한 금융 지원을 통해 사회적 평등을 증진한다. 교육, 주택, 의료 등 다양한 분야에서 경제적 격차를 줄이는 데 이바지한다. 산업 구조 조정과 전환을 위해 자금을 지원함으로써 경제의 구조적 문제를 해결하고 지속 가능한 발전을 도모한다. 전통산업에서 신산업으로의 전환을 촉진하여 경쟁력 강화를 후원한다. 경제 위기나 자연재해 등 비상 상황에서 신속하게 자금을 공급해 경제를 안정시키고 회복을 돕는다.

순기능 최대화하고 역기능 최소화 해야

정책금융은 역기능도 상당하다. 정부 주도의 자금 배분이 시장의 효율성을 저해할 수 있다. 정부가 항상 최적의 자원 배분 결정을 내리지 못할 수 있다. 특정 산업이나 기업에 과도한 자금이 배정될 경우 비효율적 투자로 이어질 수 있다. 도덕적 해이도 생길 수 있다. 정책금융을 받는 기업들이 지원을 당연하게 여기고, 자금 활용에 있어 신중하지 않을 수 있다. 이는 기업의 경쟁력을 약화시키고 지속 가능한 성장을 저해할 수 있다.

재정 부담이 요구된다. 정책금융에 필요한 재원은 정부 예산에서 조달되며, 이는 다른 중요한 사회적, 경제적 프로그램에 대한 자원 배분을 줄일 수 있다. 정부 재정의 건전성을 해칠 수 있다. 정치적 간섭도 피하기 어렵다. 정책금융의 배분 과정에서 정치적 이해관계가 개입할 수 있어 특정 지역이나 산업이 부당하게 우대받을 수 있다. 공정한 자원 배분을 저해하고 불필요한 갈등을 초래할 수 있는 것이다.

채무 증가를 초래한다. 정책금융을 통해 지원받은 자금이 상환되지 않을 경우, 이는 금융기관의 부실로 이어질 수 있으며, 국가 전체의 채무 부담을 증가시킬 수 있다. 금융시스템의 안정성을 위협할 수 있다. 기업의 경쟁력 약화도 초래한다. 정부 지원에 의존하는 기업은 자생력과 혁신 의지 약화로 글로벌 경쟁에서 뒤처질 수 있다. 민간 부문의 혁신과 경쟁도 저해할 수 있다.

정책금융은 약도 되고 독도 된다. 양날의 칼과 같다. 경제 발전과 사회 안정을 위해 필요하나, 부작용 또한 만만찮다. 그 운영에 있어 투명성, 효율성, 공정성을 유지하는 게 더없이 중요한 이유다. 순기능을 최대한 발휘하면서 역기능을 최소화해야 한다.

⊙ '단기·고리·찔끔' 말고, '장기·저리·흠뻑' 지원

정책금융 혁신이 절실하다. 단기(短期) 말고 장기(長期), 만기 일시상환 말고 장기 분할상환으로 지원해야 한다. 우리나라는 선진 주요국과 달리 운전자금 대출을 1년 만기로 주로 운용한다. 1년 뒤에 이자는 물론 원금까지 다 갚아야 한다. 불가능한 일이다. 아무리 사업이 잘돼도 1년 만에 대출금을 다 갚을 수 없다.

차주도 1년 만기 대출을 선호한다. 우선 먹기는 곶감이 달다고, 당장은 이자만 내다보니 금융비용 부담이 적다. 빚 무서운 줄 모르게 된다. 그러니 빚이 계속 쌓여 갈 수밖에. 업력이 오래되거나 매출이 늘어날수록 빚은 많아지는 이유다. 그래서 필요한 게 대출 원리금 분할상환 방식이다. 차주가 5년에서 10년 등 일정 기간 매월 원리금을 나눠 갚다 보면 만기에 대출금이 갚아진다.

고리(高利) 말고 저리(低利)로 대출해야 한다. 정책금융의 금리가 시중은행의 일반대출 금리와 차이가 없다. 서민금융 대표정책상품인 햇살론15의 경우만 하더라도 그렇다. 금리가 연 15.9%다. 법정 최고 금리인 연 20%에 육박한다. 그렇게 높은 금리를 저소득 서민이 상환하기 어렵다. 뻔히 못 갚을 줄 알면서 돈을 빌려주는 건 도덕적 해이의 수준을 넘어서는 행위다. 법률적으로 배임 등 중대 범죄에 해당

할 수 있다.

'찔끔' 말고 '흠뻑' 지원해야 한다. 정책금융은 여러 번에 걸쳐 조금 씩 지원하는 것보다 필요한 만큼을 한 번에 양껏 지원하는 게 좋다. 지원도 최대한 빨리해야 한다. 차주가 원하는 때에 맞춰 신속하게 지원해야 한다. 막상 정책금융을 받으려면 한 달가량이 소요되는 현실이다. 다행히도 이 모든 일이 그리 어렵지 않다. 마음만 먹으면 당장이라도 실행할 수 있다. 금융은 이론이 아닌 실제다. 디테일이 전부다.

〈2024년 7월 1일, 권의종〉

보험료는 회사가,
보험금은 사장이

🔍 영악한 보험회사, 순진한 금융당국

보험회사는 영리하다. 포화한 보험시장에서 신상품을 잘도 만들 어낸다. 경영인 정기보험, 일명 CEO보험도 그중 하나다. 절세를 앞 세운 노다지 상품이다. 법인 영업은 개인보다 가입 액수가 커 알짜 돈 벌이다. 고수익의 이면에는 고위험이 숨어있다. 소비자인 법인 대표 등 임원, 공급자인 보험회사와 보험대리점 간 연결고리가 복잡하게 얽혀있다.

CEO보험은 법인의 대표나 임원 등이 사망했을 때 사망보험금이 지급되는 상품이다. 보통 정해진 기간(7년, 10년)을 두고 가입하며 피보험자는 CEO이나 계약자는 법인으로 설정한다. 보험료는 회사 가 내고 보험금은 대표가 타는 기이한 구조다. 상품 성격은 종신보험 과 같으나 해약환급금이 많다는 게 다른 점이다.

매달 내는 보험료를 당해년도에 100% 비용처리가 가능하다. 과세 이연과 절세효과를 누릴 수 있어 법인 대표들 간 인기다. 예컨대 월 500만 원씩 보험료를 납입하면 1년 기준 6,000만 원을 내게 되며, 법 인 과세표준이 200억 원 이하라면 20% 세율이 적용돼 1,200만 원의 세금을 줄일 수 있다. 월 보험료가 1,000만 원, 2,000만 원이면 절세 액이 각각 2,400만 원, 4,800만 원으로 늘어난다.

누가 알까 싶은 진짜 메리트는 따로 있다. 보험을 해지하는 경우 해지 환급금을 법인 대표나 임원의 퇴직금으로 활용할 수 있다. 퇴직금은 공제 항목이 많아 적용 세율이 낮은 이점이 있다. 7년이나 10년 만기가 될 즈음 법인으로 된 계약자를 대표자나 그의 가족 등으로 변경하면 해약환급금을 법인이 아닌 대표자나 그의 가족 등에게 지급할 수 있다.

⊙ 회삿돈 유출 수단으로 전락한 CEO보험

CEO보험은 월 보험료가 통상 500만 원~2,000만 원 수준이다 보니 수수료가 많다. 그 틈새를 편법 마케팅이 파고든다. 법인 대표의 친인척 등 특수관계에 있는 설계사와 계약하고 판매 수당을 리베이트로 돌려주거나 나눠 갖는 일이 벌어진다. 이는 계약의 체결 또는 모집에 종사하는 자는 그 체결 또는 모집과 관련하여 계약자나 피보험자에게 특별이익을 제공하는 것을 금지하는 보험업법 제98조(특별이익의 제공금지) 위반이다.

꼬리가 길면 밟히는 법. 급기야 금융감독원이 CEO보험에 대한 소비자경보를 발령하기에 이르렀다. 최고경영자 등을 상대로 거액의 리베이트를 약속하며 보험 가입을 권유한 사례가 다수 적발됐다. 보험설계사가 피보험자인 CEO에게 본인이 받은 모집수수료 일부를 제공하거나, 보험 가입의 대가로 보험설계사가 아닌 법인 CEO의 가족에게 모집수수료 명목의 금전을 건네는 위법행위가 발각됐다.

금감원은 생보사가 CEO보험의 높은 환급률과 절세효과를 앞세워 영업을 확대하는 점을 주목하고 불완전판매 가능성을 우려했다. 저축목적이나 절세목적, 컨설팅 대가로 가입을 권유하는 경우 각별한 주의를 당부했다. 저축목적의 경우, 납입 후 해약환급률이 증가하다 일정 시점 이후 감소하므로 금전적 손실이 생길 수 있고, 절세목적의 경우 세법이 요구하는 요건을 충족하지 않거나 해약환급금을 수령하면 다시 세금이 부과될 수 있음을 강조했다.

기업이 망하면 경제적으로 힘들어질 경영자의 처지는 이해가 된다. 하지만 퇴직금은 근로자가 일정 기간 근로를 제공하고 퇴직할 때 받는 돈이다. 전문 경영자면 몰라도 기업주인 주주 경영자가 본인의 퇴직금 확보를 위해 거액의 보험료를 회사 비용으로 지출하는 건 가당치 않다. 회삿돈 빼먹기나 다름없다. 횡령, 배임 등 중대 범죄에 해당할 수 있다.

◎ CEO보험 상품에 대한 근본적 재검토 필요

경영자의 몫은 퇴직금이 아닌 경영의 성과다. 기업 가치 상승에 따른 배당 등을 통해 보상을 받는 게 맞다. 설사 기업이 도산해도 경영자만 피해를 보는 게 아니다. 종업원은 일자리를 잃고, 금융회사는 대출금을 떼인다. 거래처는 물건값을 못 받고 정부는 세금을 못 거둔다. 따라서 경영자는 자신보다 기업, 기업보다 종업원과 채권자 등 이해관계자를 먼저 생각해야 한다.

CEO보험 상품에 대한 근본적 재검토가 필요하다. 상품 설계와 승인 과정에서 문제가 없었는지부터 짚어봐야 한다. 개인 보험 성격의 종신보험을 기업 대표나 임원 등의 퇴직금 용도의 법인 보험으로 둔갑시킨 게 신출귀몰의 재주다. 절세를 미끼로 법인 공금을 사용(私用)케 한 솜씨가 놀랍기만 하다. 이런 상품을 금융당국에서 어떻게 승인을 받아냈는지 궁금하기 짝이 없다. 보험회사가 영악한 건지, 금융당국이 순진한 건지. 아니면 둘 다인지.

도덕적 해이도 문제다. 경영자는 사업이 힘들어도 워크아웃이나 기업회생, 파산 등을 신청하고 싶은 충동을 떨칠 수 있어야 한다. 종업원을 정리해고하고 금융사나 채권자의 채무는 감면받으면서 회사는 그대로 유지하고 싶은 욕망을 억누를 줄 알아야 한다. 현실은 딴판이다. 대법원 통계월보에 따르면, 올해 1~4월 기업이 전국 법원에 파산을 신청한 건수는 635건으로 지난해 같은 기간보다 38.04% 늘었다.

사업은 하다 망할 수 있다. 그렇다 해도 '기업은 망해도 기업주는 망하지 않는' 경우는 그리 좋아 보이지 않는다. 기왕 사업을 하겠다고 나선 이상 기업주는 기업과 운명을 같이 하겠다는 각오로 끝까지 책임지는 모습을 보여야 한다. 종업원 눈에서 피눈물을 짜내고 금융사와 거래처에 피해를 안기면서 일신의 안위부터 구하는 자는 기업 할 자격이 없다. 일찌감치 스스로 물러나는 게 개인적으로나 국가적으로 유익하다. 좋은 사람이 좋은 기업을 만든다.

〈2024년 6월 14일, 권의종〉

'병(病) 주고 약(藥) 주는'
오락가락 정책금융

◎ 따뜻한 햇살론이 차가운 '학살론'으로

내 이럴 줄 알았다. 소액생계비대출 연체율이 치솟고 있다. 오기형 더불어민주당 의원이 서민금융진흥원에서 제출받은 '소액생계비대출 누적 대출 건수 및 대출금액' 자료에 나타난 바다. 지난해 3월 출시 후 연체율이 그해 6월 말 2.0%에서 9월 말 8.0%, 12월 말 11.7%로 뛰었다. 올 3월 말에는 15.5%로 점프했다. 상품 출시 1년 만에 연체율이 16배 가까이 급등한 것이다.

젊은 층을 중심으로 연체율이 높게 나타났다. 만 19세를 포함한 20대 이하의 연체율은 21.1%, 30대의 연체율은 18.2%로 집계됐다. 50대(12.5%), 60대(9.9%)보다 두 배 가까이 높은 수치다. 소액생계비대출은 저축은행이나 대부업체의 문턱을 넘지 못한 저신용자가 마지막으로 기댈 수 있는 급전 창구다.

소액생계비대출은 신용평점 하위 20% 이하이면서 연 소득 3,500만 원 이하면 이용할 수 있다. 금리는 연 15.9%. 연체 없이 성실하게 상환하면 최저 연 9.9%까지 금리를 낮출 수 있다. 연체자도 대출이 가능하다. 1인당 대출한도는 최초 이용 시 최소 50만 원. 의료와 주거, 교육비 등 특정 용도의 경우 최초 100만 원 한도 내에서 이용할 수 있다. 1년 만기 일시상환이다.

취약계층을 대상으로 하는 이 상품은 애초부터 연체율이 높을 거라는 예상이 많았다. 그래도 월 1만 원이 안 되는 이자를 못 내 연체가 쌓이는 건 의외다. 민생경제가 그만큼 어렵다는 방증이다. 정부는 세상 물정에 어둡다. 탁상행정이 여전하다. 금융위원회는 국민의힘 윤창현 의원실에 제출한 '2023년 자체평가 결과보고서'에서 소액생계비대출 출시를 '우수' 정책으로 평가했다.

높은 연체의 근본 원인은 '높은 금리'

연체율 증가는 소액생계비대출에서만의 현상이 아니다. 정부가 취약계층과 소상공인 지원을 위한 햇살론도 예외는 아니다. 대위변제율이 급증하며 사상 최고치를 경신한다. 고물가, 고금리, 고유가 등으로 취약계층이 원리금 상환에 실패, 이들을 위한 금융상품이 빠르게 부실화하고 있다. 대위변제율은 대출받은 차주가 원금을 상환하지 못했을 때 보증한 정책기관이 은행에 대신 갚아준 금액의 비율이다.

서금원이 김한규 더불어민주당 의원실에 제출한 '햇살론 대위변제율과 대위변제액' 내용이 충격이다. 올해 1분기 햇살론15의 대위변제율이 22.7%를 기록했다. 지난해 말 21.3%에서 3개월 만에 1.4%포인트 상승했다. 햇살론15는 최저 신용자를 지원하는 정책금융으로 최대 2,000만 원까지 빌려준다.

소상공인대출 부실도 커지고 있다. 신용보증기금의 올해 1분기 소상공인 위탁보증 대위변제액이 1,200억 원에 달했다. 지난해 같은 기간 743억 원보다 38% 증가했다. 같은 기간 대위변제 건수도 4,974건에서 약 9,000건으로 45%가량 늘었다. 이를 단순히 고금리와 고물가, 경기회복 둔화로 차주의 채무상환능력이 떨어진 것으로 보는 건 피상적 관찰에 불과하다.

연체와 부실 증가의 근본 원인은 정책금융지원상품의 금리가 너무 높다는 데 있다. 정책금융 금리가 일반 금융회사의 대출금리와 차이가 없다. 낮은 금리도 감당하기 힘들 서민과 소상공인이 무슨 수로 그 높은 이자를 감내할 수 있겠는가. 부실이 클 것을 뻔히 알면서도 높은 금리를 매겼다면 도덕적 해이에 해당할 수 있다. 차주들에게 대출금을 갚지 않아도 된다는 묵시적 동의를 한 것일 수 있어서다.

정책금융 고금리 운용, 재검토 필요

정책금융의 본질과 취지에 맞는 금리 운용이 긴요하다. 저신용자에 대한 지금의 고금리 구조를 재검토할 필요가 있다. 정책금융은 시장경제 체제에서 자원이 골고루 배분되지 못하는 시장 실패가 발생한 개인과 산업을 지원하는 데 목적이 있다. 시장 실패가 일어나면 일반 금융회사가 대출 등 자금 공급을 꺼려 정부가 나서서 금리 인하나 보조금 지급 등 정책적으로 금융을 지원해야 한다.

현실은 거꾸로다. 저신용자 정책금융에 높은 금리를 매겨 서민과 소상공인을 힘들게 하고 있다. 일관성도 없다. 금융을 지원한 후 차주가 어려워지면 이자환급, 저리 대환대출, 만기연장 등을 시행한다. '병 주고 약 주는' 오락가락 정책 시행이 다반사다. 그럴 바에는 처음부터 이자를 낮게 책정해야지, 높게 매겨 놓고 나중에 낮추거나 돌려주는 건 이치에 안 맞는다. 한 번에 쉽게 할 일을 여러 번에 걸쳐 어렵게 하는 비효율의 전형, 비능률의 극치다.

감당하기 힘든 지원은 도움이 아닌 부담으로 작용한다. 고금리가 연체율을 높여 대량 부실로 이어지는 작금의 현실이 그 단적인 예다. 정책금융에 막대한 재정을 쏟아붓고도 제대로 성과를 못 거두는 이유다. 혈세 낭비 말고도 서민과 기업의 부실, 금융회사 손실 등 사회적·국가적 낭비가 극심하다. 더욱이 정부는 이를 만회하고자 또 다른 정책을 쏟아내는 시행착오를 되풀이한다.

　정부가 용어 하나는 잘도 지어낸다. 디딤돌 대출, 버팀목 대출, 보금자리론, 국민행복기금 등 멋진 이름들이 즐비하다. 이름값을 못 하는 게 흠이다. 서민에게 따뜻해야 할 햇살론도 그렇다. 금리가 높다 보니 차가운 '학살론'으로 작용하는 측면이 있다. 그럴수록 현상을 받아들이는 자세가 중요하다. 이름과 실상이 서로 꼭 맞는 명실상부한 정책으로 '살리는' 금융, '이기는' 금융을 주어진 소명으로 여기면 될 것이다. 정책도 생각하기 나름이고 마음먹기 달렸다.

〈2024년 6월 3일, 권의종〉

고공행진 연체율에,
태연자약 낙관론

🔍 교각살우보다 더 잔인한 연체살인

산 넘어 산이다. 경제가 어려워도 너무나 어렵다. 주요 거시경제 지표에 빨간 불이 켜졌다. 고물가, 고금리, 고환율 등 3고(高) 위기가 경제를 짓누른다. 기업과 국민의 숨통을 쥔다. 서민과 자영업자의 살림살이가 팍팍하다. 앞으로 어떻게 살아야 할지 막막하다. 느는 건 한숨, 나오는 건 탄식뿐. 땅이 꺼진다.

늘어난 빚에 높은 금리가 당장 부담이다. 은행에서 빌려 쓴 돈을 제때 갚기 어렵다. 추가로 돈을 꾸는 건 꿈도 꾸지 못한다. 대출 연체율이 천정부지로 치솟는 이유다. 국내 5대 은행(KB국민·신한·하나·우리·NH농협)의 올해 1분기 말 단순 평균 대출 연체율이 0.32%로 집계됐다. 전년 동기(0.27%)는 물론 전 분기(0.29%) 대비 올랐다.

연체율 상승에는 부문별 구분도 없다. 무차별적이다. 가계대출 연체율은 지난해 1분기 말과 4분기 말에 각 0.24%, 0.26%에서 올해 1분기 말 0.28%로 뛰었다. 지난 2월 말에는 0.32%까지 오르기도 했다. 기업 부문은 상황이 더 나빴다. 기업대출 연체율은 지난해 1분기 말 0.30%에서 4분기 말 0.31%로 소폭 상승한 뒤 올해 1분기 말 0.35%로 점프했다.

같은 기간 중소기업은 각 0.34%, 0.37%, 0.41%로, 대기업은 각

0.03%, 0.05%, 0.07%로 연체율이 모두 오름세다. 지난 2월 말 기준 중소기업은 0.55%, 대기업은 0.13%, 기업 전체로는 0.47%의 높은 연체율을 기록하기도 했다. 은행들은 부실 채권을 상각하거나 매각 하는 방식으로 자산 건전성 유지를 위해 안간힘을 쓴다. 그런데도 고 정이하여신(NPL) 비율은 오히려 높아지는 양상이다.

◎ 지금은 연체율 관리에 집중할 때

그래도 금융당국은 태연자약. 금융감독원은 국내 은행의 연체율 을 관리 가능한 수준으로 본다. 신종 코로나바이러스 감염증 사태 이 전과 비교하면 연체율이 낮고 손실흡수 능력도 크게 개선된 걸 근거 로 든다. 2010~2019년의 장기 평균 연체율 0.78%에 비하면 연체율 이 여전히 낮은 수준이며, 향후 금리 인하가 가시화될 경우 연체율이 하락할 거라는 한가한 낙관론에 빠져있다.

연체율 상승은 강 건너 불이 아니다. 그러기에는 처한 경제 상황이 취약하다. 금리 인하 시기가 예상보다 늦어질 가능성이 커지면서 고 금리, 고물가로 인한 경기 침체의 골이 더욱 깊어질 수 있다. 한국은 행 역시 고물가와 고환율, 고금리의 우려에 통화정책을 새로 짜려는 판이다. 한은이 기준금리를 내리지 못하고 지금의 고금리 기조를 이 어갈 경우 경기가 뒷걸음치며 연체율이 계속 치솟을 수 있다.

말은 그래도 정부도 속이 탈 노릇이다. 치솟는 연체율에 신경이 쓰 이지 않을 리 없다. 연체율이 7%대까지 급등한 새마을금고에 대한 정 책 개입 카드를 만지작거린다. 한국자산관리공사를 통해 2,000억 원 규모의 부실 채권 매입을 추진하려 한다. 지난해 1조 원가량에 이어 추가 매입을 고려한다. 구체적인 규모와 방식은 정해지지 않았으나 새마을금고의 요청을 받아 캠코에서 부실 채권을 인수하는 방안을 검토 중인 것으로 전해진다.

만사 불여튼튼. 지금처럼 경제가 불안정할수록 정부가 연체율 관리에 사전적·적극적으로 나서야 한다. 은행권 연체율은 전체 평균 지표만 놓고 볼 때 관리 가능한 수준으로 판단할 수 있다. 실제로 국내 은행의 손실흡수 능력을 보여주는 대손충당금 적립률이 작년 말 기준 214%다. 2017년 말 대비 두 배가 넘는다. 하지만 제2금융권의 사정은 다르다. 새마을금고나 저축은행은 PF 대출 부실의 여파가 크고 연체율이 급등, 특별 관리가 시급한 상황이다.

채무조정 활성화 등에 정부 역할 커

금융에서 연체율 관리만큼 어려운 일이 없다. 대출이 연체에 빠지게 되면 이를 정상화하는 작업이 말처럼 쉽지 않다. 연체가 발생하면 1년 뒤에도 연체 상태에 놓일 확률이 절반 가까이 된다는 게 한국금융연구원의 '가계부채 연체의 지속성과 향후 과제' 보고서에서의 분석 결과다.

30일 이상 연체 중인 차주가 1년 뒤에도 연체 중일 확률을 48.7%, 2년 뒤에도 연체 중일 확률을 31.8%라고 분석했다. 90일 이상 연체 중인 차주가 1년 뒤에도 90일 이상 연체를 보유할 확률은 52.1%, 120일 이상 연체 중인 차주가 1년 뒤 120일 이상 연체 중일 확률은 54.2%로 추정했다. 손을 늦게 써 연체 기간이 길어지면 그만큼 회복이 더뎌진다는 해석이 가능하다.

취약 차주에 대한 채무조정 활성화가 시급하다. 그 과정에서 정부 역할이 크다. 금융회사가 부실 채권의 상각과 매각을 통한 자산 건전성을 강화하도록 유도해야 한다. 대내외 불확실성이 커지는 상황에서 대손충당금 적립 확대 등 손실흡수 능력을 확충하는 지도에도 힘써야 한다. 대출 문턱이 높아지지 않도록 수시 점검 또한 긴요하다. 연체율이 오르면 금융회사는 신용점수가 낮은 고객에 대출을 꺼리면서 여신 심사 허들을 높일 수 있어서다.

　연체율 상승 피해는 금융회사만 겪는 게 아니다. 대출 의존도가 높은 서민과 자영업자에 더 큰 타격을 준다. 그러잖아도 힘든 경제 취약계층을 더 힘들게 만든다. 연체율을 낮추려다 차주를 망하게 하는 건 소의 뿔을 바로잡으려다가 소를 죽이는 거나 진배없다. 하지만 인간사를 어찌 소의 일에 비하랴. 연체살인(延滯殺人)은 교각살우(矯角殺牛)보다 더 지독한 악행, 훨씬 흉악한 범죄다. 생각만 해도 끔찍하다. 온몸에 소름이 돋는다.

〈2024년 5월 13일, 권의종〉

고위험금융상품,
제도개선 마지막 기회

금소법 제정에도 불완전판매 활개

사후약방문(死後藥方文). 꼭 일이 터지고 나서야 대책을 세우려 한다. 여전한 '뒷북 규제'다. 금융위원회가 홍콩 H지수를 기초자산으로 한 주가연계증권(ELS)의 대규모 손실과 관련해 제도개선을 추진한다. 금융감독원으로부터 ELS 주요 판매사 검사 결과를 공유받고 고위험상품판매를 손보려 한다. 연구기관 검토의견을 반영한 초안을 토대로 은행과 금융투자업권과 협의를 거쳐 최종안을 마련할 계획이다.

금감원 검사 내용을 보면 기가 차다. 은행 직원의 업무 행태가 기상천외하다. 고위험상품이 부적합한 투자자에게 '상품에 가입하고 싶다'고 말하라고 유도했다. 지점 방문이 힘든 투자자를 대신해 가입신청서를 작성하고 녹취를 한 것처럼 꾸며 허위 계약을 체결했다. 은행 경영전략에도 잘못이 있었다. 영업목표를 과도하게 책정해 직원들의 공격적인 영업을 강요했다. 성과평가지표(KPI)를 ELS 매출에 유리하게 설계하는 방식으로 판매를 유인했다.

금융위는 ELS 사태 원인으로 크게 세 가지를 주목한다. 판매정책 및 소비자 보호 관리실태 부실, 금융소비자보호법상 적합성 원칙 및 설명의무 미준수, 일선 영업점에서의 불완전판매다. 이에 맞춰 고위험상품 판매와 관련한 내부통제 강화, 금소법상 미비점 보완, 불완전판매 근절을 위한 판매 프로세스 개선을 제도개선의 주요 포인트로 보고 있다.

원금손실 가능성이 있는 고위험상품의 판매를 제한하는 방안이 유력하게 거론된다. 2019년 파생결합펀드(DLS) 사태 당시 은행의 고난도 사모펀드·신탁 판매를 금지하면서 예외적으로 허용한 부분에서 다시 대규모 불완전판매가 발생한 만큼 판매상품 범위의 재검토부터 금융투자상품의 제조·판매 규율체계까지 대대적인 정비가 필요하다고 판단한다.

금소법이 제정됐음에도 불완전판매 사태가 반복되는 점에서 법을 보완하고 금융사의 내부통제체계 전반을 재정립하는 방안도 검토된다. 법·제도상 보완과 함께 내부통제 시스템이나 영업 관행 개선과 가치관 정비 쪽으로 접근하려 한다.

🔍 불완전판매는 예금·투자 외에 여신에도

금소법은 금융상품이 투자자에게 적합하고 적정하게 판매됐는지, 상품에 대한 충분한 설명은 있었는지, 불공정영업행위나 부당권유는 없었는지, 금융상품 광고에 허위·과장은 없었는지를 따지는 6대 판매원칙 도입이 골자였다. 다만, 적합성과 적정성 원칙은 기준이 모호해 판매사가 자의적으로 해석할 여지가 있다. 형식적 준수에 그치면 오히려 금융사가 불완전판매책임 회피 도구로 악용될 소지가 있다.

ELS처럼 구조가 복잡한 고위험상품은 은행 창구 직원들조차 제대로 이해하지 못한 채 판매된다. 불완전판매가 반복된다는 이유다. 그렇다고 ELS 등 고위험 금융상품 판매를 전면 금지할 경우 지나친 영업 규제라는 반발과 함께 소비자 선택권 침해라는 비난이 나올 수 있다.

실제로 규제 강화가 능사는 아니라는 반론이 강하게 제기된다. 불완전판매 행위에 대한 모니터링 강화는 필요하나 금융상품의 판매제한은 신중한 접근이 필요하다는 의견이 만만찮다. 과거에도 금융상품 불완전판매 사태가 있었으나 그때마다 판매 금지나 규제 강화에 치우치다 보니 근절되지 못한 선례가 있어서다. 그런 점에서 불완전판매의 금지보다 정도를 어떻게 줄이느냐를 고민해야 한다는 주장에 무게가 실리는 모양새다.

논의에서 간과되는 부분은 이 말고도 또 있다. 불완전판매가 보장성이나 투자성, 예금성 상품에서만 생기는 게 아니라는 점이다. 겉으로 드러나지 않아서이지 대출성 상품에서도 빈발한다. 위탁보증제도가 그러한 예다. 위탁보증이란 영세 소기업이 신속하게 돈을 빌릴 수 있도록 신용보증서 발급업무를 신용보증기관이 은행에 위임한 금융서비스를 말한다.

◎ 불완전판매는 '완전한 대책'으로 막아야

보증서 발급과 대출 실행이 은행 한 곳에서 원스톱으로 이뤄진다. 대출 신청 기업이 보증서를 발급받기 위해 신용보증기금, 기술보증기금, 지역 신용보증재단, 서민금융진흥원 등을 방문할 필요가 없다. 은행에만 가면 금융기관과 보증기관 간에 체결된 위탁보증계약에 따라 대출과 보증을 한꺼번에 받을 수 있다.

제도의 취지가 좋고 이용 절차가 간편하며 소요 시간이 줄어드는 장점이 있다. 역기능도 있다. 은행의 도덕적 해이다. 은행에서 보증서를 담보로 하는 대출이라는 점을 고객에게 충분히 설명하지 않는 점이다. 은행 스스로 신용대출을 해주는 양 생색을 내고 사실을 호도하는 경우다. 그러다 보니 고객 계좌에서 신용보증료를 빼가면서도 그런 사실을 알리려 하지 않는다.

대출이 정상적으로 상환되면 이런 사실이 다 덮이고 만다. 대출이 상환되지 않는 경우에야 실체가 드러난다. 신용보증기관이 보증채무 이행한 후 채무자에게 구상권을 행사하는 과정에서 보증부대출이라는 사실이 밝혀지는 것이다. 이 경우에도 기업이 대출을 갚지 못한 처지라서 은행의 불공정행위에 대한 책임을 묻기 어렵다.

정부가 이왕 고위험상품을 제도 개선하기로 마음먹은 이상 제대로 할 필요가 있다. 시간이 걸리고 인력과 비용이 소요되더라도 실태를 정확히 파악해 최선의 대안을 마련해야 할 것이다. 필요하면 법을 고치고 제도를 손보며 운영을 바로 해야 한다. 관리·감독도 강화해야 한다. 소는 이미 잃었지만, 앞으로라도 잃지 않기 위해서는 외양간을 이참에 완벽하게 수리해야 한다. 이번 제도개선이 마지막이 돼야 한다. 만사 불여튼튼이다.

〈2024년 4월 8일, 권의종〉

미래 금융의 활로 AI,
불가피한 외통수

◎ 금융도 기술 변화 못 따라가면 '도태'

점포 공실(空室)이 늘고 있다. 엔데믹 이후 개선 흐름을 보였던 상가 공실률이 다시 치솟는다. 상가 공급과잉과 경기 침체, 폐업 증가로 상가가 비어간다. 한국부동산원에 따르면, 지난해 4분기 전국 소규모 상가 공실률은 7.3%로, 코로나 팬데믹이 절정이던 2020년 4분기(7.1%)를 웃돌았다. 부동산원이 분기별 공실률을 공개한 2015년 이후 9년 만에 최고치를 기록했다.

중대형 상가 공실률은 더 높다. 13.5%로 소규모 상가의 곱절 수준이다. 경북, 전남, 울산은 전국 평균을 웃돈다. 부자 동네인 서울 강남지역도 예외는 아니다. 강남대로 소재 점포 공실률이 8.3%로 2018년 4분기(2.6%)의 3.2배다. 건물주들이 임대료를 내리는 상황인데도 상업용 부동산 시장이 얼어붙으면서 상가 공실률이 오름세를 이어간다.

금융권 점포도 줄고 있다. 은행들이 경쟁이라도 하듯 앞다퉈 점포 감축에 나서고 있다. 영업점 폐쇄와 흡수 통합을 알리는 안내문이 곳곳에서 눈에 띈다. 비대면 금융 거래 확산과 내점 고객 감소에 따른 수익성 악화를 견디다 못해 꺼내든 고육지책이리라. 그동안 금융당국과 정치권의 압박에 못 이겨 점포 수를 유지해 온 은행들이 점포 통폐합에 다시 속도를 내는 모양새다.

국민 신한 하나 우리 농협 등 5대 시중은행의 점포 수는 2020년 4,425개였다. 지난해 3분기 3,931개로 3년 새 500개 가까이 줄었다. 은행들로서는 불가피한 측면이 있다. 노인 등 금융소외계층의 접근성 확보를 위해 점포 폐쇄를 자제해야 할 것이나, 내점 고객이 줄어 파리만 날리는 저수익 점포를 마냥 끌어안고 갈 수 없는 노릇이다.

⊕ AI가 만들 금융의 미래, '예측 불허'

비대면 금융 거래의 확산 속도가 더없이 빠르다. 하나은행의 경우 지난해 전체 개인 신용대출 6만4,461건 가운데 비대면 대출이 95.4%, 6만1,457건에 달했다. 국내 시중은행 가운데 전국 지점 내점 객 수가 가장 많다는 농협은행조차도 작년 말 기준 비대면 상품 판매 비중이 60%를 넘어섰다.

그럴수록 멀리 보고 큰 그림을 그려야 한다. 디지털화의 빠른 진전 과 4차 산업혁명 시대를 맞아 은행들이 다수의 점포를 운영, 소비자 에게 지리적·공간적 혜택을 베푸는 게 최선일 수 없다. 그보다는 생산 성과 효율성을 향상하고 고객 편의를 개선하며 보안과 리스크관리를 강화하는 게 궁극의 목표라 할 수 있다. 그러려면 어떻게? 인공지능 (AI), 자동화 등 디지털 전환(DX)이 우선이고 필수다.

국내 금융권도 디지털 기반 구축을 본격화하고 있다. Virtual Human 은행원, 생체 인증 등 AI 보안 서비스, AI 신용평가 모형 등을 시행한다. AI 활용이 미래 주도권 확보의 열쇠임을 간파한 은행들의 행보가 분주하다. 업무에서 혁신 요소를 발굴해 AI와 접목하고 신사 업을 발굴하는 등 무진 애를 쓴다. AI 관련 부서에 힘을 싣고 AI를 최 고경영자(CEO)가 직접 챙기는 등 갖은 공을 들인다.

글로벌 금융사들도 AI의 중요성을 간과할 리 없다. 오히려 AI 활용에 사활을 걸고 올인하는 형국이다. 고객 경험 분야에서 챗봇, 신원 인식, 컨설팅 등을, 마케팅 분야에서 로보어드바이저, 사장예측, 전자문서, AI 스피커 등을 속속 선보인다. 리스크관리에서 이상 거래 탐지, 자금세탁방지. 불완전판매, 컴플라이언스, 약관분석 등을, 업무지원 분야에서 AI 기반 신용평가, 프로세스 자동화, 자동심사 등을 착착 진행한다.

◎ 승자독식의 디지털 영역, 선점이 관건

AI 기술 진보가 빛의 속도다. 2010년 딥러닝 관련 연구가 활성화됐고 2016년 바둑왕 알파고의 등장 이후 신기술 분야의 최대 화두로 등장했다. 이어 식별형 AI라는 이미지를 인식해 학습하는 시스템이 출현했다. 지금은 챗GPT처럼 스스로 이미지를 만들고 콘텐츠를 창작하는 생성형 AI가 등장, 금융서비스를 레벨업시킬 촉매제로 주목받고 있다. AI가 가져올 금융의 미래는 예측 불허다. AI가 수행할 역할에 제한이 없을 거라는 전망이다.

AI가 가져올 미래를 과소평가해선 안 된다. 산업연구원은 2022년 기준 국내 기업의 AI 도입률이 4% 수준에 불과하나, 챗GPT 등 생성형 AI 등의 성능 향상 속도를 고려할 때 AI 시대가 빠르게 전개될 것으로 예상했다. AI로 인해 국내 전체 일자리의 13.1%인 327만 개가 사라질 것이라는 구체적인 수치까지 열거했다.

AI 대체 가능 일자리의 59.9%인 196만 개가 전문가 직종에 집중될 것으로 예측했다. 공학 전문가와 정보통신 전문가의 비중이 높은 전문·과학·기술서비스업(45만 개)과 정보통신업(38만 개)뿐만이 아니다. 건설업(43만 개), 제조업(37만 개) 내에서도 전문직 일자리의 대체 위험이 클 것으로 추정했다. 금융업에서는 일자리 소멸 위험군의 99.1%가 경영·금융전문가 직종으로, 인공지능의 노동 대체 양상은 과거 로봇이 생산직 일자리를 대체한 것과 판이할 것으로 내다봤다.

기술이 사회를 변화시키고 그 변화를 따라가지 못하면 경쟁에서 뒤처지게 마련이다. 금융업도 예외일 수 없다. 더구나 디지털 영역은 승자독식의 원리가 적용, 선점이 관건이다. 선수(先手)를 쳐야 선수(選手)가 될 수 있다. AI를 경영의 최우선 순위에 두고 조직과 인력, 예산과 열정을 쏟아부어야 하는 이유다. 감히 단언컨대, AI는 미래 금융의 활로, 피해 갈 수 없는 외통수다. 길은 외길, 수는 정면돌파 뿐이다.

〈2024년 3월18일, 권의종〉

'대출 갈아타기', '은행 홀로서기' 시발점

◎ 도랑 치고 가재 잡는 '금상첨화' 기대

온라인·원스톱 대환대출이 열풍이다. 신용대출에 이어 주택담보대출과 전세자금대출, 소상공인 대출로 대환 적용 대상이 확대되면서 대출 갈아타기가 홍행몰이다. 과점 체제인 은행권에 경쟁을 불러일으키면서 이자 절감 혜택이 크다. 2023년 5월 31일부터 지난달 26일까지 온라인·원스톱 대환대출로 신용대출을 갈아탄 사람은 11만 8,773명. 같은 기간 이동한 자금 규모가 2조7,064억 원에 이른다.

지난달 9일 개시한 주택담보대출 갈아타기는 한 달 만에 4조2,000억 원의 신청이 몰렸다. 이달 7일까지 2만3,598명이 주담대 대환대출을 신청했다. 대출 갈아타기가 끝난 차주는 5,156명, 대출 이동 규모는 9,777억 원이다. 평균 1.55%포인트 금리를 낮춰 1인당 연간 294만 원의 대출이자를 아끼게 됐다.

지난달 31일 시작한 전세자금대출 갈아타기도 성황이다. 출시 후 이날까지 3,869명이 6,788억 원을 신청했다. 대환대출 금리도 동반 내림세다. 고정금리형 주택담보대출 금리가 3%대 상품이 등장했다. 한국은행이 기준금리 인하가 본격화하면 싼 금리로 갈아타려는 대환대출 수요는 더 늘어날 것으로 예상한다.

이달 26일부터는 고금리 부담이 큰 소상공인을 위한 대환대출 접

수도 시작됐다. 7% 이상의 고금리 대출 또는 만기 연장에 어려움을 겪는 대출을 4.5% 고정금리, 10년 분할 상환 조건으로 바꿔주는 게 골자다. 업체당 최대 5,000만 원까지 대환이 가능하다. 소상공인 대출은 코로나19 이후 크게 늘었다. 2019년 686조 원이던 자영업자 대출 규모가 2023년 9월 기준 1,052조 원으로 큰 폭으로 증가했다. 같은 기간 중소기업 대출금리는 3.50%에서 5.31%로 뛰었다.

🔍 신용·주담·전세대출 이어 소상공인대출도 갈아타기

윤석열 대통령도 대출 갈아타기와 관련해 긍정적으로 평가했다. "은행이 대형화되는 과정에서 자연스럽게 과점 산업 체계가 되다 보니 대출 서비스를 받는 고객 입장에서는 독과점의 피해를 보는 점이 많았다"며 "금리 갈아타기는 공정한 경쟁을 유도해 금융소비자에게 혜택이 돌아가도록 한 것"이라고 언급한 바 있다.

대환대출 플랫폼 가동에 따른 부수 효과도 작지 않다. 은행마다 '집토끼' 단속을 위해 기존 거래 고객의 금리를 낮춰주는 방안을 고려한다. 장기대출 이용 고객 중 상대적으로 이용 금리가 높은 고객의 금리를 낮춰주는 방식을 고심한다. 영업점에서 고객 이탈 방지를 위해 금리 인하 홍보에 적극적으로 나서는 것으로 알려졌다.

은행 간 갈아타기 경쟁으로 대출 시장 판도가 달라지면서 대환대출 적용 요건도 완화될 것으로 전망된다. 금융위원회는 현재 아파트로 한정된 주담대 갈아타기 서비스를 실시간 시세 조회가 가능한 빌라나 오피스텔 등으로 늘려갈 요량이다. 전세대출 갈아타기는 계약 기간의 절반이 넘지 않았더라도 가능하게 하는 방안을 검토 중이다.

내친김에 마이너스통장 대출도 갈아타기 적용 대상이 되면 좋을 것 같다. 서민과 봉급생활자, 소상공인과 자영업자의 금융비용 부담을 덜어줄 수 있어서다. 갈아타기가 절실한 대상은 이 말고도 또 있다. 예·적금이다. 경쟁은 여신뿐만 아니라 수신에서도 필요한 터. 예금이나 적금도 고금리로 갈아탈 수 있다면 금융서비스 전반에 경쟁이 활성화돼 소비자에게 더 많은 혜택이 돌아가게 될 것이다

🔍 마이너스통장대출, 예·적금도 갈아타기 필요

대출을 갈아탈 때 득실을 꼼꼼히 따져야 한다. 단순히 금리 차이만 고려했다간 손해를 볼 수 있다. 부대비용이 만만치 않다. 은행은 대출금의 0.6~0.7%의 중도상환수수료율을 매긴다. 재산과 관련된 문서에 부과하는 인지세는 대출금 5천만 원~1억 원까지는 7만 원, 1억 원~10억 원까지는 15만 원이다. 보증료도 있다. 전세대출은 한국주택금융공사, 주택도시보증공사, SGI서울보증의 보증서를 담보로 잡는다. 보증료는 대출 원금의 0.06~0.2% 수준이다.

대환대출 서비스가 일단은 성공적이라는 평가다. 플랫폼을 통한 대출 갈아타기가 본격화하면서 은행 간 경쟁 구도가 형성돼 금융소비자가 느끼는 체감 효과가 상당하다는 반응이다. 일각에서는 은행 간 과도한 출혈 경쟁을 우려하나, 꼭 나쁘게만 볼 일은 아니다. 경쟁은 단기적으로는 은행에 불리하게 작용할 수 있으나 종국적으로는 경쟁력 강화의 계기가 될 수 있기 때문이다.

자본주의 시장경제에서 어차피 경쟁은 피해가기 어렵다. 오히려 이를 극복해야 비교우위의 경쟁력을 확보할 수 있다. 그 점에서는 금융권도 예외일 수 없다. 보호는 일시적으로는 도움이 될지언정 결국에는 부담으로 작용하고 만다. 국내 금융산업이 그동안 '역대 최대 이익'을 경신해 올 수 있었던 데는 정부가 둘러 쳐준 관치 울타리와 과점 체제가 제공한 경쟁 무풍지대의 덕이 크다.

금융환경마저 급변하고 있다. 금융소비자의 눈높이가 높아지고 정보통신(IT)과 인공지능(AI) 혁신이 눈부시다. 핀테크의 약진도 빛의 속도다. 산업자본의 금융 진출을 막는 금산분리 또한 조만간 깨지게 돼 있다. 은행이 언제까지 정부와 체제의 뒷배만 믿고 땅 짚고 헤엄치기식 장사를 이어가기 어렵다. 이제라도 홀로서기를 해야 한다. 위기가 기회라고, 이번 대출 갈아타기가 그 시발이 돼야 한다. 도랑 치고 가재 잡는 금상첨화를 학수고대하는 바다.

〈2024년 2월 26일, 권의종〉

티몬·위메프 사태에
뒷북치는 국회

티몬·위메프 정산 지연 사태가 세간의 관심사로 떠올랐다. 보도에 따르면, 티몬과 위메프에서 여행·숙박·항공권 등을 환불받지 못해 한국소비자원의 집단 분쟁조정에 참여한 소비자가 9천여 명에 달한다고 한다. 이번 사태의 직접적인 원인이 이커머스(전자상거래) 업계의 판매대금 정산 주기가 너무 길어서라는 전문가들의 주장에 다수가 공감하는 분위기다.

티메프는 일부 상품권의 할인율을 비정상적으로 높여 판매함으로써 고객을 끌어모았다. 동사는 판매대금 정산 주기를 70일까지로 늘려잡고, 그동안 무이자로 자금을 이용함으로써 마치 CP(기업어음)처럼 사용한 셈이다. 그에 대해, 이효섭 자본시장연구원 금융산업실장은 "회사의 운영비용이나 투자자금으로 유용했을 수 있다"라며, "티메프는 고객의 돈을 중개만 해줘야 하는데 판매대금을 오래 가지고 있으면서 마음대로 쓴 부분이 문제"라고 지적했다.

석병훈 이화여대 교수도 "티메프는 일종의 금융업이라 볼 수 있는 PG사(전자지급결제대행사)를 같이 하고 있는데 그동안 규제를 전혀 안 받고 있었다"라고 비판했다. 그의 언급처럼 현재는 이커머스 관련 법 규정이 없어 업체마다 정산 주기가 제각각이다. 네이버 등의 오픈마켓은 고객이 구매를 확정한 다음 날 판매자에게 대금을 지급하지만, 위메프와 티몬 등은 매출 발생 후 정산까지 최장 70여 일이 걸린다.

이번 사태로 인해서 플랫폼 입점 판매자들도 큰 피해를 입었다. 급한 대로 몇몇 은행에서 취급 중인 '선정산대출(先精算貸出)'을 받고 있지만 미봉책에 불과하다. 선정산대출이란 이커머스 플랫폼에 입점한 판매자가 은행에서 판매대금을 먼저 받고, 정산일에 은행이 이커머스로부터 정산금을 수령(受領)하면 대출이 상환되는 구조다. 자금 사정이 취약한 판매자들이 주로 이용하는 것으로 알려졌다.

경쟁적으로 법안 발의하는 정치권

티몬·위메프 사태의 파장이 커지자 여야 의원들이 앞다투어 관련 법안을 들고나왔다. 국회 의안정보시스템에 따르면 최근 불거진 티메프 사태 이후 전기통신사업법·전자금융거래법·전자상거래법 개정안이 7건이나 발의됐다.

국민의힘 이헌승 의원은 '전자상거래 등에서의 소비자보호에 관한 법률 일부 개정안'을 대표 발의했다. 개정안의 핵심은 플랫폼 입점 업체에 대한 결제 대금 정산 기한을 10일 이내로 하고, 소비자의 결제 금액을 은행에 예치 신탁하는 에스크로(escrow)제를 도입하는 것이다. 이 의원은 "전자상거래 플랫폼 업체에 대한 법적 규제가 명확하지 않아, 업체에 유리하게 운영되던 거래 질서를 바로잡고 입점 업체를 보호하자는 뜻에서 개정안을 발의했다"라고 설명했다.

더불어민주당 박정현 의원은 이커머스 상품 대금 지급 기간을 30일 이내로 규정하고, 정산대금도 별도 관리하는 내용을 담은 '전자상거래법 일부개정법률안'을 대표 발의했다. 박 의원은 통신판매중개업체가 정산대금을 임의로 유용하지 못하도록 별도 관리하고, 이를 위반할 시 영업정지 등의 제재를 받도록 명시했다. 또한, 이커머스의 대금 지급 의무 기한을 규정해 유사 사태를 방지하는 데 초점을 맞췄다.

티몬과 위메프에서 상품 결제가 완료된 후 한참 지난 뒤에야 판매자에게 대금 정산이 이뤄진 점이 이번 사태의 핵심 원인임을 반영하듯, 여야 의원들이 발의한 법안들은 한결같이 '정산 주기 단축'을 담고 있다. 국민의힘 송언석 의원은 정산 주기를 '구매 확정 후 5영업일 이내', 고동진 의원은 '10영업일 이내'로 규정했다. 민주당 천준호 의원은 '배송 완료 뒤 10일', 김남근 의원과 김한정 의원은 '소비자 구매상품 수령 후 14일 이내'로 설정했다.

🔍 보여주기식 탈피, 민생에 몰두하는 국회를

전문가들은 티메프 사태가 드러낸 규제 사각지대를 해소하기 위해서는 이커머스의 '정산 주기 감축'과 '에스크로 도입'이 필요하다고 입을 모은다. 하준경 한양대 교수는 "티메프 사태가 이커머스 생태계에 부정적 영향을 미친 상황"이라며 "조속히 에스크로를 도입해 플랫폼에서 물건을 팔았을 때 판매대금을 확실하게 받을 수 있다는 신뢰를 회복시키는 것이 가장 중요하다"라고 강조했다.

금융당국도 불합리한 정산 관행을 차단하겠다는 의지를 밝혔다. 최근 발표한 '위메프·티몬 사태 추가 대응 방안 및 제도개선 방향'에는 이커머스에 대형유통업체보다 짧은 정산 기한을 도입하고, 대금 일부를 별도 계좌에 관리토록 하는 법 개정 추진 계획이 담겼다. 그에 대해 서용구 숙명여대 교수는 "법은 과거의 어떤 행위로 현재를 판단하는데, 이런 산업은 계속 변하기 때문에 명목상의 규제는 경계할 필요가 있다"라며 우려 섞인 반응을 보였다.

정부는 지난 6월에 전기통신사업법 일부개정법률안을 발표했다. 그 법안에는 부가통신사업자의 건전한 거래환경 조성, 기술 발전 등 혁신 촉진, 이용자 보호 및 상생 협력을 위한 자율규제의 법적 근거가 담겨있다. 한기정 공정거래위원장도 국회 정무위원회에서 온라인 플랫폼 기업들의 '자율규제'를 강조한 바 있다.

그 같은 정부 방침에 대해서 여야의 입장 차가 뚜렷하다. 국민의힘은 자율규제 정책을 깨지 않는 선에서 소비자 보호를 위한 안전장치 마련에 주력하는 모양새고, 민주당은 자율규제 정책 자체가 잘못됐다고 보고 있다.

티메프 사태를 계기로 여야가 앞다퉈 법안을 발의한 만큼, 국회에서 모처럼 머리를 맞대고 관련 법안 논의에 집중하길 기대한다. 국민은 정쟁으로 밤을 새우는 대신 민생에 매달리는 선량(選良)들의 모습을 보고 싶어 한다.

〈2024년 8월 20일, 나병문〉

생색만 내는 정책서민금융, 실효성은

최근 보도에 따르면 금융당국이 금융회사의 정책서민금융상품 출연금을 확대한다고 한다. 고금리·고물가 여파로 늘어나는 서민금융 수요를 안정적으로 뒷받침하려는 조치다. 금융권에 따르면 금융위원회는 금융사의 서민금융 출연금 요율을 가계대출의 0.03%에서 0.04%로 늘리는 내용을 담은 '서민금융법 시행령 개정안'을 이달 입법 예고했다. 2021년 제도 도입 이후 3년 만이다.

이번에 늘어난 금융사 출연금은 '햇살론' 등 서민금융상품 재원으로 활용된다. 서민금융진흥원에서 관장하는 햇살론은 은행권에서 대출받기 힘든 취약계층에 없어선 안 될 소중한 존재다. 하지만 서민을 위한 정책금융인데도 이자율이 8~15.9%에 달한다. 저소득·저신용자가 사채시장으로 내몰리기 직전에 찾는 최후의 보루라고 할 수 있는 햇살론의 이율이 그 정도라면 하루하루를 힘들게 버티는 서민 입장에선 여간 큰 부담이 아닐 수 없다.

서민금융의 범주를 자영업자와 소상공인 대출이라고 놓고 본다면, 현재 상황이 잘 돌아가고 있지 않다는 게 분명하다. 가뜩이나 경기도 좋지 않은데 소득은 자꾸 줄어드니, 돈을 벌어서 생활하기도 바쁘다. 그러니 고금리로 추가 대출을 받아 기존 대출을 갚아나가는 악순환에 빠진 자영업자들이 속출하고 있다. 그 결과 금융권 연체율이 꾸준히 상승하고, 채무 불이행자를 양산함으로써 금융시스템 전체를 위협하는 핵심 리스크로 대두되고 있다.

그 같은 추세가 수년간에 걸쳐 진행 중이다. 경기 둔화와 원자재 가격 상승으로 인해 나빠진 영업 여건은 개선될 기미가 없는데, 고금리가 꺾이지 않으면서 여기저기서 추가 대출을 받는 다중채무자가 증가하고, 그중 상당수가 취약 차주로 전락하고 있기 때문이다. 향후의 전망도 비관적이다. 금융권에선 지금 같은 상황이 계속된다면 취약 계층의 대출 연체율은 갈수록 높아질 수밖에 없을 것으로 보고 있다.

🔍 서민에게 더 가혹한 조건, 지원 한계가

모두가 알다시피, 정책서민금융은 취약계층을 돕기 위한 제도다. 그런데 막상 내용을 들여다보면 빌릴 수 있는 금액은 적고, 금리도 꽤 높다. 경제적 약자인 그들로부터 떼어가는 이율이 여유 있는 계층보다 높다니 말이 되는가. 물론 부실 예상률 차이를 고려한 불가피한 조치라는 금융회사의 입장을 전혀 이해하지 못할 바는 아니다. 하지만 누군가 은행을 '비 오는 날 우산 뺏어가는 곳'이라고 한탄했다는 말에 전적으로 공감되는 것도 사실이다.

정책서민금융상품의 기본 성격은 대출이다. 공짜로 주는 게 아니란 말이다. 은행과 저축은행, 상호금융조합 등이 대출해주고 서민금융진흥원이 보증을 서는 형태다. 서민금융은 재원은 주로 보증에 쓰기 때문에 직접 대출하는 것보다는 더 많은 지원을 할 수 있다. 기존 대출을 상환받으면 그 자금으로 다른 고객을 지원한다. 하지만 자꾸 늘어나는 연체와 부실에 따른 손실을 메꾸려면 매년 적지 않은 신규 재원을 투입해야 한다.

일각에선 정책서민금융이 경제 취약층을 위한 최선책이 아니라는 지적도 있다. 서민금융진흥원 자료에 따르면, 지난해 8월 0.06%였던 '햇살론뱅크'의 대위변제율이 올해 4.5%로 치솟았다. 취약계층 금융 상품 중 상당 부분이 생계형 대출이기 때문에 '빚의 악순환'에 빠질 우려가 크다. 기존 대출의 이자율이라도 낮춰주면 좋으련만 그것도 쉽지 않다. 우선 급한 불을 끄는 형태의 빚을 무작정 늘리기보단 사회적 안전망을 강화하는 근본적인 방안이 필요한 이유다.

신보의 보증 지원으로 금융기관에서 대출받은 소상공인이 갚지 못해 신보가 대신 빚을 갚아주는 대위변제액 규모도 날로 불어나고 있다. 그와 관련하여 신용상 한국금융연구원 금융리스크연구센터장은 "사회 평균적 삶의 질 회복을 위한 정부의 금융 지원은 불가피한 부분이 있지만, 그게 과도하면 경제 효율성이 떨어질 수밖에 없다"라며 "현행 금융 지원은 위기를 이연시키는 방식이므로 한계가 있다. 보다 구조적인 접근법이 필요하다"라고 조언한다.

🔍 보여주기식 정책 남발 말고, 확실한 해결책을

정부를 비롯한 관련 기관에서 지금까지 적지 않은 정책을 내놓았지만, 서민들의 애환을 속 시원히 달래준 적은 거의 없다. 담당자들이 무언가 하고 있음을 보여주는 생색내기에 그친 사례도 적지 않다. 물론 변명의 여지가 없는 건 아니다. 서은숙 상명대 경제금융학부 교수는 "서민금융을 지속하기 위해서는 정부 재정 지출도 균형 있게 확대해야 하고, 민간 금융사에 자금 투입을 일방적으로 요구하는 데도 한계가 있다"라며 그들의 고충을 분석했다.

전문가들은 전반적인 가계부채 증가와 취약 차주의 건전성 악화의 배경을 '빚으로 빚을 갚는 형태의 지원'에 과도하게 의존한 탓이라고 지적한다. 김상배 금융경제연구소 연구위원은 "생계형 대출이 많은 취약계층은 금리가 높아지면 채무상환 부담이 더 늘어나 부실 위험이 커진다. 취약계층의 부채위험을 막기 위해서는 고금리 대출을 유도하는 게 아닌 대출 수요 자체를 줄이는 노력이 필요하다"라고 강조한다.

성태윤 연세대 경제학과 교수도 "연체율 증가가 눈에 띄는 가운데 원리금 상환 유예 중단 이슈 등에 따라 위험 가능성이 확대될 수도 있는 상황"이라고 진단했다. 그는 또 "연체율 증가로 취약 차주가 더욱 힘든 상황을 겪고 있다. 실질적인 상환능력이 없는 차주에게 금융 형태의 대출이 확대되는 것은 지양해야 한다. 대출 상환 유예 등의 지원과 함께 재정적인 지원으로 뒷받침하는 형태가 돼야 한다"라고 지적했다.

금융당국도 주어진 여건하에서 최선을 다하고 있다고 믿고 싶다. 하지만 갈수록 팍팍해지는 현실 속에서, 언제 파산할지 모르는 불안과 공포를 안고 하루하루를 버티는 서민의 처지를 자기 일처럼 인식했는지 성찰할 필요가 있다. 무릇 공복이라면 맡은 업무를 마지못해 처리하는 자세를 버리고, 국민에게 실질적인 도움이 되는 정책을 펼쳐야 한다. 정책의 가짓수만 늘려 생색내지 말고. 하나라도 확실한 해결책을 내놔야 할 것이다.

〈2024년 5월 21일, 나병문〉

인구절벽 시대, 금융시장의 활로(活路)는

　통계청 자료에 따르면, 지난해 우리나라 출생아 수는 약 25만 명으로, 합계출산율은 0.78명이다. 이는 OECD 회원국 가운데 가장 낮은 수치이며 1970년 출생통계 작성 이후 최저치다. 우리나라 인구가 최고 정점을 찍은 건 2020년으로 5,184만여 명이었다. 이후 계속 감소하는 중이니 수년 내에 5천만 명 밑으로 쪼그라들 것이 자명하다. 혼인율과 출산율의 동반 감소가 개선될 조짐이 보이지 않기 때문이다.

　인구가 줄어든다는 건 한마디로 국력의 쇠퇴를 의미한다. 이대로 가다간 (1인당 국민총소득이 3만 달러 이상이면서 인구가 5천만 명 이상인 국가를 의미하는) '30-50클럽'의 자격을 머지않아 반납해야 할 운명이다. 현재 지구상에서 30-50클럽에 속한 국가는 한국과 일본, 독일, 미국, 영국, 이탈리아, 프랑스 등 7개국뿐이다. 우리나라는 그 명예로운 그룹에 2018년에야 막차로 이름을 올렸다. 그런데 인구가 줄어서 탈락하고 나면 복귀할 가망조차 없어 보인다.

　그동안 우리는 인구도 늘어나고, 가구 수도 증가하는 '규모의 경제' 패러다임 속에서 살아왔다. 그러다 보니 국가의 모든 정책과 제도를 매년 인구가 늘어날 거라는 가정하에 설계하고 운용했다. 그런데 최근 들어 인구가 줄어들고, 경제력을 갖춘 베이비붐 세대의 은퇴가 본격화되면서 경제 규모의 축소를 걱정하게 된 것이다. 미처 준비가 안 된 상태에서 당하는 일이라 모두가 당황하고 있다.

더 큰 문제는 인구 감소 현상이 개선될 기미가 보이지 않는다는 것이다. 그동안 정부를 비롯한 관계 당국의 분투에도 불구하고 혼인율이 갈수록 하락하고 있다. 결혼해도 아이를 안 낳거나 덜 낳는 추세다. 인구 감소를 막아줄 정책을 찾지 못한 상황 속에서, 생산인구에 신규로 편입되는 사람들보다 퇴직하는 이들이 많아지고 있다. 돈을 버는 사람도 쓸 사람도 줄어들고 있으니, 그만큼 경제 규모도 쪼그라들 수밖에 없다.

해리 덴트의 혜안, 우리에게 뼈아픈 이유

미국의 경제학자 해리 덴트 (Harry Dent)는 2014년 발표한 자신의 저서 《2018 인구절벽이 온다》에서 처음으로 '인구절벽'이란 용어를 사용했다. 그 용어의 개념은 생애주기에서 소비가 정점에 이르는 연령대인 45~49세의 인구가 줄어들기 시작하는 시점을 의미한다. 그런 현상이 발생하면 대규모 인구집단의 소비가 점점 감소하고, 수요 부족으로 인한 생산이 위축되면서 경제는 서서히 하강하게 된다는 것이다.

해리 덴트의 혜안이 우리에게 뼈아픈 이유는, 그가 오늘날의 우리 현실을 10여 년 전에 정확히 예견한 것처럼 짚어내고 있기 때문이다. 그의 주장처럼, 지금의 우리나라 젊은이들은 부모 세대에 비해 한결 열악한 환경 속에서 고전하고 있다. 임금과 고용, 복지 혜택을 충분히 보장받지 못하는 청년들은 연애와 결혼조차 망설이게 된다. 가족을 부양할 만한 경제적 능력이 없기 때문이다.

경제 성장기에 소비를 주도했던 장년층 인구가 줄면 대규모 소비집단의 지출 감소로 이어져 디플레이션을 유발한다. 수요 감소와 물가 하락은 곧바로 생산 감소로 이어지고 실업률을 상승시킨다. 그리되면 부모 세대보다 공부를 많이 한 젊은이들도 상대적으로 매력이 떨어지는 일자리와 임금 수준을 감내해야 한다. 그 같은 악순환이 꽤 오랫동안 지속될 거라는 전망이 모두를 우울하게 만든다.

해리 덴트는 그와 같은 위기를 극복할 방안으로, 일종의 역발상(逆發想)을 제시한다. 그는 인구절벽 위기를 투자와 사업 확장의 기회로 삼으라고 조언한다. 인구 구조의 변화와 더불어 금융위기라는 시대적 흐름을 맞이한 현대인은 이전과 다른 형태의 도전에 유연하고 도전적으로 대응해야 한다는 것이다. 그에 더해서, 젊었을 때부터 은퇴 계획과 건강관리, 부동산, 교육, 투자 등에 관심을 가지고 미리미리 준비할 것도 권유한다.

인구절벽 시대에 걸맞은 금융시장 활로(活路)를

인구 감소 추세가 지속된다면 경제 규모는 축소되고 거시경제의 구조적 변화를 초래할 것이다. 금융시장은 다른 어느 분야보다 더 다이내믹한 변화를 경험하게 될 것이다. 따라서 인구절벽 현상이 금융 제도와 경제 성장에 미치는 영향에 관해서 지대한 관심을 가져야 할 필요성도 커진다. 갈수록 인구가 줄어들고 고령화하는, 일찍이 경험하지 못했던 격변의 시기에 제대로 대처하는 방법을 찾지 못한다면 상상하기 힘든 환란(患亂)과 마주치게 될 것이기 때문이다.

인구 감소 현상 앞에서 금융권의 대응 방식도 달라지고 있다. 인구 구조 변화로 '자산 고령화'가 형성되면서 상속과 증여에 관심이 커지고 있다. 그중에서도 자발적인 상속이라 볼 수 있는 증여가 가파르게 늘어나고 있다. 부자들의 고민 중 하나는, 자신의 부(富)를 '어떻게 하면 자손에게 최대한 많이 물려줄 수 있는지'이기 때문이다. 그에 따라 고액 자산가를 상대하는 금융권의 자산관리 방식도 빠르게 변하고 있다.

지나치게 높은 상속세와 증여세를 정비해야 한다는 목소리도 높아지고 있다. 현재 우리나라의 상속세와 증여세는 주요국 중 가장 높은 수준이다. 미국과 일본을 포함한 선진국들이 상속과 증여의 활성화를 위해서 세율을 낮추는 추세와는 대조적이다. 금융 전문가들은 고령층의 자산가들이 보유 자산을 마음 놓고 자손에게 이전함으로써 투자와 소비를 활성화할 수 있도록 세제를 개편하는 것이 시급하다고 주장한다.

　　현실로 다가온 인구절벽 시대를 맞이해서 금융시장의 대전환(大轉換)이 요구된다. 갑작스레 들이닥친 '인구 감소국'의 금융환경을 따라잡을 수 있는 혁신적인 시스템을 구축해야 한다. 그것을 통하여, 자본의 흐름을 촉진하고 투자 기회를 확대함으로써 글로벌경제에 기여(寄與)하는 금융시장 본연의 역할을 제대로 수행해야 한다. 언제나 그렇듯이, 외부 환경이 바뀌면 그에 대한 대응책도 바뀌어야 살아남을 수 있다.

〈2024년 4월 16일, 나병문〉

가상자산이용자보호법, 건전한 가상자산시장을

2009년, 가상화폐는 전자화폐로 등장해 금융 가치 여부에 대한 논란이 많았다. 그러던 가상화폐는 현재 디지털 금으로까지 불리며 투자자들의 주요 투자처로 인식되고 있다. 그러나 금융당국의 늦은 금융자산 인정 등 시장거래에 비해 늦은 규제로 가상화폐에 관한 피해자는 점점 늘어나고 있다.

이러한 상황에서 지난 7월 19일 시행된 「가상자산이용자보호법」은 가상자산을 좋은 방향으로 나아가게 할 수 있는 나침반과 같다.

「가상자산이용자보호법」의 특징과 한계

가상자산거래가 활발히 이루어지자 우리나라는 2020년 3월, 「특정 금융거래정보의 보고 및 이용 등에 관한 법률(특금법)」을 개정하여 가상화폐 거래소에 대한 규제를 시작했다. 이 법안은 가상화폐 거래소가 반드시 금융위원회에 등록하고, 고객 실명 확인 및 거래 기록 보관을 의무화하는 등의 규제 기준을 도입하였다.

하지만 이후에도 허위 가격 형성, 다단계 방식의 거래 등 가상자산을 둘러싸고 법의 허점을 노린 범죄가 기승하자 가상자산 이용자의 자산을 보호하고 불공정 거래를 막기 위해 올 7월 「가상자산 이용자 보호법」을 제정하여 시행하기 시작하였다. 이 법에 의하면 미공개중요정보이용행위, 시세조종행위, 부정거래행위 등이 금지되며 위반

시 형사처벌 또는 과징금이 부과된다. 만약 부당이득액이 50억 원을 초과하게 되면 최대 무기징역까지도 선고될 수 있으며, 부당이득액의 2배에 상당하는 과징금 부과도 가능하도록 명시되어 있다. 이에 가상자산을 두고 다양한 범죄가 발생되는 현상들이 어느 정도는 개선될 것으로 보인다.

하지만, 이러한 법적 장치에도 불구하고 몇 가지 한계가 존재한다. 첫째, 현재까지 처벌 처벌 수위가 상대적으로 낮거나 판례가 존재하지 않아 범죄 예방 효과를 저해할 수 있다. 둘째, 가상화폐의 익명성과 탈중앙화 특성으로 인해 범죄 추적이 어려워, 법 집행이 효과적으로 이루어지지 않는 경우가 많다.

마지막으로 가상자산을 이용한 범죄 수법이나 피해 사례가 다양해 짐에 따라 법 또한 이를 포괄적으로 규제할 수 있는 방안이 부족하다.

◎ 한국으로 송환된 테라폼스 창업자 권도형의 처벌

한편, 테라폼스(Terraforms) 창업자 권도형의 한국 송환은 가상화폐 처벌법의 효과성과 한계를 재조명하는 계기가 되고 있다. 몬테네그로 법원에서 권도형의 한국 송환을 결정하면서, 가상화폐 관련 범죄에 대한 처벌법이 다시금 주목받고 있다. 테라·루나 가상화폐는 갑작스럽게 폭락하여 전 세계 투자자들에게 60조 원 이상 피해를 입혔었다.

이에 권도형은 테라폼스와 관련된 사기 혐의로 국제적인 수사를 받아왔으며, 그의 한국 송환은 가상화폐 시장과 관련 법률에 대한 깊은 논의를 촉발시키고 있다. 미국에서는 권씨의 미국 소환을 강력히 주장해왔으나 한국으로 소환이 결정됨에 따라 처벌 수위에 대해 많은 논란을 낳고 있다. 무엇보다 우리나라에서 제정한 특금법과 가상자산법에 의하면 가상자산 발행자는 규율대상이 아니기 때문에 앞으로 권도형의 사건이 어떠한 처벌을 받게될지에 대해서 전세계가 주시하고 있는 상황이다.

🔍 미국의 가상화폐 처벌법: 강력한 제재와 집행력

미국은 가상화폐 관련 범죄에 대해 보다 강력한 제재를 가하고 있다. 미국의 증권거래위원회(SEC)와 상품선물거래위원회(CFTC)는 가상화폐 거래를 엄격히 규제하고 있으며, 금융범죄단속반(FinCEN)은 가상화폐 거래소에 대한 엄격한 규제와 함께 자금세탁 방지 의무를 부과하고 있다.

특히, 미국은 가상화폐 범죄에 대한 처벌 수위가 매우 높다. 가상화폐 사기, 자금세탁 등과 같은 범죄에 대해 중형을 선고하며, 범죄 수익 환수에도 강력한 조치를 취하고 있다. 또한, 미국은 국제적인 공조를 통해 가상화폐 관련 범죄를 철저히 수사하고 처벌하는 데 주력하고 있다.

이는 미국의 최대 금융 사기 사건인 폰지 사건(Ponzi scheme)의 주인공, 버나드 매이도프가 최고 150년 형을 선고받은 이력이 있는 역사를 반추해 봤을 때 테라·루나 사태가 미국에서 재판을 받게 된다면 한국보다 훨씬 강력한 처벌이 이루어 질 수 있음을 예측할 수 있다.

미국이 강력한 법 집행과 함께 높은 처벌 수위를 적용하는 이유는 범죄 예방 효과를 높이고자 하는데에 있다. 반면, 우리나라는 규제 체계를 갖추고 있지만, 미국에 비하면 처벌 수위와 법 집행력에서 다소 미흡한 측면이 있어 이번 권도형의 한국행으로 인해 처벌이 부족할 것이라는 의견이 많다.

🔍 법 개정과 인식교육으로 가상자산 시장 안정화를

「가상자산이용자보호법」이 이제 새롭게 시작된 법인만큼 불명확한 부분이나 애매모호한 부분에 대해서는 구체적으로 명확해 질때까지 시행착오 또한 있을 것이다. 이에 보다 촘촘한 법의 개정이 요구된다. 또한 우리나라는 미국과 비교할 때 규제 체계와 처벌 수위에서 개선이 필요하며, 법 집행력 강화와 대중 인식 제고를 통해 가상화폐 관련 범죄 예방에 더욱 주력해야 한다.

한편, 가상자산 투자에 현혹되어 소비자들이 가상자산 범죄에 연루되지 않도록 범죄 사례를 널리 공유하고 올바른 투자 습관을 기를 수 있도록 교육하는 것이 필요하다. 소요가 있어야 공급이 생기는 것처럼 가상자산 범죄 또한 돈을 벌고 싶어하는 사람들의 욕구가 있기 때문에 발생하기 때문이다. 이에, 가상화폐 범죄에 대한 대중의 인식 제고와 교육을 통해 가상화폐 관련 범죄에 대한 대중의 경각심을 높이고, 관련 법률에 대한 교육을 강화해야 한다다. 이를 통해 보다 안전하고 신뢰할 수 있는 가상화폐 시장이 구축되기를 기대해 본다.

〈2024년 8월 16일, 백승희〉

'생성형 AI' 금융서비스, 안전하고 정확해야

지금, 금융서비스 뿐 아니라 인류의 생활 자체가 크게 변화하고 있다. 전통적인 금융산업은 바야흐로 디지털 전환의 시대로 달려가고 있다. 그 시작은, 전환점은 클라우드 컴퓨팅과 스마트폰이다.

특히, 생성형 AI(Generative AI), 디지털 자산, 토큰(STO, CBDC), 금융 채널(SuperApp) 등 디지털 금융의 키워드는 금융산업의 핵심 트렌드로 자리잡고 있다.

수년 전 OpenAI의 'ChatGPT'는 등장부터 놀라웠다. 단박에 생성형 AI와 LLM(Large Language Model)는 금융기관들의 큰 관심을 촉발시켰다.

트랜스포머라는 딥러닝 언어 모델dsl ChatGPT의 LLM인 'GPT-n'의 능력은 인간의 두뇌 수준을 위협하고 있다. 무엇보다 인간의 뇌는 지식과 경험이 한정되어 있으나 LLM은 훨씬 더 많은 정보를 학습할 수 있다. 곧 인간의 수준을 뛰어넘으리라는 예측이다.

금융전문가보다 일 잘하는 생성형 AI

최근 삼성SDS는 생성형 AI가 금융 업무에 활용되는 사례를 발표했다. 당장 금융 전문 통역 Agent로서 은행 지점의 외국인 응대에 활용할 수 있다. 무엇보다 기존 번역 프로그램과 달리 직원의 질문을 금융 표준 스크립트로 변환 후 통역해 불완전 판매를 최소화할 수 있다는 것이다.

'실시간 투자 정보 검색 Agent'를 서비스도 능히 할 수 있다. 실시간 투자 정보 검색 Agent로서 블룸버그를 포함한 150여 개의 유관 사이트에서 변동 공시, 뉴스, 주요 리포트를 수집해 번역 및 요약한 후 리포트를 작성해 주는 일이다.

이 같은 사례에서 보는 것처럼, 현재 많은 금융기관들이 생성형 AI 도입을 진행하고 있는데, 도입 전략 유형은 크게 세 가지로 정리할 수 있다.

우선, 전사 혹은 전 그룹에서 공통으로 활용할 수 있는 플랫폼을 도입하는 경우이다. 생성형 AI 기술에 대한 비전과 확신을 가진 대형 금융기관의 경우, 플랫폼 도입을 추진하거나 실제 플랫폼을 구축하고 있다.

또한 선행 Use Case 적용으로 해당 Use Case에 특화된 생성형 AI의 특정 기술 요소를 적용해 서비스를 론칭하거나, 중소형 금융기관들은 주로 PoC(개념검증)나 Pilot을 수행하는 것으로 채택한다.

삼성SDS에 따르면, LLM 모델의 발전 속도와 함께 생성형 AI에 대한 니즈는 굉장히 확대될 것이라 예상된다. 따라서 초기 비용은 크지만, 중장기적으로 중복되는 비용을 줄이고 빠른 개발 및 변화 관리가 가능한 '플랫폼 기반의 접근'이 가장 적합하다고 제언한다.

◎ 불완전한 AI서비스를 안전하고 정확하게

그런데 많은 정보를 학습한 생성형 AI는 엄청난 속도로 발전하고 있지만, 기업에 적용하기에는 고민해야 할 여러 한계점이 있는 것도 사실이다.

기업에서는 안정성뿐만 아니라 정확도도 매우 중요하다. 잘못된 답을 마치 정답처럼 대답하는 '할루시네이션(Hallucination)'의 경우, 금융기관에 대한 민원이나 소송의 위험까지 갈 수 있기 때문이다.

이러한 기술적 노력과 더불어 정책적인 노력 또한 중요해지고 있다. 인공지능은 완벽하지 않기 때문에 안전한 AI 서비스를 위한 안전장치가 필요하다.

지난 3월 금융위원회에서는 '금융권 AI 협의회'를 발족, 금융권의 생성형 AI 활성화를 위한 규제 완화와 안전한 AI 서비스 활용을 위한 AI 거버넌스의 필요성을 강조했다.

지난해 제정된 '디지털 자산 이용자 보호를 위한 법률'은 지난 7월에 시행되었다. 해당 법률은 규제를 강화한다는 것인데, 역으로 생각하면 규제 준수 시 디지털 자산 거래가 활성화될 수 있다는 말이기도 하다.

이에 따라 증권사를 중심으로 'ST 발행', 'ST 유통 관리', '블록체인 기반의 분산 원장 관리' 및 '외부 기관과 연계하는 인터페이스'로 구성된 STO 플랫폼 구축해 디지털 자산 생태계 기반이 마련되었다.

새로운 유형의 자산으로 떠오르고 있는 디지털 자산 토큰은 신규 먹거리로서 '토큰 기반의 상품을 연구·개발'하고, '블록체인을 활용한 인프라 구축'으로 디지털 자산 생태계 기반을 확보해야 한다.

나아가, 코로나 이후 비대면 중심의 금융 채널이 굉장히 확대되었고, 그 일환으로 대형 금융기관을 중심으로 '슈퍼앱(SuperApp)' 론칭 및 업그레이드를 준비하고 있다.

슈퍼앱은 하나의 앱에서 다양한 금융 및 라이프스타일 서비스를 제공, 고객이 여러 앱을 사용할 필요 없이 한 번에 필요한 서비스를 이용할 수 있다.

인터넷의 고속 성장 시대에 그 중심에 '포털 사이트'가 있었던 것처럼, 모바일 시대의 새로운 패러다임을 여는 중심에는 '슈퍼앱'이 있다고 할 수 있다.

이처럼 오늘날 금융시장은 인공지능, 빅데이터, 블록체인, 클라우드 등 기술혁신을 앞세워 디지털 금융 대전환의 시대로 달려가고 있다. 생성형 AI의 변화, 또는 공격이 밀려오고 있다. 과연, 안전하고 정확하게 일 잘하는 금융인을 AI가 대체할 수 있을 것인가?

〈2024년 9월 20일, 정기석〉

금융의 내부통제,
고삐를 더 세게

KB, 신한, 하나, 우리, 농협 등 5대 금융지주는 올해 상반기 10조원 대 순이익을 낸 것으로 추정된다. 가계대출 증가로 은행 이자이익이 크게 늘어난 것이다. 자칫 긴장이 풀어지기 쉬울만한 호시절을 누리고 있는 셈이다.

그런데 이들 5대 금융지주는 올 하반기부터 '내부통제' 고삐를 틀어쥔다며 긴장을 늦추지 않고 있다.

금융가에 홍콩 H지수 주가연계증권(ELS) 사태와 횡령 사고가 줄지어 터지고, 게다가 최고경영자(CEO)가 금융사고에 책임을 지는 책무구조도 도입도 목전인데다, 연체율 상승에 따른 '리스크 관리'도 발등에 떨어진 불이기 때문이다.

KB금융은 금융업의 기본은 '윤리'와 '신뢰'라면서 경영진이 솔선수범의 리더십을 발휘하자고 부르짖고 나섰다. 금융은 자본 공급을 통해 사회적 가치를 높여야 한다고 유난히 강조하고 있다.

우리금융은 지난달 영업점에서 발생한 180억원 횡령 사건에 발목이 잡혀있다. 무신불립(無信不立·믿음이 없으면 설 수 없다)의 신념으로 내부통제 강화와 윤리의식 내재화를 외치고 있다.

🔍 무신불립(無信不立), 믿음이 없으면 설 수 없다

신한금융은 '디지털 혁신 가속화'를 하반기 핵심 경영전략으로 내세운다. '고객 중심' '과정의 정당성' 등 내부통제 준수를 굳게 다짐했다.

농협금융은 금융권 전반의 연체율 상승과 부동산 프로젝트파이낸싱(PF) 부실 여파에 따른 경기 불확실성을 단단히 대비하고 있다. 올 하반기에 선제적 리스크 관리에 초점을 맞춘다는 내부 방침을 세워 놓고 있다.

하나금융은 핵심 계열사인 하나은행 중심으로 뭉쳤다. 기업대출 건전성 관리를 통한 '내실 다지기'에 중점을 두려는 것이다.

이와 관련 금융위원회와 금융감독원 등 금융당국은 지난달 금융회사 대표이사 및 임원의 「내부통제 관리의무 위반 관련 제재 운영지침(안)」을 발표했다.

내부통제는 금융회사의 내부에서 자율적인 준법경영, 전사적 위험관리, 효과적인 관리감독을 위해 지난 2016년에 도입된 내부통제 기준 마련 의무와 관리책임 등을 말한다.

그럼에도, 금융회사 임직원들의 잇따른 위법행위, 내부통제 시스템 실패, 관리감독 실패로 발생한 2019년 DLF[파생결합펀드]·사모펀드 불완전판매, 2022년-현재 은행권 내부 횡령사고 등 조직적인 대형 금융사고는 끊이지 않고 있다.

이같은 금융사고에 대한 감시의무와 총괄 관리책임을 강구하기위해, 금융·감독당국이 올해 초부터 대표이사와 임원에게 책무구조도에 기반한 내부통제 관리의무를 부여한 데 이어, 이번 시범운영안은 관리의무 위반시 신분제재 등의 관리책임까지도 부과하지 않았던가.

그래서 정부와 금융당국의 이러한 시행계획에 대해, 경실련 등 시민단체들은 금융사 내부통제를 위한 대표이사와 임원의 관리책임 제재방안 마련을 환영하면서도 걱정이 가시지 않는 분위기다.

이번 기회에 책무구조도 조기 안착을 위한 총괄관리책임자·임직원 인사검증제도 및 윤리·준법경영 행동규범, 업권별 내부통제 관리의무·책임 가이드라인부터 사전에 명확하게 제시해야 한다고 단호하게 주문하고 있다.

일종의 핀테크 기술인 레그테크 기반 전사적 내부통제 관리·감독 시스템도 구축하되, 내부통제 모범규준·모범사례, 면책기준으로만 악용돼선 안 된다고 촘촘히 경계하고 있다.

⚲ 내부통제를 약속하는 책무구조도를 빨리 제출해야

구체적으로, 모든 금융회사의 대표이사는 전사적 위험관리를 위한 내부통제기준에 따라 임원별 관리조치 책무를 빠짐없이 배분하여 기술한 책무구조도를 조속히 제출하여야 한다고 제안한다.

영국처럼 '고위경영진·임직원 인증제도 및 개인별 행동규범(SM&CR)'을 금융당국이 사전에 마련해 책무구조도의 조기 안착을 돕기 위해 독려할 필요도 있다는 의견이다.

아울러 전사적 위험관리를 위한 내부통제기준의 경우 금유업권별 동적규제 환경, 이해관계자에게 미치는 잠재적 위험, 불의의 금융사고 등에 또한 대비하여 관리의무·책임을 마련하도록 거듭 촉구한다.

영미권 처럼 '업권별 내부통제 관리의무·책임 가이드라인' 또한 금융당국이 명확하게 제시할 필요가 있다고 조언한다.

특히, 현행 '업권별 내부통제 모범규준' 외에도, 향후 금융권의

의견수렴을 통해 만들어 나가려는 대표이사와 임원의 '내부통제 모범사례'가 양정 시 오직 면책기준(즉, 상당주의의무)으로서만 정당화되거나 합리화에 악용되는 것은 자제하여야 한다고 주의를 환기한다.

경실련은 금융당국이 위와 같은 점들을 고려하여 책무구조도를 조기에 마련하기 위한 총괄 관리자책임자와 임직원의 인사검증제도 및 윤리·준법경영 행동규범, 금업권별 내부통제 관리의무·책임 가이드라인을 사전에 명확하게 제시해야 한다고 당부한다.

이로써 모든 금융회사가 이사회 내 내부통제위원회를 구성하고 대표이사로 하여금 일련의 전사적 위험관리를 위한 임원의 내부통제가 빠짐없이 이루어질 수 있도록 책무구조도를 조기에 제출토록 독려하기를 요구하고 있다.

그래야 금융회사 내부에서 보다 자발적인 내부통제, 적극적인 금융소비자 보호, 합리적인 관리·시정조치를 통한 개선과 지속가능한 환류가 이루어질 것으로 기대할 수 있다는 것이다.

무신불립(無信不立), 믿음이 없으면 설 수 없다. 신용이 없으면 금융은 존립할 이유도, 필요도, 가치도 없지 않은가.

〈2024년 8월 19일, 정기석〉

유권자의 30%, '주주' 중심 거버넌스를

상법 제382조 제3항은 기업의 이사가 '회사'를 위해 직무를 충실히 수행하도록 규정하고 있다. 그러나 '회사'를 위해 직무를 충실히 수행하지 않는 사례도 적지 않다. 증시 밸류업(value-up)에 역행하는 기업들의 헐값 M&A, 상장 폐지 등이 속출하고 있다.

이로 인해, '회사'에 '주주'를 추가해 일반 주주 권익을 함께 보호하자는 상법 개정안의 목소리가 커지고 있다. 일반 주주에게 불리한 '회사'의 결정을 견제하자는 것이다.

이와 관련한 정부와 여당, 야당의 주장은 분명하다. 다만, 각자 방법은 서로 엇갈린다. 정부와 여당은 주주환원 확대를 위해 상속세 완화 등 지배주주 감세에 초점을 맞췄다. 반면 야당인 민주당은 기업의 지배구조(거버넌스)를 고쳐 일반 주주의 권리를 보장하는 데 무게를 두고 있다.

◎ 일반 주주 보다 총수와 그룹이 먼저

최근 두산그룹의 사업구조 개편안은 기업 지배구조의 문제가 여실히 드러난 대표적 사례로 지적된다. 두산그룹은 '알짜' 계열사 두산밥캣을 작은 적자 회사 두산로보틱스에 편입시켰다.

경제개혁연대 등 시민단체들은 두산그룹 계열사들이 일반 주주 보다 총수일가가 지배하는 그룹의 이익을 우선으로 두었다고 비판한다. 해외에서도 '코리아 디스카운트'를 알리는 사례로 알려지고 있다.

두산에너빌리티의 두산밥캣 매각 필요성보다 두산로보틱스의 두산밥캣 인수 필요성이 더 큰 상황에서, 두산밥캣 지분을 직접 매각하는 방식이 가장 유리하다. 그런데 두 회사의 이사회는 그리 하지 않았다.

심지어 국제 신용평가사인 스탠더드앤드푸어스는 "구조 개편으로 두산그룹이 재무적 어려움을 겪으면 밥캣에 대한 부정적인 경영 개입 가능성이 커질 수 있다"며 두산밥캣을 '부정적 관찰 대상'으로 지정했다.

무엇보다 사외이사들은 독립이사로서 회사와 주주에게 무엇이 최선인지 고민하기보다는 그룹에서 하달한 방식을 무비판적으로 수용했다.

SK의 지배구조 개편도 유사한 논란거리다. SK그룹은 SK온의 유동성 지원을 위해 상장사인 SK이노베이션과 비상장사인 SK E&S의 합병을 추진하고 있다. 자본시장법상 상장사가 비상장사와 합병할 경우 최근 주가 또는 장부상의 순자산가치 중 하나를 기준으로 주당 가치(합병가액)를 정하는데, SK는 이중 금액이 낮은 최근 주가를 기준으로 삼았다.

이에 따라 SK이노베이션과 SK E&S의 합병 비율은 1 대 1.19로 결정, SK이노베이션 주주들은 합병 비율이 불리하게 정해졌다며 반발하고 있다.

역시 경제개혁연대는 합병으로 최대 주주 SK와 SK의 최대 주주인 최태원 회장 일가에게는 이익이 되지만, SK이노 일반 주주들의 지분

가치가 희석되는 손해를 입게 된다고 문제를 제기하고 있다.

한화그룹도 한화 주가순자산비율(PBR) 0.23배에 불과한 한화에 너지의 공개매수 제시가가 올해 들어 진행된 국내 공개매수 거래 중 가장 낮은 수준이라 주주들이 불만을 제기하고 있다. 한화그룹이 회장의 아들들이 지분 100%를 보유한 한화에너지를 통해 그룹 지배력을 강화하려는 포석으로 간주하고 있는 것이다.

✺ 유권자의 30%, 주주의 '권한 부여(empowerment)'가 핵심

중견기업 신성통상도 주주환원 요구에 자발적 상장폐지로 대응하고 있다. 회사가 배당을 외면하는 수법으로 주가를 낮게 유지해 증여세를 줄인 뒤 자발적 상장 폐지로 가족 경영권을 강화하려는 의도로 의심받고 있다.

이같은 사례에 대해, 경제개혁연대는 윤석열 정부에서 추진 중인 자본시장 선진화 방안의 경우 지배주주의 행위를 근본적으로 바꿀만한 내용이 보이지 않는다며, 22대 국회에서 소수주주의 과반결의제 도입 등의 주주 중심 거버넌스 전환을 위한 입법이 필요하다고 주장한다.

재벌·경영자 중심으로 운영되고 있는 현재의 기업 거버넌스를 주주 중심의 거버넌스로 전환하기 위해서는, 일반주주의 견제 권한 강화, 일반주주에 의한 견제 활동 촉진, 일반주주에 의한 책임추궁을 활성화할 수 있는 주주에 대한 '권한 부여(empowerment)'가 가장 핵심적인 개혁정책이라는 것이다.

민주당은 지난 7월 30일 주식시장에서 기업 가치가 제대로 평가받을 수 있도록 하는 내용의 '코리아 부스트업 프로젝트'를 추진하겠다고 밝혔다.

이 프로젝트의 주요 과제로 이사회 충실 의무 대상을 전체 주주로 확대, 독립이사 선임 의무화, 감사·이사 분리 선출 단계적 확대, 대기업 집중투표제 확대, 소액주주 의결권 행사 확대 등을 제시했다.

주주들보다 재벌 회장과 그 일가의 이득을 우선시하는 경영 행태를 개혁하지 않으면 밸류업은커녕 코리아 디스카운트조차 해소할 수 없다면서, 시장의 저평가 현상을 해결하려면 후진적인 기업 지배구조 개선이 우선돼야 한다고 강조했다.

업계의 전문가들은 이 같은 상법 개정 움직임은 기울어진 운동장의 균형을 바로잡는 역할이라며, 지배주주(경영진)와 일반 주주 간 소통할 수 있는 대등한 권한이 필요하다고 입을 모은다.

이제 주식투자자는 유권자의 30%에 달한다. 주주의 권리를 무시해서는 안 되는 시대가 왔다.

〈2024년 8월 5일, 정기석〉

가상자산법에
빈틈이 보인다

'가상자산 이용자 보호 등에 관한 법률'이 오는 19일 시행된다. 지난 5월 16일 금융위원회는"23년 하반기 가상자산사업자 실태조사 결과'를 발표했다.

이 조사에 따르면, 지난해 하반기 글로벌 가상자산 시가총액은 2,143조원으로 지난해 상반기 1,540조원 대비 39% 증가했다. 국내 시장의 가상자산 시가총액의 규모도 43.6조원으로 지난해 상반기 28.4조원 대비 53% 증가했다.

지난해 하반기 국내 가상자산 거래업자의 일 평균 거래규모는 3.6조원으로 지난해 상반기 2.9조원 대비 24% 증가했다. 가상자산 이용자의 원화 예치금도 4.9조원으로 지난해 상반기 4조원 대비 21% 증가한 것으로 나타났다.

지난해 12월 말 중복상장을 제외한 국내 유통 가상자산 종목 수는 600종에 이르고, 가상자산 거래를 이용하기 위해 고객확인의무를 완료한 이용자 수는 645만명에 달했다. 이미 가상자산 이용자를 법으로 보호해야할 이유와 필요성이 충분하다는 객관적 증빙으로 삼을만하다.

급할수록 돌아가지 못한 가장자산법

가상자산은 실물 없이 온라인에서 거래되는 자산을 말한다. 암호화폐 또는 가상화폐로 불리는 비트코인이 대표적이다. 다만, 국제적으로는 화폐의 성격이 없다는 점을 강조하려고, 2019년 G20 정상회의 선언문에서 암호화폐를 가상자산 또는 암호자산(crypto-assets)이라 표현했다.

우리 정부는 지난 2022년 발생한 발생한 테라-루나 대폭락 사태, 미국 FTX 거래소 파산 사태를 보고, 가상자산 시장의 불공정거래와 이용자 자산 보호를 위한 입법을 시급하게, 우선적으로 추진했다.

그러나, 급할수록 돌아가라 했는데 이번에도 그러지 못한 듯 하다. 입법을 서두르다 보니 불안해보이는 공백이 이곳저곳에서 발견, 입법목적을 제대로 달성할 수 있을지 우려하는 목소리가 속출하고 있다.

먼저, 지난해 하반기 기준 29개 가상자산사업자 중 22개사를 차지, 가장 높은 비중을 차지하는 가상자산거래소에 대한 규제가 다소 허술하다. '이상거래에 대한 감시 및 당국에 대한 보고 의무' 외에 거래소 업무 특성에 따른 별도의 규제를 규정하고 있지 않다.

따라서, 국내 가상자산 시장을 이용하는 대다수의 이용자들을 보호하기 위해서는, 이들이 주로 이용하는 국내 5대 거래소(업비트, 빗썸, 코인원, 코빗, 고팍스)를 비롯한 가상자산거래소에 보다 실질적인 규제를 해야한다.

그동안 가상자산거래소는 자본시장에서 증권사, 중개기관, 보관기관, 감시기관 등이 맡고 있는 역할을 한곳에서 동시에 수행했다. 그래서, 가상자산거래소로서는 부실 가상자산이라도 거래를 지원할 유인이 있어, 가상자산거래소 상장심사 과정의 이해충돌이 얼마든지 문제가 될 수 있다.

이에 소비자주권시민회의 같은 시민단체에서는, 가상자산 이용자 자산의 보호와 불공정거래행위 규제라는 본래의 선별적 입법목적을 달성할 수 있을지 구체적인 의문을 제기하고 나섰다.

우선 이용자 자산의 보호 측면에서는, 이용자의 예치금의 경우와는 달리 이용자의 가상자산은 이용자의 우선변제권 내지 우선권과 제3자에 대한 보관·위탁 의무도 규정하지 않았다. 예치금 관리 규제에 준하거나 그 이상의 보호가 필요하다.

◎ 입법보다 감독과 감시가 중요하다

가상자산의 불공정거래행위 규제의 측면에서는, 가상자산법의 불공정거래행위 등 금지 조문 은 자본시장법의 관련 조문을 계승한 것처럼 보인다. 하지만, 시장질서 교란행위의 금지 조문은 계승하지 않았다.

아울러, 가상자산의 경우 발행인 내부정보보다 대량의 거래정보와 같은 외부정보가 정보비대칭을 이용한 불공정거래의 중요한 문제가 될 수 있다. 그런데, 가상자산법의 경우 대량 취득·처분 관련 미공개중요정보 이용행위에 대한 규제의 공백도 눈에 거슬린다.

자본시장법과 달리 불공정거래 조사를 위한 압수·수색을 위한 규정도 따로 두지 않았다. 불공정거래 조사를 위한 제도 전반에 대한 입법의 공백이 생길 수 밖에 없다. 금융당국의 실질적인 조사가 이루어질 수 있을지 의문이 든다.

특히, 가상자산은 내재적 가치가 없어 거래소에 상장이 됐을 때 비로소 그 가치가 결정되는 속성을 지닌다. 그렇다면, 거래소에서 가상자산의 건전성과 사업성에 대한 심사를 소홀히 안 된다. 거래소의 심사기능을 신뢰한 일반 가상자산 투자자들에게 예상치 못한 막대한 투자 피해를 끼칠 수 있기때문이다.

따라서 혹여 정부가 루라-테라 사태 등으로 인해 문제의 심각성과 규제의 시급성을 인식한 것은 좋으나, 미처 충분히 검토하지 않고 서둘러 선별적 입법을 추진하느라 다양한 규제의 공백이 발행한 건 아닌지 걱정하고 있다.

이로 인해 가상자산 이용자 보호와 불공정거래행위 규제의 입법목적을 충분히 달성할 수 있을지 우려하는 것이다. 특히, 가상자산시장 내에서 가장 핵심적인 가상자산거래소가 법과 규제의 사각에 놓인다면, 불공정과 위법은 불가피해보인다. 입법과 시행이 끝이 아니다. 정부의 감독과 시민들의 감시, 그리고 입법 공백을 채우는 게 더 중요하다.

〈2024년 7월 8일, 정기석〉

디레버리징으로
'빚의 함정' 탈출을

지금 한국은 '빚의 함정'에 빠져있다. 위험한 초원의 늪에 빠진 초식동물처럼 허우적거리고 있다. 특히 민간부채가 과도하다. 가계는 물론 한국 경제 전반을 지속적으로, 상시적으로 위협하고 있다.

최근 한국기업평가에서 발표한 분석보고서에 따르면, 한국의 GDP 대비 민간신용 비율은 2023년 3분기 기준으로 227.0%에 달한다. 이중 가계신용이 101.4%, 기업신용 125.6% 수준이다. 가히 세계 주요국 중 최상위권을 차지하고 있다.

이 같은 상황은 악순환의 고리를 형성하고 있다. 당연히 가계와 기업은 과잉부채 해소를 위해 소비와 투자를 줄이고 있다. 이는 국내 경기와 경제 성장에 부정적인 영향으로 직결되고 있다.

정부와 금융당국은 가계 및 기업 부채를 줄이려고 다각적인 디레버리징(deleveraging) 정책을 추진하고 있다. 2022년 DSR(총부채원리금상환비율) 규제 강화 이후 가계부채 증가세가 크게 둔화되는 건 사실이다. 하지만 주택 관련규제와 정책모기지 공급 등은 증감을 거듭하면서 여전히 불안정한 추세에서 벗어나지 못하고 있다.

금융당국은 올해 들어서는 대출한도 계산 시 향후 금리인상가능성을 반영, 가산금리를 부과하는 스트레스 DSR을 도입했다. 또한 전세자금대출에 대해서도 DSR 규제 적용을 추진할 예정이다.

🔍 가계, 기업 등 취약차주의 채무부실화부터 차단을

다만 최근 경기침체와 금리상승이 차주의 DSR 상승으로 이어지고 있는 점이 조심스럽다. 취약차주의 채무 부실화가 금융불안 확대로 이어지지 않도록 채무조정 지원, 신용회복수단 제공등 정책을 병행할 필요가 있다.

기업부채 증가세는 둔화되고 있으나 부실위험은 증가, 한계기업과 PF부실사업장 등의 구조조정이 확대될 전망이다. 환율 및 원자재 가격 상승에 따른 자금수요 증가, 고금리에 따른 조달비용 급증이 주요 원인이다.

개인사업자대출은 만기연장 상환유예 조치 종료로 이연된 부실의 현실화 우려가 제기되었으나 연착륙 지원으로 영향은 제한적이었다는 평가이다.

디레버리징은 신용중개 기능을 수행하는 금융회사의 성장세 둔화로도 이어지고 있다. 대출채권 연체율은 2022년 3분기 이후, 고정이하여신비율은 2022년 4분기 이후 상승세로 전환되었다.

무엇보다 비은행금융업권은 기업대출을 중심으로 연체율이 가파르게 상승하면서 자산건전성이 빠르게 저하되고 있다.

금융당국은 손실흡수력 제고를 위해 은행업권에 대해 경기대응완충자본과 스트레스완충자본을 도입하는 등 자본규제를 강화하고 있다. 비은행금융업권에 대해서도 부실자산에 대한 적극적인 손실인식 및 충당금 적립과 자본확충을 주문하고 있다.

금융업권의 충당금적립률(충당금/고정이하)은 2022년 이후 저하 추세이며, 특히 상호금융, 저축은행 및 증권업권의 경우 100%를 하회하고 있다.

부실 전 단계인 요주의여신 규모는 2022년 이후 증가 추세인데, 합산 기준으로 2023년 3분기말 업권별 요주의여신 규모는 고정이하여신의 0.8배에서 3.4배 수준에 이르고 있다.

특히 저축은행은 부동산PF 대출과 건설업 여신의 요주의여신 규모가 각각 고정이하여신의 9.1배, 4.2배에 달하고 있어 심각한 수준이다.

🔍 금융회사의 디레버리징은 신용도로 직결

이처럼 작금의 디레버리징 영향과 현상을 분석한 한국기업평가는 "금융회사의 디레버리징으로 인한 시장지위 및 리스크 프로파일 변화, 부실 확대와 충당금적립에 따른 손실부담이 사업 및 재무위험에 미치는 영향을 면밀히 검토하여 신용도에 반영할 계획"임을 밝힌다.

한기평의 분석에 따르면, 상장금융회사의 2023년 4분기 잠정실적 공시에 따르면 충당금적립 등 대손비용이 크게 증가한 것으로 파악된다. 2024년에도 부실우려 자산에 대한 손실 인식이 확대되면서 수익성 및 재무건전성 저하 추세가 이어질 것으로 전망하고 있다.

디레버리징의 영향은 업종별로 차별적이나, 조달과 운용 측면에서 사업환경이 가장 비우호적인 저축은행이 부정적 영향에 가장 크게 노출된 것으로 판단된다.

한편, BIS(국제결제은행) 자료에 따르면 한국의 GDP 대비 민간신용 비율은 2023년 2분기 기준 225.6%로, 자료가 제공되는 43개국 중 최상위권이다. 43개국 전체 평균(159.3%)을 크게 상회하고 있으며, 선진국 평균(161.5%)과 신흥국 평균(156.0%)과 비교해도 매우 높은 수준이다.

2022년 이후 미국 등 주요 선진국들은 인플레이션에 대응한 가파른 금리인상을 단행, GDP 대비 민간신용 비율이 다시 개선되는 모습을 보인다. 그러나 한국은 금리상국면에 들어선 2022년 이후로도 GDP 대비 민간신용 비율이 크게 개선되지 않고 있는 것이다.

보다 강력한 디레버리징으로 가계든, 기업이든, 국가든 맹수같은 '빛의 함정'에서 어서 벗어날 때다. 탈진한 초식동물처럼 취약차주의 채무부실화라는 국가경제의 늪에 더 깊이 빠져들기 전에.

〈2024년 3월 5일, 정기석〉

대한민국
산업개조론

'방안 퉁소' KBO,
해외선 '성적 쪽박'

🔍 여성 팬 유입으로 열린 '1,000만 관중 시대'

한국 프로야구(KBO)가 사상 처음으로 '1,000만 관중 시대'를 열었다. 흥행 대박을 터뜨렸다. 1982년 6개 구단으로 출범한 이후 43년 만에 이룬 성과다. TV 중계 시청률은 꾸준히 유지된다. 선수들의 스타성도 다른 스포츠에 비해 두드러진다. 하지만 국제무대에서는 초라한 성적을 보이며 세계적 수준과 큰 격차를 여실히 드러내고 있다.

국내에서 성공한 KBO 리그는 왜 해외에서는 부진할까? 이 문제를 해결하기 위해 어떤 노력이 필요할까? KBO 리그가 국내에서 성공할 수 있었던 가장 큰 요인은 철저한 지역 연고제다. 각 구단은 지역 기반 팬덤을 성공적으로 구축했다. 구단을 단순한 스포츠팀이 아닌 지역의 자부심으로 자리 잡게 했다.

스타 마케팅과 엔터테인먼트 요소도 흥행의 주요 동력이었다. KBO는 스포츠 리그를 넘어 종합 엔터테인먼트로 발전했다. 선수 팬덤 형성과 더불어, 치어리더 공연, 독특한 응원 문화가 관중을 경기장으로 이끌었다. 리그 간 전력 균형과 예측 불가한 경기 전개도 팬들에게 매력적으로 작용했다. 샐러리캡 도입과 외국인 선수 제한 정책은 리그의 균형을 유지하며 흥미를 더했다.

특히, 최근 20~30대 여성 팬층의 대거 유입은 리그에 새로운 활력을 불어넣었다. 여성 팬들은 프로야구를 단순한 스포츠가 아닌 하나의 문화로 받아들인다. 굿즈 구매 등 소비 활동을 통해 리그의 경제적 기반을 강화하고 있다.

🔍 선수 육성, 리그 경쟁력 강화, 글로벌화가 해답

그러나 국제적으로 KBO는 '방안 퉁소'에 머물고 있다. 국내 흥행 성공에도 불구하고, 해외로만 나가면 영 맥을 못 춘다. 제대로 힘을 발휘하지 못한다. 메이저리거가 출전하지 않는 세계야구소프트볼연맹(WBSC)의 프리미어12 2024에서도 마찬가지다. 한국은 4강 진출에 실패했다. 일본과 대만에 밀려 예산 탈락의 고배를 마셨다. 한국은 슈퍼라운드가 열리는 일본으로 건너가지 못하고 대만에서 일정을 마무리해야 했다.

국제 대회에서의 성적 부진은 선수 육성 시스템의 한계와 국제 대회 준비 부족에서 기인한다. 미국 MLB와 일본 NPB에 비해 KBO 선수들은 기본기와 체계적 훈련 면에서 부족함을 보인다. 이는 국제 무대에서 경쟁력을 떨어뜨린다. 또한, 대표팀 운영에서 장기적 계획 없이 대회마다 감독과 코치를 새로 선임하며 단기 성과에만 초점을 맞추는 경향이 있다. 이는 팀워크 부족과 전략적 완성도 저하로 이어진다.

이를 해결하려면 첫째, 선수 육성 시스템 강화를 서둘러야 한다. 어린 선수들이 기본기를 탄탄히 다질 수 있도록 고등학교, 대학, 프로팀 간의 연계 시스템을 구축해야 한다. 일본의 유소년 야구 시스템이나 MLB의 팜 시스템을 참고할 필요가 있다. 둘째, 대표팀 운영의 장기적 계획이 필수적이다. 단기적인 감독 교체 방식을 지양하고, 일관성 있는 전략을 유지할 수 있는 체계를 구축해야 한다.

셋째, 리그 수준을 높이기 위해 외국인 선수 규제 완화도 검토해야 한다. 수준 높은 외국인 선수 유입은 국내 선수들에게 경쟁 자극을 줄 뿐 아니라, 리그 전체의 수준을 끌어올릴 것이다. 현재 KBO는 외국인 선수 보유를 팀당 3명(출전 2명)으로 제한하고 있다. 반면 일본 프로야구는 외국인 선수 보유에 제한이 없고, 1군 엔트리에 4명까지 등록할 수 있다. 2군은 무제한이다.

거안사위(居安思危) 자세로 도약 준비를

넷째, 리그의 구조 조정과 저변 확대가 필요하다. 한국은 약 90개의 고교 야구팀과 10개의 프로팀을 운영 중이다. 이에 비해 일본은 4,000여 개의 고교 팀과 12개의 프로팀을 운영한다. 미국은 약 15,000개의 고교 야구팀이 MLB의 30개 팀과 연계되어 있다. 이는 선수 육성 기반의 차이를 극명히 보여준다.

다섯째, 글로벌 시장 진출을 모색해야 한다. KBO 경기를 글로벌 스트리밍 플랫폼에 제공하거나 MLB와의 교류전을 추진해 국제적 주목도를 높이는 방안을 검토할 필요가 있다. 마지막으로, 2030 여성 팬층 확대 노력을 지속해야 한다. 여성 팬들은 리그 흥행의 중요한 축이다. 이들을 위한 맞춤형 마케팅과 이벤트를 강화해야 한다. 경기장 내 편의시설 개선, 여성 전용 상품 개발, 문화 콘텐츠 연계 이벤트 등이 대표적인 방안이다.

KBO 리그의 국내 흥행은 주목할 만한 성과다. 하지만 언제까지 우리끼리 도토리 키 재기식의 '동네 야구'나 하며 지낼 수는 없다. 국제 무대에서의 부진은 리그의 미래를 제약할 수 있다. 이를 극복하려면 선수 육성, 리그 경쟁력 강화, 팬층 확대, 글로벌화를 위한 다각적 노력이 필수적이다. 어느 하나도 소홀히 해서는 안 된다.

KBO 리그가 '우물 안 개구리'로 남지 않으려면, 이제는 국제 대회라는 큰물에서 놀 줄도 알아야 한다. KBO 리그는 국내외를 아우르는 경쟁력을 갖춰야 진정한 글로벌 스포츠로 거듭날 수 있다. 거안사위(居安思危), 편안할 때 위태로움을 생각하고 잘 풀릴 때 위기를 대비해야 한다는 말처럼, 2030 세대 여성 팬의 유입으로 활기를 되찾은 지금이야말로 도약을 위한 적기다.

〈2024년 11월 21일, 권의종〉

출산·육아 돕는 기업,
세무조사 유예라니

저출산고령사회위원회의 '궁여지책'

시답잖은 정책이 많다. 대통령 직속 저출산·고령사회위원회가 제4차 인구비상대책회의를 개최하고 내놓은 저출산 추가대책의 일부 내용이 그렇다. 정부가 출산·육아를 돕는 중소기업 4,160곳의 세무조사를 5년간 유예한다. 유예 대상은 여성가족부가 부여하는 '가족친화인증'을 받은 4,100개와 고용노동부가 선정하는 '일·생활균형 우수기업'에 선정된 60여 개 기업이다.

정부는 지방자치단체와 함께 이들 기업의 지방세 세무조사까지 유예하는 방안을 추진한다. 서울·부산·광주·대전·충북 등이 긍정적으로 검토하는 것으로 알려졌다. 산업통상자원부와 중소벤처기업부 등에서 지원하는 중소기업 대상 정책자금 및 수출신용보증 한도 확대 등의 인센티브도 도입한다.

재택근무, 시차출퇴근제 등 유연 근무도 활성화할 계획이다. 배우자 출산휴가 사용 시에도 눈치를 덜 보게 된다. 현재는 근로자가 사업주 허가를 받는 방식이지만, 앞으론 법을 바꿔 사업주에게 고지만 하면 휴가를 쓸 수 있도록 하겠다는 것이다. 단축 근무, 반일 등으로 하루 4시간만 근무할 경우, 근로자가 원하면 휴게시간 없이 바로 퇴근할 수 있도록 근로기준법도 개정한다. 지금은 4시간 근무 시 30분 휴게시간을 의무적으로 가져야 한다.

국공립 직장어린이집의 문을 지역 주민에게도 연다. 정부청사에서 운영 중인 18개 직장어린이집 가운데 정원에 여유가 있는 곳은 지역민에 개방한다. 정부청사 외 국가기관(328개), 공공기관(138개), 지자체(148개소) 등에서 운영하는 직장어린이집도 정원에 여유가 생기면 오픈할 계획이다.

🔍 아무리 궁해도 시답잖은 정책은 금물

저고위의 기능과 역할이 막중하다. 업무의 중요성은 아무리 강조해도 지나치지 않다. 국가 최대 현안으로 떠오른 저출산 및 고령화 관련 정책을 종합적으로 수립하고, 부처 간 정책 조율을 담당한다. 이를 통해 국가적 차원의 전략을 마련하고, 각 부처에서 추진하는 정책이 통합적이고 효과적으로 이행될 수 있도록 조정한다.

이게 다가 아니다. 저고위는 이미 시행 중인 저출산 및 고령화 관련 정책의 성과를 평가하고, 그 결과를 바탕으로 개선 방안을 모색한다. 정책이 실제로 국민에게 긍정적인 영향을 미치는지 점검하며, 필요한 경우 정책 수정 또는 추가대책을 마련한다. 이번 발표도 그 일환이다.

저출산 문제는 복지, 교육, 일자리 주거, 세제 등 사회문제와 여성의 경제활동 등 여러 가지 문화적 요소가 복잡하게 얽혀있다. 정부 지원과 더불어 문화적 요소와 가치적 요소를 함께 고려하지 않을 수 없다. 여러 각도에서 다양한 접근이 필요한 이유다.

저고위가 기대에 못 미친다. 아무리 정책이 궁해도 그렇지, 출산·육아와 세무조사라는 별개의 사안을 무리하게 끌어다 붙인 게 영 부자연스럽다. 출산 장려 등 일·가정 양립 문화를 선도하는 기업에 대해 유인책을 줘서 더 많은 동참을 유도하려는 차원이라는 정부의 설명도 옹색하다. 국세를 부과할 수 있는 기간, 즉 국세 부과제척기간이 5년이라 이 기간 내에서 국세청이 세무조사를 유예하기로 했다는 발언 또한 억지스럽다.

세무조사 유예를 대기업과 중견기업은 제외하고 일부 중소기업에 한정하는 것도 불공평하다. 설사 5년 동안 세무조사를 유예한다고 한들 기업에 무슨 그리고 얼마나 도움이 되겠는가. 오히려 이를 나쁘게 해석하면, 종업원의 출산과 육아를 돕기만 하면 국세와 지방세를 탈세해도 좋다는 면죄부를 준거나 다름없다.

◎ 출산 장려 대상은 '기업' 아닌 '종업원'

정부가 출산·육아를 지원하는 기업을 도우려면 이번 대책에도 일부 포함된 것처럼 중소기업 정책자금이나 신용보증 한도 확대, 경영 컨설팅이나 행정 및 세무상 인센티브 등을 제공하는 것이 적절하다. 출산·육아를 관련하여 꼭 세제 혜택을 주려한다면 기업이 아닌 종업원에게 해야 맞다. 그게 명분이 서고 효과가 클 것이다.

출산 부부에 대해 소득세 감면 등 과감한 세제 혜택을 줘야 한다. 아이를 낳아 기르려면 상당한 돈이 들어간다. 웬만큼 벌어서는 감당이 힘들다. 중국의 민간 싱크탱크인 위와인구연구소는 '2024년 중국 양육 비용 보고서'에서 "한국에서 대학 교육비를 제외하고 0~18세까지 자녀 한 명을 양육하는 데 1인당 국내총생산(GDP)의 7.79배가 든다"며 세계 1위라고 분석했다. 한국의 1인당 GDP가 2022년 기준 3만 2,400달러(약 4,300만 원)이었던 점을 고려하면, 자녀 한 명당 대학 입학 전까지 3억3,500만 원이 필요하다는 계산이 나온다.

자녀 교육비 부담이 큰 현실은 다른 수치로도 확인된다. 신한은행이 발표한 '2022 보통사람 금융생활보고서'에 따르면, 중·고등학생

자녀를 둔 50대 부부가 교육에 지출하는 금액은 한 달 114만 원으로 전체 지출의 26%를 차지했다.

영토, 주권과 더불어 국민이 없으면 국가는 존립이 어렵다. 인구 절벽 위기에 대처하지 못하면 대한민국도 미래가 불투명해진다. 경제협력개발기구(OECD) 최악의 저출산 추세를 반전시키려면 출산 가정에 파격적인 혜택이 불가피하다. 아이 낳는 직원에 1억 원씩을 지급하는 부영의 출산 장려를 정부와 정치권이 타산지석으로 삼아야 한다. 기업도 하는 일을 하물며 나라가 못한대서야 어디 말이 되겠는가. 의지와 결단이 열쇠다.

〈2024년 11월 13일, 권의종〉

국정감사,
정부만 하고 공기업은 빼야

감사받느라 본업 소홀한 '공(空)기업'

국회 국정감사의 대상 기관이 지나치게 광범위하다. 국정감사는 정부 부처에만 국한되지 않는다. 공기업, 준정부기관, 지방자치단체, 공공기관까지 포괄한다. 2024년도 국감 대상 기관은 무려 802개에 달한다. 2023년도보다 9개가 증가한 수치다. 수감 기관이 많아지면 여러 문제가 생긴다. 국정감사의 집중도가 떨어지고, 핵심 이슈보다는 형식적인 점검에 그칠 위험이 커진다.

우선, 막대한 시간과 인력이 소모된다. 각 기관은 국감을 준비하기 위해 몇 달 전부터 자료를 준비하고, 많은 인력을 투입한다. 감사 자료를 수집하고 문서로 만드는 과정이 복잡해지면서 본연의 업무 수행에 차질을 빚는다. 질의응답을 대비한 방대한 보고서를 작성해야 하고, 반복되는 회의와 교육으로 업무 부담이 가중된다.

많은 예산과 행정 비용도 소요된다. 자료 인쇄, 외부 자문, 회의 준비 등 다양한 항목에서 큰 비용이 발생한다. 대형 공공기관과 정부 부처는 별도의 국회 담당 전담 부서를 두거나 태스크포스(TF) 팀을 구성한다. 외부 전문가를 고용해 감사를 준비하기도 한다. 이러한 비용은 국감의 본래 목적인 투명성 제고와 성과 개선보다 과도하게 지출될 수 있다.

🔍 형식적·중복적 감사로 실효성 '바닥'

형식적인 감사로 실효성 저하 또한 우려된다. 매년 반복되는 국감으로 인해 일부 기관은 실질적인 문제 해결보다는 일회성 대응에 치중한다. 대규모 자료를 제출해도 핵심 문제는 제대로 다뤄지지 않는 경우가 많다. 감사를 위한 감사로 끝나는 일이 잦다.

국감이 정치적 목적에 이용될 가능성도 있다. 예를 들어, 민주당은 2024년 국감을 '삼육오(365) 국감'이라 명명했다. 국민 눈높이, 민생, 끝장 국감이라는 '3대 기조'에 따라 윤석열 정부의 '6대 의혹'을 파헤치고, 민생 회생을 위한 '5대 대책'을 제시한다는 구상이다. 여기서 6대 의혹은 △김건희 국정농단 △경제·민생 위기 △정부 무능 실정 △권력기관 폭주 △인사 실패 △국권·국격 추락이다.

국감 준비로 인해 수감 기관의 본업이 중단되거나 비효율성이 초래되기도 한다. 의료, 교통 등 국민 생활과 밀접한 공공기관이 국감 준비에 집중하느라 본업을 소홀히 하면 서비스 품질 저하로 이어질 수 있다.

🔍 공기업 국정감사, 왜 폐지해야 하는가

중복된 감사로 인한 비효율도 문제다. 국감 외에도 감사원 감사, 국회 예산심의, 기획재정부의 경영평가 등 다양한 감사가 중복된다. 동일한 사안을 여러 기관이 감사하면서 행정 낭비가 발생하고, 불필요한 부담을 떠안는다. 수감 기관은 감사를 준비하다 보면 한 해가 훌쩍 지나간다. 그리고 나면 다시 다음 해 국감을 준비해야 한다. 악순환이 반복된다.

국정감사의 실효성을 높여야 한다. 그러려면 감사 대상을 축소하고, 중복된 감사 체계를 조정하며, 본질적인 문제에 집중하는 방향으로 개선이 필요하다. 국감을 정부 부처에만 한정하고, 공기업 국감은 폐지하는 것도 한 가지 대안이 될 수 있다.

공기업을 국감 대상에서 제외해야 하는 이유는 충분하다. 이는 단순히 감사 기관 수를 줄이는 것 이상의 효과를 가져올 수 있다. 우선, 이중 감사로 인한 비효율이 크다. 공기업은 이미 감사원 감사, 기재부 경영평가, 주무 부처 감독, 국회 예산심의 등을 통해 여러 단계의 감사와 관리 감독을 받고 있다. 여기에 국감까지 더하면 동일한 사안을 중복으로 점검해 불필요한 행정 부담이 커진다.

또한, 국감이 경영 자율성을 침해할 수 있다. 국감을 통해 공기업 경영에 과도하게 개입하면 경영진의 의사결정이 위축된다. 공기업은 시장 논리에 따라 경영 효율성을 중시해야 하는데, 정치적 압력이 개입되면 비합리적인 결정으로 이어질 위험이 있다.

감사원과 내부 감사만으로도 충분

공기업과 정부는 본래 기능과 성격이 다르다. 공기업은 독립된 법인체로서 경영 책임이 주어지는 조직이다. 국감을 통해 정부처럼 공기업을 관리하려 들면 책임이 분산되고 경영 책임의 원칙이 훼손될 수 있다. 더욱이 국감이 정치적 목적에 악용될 가능성도 있다. 국회의원들이 국감을 통해 공기업 이슈를 정치적으로 부각하면, 공기업의 장기적 사업 목표가 훼손되고 단기적 이슈에 휘둘릴 우려가 있다.

공기업 경영에는 높은 수준의 전문성이 요구된다. 다양한 산업 분야를 다루는 공기업의 특성상, 국회의원들이 이를 깊이 이해하기 어려운 경우가 많다. 따라서 국감 대신 감사원, 기획재정부, 주무 부처 등 관련 기관이 감사하는 것이 더 효율적일 수 있다.

공기업에 대한 국정감사를 폐지하더라도 감사원과 내부 감사 등을 통해 충분한 통제와 관리를 할 수 있다. 기재부나 주무 부처, 국회 예산심의에서 투명성 문제를 다루면 국감과 유사한 기능을 수행할 수 있다. 오히려 공기업 국감을 폐지하면 경영 자율성이 높아지고, 행정 비효율이 줄어들며, 정치적 압박에서 벗어나 장기적 성과를 추구할 수 있다. 단점보다 장점이, 역기능보다 순기능이 훨씬 크다. 감당이 어려우면 포기할 줄도 알아야 한다.

〈2024년 10월 25일, 권의종〉

농식품부 장관의
'배추밭 쇼' 그만

🔍 배추 작황, 농민과 소비자에 중요 이슈

여름철만 되면 농림축산식품부 장관이 자주 찾아가는 곳이 있다. 바로 배추밭이다. 김장철을 대비한 배추 수급 문제를 점검하기 위함이다. 김장은 주로 가을에서 겨울 사이에 이뤄지지만, 그 준비는 여름부터 시작된다. 배추는 김장의 필수 재료이며, 여름철 배추 가격과 수급 상황은 농민과 소비자 모두에게 중요한 이슈가 된다.

여름철 기후는 배추 재배에 큰 영향을 미친다. 폭염, 장마, 가뭄 등으로 작황이 나빠지면 수확량 감소와 품질 저하가 발생한다. 특히, 수확량이 줄어들면 가격이 급등한다. 정부가 배추 수급 상황을 자세히 점검하고 적절한 조치를 해야 한다. 문제를 사전에 파악하고 해결책을 마련하기 위해 장관이 직접 배추밭을 찾는 것이다.

올해도 예외가 아니다. 고온다습한 날씨가 이어지며 고랭지 배추와 무 생육 관리에 비상이 걸렸다. 배추 한 포기 값이 1만 원까지 치솟는 지경에 이르렀다. 화들짝 놀란 농림축산식품부 장관이 전라남도 해남군, 강원도 대관령, 충북 단양군 등 전국 각지의 배추밭을 종횡무진 누비고 있다.

농림축산식품부는 눈치도 없다. 이 와중에 현장 방문 사실을 알리는 언론 보도자료나 뿌리고 있다. 여름철 농업 피해를 예방하고 물가 안정을 도모하기 위해 6월부터 장·차관과 실·국장급 간부들이 총 73 차례 현장을 방문하는 'FAST 농정'을 시행했다고 밝혔다. FAST 농정은 현장(Field)에서 듣고, 행동(Action)하며, 문제를 해결(Solution)해 신뢰(Trust)를 구축하는 농정을 뜻한다고 한다.

◎ 이벤트성 행사에 그치는 현장 방문

장관의 현장 방문은 당연히 필요하다. 국민의 큰 박수 감이다. 농가의 어려움을 직접 보고 듣고 정부 차원의 지원책을 구상하고 논의할 수 있다는 점에서 의미가 상당하다. 정부가 농민들에게 직접 메시지를 전달하고, 농민 친화적 정책을 통해 배추 생산과 가격 안정화에 기여할 수 있다.

그러나 현장 방문만으로는 한계가 있다. 이벤트성 행사로 끝나기에 십상이다. 현장에서 발표되는 단골 메뉴인 비축 물량 방출이나 해외 수입 추진은 일시적인 방책에 불과할 뿐. 근본적인 공급 문제를 해결하지 못한다. 배추 가격은 농민의 생산량과 소비자의 수요에 좌우되기 때문에 단기간에 큰 변화를 이뤄내기 어렵다.

배추 가격은 생산량과 소비 수요 외에 중간 유통 과정에서의 가격 책정과 유통 마진에도 영향을 받는다. 장관의 배추밭 방문만으로는 유통구조를 개선할 수 없다. 유통업자들과의 협력과 중장기적인 제도 개선 등 실질적인 정책 개입이 필요하다.

배추 가격 급등락을 방지하고 안정적인 공급을 확보하려면 단기적 대책과 장기적 전략이 모두 필요하다. 단기적으로는 가격 급등이나 공급 부족에 즉각 대응하고, 장기적으로는 구조적인 문제를 해결해 배추 시장의 안정성을 높여야 한다.

단기 대책도 여럿이다. 우선은 정부 비축 물량을 풀어야 한다. 배추 가격이 급등할 경우 비축된 배추를 방출하여 수급 불균형을 해소해야 한다. 국내 생산 부족을 보완하고 소비자 가격을 안정시키기 위해서는 수입도 해야 한다. 다만, 수입 물량은 최소에 그쳐야 한다. 수입이 자칫 국내 배추 생산 기반에 악영향을 주고, 소비자에게 수급이 심각하다는 불안감을 줘 국내산 배추로 수요가 쏠릴 수 있다. 특히, 농가의 재배 의욕을 떨어뜨리는 역효과를 낳을 수 있다.

단기적 대책과 장기적 전략 모두 필요

농민에 대한 긴급 지원도 필요하다. 작황 부진이나 자연재해로 피해를 본 농가에는 재정 지원을 통해 생산을 독려해야 한다. 이를 통해 다음 해 생산량을 보완하거나 피해 농가가 지속적인 생산을 유지할 수 있도록 도와야 한다. 김장철에 집중된 배추 수요를 분산하기 위해서는 김장을 미리 하거나 미뤄서 하게 하고, 대체 채소 소비를 촉진하는 캠페인도 효과를 볼 수 있다.

장기적 대응도 병행해야 한다. 계약재배를 활성화해 수급 예측 가능성을 높여야 한다. 계약재배는 수요 예측을 기반으로 적정량을 미리 계약해 공급 과잉이나 부족을 방지할 수 있다. 유통구조 개선도 필수다. 배추 가격 급등락은 유통 단계에서도 영향을 받기 때문에 중간 유통 과정을 개선하여 생산자와 소비자 모두에게 유리한 가격 구조를 만들어내는 게 중요하다. 직거래 장터 확대나 공공 유통망을 통한 유통 비용 절감 방안도 검토 대상이다.

수급 예측 시스템을 강화해야 한다. 빅데이터와 인공지능(AI)을 활용한 농산물 수급 예측 시스템을 도입해 과잉 생산이나 공급 부족을 미리 파악하고 대응해야 한다. 재배 지역을 다변화해야 한다. 특정 지역에 생산이 집중되지 않도록 기후 변화에 적합한 지역에서의 생산을 장려할 필요가 있다. 지역별 생산 분산은 기후나 자연재해에

따른 전체 수급 위험을 줄일 수 있다

　날씨 탓이나 하고 있을 때가 아니다. 고온다습한 기후는 해마다 반복될 거라는 전망이다. 내병성(耐病性) 및 내재해성(耐災害性) 품종 개발과 스마트 농법 도입을 서둘러야 한다. 스마트팜 기술을 통해 기후 변화에 대응할 수 있는 생산 환경도 구축해야 한다. 어느새 연례행사가 돼버린 장관의 여름철 배추밭 방문. 올해가 마지막이기를 바란다. 배추를 어루만지며 찍은 장관 사진은 그만 보고 싶다. 진짜로 물리고 질린다.

〈2024년 10월 14일, 권의종〉

기업·정부·국회 삼각편대, 핵심기술 사수하라

빈번한 기술 유출, 찢어진 보안 그물

산업계에 도둑이 득실댄다. 기술을 훔쳐 빼돌리는 사건이 빈발하고 있다. 특히 국내 기술이 해외로 유출된 사례가 점점 많아지고 있다. 오랜 기간 각고의 노력과 거액의 투자로 개발된 고난도 기술의 유출로 기업들이 큰 피해를 보고 있다. 철저한 보안 관리와 시급한 대책 마련이 요구된다.

'K조선'의 마지막 보루로 평가받는 액화천연가스(LNG) 선박 건조 관련 핵심 기술이 최소 2건 이상 중국으로 유출된 정황이 발견되어 해양경찰청과 경찰이 수사에 나섰다. 그동안 LNG 선박 건조에서 한국이 세계 1위였으나, 기술 유출로 조만간 중국에 선두 자리를 뺏길 수 있다는 위기감이 증폭되고 있다.

국내 수소차 핵심 기술을 중국업체에 빼돌린 현대자동차 전직 책임연구원 등 관련 피의자들에게 징역 2년 6개월에서 5년의 실형이 선고됐다. 한국의 대표적인 첨단 산업인 OLED(유기발광다이오드) 해외 전초기지에서 핵심 기술이 중국 경쟁업체에 유출됐다. 중국 기업은 고액의 연봉을 제안하며 LG디스플레이 전·현직 직원에 접근했고, 이들은 유혹을 뿌리치지 못했다.

삼성전자의 핵심 반도체 기술인 20나노급 D램 공정기술 자료를 중국에 유출한 혐의를 받는 삼성전자·하이닉스반도체 임원 출신 전문가 등이 구속됐다. 그들은 20나노급 반도체를 생산하는 데 필요한 온도, 압력 등 600여 단계 공정에 관한 핵심 정보가 담긴 자료를 중국 청두가오전에 유출한 혐의를 받고 있다.

🔍 기술 유출, 기업·산업·경제에 치명적

경찰청 국가수사본부에 따르면, 올해 상반기(1~6월) 동안 발생한 기술 유출 사건은 총 47건이며, 이 중 12건이 해외로 유출된 사례다. 2022년에는 해외 유출 사건이 12건이었으나, 2023년에는 22건으로 증가했다. 올해 상반기 중에는 지난해 같은 기간의 8건보다 50% 증가한 12건을 기록했다. 해외 유출 사건의 비중은 2021년 10.1%에서 올해 상반기 25.5%로 급증하고 있다.

해외로 유출된 기술 중 반도체가 4건으로 가장 많았다. 디스플레이 3건, 전기·전자 2건, 조선과 기계가 각각 1건씩이었다. 이들 사건 중 10건은 중국 기업과 관련이 있었고, 나머지 2건은 미국과 이란과 관련됐다. 이는 해외 시장으로의 기술 유출이 특정 국가에 집중되고 있음을 보여준다.

기술 유출 수법을 살펴보면, 전자 우편이 13건(29%)으로 가장 많이 사용됐다. USB(19%), 외장 하드(17%), 클라우드(11%) 등이 그 뒤를 이었다. 이는 디지털 전환과 함께 데이터의 이동이 더욱 쉬워지면서 다양한 형태의 유출 수단이 등장하고 있음을 나타낸다.

피해 기업의 80.9%가 중소기업으로 나타났다. 이는 대기업보다 기술 보안에 취약한 중소기업이 기술 유출의 주요 타겟이 되고 있음을 방증한다. 유출 주체는 내부인이 38건(80.9%)으로 가장 많아, 기업 내부의 직원이나 관계자가 기술 유출에 관여하는 경우가 대부분인 것으로 확인됐다.

🔍 기술 보안 강화, 관리 방안 체계화 시급

기술 유출을 막아야 한다. 산업 분야의 핵심 기술 유출은 개별 기업의 손실에 그치지 않는다. 해당 산업의 경쟁력 저하와 시장 점유율 상실은 물론 국가 경제의 미래 경쟁력을 훼손한다. 국가 안보 차원에서 기술 유출 범죄를 발생 이전 단계에 예방하고 차단할 수 있는 시스템을 구축해야 하는 이유다.

특히, 한국은 전 세계적으로 기술 혁신을 선도하는 국가로 인정받고 있다. 자동차, 선박, 반도체, 배터리, 인공지능(AI) 등의 분야에서 세계적인 기술력과 경쟁력을 갖추고 있다. 이러한 첨단 기술이 유출 위험에 노출된 현실이 안타깝고 어이없다. 특히 기술이 중국과 같은 경쟁국들로 유출될 경우 문제가 더 심각하다. 이들 나라가 단시간에 유사 제품을 생산하고 가격 덤핑과 시장 잠식을 해올 수 있기 때문이다.

기술 유출을 막으려면 기업과 정부, 국회의 '삼각편대' 공조가 필요하다. 삼위일체의 협력적 보안 체계 구축이 필수다. 기업들은 기술 유출 방지를 위한 내부 통제 시스템을 마련하고, 내부 직원에 대한 보안 교육을 강화하며, 중요 기술에 대한 보안 관리를 엄격히 하는 등 기술 보안망을 촘촘히 해야 한다. 특히 연구개발(R&D) 과정에서의 보안 강화, 내부자 정보 유출 방지 대책, 기술 이전과 수출 시 보안 관리 등은 반드시 실행해야 할 과제들이다.

정부와 정치권의 역할도 크다. 정부는 기업을 위한 보안 지원 프로그램을 제공하고, 기술 보호를 위한 법적·제도적 장치를 마련해야 한다. 국외로의 기술 유출을 막을 수 있는 국제 협력 체제도 구축해야 한다. 국회는 정부의 기술 보안 강화와 유출 방지 활동을 입법적 측면에서 적극적으로 뒷받침해야 한다.

기술 보안은 무엇보다 선결해야 할 중대한 미션이자 도전적 과제다. 이와 관련해 떠오르는 영화가 있다. 3억 달러가 넘는 비용으로 역대 할리우드 액션 첩보물 중 가장 비싸게 제작된 〈미션 임파서블 8〉이다. 내년 5월 개봉을 앞둔 이 시리즈에서 톰 크루즈가 선보일 명연기가 벌써부터 기대를 모으는 이유는 영화의 메시지가 기술 보호의 중요성과 깊이 연결되어 있기 때문이 아닐까.

〈2024년 9월 11일, 권의종〉

물건값도 못 주면,
사업 손 떼야

🔍 사라진 종이 어음, 여전한 늑장 지급

옛날얘기는 웃프다. 재미있으면서도 눈물이 난다. 2000년대 초반쯤까지의 일이다. 그 시절에도 중소기업은 이용만 당하는 봉, 말 그대로 호구였다. 물건을 납품해도 제때 돈을 받기 어려웠다. 달랑 어음한 장을 받아 쥐는 때가 허다했다. 어음 할인을 위해 은행을 찾아가면 담보를 요구했다. 담보 여력이 없는 대다수 중소기업은 신용보증기금의 문을 두드려야 했다.

신보의 문턱도 높았다. 이미 보증을 많이 썼거나 대출금을 연체하는 등 신용도가 취약한 기업은 문전박대를 당했다. 보증마저 거절되면 갈 곳은 단 한 곳. 사채시장뿐이었다. 천문학적 금리를 감수하며 어음을 현금으로 바꿔야 했다. 그래서 받아 쥐는 돈은 납품액보다 훨씬 줄어 있었다. 그래도 어쩔 수 없었다. 그마저도 감지덕지해야 했다.

설날이나 추석 명절 때는 참으로 기막힌 일이 벌어지곤 했다. 종업원들은 고향 갈 기차표나 고속버스표를 미리 예매해 놓고도 돈 구하러 간 사장을 눈 빠지게 기다려야 했다. 늦게서야 돌아온 사장이 건네는 명절 상여금을 받아 들고 야간 입석 교통편으로 귀향길에 오르는 진풍경이 펼쳐졌다.

그 시절에는 자금난에 허덕이는 납품업체를 등치는 기업들도 흔했다. 돈이 있으면서도 물건값으로 수 개월짜리 어음을 끊어주는 게 상례였다. 그게 자금관리의 노하우로 통할 정도였다. 경천동지할 일은 또 있었다. 현금 결제를 요구하는 기업에 대해서는 자사 어음을 돌려받고 사채금리로 할인한 후 현금을 지급했다. 기업은 물건을 싸게 사서 돈을 벌고, 사장은 고리대금으로 치부하는 '꿩 먹고 알 먹는' 장사를 했다. 납품업체를 두 번씩이나 우려먹었다.

🔍 기업의 도덕적 해이가 티메프 사태 발단

말도 많고 탈도 많고, 그리고 한도 많았던 어음. 지금은 아련한 추억으로 남았다. 2007년 전자어음법 제정이 계기가 됐다. 인터넷 뱅킹, 모바일 뱅킹 등 전자결제의 확산, 신용카드 사용 증가, 법적 규제와 정책 변화 등으로 어음 거래가 줄어들기 시작했다. 그 덕에 기업의 유동성 개선, 거래 안정성 증가, 경제 전반의 효율성 향상 등 긍정적 변화가 나타났다.

또 어음 부도 위험이 줄어들면서 금융 시스템의 안정성이 강화됐다. 이는 기업과 금융기관 간의 신뢰를 높이고, 금융 시스템 전반의 리스크를 줄이는 데 기여했다. 납품업체를 등치는 기업들도 설 땅을 잃고 자취를 감추게 됐다. 적어도 표면상으로는 그랬다.

하지만. 물건값 지급을 고의로 미루는 갑질 관행은 여전히 건재하다. 오히려 지금이 예전보다 더했으면 더했지 덜하지 않다. 대금 체불은 더 공공연해지고 노골화됐다. 꼬리가 길면 밟히는 법. 결국, 대형 사고로 이어지고 말았다. 티메프(티몬·위메프) 사태다. 소셜커머스 티몬을 서비스하는 티켓몬스터가 입점업체의 판매대금 지급을 지연한 게 발단이었다. 티몬이 입주업체로부터 납품을 받고도 수개월이 지나서야 대금을 지급해 온 것으로 드러났다.

기획재정부에 따르면, 티메프 미정산 사태로 총 4만8,000개 업체가 1조3,000억 원에 달하는 피해를 본 것으로 집계됐다. 티몬 입점업체에 불리한 거래조건은 배송상품 판매계약서에서도 확인되는 바다. 티몬은 △차수 정산(1차, 2차, 3차) △주 정산 △월 정산 등을 통해 대금을 정산했다. 주 정산을 보면 최초 정산일은 최초 배송완료일+2주다. 매 정산일은 최초 배송완료일과 동일한 요일에 이뤄지고 최종 정산일은 판매 종료일+5주다.

◎ '법보다 덕', 경영은 양심으로 해야

대책은 항시 뒷북. 매번 사또 행차 뒤 나팔 부는 식이다. 티메프도 미정산 사태가 불거진 지 두 달이 지나서야 정부가 '5,600억 원+α' 유동성 공급 대책을 내놨다. 그걸로도 부족했다 싶었던지, 첫 대책 발표 후 9일 만에 다시 16개 광역지자체 재원의 6천억 원 지원책을 공개했다. 이어 경제관계장관회의에서 또 4,300억 원의 추가 지원을 결정, 총 1조 6천억 원의 유동성 지원안을 마련했다.

'제2 티메프' 사태를 막기 위한 제도개선안도 발표했다. 개선안에는 e커머스도 대형유통업체처럼 정산기한을 적용받도록 하고, 대금 일부를 별도 계좌에 관리토록 하는 법 개정 추진 계획이 담겼다. 모바일 상품권 발행업체의 지급 능력을 엄격히 규율하고, 선불충전금은 전액 별도 관리토록 해 업자가 파산해도 충전금 환급을 보장할 방침이다. 피해기업에 대해서는 대출만기를 최대 1년 연장할 계획이다. 세부 방안을 확정하는 대로 대규모유통업법·전자금융거래법 개정안을 국회에 제출할 예정이다.

그 정도로는 어림없어 보인다. 특히 상품권 발행업체가 선불충전금을 별도 예치하도록 한 조치는 한계가 있다. 새로 시행될 전자금융거래법 개정안에 따르면, 선불충전금 발행 잔액이 30억 원 이상이거나 연간 총발행액이 500억 원을 넘는 경우로만 감독 대상을 한정한다. 발행액이 적은 멤버십과 게임머니 등은 대상에서 제외된다. 스타벅스처럼 선불충전금이 직영점이나 가맹점에서만 사용되는 경우도 예외다.

크게 혼나야 할 대상은 기업이다. 대금 지급을 고의로 미루는 못된 버르장머리를 뜯어고쳐야 한다. 그러지 않고는 정부 대책도 한낱 공염불로 그치고 만다. 미래의 서비스를 제공하는 조건으로 선수금을 받는 경우가 특히 그렇다. 상조회사는 공정거래위원회 감독이라도 받지만, 상품권 발행업체는 정부 규제 대상에서 빠져 있다. 게다가 대금 지급은 기업 간 문제다. 법으로 규제하거나 행정으로 강제하기 어렵다. 법보다 위대한 게 덕. 경영은 양심으로 해야 한다. 논어의 위정이덕(爲政以德)은 현대 기업이 꼭 새겨듣고 따라야 할 공자님 말씀이다.

〈2024년 8월 27일, 권의종〉

AI 혁신,
다가올 금융산업의 미래

🔍 AI는 금융산업에 혁명적 기회이자 도전

때는 바야흐로 인공지능(AI)이 꽃피는 봄. AI가 주도하는 미래의 서막이 올랐다. 이제 AI 대응은 해도 되고 안 해도 되는 선택이 아닌 꼭 해야 하는 필수다. 잠시 스쳐 지나가는 추세가 아닌 거스를 수 없는 대세다. AI 출현을 18세기 중엽 영국의 산업혁명에 견주는가 하면, 19세기 미국의 골드러시에 비유하기도 한다.

글로벌 시장조사업체 '넥스트 무브 스트래티직 컨설팅'의 분석이 놀랍다. 전 세계 AI 시장 규모는 올해 2,981억 달러에서 2030년 1조 8,474억 달러로 급성장할 거라는 전망이다. '스태티스타' 조사도 같은 맥락. 생성형 AI 시장이 올해 1,370억 달러에서 2030년 8,970억 달러, 2031년 1조790억 달러로 커질 거라는 추산이다. 영국 '토터스미디어'의 '글로벌 AI 인덱스'에 따르면, 한국의 AI 역량은 세계 6위권. 하지만 인력 수준(12위)과 연구 역량(12위), 상업화 수준(18위) 등 핵심 분야에서는 뒤처져 있다.

국내 금융계의 AI에 관한 관심도 뜨겁다. AI를 적극적으로 도입하고 활용하며 디지털 전환을 가속함으로써 금융 서비스의 효율을 높이려 애를 쓴다. 주요 금융기관들은 AI 기술을 이용해 고객 서비스, 리스크 관리 및 신용평가, 자산 관리 및 투자, 금융 상품 개발 및 맞춤형 서비스 등 다양한 분야에서 혁신을 시도한다.

AI 관련 지금까지의 변화는 시작에 불과하다. AI는 금융산업의 미래를 크게 변화시킬 무한한 잠재력이 있다. 앞으로 더 빠르고 더 폭넓게 금융산업을 변화시킬 것이다. 금융기관으로서는 다양한 대응방안을 마련해야 한다. AI가 주도할 금융의 미래를 정확히 예측하고 그에 대한 철저한 대비가 필요하다.

🔍 AI는 선택 아닌 필수, 추세 아닌 대세

AI 발전으로 금융업무의 많은 부분이 자동화될 것이다. 특히 데이터 처리, 분석, 고객 서비스, 거래 등이 자동화되면서 기존의 인적 구조에 큰 변화가 일어난다. 금융기관은 인력 재교육과 직무 전환 프로그램을 통해 직원들이 새로운 기술과 역할에 적응할 수 있도록 대응해야 한다. AI와 협력할 수 있는 새로운 역할, 예를 들어 AI 시스템 운영자, 데이터 분석가 등의 역할이 중요해질 것이다.

AI는 고객의 요구를 더욱 정밀하게 파악하고, 맞춤형 서비스를 제공함으로써 고객의 경험을 혁신할 것이다. 이는 개인화된 금융 상품 추천, 실시간 지원, 더 빠르고 정확한 서비스 제공 등을 통해 이뤄진다. 금융기관은 AI를 활용해 고객의 기대에 부응할 수 있는 혁신적인 서비스와 제품을 개발해야 한다. 또한, 고객 데이터 보호를 강화하여 신뢰를 유지하는 것이 중요하다.

리스크 관리의 정교화가 실현된다. AI는 대규모 데이터를 실시간으로 분석하고 위험 신호를 조기에 감지, 더욱 정확하고 치밀한 위험 관리를 가능케 한다. 이는 금융 위기 예방, 부정 거래 탐지, 신용 리스크 관리 등에 큰 변화를 가져올 것이다. 따라서 금융기관은 AI 기반의 리스크 관리 시스템을 구축하고, 이를 통해 더욱 효율적이고 효과적인 리스크 관리 프로세스를 도입해야 한다. 규제 기관과의 협력을 통해 AI가 준수해야 할 기준을 명확히 하는 것도 중요하다.

새로운 경쟁자와 시장 진입자가 출현한다. AI 기술을 선도하는 IT 기업들이 금융 시장에 진입하면서 기존 금융기관들과 새로운 형태의 경쟁이 발생한다. 특히 핀테크 회사들은 AI를 기반으로 한 혁신적인 금융 서비스를 제공, 시장 점유율을 확대할 가능성이 크다. 기존 금융기관들은 AI 기술을 적극적으로 도입하고, 핀테크 회사들과 협력하거나 인수하여 혁신적인 서비스 제공 능력을 강화해야 한다. 자체적인 AI 연구개발을 통해 기술 격차를 줄이는 것도 중요하다.

AI를 활용한 혁신으로 경쟁우위 선점

규제 및 윤리적 고려도 중요해진다. AI 사용이 확대됨에 따라, 이에 따른 새로운 규제와 윤리적 문제들이 등장할 것이다. 특히 AI가 의사결정 과정에 깊이 관여하게 되면 공정성, 투명성, 데이터 프라이버시 등이 중요한 이슈가 된다. 금융기관은 AI의 투명성과 공정성을 보장하기 위해 윤리적 지침을 마련하고, 규제 당국과 협력하여 적절한 규제 체계를 구축해야 한다. 데이터 사용에 대한 엄격한 기준을 준수하고, AI 의사결정 과정의 투명성을 높이는 방안을 마련해야 한다.

AI는 금융산업에서 새로운 비즈니스 모델과 서비스를 창출한다. 예를 들어, 로보어드바이저를 통한 자산 관리, AI 기반의 맞춤형 대출 상품, 스마트 계약 등 다양한 혁신이 가능해진다. 금융기관은 이러한 새로운 비즈니스 모델을 탐색하고, 시장의 변화에 민첩하게 대응할 수 있는 혁신 문화를 조성해야 한다. AI와 관련된 신기술을 빠르게 도입할 수 있는 유연한 조직 구조도 구축해야 한다.

AI는 금융산업에 많은 기회를 제공할 것이나, 동시에 기존의 비즈니스 모델과 규제, 윤리적 문제에 대한 도전을 요구한다. 금융기관이 이러한 변화에 성공적으로 대응하기 위해서는 기술적, 조직적, 규제적 측면에서의 대비에 만전을 기해야 한다. AI 기술의 잠재력을 최대한 활용하되, 데이터 보안, 규제 준수, 고객 신뢰 구축 등 다양한 측면에서 전략적으로 접근해야 한다. 단순한 기술 도입의 차원을 넘어 AI를 활용한 지속적인 혁신으로 경쟁우위를 선점해야 한다. 고진감래(苦盡甘來) 외에는 답이 없다.

〈2024년 8월 24일, 권의종〉

'중소기업 범위', '중견기업 명칭', 바꿀 때

中小 지원 기준, '크기' 말고 '경쟁력'으로

중소벤처기업부는 활동적이다. 뭔가 새로운 걸 만들어 내려 한다. 이번에도 그랬다. 중견기업으로 성장할 만한 중소기업 100곳을 선정해 3년간 밀착 지원하는 '점프업 프로그램'을 시행한다. 중견기업은 대기업과 중소기업의 중간에 위치하는 기업이다. 업종별 규모 기준으로는 매출이 400억~1,500억 원 이상이거나 자산규모가 5,000억 원 이상 10조 원 미만이다. 한편, 중소기업은 종업원 300인 미만이거나 자본금 80억 원 이하 기업이며, 대기업은 자산 총액 5조 원이 넘는 상호출자제한집단을 말한다.

중기부가 중견기업 수를 늘리려는 건 산업의 허리를 강화하려는 의도다. 중견기업으로 올라서는 중소기업이 점점 줄어 성장 사다리가 약해지고 있음을 우려한 조치다. 실제가 그렇다. 중소기업에서 중견기업으로 새로 진입한 기업은 2019년 142개, 2020년 167개, 2021년 165개였으나 2022년에는 87개로 급감했다.

중기부는 업종별 전문가, 투자자, 학계 등 민관합동평가단을 꾸려 올 하반기 중 후보 기업을 선발할 계획이다. 대상 업종은 아직 정하지 않았으나 미래 성장동력이 될 신사업 위주로 키울 방침이다. 성장성이 높은 고부가가치 산업으로 유입이 많아져야 중견기업 진입도 늘거라는 판단에서다. 금형 등 뿌리 기업도 신사업에 활용할 수 있어 대상에 포함될 수 있다는 게 중기부 설명이다.

후보 기업에 선정되면 전담 디렉터를 통해 3년간 자문을 제공한다. 디렉터는 벤처캐피털(VC) 등 투자자가 추천하는 업종별 전문가, 스케일업 경험이 있는 벤처기업인, 전 대기업 임원 등으로 구성한다. 해당 기업에는 매년 2억5,000만 원씩 3년간 최대 7억5,000만 원을 오픈바우처 형태로 지원한다.

⊙ 덩치 키우는 중견기업화 시도는 무리수

기술보증기금 보증 등 금융 지원을 스케일업에 투입한다. 중견기업으로 성장하는 데 필요한 자금을 적기에 확보할 수 있도록 최대 200억 원 한도로 특례보증을 지원한다. 혁신성장 펀드, 중견기업 전용 펀드, 수출금융 등과 연계해 후보 기업이 스케일업 자금을 유치할 수 있도록 뒷받침한다.

언뜻 제도의 목적이 좋고 취지가 참신해 보인다. 하지만 접근 방식에 문제가 있고 효과가 의문시된다. 중소기업의 덩치를 키워 중견기업으로 만들겠다는 발상 자체가 무리수다. 경제가 활력을 회복하고 지속해서 성장하는 데 필요한 건 기업의 크기가 아니다. 사업성과 경쟁력이 관건이다.

3년에 걸쳐 100개 중소기업에 한정해 지원을 집중하는 것 또한 한정된 재원의 효율적 활용과 거리가 멀다. 예컨대 한 기업당 지원되는 신용보증 200억 원이면 200개 기업에 1억 원씩 도울 수 있다. 설사 중견기업 100개를 더 늘려본들 경제에 무슨 그리고 얼마나 도움이 되겠는가. 혹평을 가하자면, 중견기업 진입 업체 수가 2021년 165개에서 2022년 87개로 떨어진 걸 회복하는 거에 불과할 수 있다.

'중견기업' 용어도 부적절하다. 중견의 견(堅)은 굳고 튼튼하고 단단함을 뜻한다. 그렇다면 중견기업은 중간 규모의 기업이 아닌, 말 그대로 견실한 기업을 뜻해야 맞다. 국립국어원의 우리말샘 사전에서도 '중소기업의 중견기업화'를 "중소기업을 자생력 있고 견실한 성장세를 가진 기업으로 변모시키는 것을 이른다"고 풀이한다. 업계의 시각도 같다. 동국제강은 외형보다는 내실 있는 '중강(中强)기업' 비전을 선포한 바 있다.

◎ 정책은 실질이 우선이나 형식도 중요

중소기업 범위도 손봐야 한다. 중소기업지원법에서 중소기업의 범위를 규정한 것은 중소기업의 성장을 지원하기 위해서다. 경제 정책의 효과적인 실행과 기업 간 공정한 경쟁 환경을 조성하기 위한 목적이다. 중소기업은 경제에서 중요한 역할을 하나 대기업보다 자원과 역량이 부족하다. 이를 돕기 위해 정부는 다양한 지원 프로그램을 운영한다. 이때 중소기업의 범위를 명확히 정의해야 지원 대상이 정확하게 설정되고 이를 통해 자원의 효율적 배분이 가능하다.

중소기업에는 세제 혜택, 금융 지원, 보조금 등 다양한 재정적 지원이 제공된다. 이 경우에도 중소기업의 범위를 명확히 정의해야 이러한 혜택이 적절한 기업에 돌아가도록 할 수 있다. 대기업과 중소기업이 같은 경쟁 환경에서 운영될 때도 중소기업은 불리한 위치에 놓일 수 있다. 이때도 중소기업의 범위를 정의함으로써 이들 기업이 시장에서 대기업과 공정하게 경쟁할 수 있도록 보호할 수 있다.

중소기업 지원 기준을 기업의 '크기'에서 '경쟁력'으로 바꿔야 한다. 경제개발 초기에는 산업의 뿌리 역할을 하는 중소기업의 저변을 늘려야 했다. 규모가 작은 기업을 최대한 육성해야 했다. 지금은 아니다. 글로벌 경쟁 시대를 맞아 경쟁력 있는 기업을 후원해야 맞다. 영국의 경제학자 슈마허가 1973년 출간한 경제비평서, '작은 것이 아름답다(Small is beautiful)'는 이미 시대착오적이다. "강한 것이 아름답다(Strong is beautiful)"는 명제로 바뀌어야 한다.

아쉬움은 또 있다. 주제넘은 얘기 같으나 잦은 외래어 표현이 귀에 거슬린다. 중견기업 양성 정책만 해도 그렇다. 스케일업, 점프업, 디렉터, 오픈파우쳐, 벤처캐피털 등의 단어가 여럿 등장한다. 그 좋은 우리말 놔두고 굳이 외국어를 끌어다 쓰는 게 부자연스럽다. 정책이 효과를 거두려면 용어를 정확히 정의하고 언어를 적절히 구사해야 한다. 실질이 우선이나 형식도 중요하다. 명실상부만 한 게 없다.

〈2024년 8월 20일, 권의종〉

1,646개 중기지원제도
'가지치기'를

🔍 복잡다기, 외화내빈의 中企 프로그램

가지치기는 나무의 잔가지를 쳐내는 일. 한자어로는 전정(剪定)이라 한다. 식물의 겉모양을 고르게 하고 웃자람을 막으며 생산을 늘리기 위해 곁가지 따위를 자르고 다듬는 걸 말한다. 과수원의 경우 고품질의 과일 생산을 위해서는 가지치기가 필수다. 가지를 쳐주면 치지 않은 거에 비해 과일의 당도가 높아지고 크기가 커진다.

관엽식물에도 가지치기가 유용하다. 나무의 모양을 아름답게 하기 위해, 성장을 억제하기 위해, 통풍이 잘되도록 게 하기 위해 쓸모없는 잎을 선별하여 제거하는 게 좋다. 임업에서도 마찬가지. 원목의 생산효율을 높이기 위해서는 곁가지를 쳐 줘야 한다. 정원이나 공원의 나무도 보기 좋게 하고, 건강하고 안전하게 자라도록 하려면 가지치기를 해야 한다.

식물의 가지치기는 복잡 다기, 외화내빈의 우리의 중소기업 지원제도를 되돌아보게 한다. 그런 점에서 경제협력개발기구(OECD)가 발표한 '2024 한국 경제보고서'는 시사하는 바 크다. 한국의 성장 동력 보완을 위해 중소기업의 생산성을 높이는 개혁을 주문했다. "중소기업 보조금에 대한 중앙정부 지출은 높고 증가하고 있다"며 "작년 기준 중소기업을 지원하기 위해 총 1천646개의 프로그램이 시행됐다"고 밝혔다.

OECD는 특히 중소기업에 대한 관용적인 정부 지원이 대기업과의 생산성 격차를 초래했다고 적시했다. 이어 중소기업에 대한 세제 혜택·보조금 지급 등을 엄격히 관리할 필요가 있다고 지적했다. 한국 중소기업의 생산성 제고를 위해서는 현재의 보조금·세제 혜택 방식 대신 규제 혁신의 필요성을 강조한 것이다.

🔍 OECD, 혁신 통한 경쟁환경 조성 주문

OECD 주장은 거침이 없다. 기업 규모와 관계없이 시장이 불완전한 경우에만 정부 지원을 하라고 권고했다. 아울러 중소기업 지원 프로그램을 통합 관리하는 방안을 제시했다. 그러면서 규제 혁신을 통한 경쟁환경 조성을 주문했다. 네거티브 규제로 전환하고 서비스업 분야·외국인 직접투자 등 외국인 진입장벽을 제거하며 기업 규모별 차등 적용되는 규제를 철폐하라고 조언한 것이다.

OECD가 지적한 제반 문제점의 근본 원인은 중소기업 지원 프로그램이 너무 많다는 데 있다고 봐도 무방할 것이다. 실제로 중소기업 관련 제도의 가짓수에 비해 효과가 떨어진다는 지적은 진즉부터 있어 왔다. 정부가 일마다 때마다 중소기업 관련 제도를 양산한 때문이다. 한국의 중소기업 지원 제도를 다 아는 건 오로지 신(神)밖에 없다는 비아냥이 그냥 나온 말이 아니다.

차린 건 많은 데 먹을 게 없는 싸구려 뷔페를 연상케 한다. 한정된 재정으로 이뤄지는 정책 지원은 가짓수가 많아질수록 품질이 떨어지게 마련이다. 가지치기가 급선무다. 중소기업 지원 프로그램을 서둘러 정비해야 한다. 내용이 중복되거나 성격이 유사한 제도를 통합하거나 폐지해야 맞다. 이를 통해 낭비되는 행정 비용을 절감하고, 기업이 필요로 하는 지원을 더 많이 하도록 해야 할 것이다.

효과성을 평가해야 한다. 중소기업 지원 프로그램의 효과를 정기적으로 측정해야 한다. 그래서 효과가 낮은 프로그램은 개선하거나 폐지하고 효과가 높은 프로그램에 자원을 집중해야 한다. 지원 절차도 간소화해야 한다. 복잡한 신청 절차를 줄여 기업의 접근성을 높일 필요가 있다. 온라인 플랫폼을 통해 일괄 신청을 받고, 필요한 서류를 디지털화하여 제출 과정을 최소화하면 좋을 것이다.

◎ 기업의 실질 성장 도모하는 지원 긴요

투명성 강화도 절실하다. 지원 절차와 기준을 명확하게 공개하고 지원 결정 과정을 투명하게 운영함으로써 정책과 제도의 신뢰성을 높여야 한다. 기업 특성별 맞춤형 지원도 강화해야 한다. 기업의 규모, 업종, 성장 단계에 적합한 지원을 통해 중소기업의 실제 필요에 부합하는 지원이 이뤄져야 할 것이다.

현장 방문과 상담 서비스 또한 늘려야 맞다. 찾아오는 고객을 맞고만 있을 게 아니다. 전문 실무자가 중소기업을 직접 방문하여 상담하고 개별 기업 상황에 맞는 지원을 펼쳐야 한다. 성과 기반의 지원도 필수다. 개별 프로그램의 성과를 측정할 수 있는 구체적인 지표를 설정하고, 이를 기반으로 지원을 펴나가야 한다. 한발 더 나아가 성공 사례를 발굴하여 공유하고 다른 기업들이 벤치마킹할 수 있도록 배려하면 좋을 것이다.

단기적인 지원보다는 중장기적인 관점에서 지속 가능한 지원 체계를 구축해야 한다. 민관 협력 강화도 긴요하다. 정부와 민간이 협력하여 프로그램을 운영함으로써 자원을 효율적으로 활용하고 시너지를 창출해야 한다. 이상의 개선방안을 실행함으로써 중소기업 지원 프로그램의 효과성과 효율성을 높이고 이를 통해 기업의 실질적인 성장과 발전을 도모해야 할 것이다.

중소기업이 경제의 뿌리이자 원동력인 건 맞다. 그렇다고 '성역(聖域)'이 될 수는 없다. 경제가 어려워져 정부, 대기업, 금융기관 등 거의 모든 경제주체가 온갖 수난에 시달릴 때도 중소기업은 감당치 못할 정도의 지원을 받아왔다. 그런데 지금 와서 결과가 어떤가. 정부 지원이 기업의 경쟁력 강화에 기여도 했으나 오히려 약화를 초래한 측면도 있다. OECD 지적을 고깝게만 여길 건 아니다. 중소기업 정책을 일신하는 계기로 삼으면 된다. 세계 10대 경제 강국 체면에 국제기구로부터 이런 창피한 지적을 다시는 안 받도록.

〈2024년 7월 23일, 권의종〉

권세는 정부가,
십자가는 공기업이

🔍 평가 때마다 불거지는 '공정성' 시비

6월은 공기업엔 잔인한 달. 공공기관 경영실적 평가 결과 발표에 온통 신경이 곤두선다. 경평 결과는 공기업의 1년 농사다. 한 해의 결실을 평가받는 성적표다. 농사를 잘 지은 공기업은 환호성이다. 언론에 보도자료를 돌리고 건물 외벽에 현수막을 내거는 등 법석을 떤다. 종합등급이 보통(C) 이상이면 유형별·등급별로 상여금을 받는다.

실적이 부진한 기관은 얘기가 달라진다. 2년 연속 미흡(D)이나 아주 미흡(E) 등급을 받은 기관 중 재임 기간이 6개월 이상 된 기관장은 자리에서 물러나야 한다. 2023년 평가에서 아주 미흡으로 평가된 한국고용정보원장에 대해서는 해임 건의가, 경영실적이 나쁘거나 중대 재해가 발생한 13개 기관장에 대해서는 경고 조치가 내려졌다.

평가 때마다 공정성 시비가 불거진다. 이번에 한국가스공사가 그럴 수 있다. 2023년 평가에서 에너지 공기업 중 가장 낮은 미흡(D) 등급을 받았다. 재무상황의 영향이 컸다는 분석이다. 가스요금 동결에 따른 미수금 증가, 취약계층에 대한 요금인하 등 가스공사의 결정 권한 밖 정치적·정책적 판단이 재무여건을 악화시켰다는 평가다.

가스공사로서는 할 말이 많을 터. 대놓고 말은 못 해도 속앓이가 심할 것이다. 왜 미수금이 발생했는지, 왜 취약계층에 대한 요금 인하로 재무구조가 악화했는지에 대한 평가가 이뤄지지 않은 것에 대한 서운함이 클 것이다. 정부가 져야 할 책임을 공기업이 대신 져야 하는 처지가 억울할 것이다.

🔍 정부가 져야 할 책임을 공기업이 대신

소상공인시장진흥공단도 억울하기는 마찬가지일 듯. 소진공도 지난해 경영평가에서 미흡(D) 등급 판정을 받았다. 2021년 경영평가에서는 양호(B) 등급을 받았으나, 2022년 보통(C) 등급, 2023년 미흡(D) 등급으로 연속 추락했다. 이번 평가로 내년 경상경비가 최소 0.5%에서 최대 1.0% 삭감된다. 임직원은 성과급을 못 받는다. 기관은 경영개선계획서를 제출해야 하며 경영개선 컨설팅도 받아야 한다.

소진공이 받은 낮은 평가는 재난지원금이 줄어들면서 재무예산 성과 지표 득점이 떨어진 탓이 크다는 지적이다. 코로나 팬데믹으로 직원 수는 전보다 늘어났으나 사업비가 줄어들면서 사업수행 효율성이 낮아졌기 때문으로 알려진다. 실제로 소진공은 팬데믹 시기(2020~2022년) 정부의 재난지원 정책을 전담 수행하며 한시적으로 예산이 대폭 늘었으나 엔데믹에 접어들면서 관련 예산은 2023년 이전 수준으로 회귀했다.

소진공은 한시적 재난 지원성 예산을 제외해 달라고 평가단에 요청한 바 있다. 하지만 타 기관과의 형평성과 평가의 연속성을 이유로 받아들여지지 않았다. 규정은 있으나 마나였다. 경영평가편람 내 평가방법 적용요령은 "전염병 등 기관이 통제할 수 없는 경영환경의 극단적인 변화와 혁신성장 추진 등으로 인해 기관의 비용·수입 등을 포함한 경영실적이 현저히 변동된 경우 공공기관운영위원회 심의·의결을 거쳐 그 영향을 조정하여 평가할 수 있다"고 명시한다.

공공기관 경영평가는 필요하다. 일각에서 무용론이 제기되기는 하나 나름의 기능과 역할이 인정된다. 이를 대체할만한 마땅한 대안도 없다. 공공기관의 경영성과를 체계적으로 평가하고, 이를 통해 공공기관의 경영 효율성과 책임성을 높이는데 일정 부분 효과가 있다. 평가 결과를 예산 배분, 경영진 인사, 기관의 정책과 전략 수립 등에 유용하게 활용할 수도 있다.

◎ 혁신 없는 공기업은 '공(空)기업' 전락

현행 공공기관 경영평가에 대한 개선의 필요성이 강하게 제기된다. 평가 지표가 지나치게 경직되어 있다. 개별 공공기관의 특성과 환경을 제대로 반영하지 못한다. 동일한 지표로 다양한 기관을 평가하다 보니 왜곡된 결과가 나온다. 단기적인 성과에 집중하는 평가가 이뤄지면서 장기적인 경영 전략과 혁신 활동이 소홀히 다뤄지는 측면이 있다.

평가의 형식적인 실행도 한계다. 공공기관이 평가를 의례적으로 받아들이고 평가 결과를 경영개선에 반영하려는 노력이 충분치 못하다. 평가 기준과 절차에 대한 명확한 정보 제공이 부족하다 보니 평가 과정의 투명성이 떨어진다. 정부 시책에 대한 수용 여부를 따져 점수를 매기는 것도 문제다. 지엽(枝葉)이 근본을 뒤집는 본말전도다.

문제를 뒤집어보면 답이 보이곤 한다. 평가 지표를 유연화해야 한다. 개별 기관의 특성과 상황에 맞춘 평가 지표를 개발하고, 정량적 지표와 정성적 지표의 균형을 맞춰야 한다. 장기적인 경영 전략과 지속 가능한 성과를 평가할 수 있는 지표를 추가해 단기 성과뿐 아니라 장기 성과도 고려하는 평가 체계를 구축해야 한다.

평가 결과의 활용도 높여야 한다. 경평 결과를 단순히 공표하는 것에 그칠 게 아니라, 이를 토대로 경영개선 계획을 수립하고 활용하는 체계를 마련해야 한다. 평가 과정의 투명성 확보도 필수다. 평가 기준과 절차를 명확히 공개하고 평가에 외부 전문가의 참여를 확대해야 한다. 평가 결과에 대한 피드백을 강화해 평가 시스템을 지속적으로 개선해 나가야 한다.

우수한 평가를 받은 기관에 재정적·비재정적 유인책을 늘려 동기부여를 강화할 필요가 있다. 평가 주체의 독립성을 보장해 평가의 공정성과 객관성을 높여야 한다. 기관 고유 업무에 대한 평가 비중을 늘리고 정부 시책 준수 여부 등에 대한 평가는 안 하거나 최소화해야 맞다. 그러지 않고는 공기업이 덩치만 컸지 속 빈 강정이 되고 만다. '공(空)기업', '공공(空空)기관'이라는 조롱을 달고 살아야 한다.

〈2024년 7월 8일, 권의종〉

위기의 자영업,
방치한 시한폭탄

🔍 숨넘어가는 자영업, 숨 고르는 지원책

자영업이 위태롭다. 풍전등화, 절체절명의 위기다. 고물가·고금리 장기화에 내수 부진이 겹치며 극한 상황에 내몰려있다. 너나 할 것 없이 다들 살얼음판을 걷고 있다. 워낙 상황이 안 좋다 보니 자영업자 수가 줄고 있다. 2002년 621만 명으로 정점을 찍은 후 2013년 570만 명, 2022년 563만 명으로 내리막이다.

취업자 중 자영업자가 차지하는 비중도 완연한 감소세다. 2013년 22.5%에서 지난해 20.1%로 큰 폭으로 떨어졌다. 그래도 한국의 자영업자 비중은 외국에 비하면 여전히 높은 편이다. 미국(6.6%), 독일(8.7%), 일본(9.6%) 등 주요 선진국의 2~3배 수준이다.

자영업은 빚으로 산다. 대출로 연명한다. 한국은행 금융안정보고서에 따르면, 지난 3월 말 기준 자영업자 대출 잔액이 1,056조 원에 달했다. 직전 분기보다 2조7천억 원 더 늘어 다시 역대 최대 기록을 갈아치웠다. 다중채무자이면서 저소득인 취약 자영업자의 경우 대출금 연체율이 10.21%까지 치솟았다. 3개월 이상 연체한 자영업자 대출액이 31조 원에 이른다. 1년 새 53% 급증했다.

폐업도 늘고 있다. 매출 감소와 인건비 및 원자재 가격 급등으로 문 닫는 자영업자가 속출한다. 지난해 자영업자 폐업률은 9.5%, 2022

년 대비 0.8% 포인트 뛰었다. 올해 1분기 서울에서 폐업한 외식업체는 5,922개로 4년 만에 최대다. 자영업자 퇴직금으로 불리는 '노란 우산' 폐업 사유 공제금 지급이 올해 1~4월 중 5,442억 원에 달했다. 전년 동기보다 19.9% 점프했다. 공제금 지급 건수도 4만2,888건, 지난해 같은 기간 대비 9.6% 늘었다.

🔍 지원책 풍성하나, 자영업 악화 일로

자영업이 이 지경까지 이른 건 고금리와 고물가 지속, 경기침체 장기화 등으로 수익성이 악화한 때문이다. 경기불황 지속에 따른 소비 감소로 매출이 줄어든 데다, 원재료비 상승과 최저임금 인상, 금리부담 증가로 비용이 늘어난 탓이 크다. 여기에 일자리를 구하지 못한 청년층과 은퇴자 등이 생계형 자영업으로 몰리면서 과당 경쟁이 빚어진 것도 자영업 위기 고조에 한몫했다.

정부라고 손 놓고 있었을까. 전혀 그렇지 않다. 오히려 정반대였다. 새로운 정부가 들어설 때마다 지원책을 시도 때도 없이 무더기로 쏟아냈다. 자영업 지원 정책과 제도가 봇물을 이룬다. 중소벤처기업부의 소상공인과 자영업자 지원책이 백 가지가 넘는다. 지방정부와 관계기관의 제도까지 합치면 그 수를 헤아리기 힘들 정도다.

소문난 잔치에 먹을 게 없다고 했던가. 지원책은 풍성하나 자영업의 상황은 갈수록 더 나빠지고 있다. 현실을 도외시한 정책과 제도의 시행, 실적 채우기에 급급한 졸속 운영의 결과라 할 수 있다. 자영업 지원이 금융 공급에 쏠려 있는 것도 문제다. 힘들 때마다 대출로 급한 불을 끄다 보니 자영업 빚만 늘려온 꼴이 됐다. 이는 또 연체율 상승, 기업 부실과 도산 증가의 악순환으로 이어진다.

정부도 속이 탄다. 고민이 크다. 부처마다 대응책을 구상한다. 금융위원회는 서민·자영업자 지원방안 마련을 위한 태스크포스(TF)를 발족했다. 서민금융 공급, 채무 조정, 고용 지원 등 취약계층의 근본적인 경제적 자립과 상환 능력을 높이는 방안을 검토한다. 기획재정부도 마찬가지. 경제부총리 겸 기획재정부 장관이 민생 경제의 최전방을 지키고 있는 소상공인을 위한 맞춤형 대책을 신속히 추진하겠다고 밝힌 바 있다.

◎ 구조개혁 중점 둬 출구전략 다시 짜야

정부는 성질이 급하다. 말이 앞서고 행동은 뒷전이다. 자영업은 당장 숨이 넘어가고 있는데 대책 마련에 뜸을 들이고 숨을 고르는 모양새다. '앞으로', '곧이어', '신속히' 등의 표현을 입에 달고 살지만, 지원책 시행은 영 더디고 굼뜨다. 내부 검토와 구상, 부처 간 협의, 당정 회의에 부지하세월이다. 망건 쓰다 장 파하고, 장고(長考) 끝에 악수(惡手) 두게 생겼다.

출구전략을 다시 짜야 한다. 자영업 지원에 단골 메뉴로 써먹은 현금 지급이나 보조금 지원 등은 최소화해야 한다. 자영업 생태계의 경쟁력 회복과 체질 개선을 위한 구조개혁에 집중해야 한다. 일시적 경영난에 시달리는 자영업자에 대해서는 경영 효율화 등 경쟁력 제고에 지원의 초점을 맞춰야 한다. 경쟁력이 소진된 사업자는 과감히 폐업으로 유도하고 점포 정리와 채무 재조정, 새로운 일자리로 옮겨갈 수 있도록 재교육과 구직 프로그램을 가동해야 한다.

지원의 실효성 강화도 필수다. 원스톱 서비스 플랫폼을 구축해 지원 신청 절차를 간소화하고, 다양한 홍보 채널을 통해 제도에 대한 접근성을 높여야 한다. 업종별, 지역별, 매출액별 상황을 고려한 맞춤형 지원 프로그램을 시행하고, 장기 경영안정을 위한 컨설팅과 멘토링을 지속해서 제공해야 한다. 지원 제도를 통합 관리하는 전자행정

시스템을 가동, 신속하고 효과적인 지원이 이뤄지도록 뒷받침해야
한다.

　자영업 위기는 자영업자만의 문제로 끝나지 않는다. 가만 내버려
뒀다간 경제에 시한폭탄이 될 수 있다. 대출 원리금 상환 유예와 만기
연장, 저금리 대환대출 등으로 숨어 있는 자영업 부실이 드러나면 큰
일이다. 금융기관의 건전성에 문제가 생기는 등 그 파장이 경제 전체
로 번질 수 있다. 호미로 막을 걸 가래로도 못 막는 사태가 벌어질 수
있다. 설마가 사람만 잡는 게 아니다. 기업도 잡고 경제도 잡고 나라
까지 잡는다.

〈2024년 7월 1일, 권의종〉

'들쭉날쭉' R&D 예산,
낭비부터 막아야

🔍 새는 항아리엔 "담수(湛水) 말고 방수(防水)"

정부가 이랬다저랬다 한다. 대통령실이 올해 대폭 깎았던 연구개발 예산을 내년에 역대 최대 수준으로 늘리려 한다. 과학기술수석은 용산 대통령실 브리핑에서 "세계가 기술경쟁에 뛰어드는 유례없이 빠른 기술 변화의 파고 속에서 개혁 작업에 매달릴 수만은 없다"며 "개혁을 진행하면서 동시에 내년 R&D 예산을 대폭 증액하고자 한다"고 밝혔다.

삭감에서 증액으로 돌아선 게 마음이 걸렸던지. 대통령실은 이번 예산 증액이 'R&D다운 R&D' 구현을 위한 차원이지, 삭감된 R&D 예산의 복원은 아니라는 점을 강조했다. 혁신을 선도하는 연구개발로 전환한다는 설명까지 덧붙였다. 이로 볼 때 내년 R&D 예산은 역대 최대였던 2023년 31조1,000억 원을 넘어설 것으로 보인다.

정부는 앞서 초유의 R&D 예산 삭감을 강행한 바 있다. 윤석열 대통령은 지난해 6월 국가재정전략회의에서 나눠먹기식, 갈라먹기식 R&D는 제로베이스에서 재검토가 필요함을 지적했다. 그러면서 R&D계를 '이권 카르텔'의 하나로 지목했다. 광복절 경축사에서도 같은 취지의 발언을 했다. 나눠먹기식 R&D 체계를 개편해 과학기술 혁신을 추진할 뜻을 밝혔다.

그런 영향으로 올해 R&D 예산이 26조5천억 원으로 지난해보다 4조6천억 원가량, 14.7% 깎였다. 1991년 이후 33년 만의 첫 연구개발 예산 삭감이었다. 외환위기 때도 늘어났던 R&D 예산이 줄어들자 과학기술계와 업계의 반발이 컸다. 야당에는 공세의 빌미를 줬다. 총선을 일주일 앞두고 R&D 예산 증액을 내놓았다며 "이럴 것이면 왜 뭉텅이 삭감을 했느냐"며 거칠게 항의했다.

기술패권 시대, R&D 확대 필수

R&D 예산의 증액 선회는 잘한 일이다. 옳은 방향이다. 세계 주요 국들을 보라. 인공지능(AI), 4차산업혁명의 주도권 확보를 위해 R&D에 천문학적 예산을 쏟아붓고 있다. 우리나라도 예외일 수 없다. 기술패권 시대에서 살아남으려면 R&D 확대가 필수다. 정부는 R&D 예산 증액을 선거철 구두 선언에 그칠 게 아니다. 구체적인 후속 방안과 뚜렷한 재원 마련 방법을 내놔야 한다.

선결 사항도 있다. 2023년 R&D 예산 삭감 때 지적됐던 제반 문제부터 개선해야 한다. 기존의 나눠먹기 식 R&D 체계에서 경쟁형 R&D 체계로의 전환이 시급하다. 우리나라 R&D 예산은 국내총생산(GDP) 대비 비중이 이스라엘과 세계 1·2위를 다툰다. 국가 R&D 총액은 세계 5위에 이른다. 인풋에 비해 아웃풋이 빈약하고 개발과정이 부실하고 낭비와 비효율이 심한 게 문제다.

정부의 R&D 체계 개편론은 나름의 명분과 이유가 있었다. 문재인 정부 시절 대학, 정부 출연 연구원, 기업 등에 지원하는 R&D 예산이 10조 원가량 늘었으나 그만큼 성과가 나오지 않았다. 여기에 예산의 부정 사용 문제가 빈발하면서 지원 체계 개편의 필요성을 제기했던 것이다.

국회 산업통상자원중소벤처기업위원회 소속 국민의힘 김성원 의원이 한국산업기술평가관리원(KEIT)·한국산업기술진흥원(KIAT)·한국에너지기술평가원(KETEP)으로부터 제출받은 자료도 이를 방증한다. 2018년~2022년까지 정부 R&D 예산 유용 및 횡령 건수는 총 125건, 부정사용금액은 143억300만 원에 달했다. 행태도 각양각색. 연구개발 목적외 유용, 인건비 유용, 허위 및 중복 증빙, 납품기업과 공모 등 다양했다.

🔍 정부 지원은 '공(空)돈' 아닌 '공(公)돈'

도덕적 해이도 심하다. R&D 예산이 좀비기업의 연명 수단으로 악용되는 사례가 적지 않다. 역량이 떨어지는 기업의 연구계획서를 대필해주고 지원금을 나눠 갖는 R&D 브로커가 활개를 친다. 중소벤처기업부는 2017년부터 2022년 8월까지 40건의 정책 자금 브로커 신고를 받았으나 3건만 단순 주의를 주는 것에 그쳤다.

기업이 R&D 지원금을 운영자금으로 사용하거나 비슷한 연구 주제로 여러 과제를 동시에 수행하는 사례 또한 허다하다. 중소기업연구원에 따르면 2015~2019년 1,250만~1,500만 원의 소액 R&D 자금을 중복 지원을 받은 기업이 15회 이상 106개, 11~14회 335개에 달했다. 연구과제를 기획한 곳에서 연구까지 직접 수행하는 사례마저 속출한다.

정부 지원에 대한 인식을 바로 해야 한다. 정책 금융은 언젠가는 갚아야 할 돈이지만 R&D 자금은 안 갚아도 되는 '거저먹는 돈'으로 여기곤 한다. 기계연구원에서 2014년부터 6년간 기술사업화실장과 변리사가 짜고 특허등록 226건의 허위 서류를 만들어 67억 원을 횡령한 사건도 그런 예다. 국제간 R&D 협력도 대동소이. 우리나라의 연구기관이나 지원 기관, 대학에서 해외 유수 연구소와 협력을 진행할 때

예산 낭비가 심하다는 지적이다.

   R&D 예산은 늘리는 게 맞다. 내실도 기해야 한다. 보조금 성격의 사업, 뿌려주기식 R&D 사업은 지양해야 한다. 예산 배분과 평가 방식의 혁신도 필수다. 유망 분야에 지원을 집중하고 정부 부처·기관과 출연연, 대학 등이 칸막이 속에서 안주하는 관행도 뿌리 뽑아야 한다. 기업도 R&D 자금이 '공(空)돈'이 아닌 '공(公)돈'임을 명심, 나랏돈 사용에 책임감을 느껴야 한다. R&D 취지를 살리고 성과를 내려면 예산 증액에 앞서 낭비부터 막아야 한다. 새는 항아리에는 물이 채워지지 않는 터. 담수(湛水)보다 방수(防水)가 먼저다.

〈2024년 4월 15일, 권의종〉

'오냐오냐'
온정적 한계기업의 끝

⬤ 재정 부담 키우고 생산요소 효율 방해

경쟁력이 낮아져 외부의 자금 지원 없이 자력으로 유지가 힘든 한계기업. 이를 보는 전문가의 시선이 냉담하다. "영업활동을 통해 빚을 갚을 여력이 없는 기업을 과감하게 정리해야 한다. 이들처럼 수익성이 안 좋은 기업이 계속 남아서 안 그래도 부족한 노동력을 계속 붙잡고 있고, 정부 정책 자금도 낭비하다 보면 새로운 기업이 신성장을 창출할 동력이 사라진다." 정규철 한국개발연구원(KDI) 경제전망실장이 디지털타임즈와 인터뷰에서 내린 뼈있는 진단이다.

당연한 언사가 상당한 충격으로 받아들여지는 건 한계기업에 대한 그간의 온정적 정부 정책과 무관치 않다. 정부는 코로나 팬데믹과 경기침체 과정에서 어려움을 겪은 소상공인과 자영업자, 중소·중견기업에 금융 지원을 아끼지 않았다. 한국은행에 따르면 국내 전체 금융회사의 중소기업 대출 잔액은 지난해 9월 말 현재 총 864조4천억 원으로, 코로나 전인 2019년 말 318조8천억 원 대비 58.4% 증가했다. 이 기간 개인사업자 대출도 234조7천억 원, 51% 늘었다.

그런데도 결과가 영 신통치 않다. 한국은행이 발표한 '2022년 연간 기업경영 분석'만 봐도 그렇다. 국내 비금융 영리법인 91만206개 중 이자보상비율이 100% 미만인 한계기업 비율이 42.3%에 이른다. 해당 조사가 시작된 이후 가장 높은 수치다. 2021년(40.5%)보다 1.8%

포인트 상승했다. 영업이익을 이자 비용으로 나눈 이자보상비율이 100%를 밑돈다는 건 수익으로 이자도 못 낸다는 의미다.

정부로서는 한계기업 증가를 보고만 있을 수 없다. 기업 부실로 줄 도산이 발생하면 부작용과 후폭풍을 감당하기 어렵다. 경제가 흔들리고 민심이 동요하게 마련이다. 정부가 어떻게 해서든 한계기업과 잠재적 부실기업이 늘어나지 않도록 정책 지원을 배려해야 하는 이유다.

🔍 부실 방치하면 경제 흔들, 민심 동요

난제일수록 정면 대응이 묘약. 기업 운영에 책임이 있는 경영자부터 기업가 정신으로 무장해야 한다. 힘들다고 사업을 포기해선 안 된다. 기업을 끝까지 책임지는 자세를 견지해야 한다. 수익 증대는 물론 비용 긴축에 온 힘을 쏟아야 한다. 과도한 주주 배당, 과다한 대표자 급여와 상여, 고액의 업무추진비 지출, 거액의 대표자 종신보험 가입, 값비싼 승용차 구매 등 방만한 경영 요소를 발본색원해야 한다.

한계기업에 대한 금융회사 모니터링을 강화해야 한다. 정밀한 신용위험 평가로 리스크를 선제적으로 관리하고, 관리 결과를 토대로 지원 여부, 규모와 방식을 엄정하게 결정해야 한다. 일시적 유동성 애로를 겪는 기업은 추가 지원을 통해 경영정상화와 구조개선을 질서 있게 유도해야 한다. 회생이 어렵다고 판단되는 기업은 적극적으로 재기를 도와야 한다. 업종전환, 재창업, 근로자로 복귀 등 재도전을 지원하고 신용회복과 회생절차를 간이화·신속화해야 한다.

어린아이 투정 받아주듯 '오냐오냐' 지원은 삼가는 게 좋다. 재정 부담을 키울 뿐만 아니라, 노동 자본 원자재 등 한정된 생산요소의 효율적 배분을 방해한다. 경쟁력이 소진된 기업은 추가 자금 지원을 받는다고 해도 회생이 쉽지 않다. 기업의 정부 의존만 커지고 빚이 늘어 자금난과 경영난이 오히려 심해질 수 있다.

부실을 부추기는 금융 제도는 손봐야 한다. 정책금융과 신용보증에 대한 대표자 연대 입보 면제도 그중 하나다. 법인 대표가 자사 대출에 보증을 서지 않는 터라 책임경영 의식이 약해져 있다. 힘겹게 기업을 끌고 갈 유인이 예전만 못하다. 여차하면 지금 하는 사업을 접고 다시 창업하는 게 낫다는 마음을 먹을 수 있다. 빚은 털고 지원은 다시 받을 수 있는 유혹을 쉽게 떨쳐내기 어렵다.

◎ 옥석 가려 지원 여부, 규모와 방식 정해야

정부 지원을 악용하는 도덕적 해이를 막아야 한다. 그런 사례가 얼마인지는 통계로 잡히지 않으나 적지 않은 게 사실이다. '정부 돈은 눈먼 돈', '나랏돈 못 떼먹으면 바보'라는 비아냥이 인구에 널리 회자된다. 소수 한계기업의 연명을 위해 다수 국민의 혈세가 낭비되는 일만큼은 앞으로라도 없어야 한다.

차주의 채무 상환에 부담을 주는 대출 관행을 바로 잡아야 한다. 1년 만기 중심의 운전자금 대출 기간을 3년에서 5년으로 연장해야 한다. 고정금리와 비거치식 분할 상환 대출도 확대해야 한다. 고금리를 저금리로 바꿔주는 대출 갈아타기, 받은 이자를 다시 돌려주는 금리 캐시백, 연체 기록을 없애주는 신용사면 등은 그리 바람직스럽지 못하다. 일시적인 도움은 될지언정 근본적인 해결책은 못 된다.

지원 확대가 능사는 아니다. 제도는 취지도 좋아야 하지만 지원 기준 또한 정당해야 한다. 그런 점에서 소상공인시장진흥공단의 '저신용 소상공인 대출' 운영은 문제가 있다. 신청 기준을 맞추기 위해 신용점수를 일부러 떨어뜨리는 일이 벌어진다. 신용점수가 일정 수준

(744점) 이하인 소상공인을 대상으로 저리 대출을 하면서 나타나는 현상이다. 당장 돈이 급하다 보니 금융권에서 불이익을 받을 수 있음에도 일부러 신용점수를 낮추는 자해행위를 불사하는 것이다.

"미운 자식 떡 하나 더 주고 고운 자식 매 한 대 더 때린다"는 속담이 불현듯 뇌리를 스친다. "매를 아끼는 자는 그의 자식을 미워함이라 자식을 사랑하는 자는 근실히 징계하느니라." 지혜의 아이콘 솔로몬의 잠언도 돌연 떠오른다. 이 둘을 '미운 오리 새끼' 취급받는 기업을 '금쪽같은 내 새끼'로 바꾸는 지침으로 삼는다면 너무 엉뚱한 발상일까. 하지만 이를 통해 한계기업 문제가 해결될 수 있다면 이보다 더 좋은 일이 또 어디 있겠는가. 서두를 일이다.

〈2024년 2월 16일, 권의종〉

무분별한 규제 입법,
투자의 걸림돌

지난 2월, 한국경제인협회는 '국회 규제입법 현황과 입법절차 선진화 방안' 세미나를 개최한 자리에서 경제 현실과 맞지 않고 기업 투자를 위축시키는 무분별한 규제 입법을 막아야 한다며, 입법 시 규제영향평가를 의무화하는 조항을 국회법에 도입하자고 주장했다. 여야 의원들이 경쟁적으로 발의하는 법안에 대해서 사전심사가 필요하다는 취지다.

발언자로 나선 김창범 한국경제인연합회 상근부회장은 "정부 발의 법안은 국회 제출에 앞서 규제의 사회적 편익과 비용을 검토하는 규제영향분석을 거쳐야 하는데 의원입법은 의원 10명의 찬성만 있으면 법안 제출이 가능하다."라며, "규제는 기업 경영과 국민 경제에 막대한 영향을 미치는 만큼 의원입법 규제에 대한 다각도의 검토와 심사 절차가 필요하다."라고 역설했다.

김종석 규제개혁위원회 공동위원장도 "18대 국회부터 이미 의원입법에 대한 규제심사 논의가 시작됐고 OECD도 규제영향분석 절차를 도입할 것을 수년째 권고하고 있다. 좋은 법률을 만드는 것이 국회 책무인 만큼 입법안의 부작용을 심의 단계에서 미리 점검해 입법 완성도를 높여야 한다."라고 강조했다.

한국산업연합포럼은 "규제는 한 번 신설되면 폐지나 변경이 어려우므로 규제영향평가 제도를 통해 과잉규제를 사전에 차단해야 한다"라고 밝혔다. 우태희 대한상의 상근부회장도 "최근 의원법안 발의가 급증하나 심층 심사가 어려워 입법 품질 저하가 우려된다."라면서 "입법영향평가 제도에 대한 공감대가 확산된 만큼 국회 계류 중인 관련 법안의 조속한 논의와 입법을 희망한다."라고 강조했다.

🔍 무분별한 법안 발의, 규제 입법 양산

문제는 무분별한 의원입법으로, 민간 경제와 기업에 상당한 부담을 주는 규제 법안이 무차별적으로 생산된다는 점이다. 국회의원 10인이 공동으로 발의하면 쉽게 법안을 발의할 수 있는 제도 특성상, 충분한 숙고와 심의, 객관적 법안 평가 없이 얼마든지 규제 법안을 발의할 수 있다. 반면, 정부 입법은 그 절차가 매우 복잡하고 까다롭다. 법안 발의에 앞서 관계 기관과의 협의를 거쳐야 하고, 사전영향평가도 받아야 한다.

정부가 일단 입법예고를 하게 되면 다양한 이해관계를 앞세운 각계각층으로부터 비판과 저항이 봇물 터지듯 밀려든다. 또한, 법안 주관부처의 장은 규제 법령안 심사를 요청하기 전 규제개혁위원회의 사전심사를 받아야 한다. 그런 다음 법제처를 거쳐 국무회의 심의까지 받아야 하므로 그 추진 과정이 무척 까다로울 뿐만 아니라 시간도 엄청 많이 소요된다.

이처럼 입법 추진 주체 사이의 불공정 문제가 끊임없이 제기되자, 경제계와 전문가들 사이에서는 입법에 적용되는 규제심사를 의원입법에도 도입해야 한다는 목소리가 커지고 있다. 배관표 충남대학교 국가정책대학원 교수는 행정규제기본법상의 규제 신설의 원칙이 추상적이고 불분명해서 이를 구체화하는 논의가 필요하다고 주장했다. 또 '규제 법정주의의 역설'도 지적했다. 규제의 법적 근거를 마련하기 위한 법률안 발의가 과도하게 늘어난다는 것이다.

한국행정연구원 이민호 선임연구원은 "의원입법 규제의 경우, 정부입법 규제와 달리 규제등록 및 사후관리 과정에서의 누락 가능성이 우려된다."라고 지적했다. 이민창 조선대 행정복지학부 교수도 규제 때문에 사회 전체가 부담해야 하는 비용 분석 없이 규제가 입법되는 것이 더 큰 문제라면서 입법을 위한 기초 절차로서의 규제영향평가가 꼭 필요하다고 말했다.

🔍 당리당략 벗어나 국민만 생각하라

22대 국회에 들어서도 '입법영향평가' 제도 도입을 위한 국회법 개정안이 여러 건 발의됐다. 더불어민주당의 박성준·부승찬 의원, 국민의힘의 윤재옥 의원 등이 대표적이다. 윤 의원은 "의원입법에 대한 규제영향 검토 절차의 부재는 무분별한 규제 입법으로 이어져, 사회의 활기와 혁신을 저해하는 주요 요인으로 작용하고 있다. 법률이 입법의도와 다르게 졸속입법이라는 비판을 받는 경우가 반복되고 있다."라는 점을 법안 발의 이유로 들었다.

국회의원 고유 권한인 입법권의 자율성을 침해하지 않으면서도 제대로 된 '규제영향 평가'의 제도적 틀을 얼마든지 마련할 수 있다. 규제평가를 도입하게 되면 의정활동 전반에 걸쳐 규제에 대한 신중한 접근이 기대되며, 그에 따라 의원이 발의한 법안의 통과 가능성도 커진다. 여야가 합의한다면 규제 입법영향평가 제도 도입을 위한 실질적인 토의를 거쳐, 내실 있는 입법이 충분히 가능하다는 얘기다.

그와 관련하여 박상철 국회입법조사처장은 "국회의원의 활발한 입법 활동이 사회문제 해결과 국민 생활 개선에 도움이 되기도 하지만 규제 양산의 부작용이 우려되기도 한다. 국회입법조사처가 입법영향분석제도를 도입해 입법의 품질을 높이고 국회 신뢰를 높이는 데 노력하겠다."라고 밝혔다. 양준석 한국규제학회회장도 "규제 입법 전(前)단계에서의 규제영향평가가 매우 중요하다."라고 강조한 바 있다.

우리나라는 지금 예기치 못한 계엄 사태를 맞아 풍전등화의 위기에 처해있다. 그렇지 않아도 먹고살기 힘든 서민들의 어깨 위로 무거운 돌무더기가 덮친 격이다. 엄혹한 정국(政局) 앞에서 모두가 혼이 나간 상태다. 하지만 이럴 때일수록 정신을 바짝 차려야 한다.

무엇보다 국회의 역할이 중요하다. 중차대한 시국을 맞아 우왕좌왕 허우적대며, 당리당략에 빠져 본연의 임무를 팽개친다면 결코 용서받지 못할 것이다. 국민은 정부와 국회가 이 난국을 어떻게 풀어나갈지 두 눈을 부릅뜨고 주시할 것이다.

〈2024년 12월 17일, 나병문〉

먹는 문제 해결,
'푸드테크산업육성법'으로

보도에 따르면, 최근 우리나라 푸드테크 분야의 대표 기업들인 컬리, 오아시스, 트릿지 등의 기업가치 평가액이 크게 줄었다고 한다. 이는 과도한 경쟁과 시장 침체 때문으로 알려졌는데, 그와 관련해서 한 조리로봇 업체 CEO는 "선두 업체마저 고전을 면치 못하고 있을 정도로 푸드테크업계가 전반적으로 위축돼 있다"라며 "정부 지원 사업이 많이 줄어든 가운데 자금 시장도 경색돼 어려움이 가중되고 있다"라고 하소연했다.

'푸드테크'란 식품을 의미하는 푸드와 기술을 의미하는 테크의 합성어로, 식품의 생산·유통·소비의 전 과정에 인공지능(AI), 사물인터넷(IoT), 빅데이터 등의 첨단기술이 요구되는 산업이다. 즉, 식재료를 생산하는 농업부터 조리된 음식의 배달에 이르기까지 전 과정에 걸친 모든 기술을 뜻한다.

좀 더 구체적으로 살펴보면, 식물성 대체식품이나 간편식품, 제조공정 자동화, 온라인 유통 플랫폼, 서빙·조리·배달용 로봇 등 식생활 분야 전반에 걸쳐 매우 다양하고 광범위한 첨단기술이 요구되는 산업이다. 한국농촌경제연구원에 따르면 푸드테크산업의 세계시장 규모는 2020년 기준 5천542억 달러에 육박하고, 2017년부터 연평균 약 38%의 높은 성장을 유지하고 있다. 선진국들이 앞다투어 이 산업에 발 벗고 나서는 이유를 알 수 있는 대목이다.

정부는 2022년에 '푸드테크산업 발전 방안'을 마련하고 전용 펀드 조성, R&D 지원, 전문 인력 양성, 규제 완화 등을 통해 푸드테크를 국내 농식품산업의 성장 발판으로 만든다는 구상을 내놨다. 문제는 이런 지원책을 종합적으로 뒷받침할 근거법이 마련되지 않았다는 점이다. 현행 '식품산업진흥법'에서 정의하는 식품의 범위가 농축산물을 원료로 하는 식품에 한정돼 있어, 비식품 분야인 온라인 유통 플랫폼, 세포배양 식품, 조리로봇 등이 빠져있기 때문이다.

🔍 앞서가는 선진국, 꾸물대는 늑장 국회

주요 선진국들은 진작부터 정부 차원에서 푸드테크산업에 대한 규제를 완화하고 기술 투자를 확대하기 위해 관련 법률을 제정하는 등 제도적 뒷받침에 나서고 있다. 미국 같은 경우는 2020년에 '국가 인공지능 이니셔티브 법'을 제정하고 푸드테크 관련 규제 완화 및 기술 투자 확대에 나서고 있으며, EU는 R&D 지원 사업인 '호라이즌 유럽(Horizon Europe)'을 통해 2021년부터 2027년까지 식품, 농업 등에 약 89억 유로를 투자하는 계획을 세워 시행 중이다.

그에 반해 우리나라는 해당 산업 육성에 필요한 법률적 근거나 지원체계가 빈약하기 짝이 없다. 푸드테크산업을 체계적으로 육성하려면 근거법인 '푸드테크산업 육성법' 제정이 시급하지만, 국회가 늑장을 부리는 바람에 관련법안이 수년째 잠자고 있다. 농식품부의 한 관계자는 "푸드테크산업은 미래 유망 신산업인데도 관련 법이나 뚜렷한 지원체계가 없어서 해당 사업이 산발적으로 이뤄지고 있다"라며 안타까워했다.

지난 21대 국회에서는 푸드테크산업 육성 법안이 발의되어 상임위원회 의결까지 거쳤지만 여야 정쟁에 뒷전으로 밀리면서 자동 폐기된 바 있다. 22대 국회에 들어서 국민의힘 김선교 의원, 김도읍 의원과 더불어민주당 한병도 의원 등이 각각 법안을 발의했다. 법안마다 조금씩 차이는 있지만, 대체로 5년마다 푸드테크산업 육성을 위한 기본계획 수립, 푸드테크 전문 인력 양성, 국제 협력 및 해외 진출 촉진, 금융 및 재정 지원 등을 포함하고 있다.

정부의 한 관계자는 "푸드테크산업 육성법은 여야는 물론 부처 간 쟁점이 없고 산업계의 요구가 큰 법안이다. 그런 만큼 전담 기관 지정을 통해 사업을 체계적으로 추진하고 예산의 지속가능성도 확보할 수 있도록 조속한 법 제정이 시급하다"라는 의견을 밝혔다. 국회 입법조사처도 별도의 리포트를 통해 푸드테크 산업 육성을 위해서는 조속히 관련 법을 제정해야 한다고 제언했다.

◎ 먹는 문제 해결이 최우선 급선무

K-푸드의 인기가 날로 높아가는 가운데 식품산업을 고도화해야 한다는 여론도 커지고 있다. 그에 힘입은 업계는 국회에서 조속히 법안을 통과시켜주길 요구하고 있다. 이에 관련 부서인 농림축산식품부도 법 제정을 연내 추진하겠다고 밝혔다. 이기원 서울대학교 푸드테크학과 교수는 "기존의 법으로는 푸드테크 산업을 더 키울 수 없다. 푸드테크 산업 육성법이 미래 산업의 신성장 동력으로서 올해는 통과되길 바란다"라며 기대를 표했다.

한국푸드테크협의회 회장이기도 한 이 교수는 노동력 부족 문제를 풀 열쇠로 푸드테크산업을 첫손에 꼽았다. 그는 "저출생·고령화로 인구가 빠르게 감소하면서 농촌과 음식점, 학교 급식실 등 식품의 생산·소비와 관련된 곳에서 일할 사람이 부족해지고 있다. 그 문제를 해결하는 방법으로 조리·서빙 로봇이나, 예약과 주문을 받아주는 키오스크·테이블오더 플랫폼 등을 활용하는 것만큼 좋은 것도 없을 것이다"라고 강조했다.

현재 운용 중인 법체계에 따르면, 식품소재 분야는 '그린바이오산업 육성에 관한 법'의 범주에, 스마트팜·정밀농업 등은 '스마트 농업 육성 및 지원에 관한 법률'의 범주에 속한다. 그런 연유로 푸드테크 산업이 농업과 식품 등 기존 분야 법률이나 제도와 중복되는 부분이 발생할 가능성이 매우 높다. 국회 입법조사처도 그 부분을 지적하면서 "하위법령을 통해 그 대상 등을 명확하게 규정해야 한다"라고 피력했다.

　　'푸드테크관련법'은 국민의 식생활에 지대한 영향을 미치는 법안이므로 신중하고 꼼꼼한 접근이 필요하다. 기존 법률과의 상충이나 중복에 관해서도 세심하게 신경 써야 할 것이다. 법률안 통과가 시급하긴 하지만, 전문가들의 조언을 충분히 구하고 실무자와 업계 관계자들의 의견도 경청해야 할 것이다. 여야는 이번만이라도 부질없는 정쟁을 잠시 내려놓고 제대로 된 입법 활동에 진지하게 임해주길 고대한다.

〈2024년 11월 22일, 나병문〉

숭숭 뚫린 안보 구멍,
'간첩죄' 입법을

최근 중국 정부가 '신방첩법(新防諜法, 또는 반간첩법)' 위반 혐의로 한국인을 구속했다고 밝혔다. 중국 외교부 대변인은 "이 한국인은 간첩죄 혐의로 중국 관련 당국에 의해 체포됐다"라고 밝히면서 법에 따른 정당한 체포였음을 강조했다. 그는 "중국은 법치 국가로, 법에 따라 위법한 범죄 활동을 적발했고, 당사자의 합법적 권리를 보장했다"라고 말했다.

2023년 7월부터 시행 중인 중국 반간첩법은 국가 기밀과 관련된 정보 및 물품의 수집, 전달, 저장, 사용, 파괴, 훼손, 조작, 판매 등을 간첩 행위로 규정하고, 이에 대한 처벌을 강화하고 있다. 더 나아가, 중국 정부에 용의자를 수사하고 기소할 수 있는 광범위한 권한까지 부여하고 있다. 여기에는 가택 수색과 사업체 수색, 구속 없이 용의자를 구금(拘禁)할 수 있는 권한도 포함된다.

간첩 행위의 정의와 법 적용 범위를 넓히고, 국가안보기관의 단속 권한을 확대한 대목에 특별히 눈이 간다. 그런데 여기서 말하는 '국가 안보와 이익'의 범위가 구체적이지 않아, 당국이 간첩 행위를 자의적으로 해석할 여지가 크다는 데 문제가 있다. 그에 대한 각국의 인권 단체와 외국 정부의 비판도 거세다. 그들은 이 법이 반체제 시위를 탄압하고 중국에 거주하는 외국인을 표적으로 삼는 데 악용될 것을 우려하고 있다.

이번 사태를 놓고 중국 정부는 한국인 기술자가 그들의 기술 정보를 유출했다는 혐의를 적용했지만 미심쩍기 짝이 없다. 중국의 그런 행태에 따른 향후 부작용도 걱정된다. 주재우 경희대 교수는 "교민·관광객·기업인의 중국 방문과 활동을 크게 위축시킬 것으로 보인다. 특히 중국 기업이 스카우트한 인물이 체포됐다는 점에서 경제인, 기술인 교류에 악영향을 줄 것"이라고 예상했다.

🔍 기술 유출 심각한데 느긋한 정책당국

산업통상자원부에 따르면 최근 5년간 국가핵심기술을 포함해 산업기술이 해외로 유출돼 적발된 건수는 총 96건에 달했다. 기간을 좀 더 넓게 잡으면 문제의 심각성이 크다는 걸 알 수 있다. 국가정보원의 자료에 의하면 2003년부터 작년 7월까지 20년 동안 집계한 산업기술 해외 유출은 총 552건으로, 피해 규모가 자그마치 100조 원 이상으로 추산되고 있다.

특히 중국은 우리나라의 반도체 관련 기술 탈취를 끊임없이 시도하고 있다. 반도체 분야에서 한국과 중국 간 경쟁이 심화하면서, 시간이 흐를수록 유사한 사례가 늘어나는 추세다. 그에 대해 이재민 서울대 교수는 "특히 첨단기술 분야에서 한중 양국과 관련한 이런 종류의 산업 스파이 사건을 더 많이 볼 가능성이 크다"라며 "두 나라가 반도체를 국가 안보의 핵심 산업으로 보고 있기 때문"이라고 분석했다.

이번 사건을 두고, 반도체 기술 탈취를 막기 위한 한국의 단속 강화에 대한 중국의 보복으로 해석하는 시각도 있다. 신선영 한국무역협회 상하이지부장은 "다들 놀라는 분위기 속에서 명확한 체포 사유가 밝혀지지 않아서 더 불안해한다"라며 "한·중 양국을 오가며 활동하고 있는 교민들의 불안을 불식시키고, 양국 간 민간 경협 및 인적 교류가 위축되지 않도록 어느 정도 활동까지 허용되는지에 대한 구체적인 지침이 있으면 좋겠다"라고 말했다.

실상이 이렇게 심각한데, 국내 산업기술 유출에 대한 처벌은 솜방 망이 수준에 그치고 있다. 대법원에 따르면 2021년 산업기술보호법 위반으로 재판에 넘겨진 1심 가운데 무죄와 집행유예가 전체의 87% 이상을 차지했다. 그리고 2022년 선고된 영업비밀 해외 유출 범죄에 대한 형량은 평균 14.9개월에 불과한 것으로 나타났다. 그렇게 물러 터진 처벌로 어떻게 첨단 산업기술의 해외 유출을 막을 수 있을지 우 려하지 않을 수 없다.

⊘ 현실 직시하고 관련법안 서둘러야

경제계는 진작부터 산업기술의 해외 유출을 심각하게 받아들이고 있었다. 한국경제인협회는 "국가안보의 심각한 저해를 야기할 수 있 는 동기는 간첩죄에 준하여 양형을 강화해야 한다"라고 목소리를 높 였다. 대한상공회의소도 "국가핵심기술 유출 시 처벌이 약해 기업의 첨단기술 보호에 어려움이 발생하고 있고, 경쟁력이 약화되고 있다" 라며 "외국으로의 국가핵심기술 유출자도 간첩죄를 적용해 산업기 술 유출자의 처벌을 강화해달라"라고 요청했다.

국회도 현실을 마냥 도외시(度外視)한 것은 아니다. 지난 21대 국 회에서 여야는 '산업기술 유출 방지 및 처벌 강화를 위한 산업기술보 호법 개정안' 등 관련법안 여러 건을 발의했다. 이들 법안에는 북한에 만 한정돼 적용하는 형법상 간첩죄를 다른 모든 나라로 확대하거나 산업기술의 해외 유출에 대해서도 형법상 간첩죄를 적용하도록 하는 내용 등이 담겼다. 하지만 제대로 논의해보지도 못한 채 임기 만료로 폐기된 바 있다.

22대 국회 들어서도 간첩죄 적용법이 다시 추진되고 있다. 국민의

힘 안철수 의원 등이 직전 국회에서 발의했던 산업기술보호법 개정안을 재발의했다. 민주당 장경태 의원도 형법 개정안을 발의하고, 법안에 간첩죄의 대상을 확대해 국가핵심기술을 적국이나 외국에 유출하면 간첩죄를 적용하도록 명시했다. 또한 이들 법안에는 산업통상자원부 장관의 '국가핵심기술' 판정 및 첨단기술 보유기관 등록·관리 근거 규정 등을 명시했다.

지금은 첨단기술이 국가 경쟁력을 좌우하는 시대다. 그 점을 간과하면 치열한 전장(戰場)에서 살아남기 힘들다. 사소한 실수 하나가 곧바로 경제·안보에 치명적인 위협으로 이어질 수 있기 때문이다. 정부와 국회는 현실을 직시하고 국가 차원의 대책 수립을 서둘러야 한다. 특히 첨단기술 유출 세력에 대한 강력한 제재를 담은 법안 마련에 전력투구할 것을 강력히 촉구한다.

〈2024년 11월 14일, 나병문〉

자꾸 표류하는
'서비스산업발전기본법'

지난 9월 한국경제인협회는 '서비스산업 활성화를 위한 30대 규제 개선 과제'를 정부에 전달했다. 극심한 내수 침체와 경기 부진을 극복하기 위해서는 더 이상 머뭇거릴 시간이 없다고 판단했기 때문이다. 주요 내용으로는 공유숙박업 제도화, 대형마트 규제 완화, 자율주행 로봇 원본 영상 활용 허용, '서비스산업발전기본법' 제정 등이다.

한경협은 그 외에도 면세점 특허수수료 합리화, 노인복지주택 내 건강관리서비스 허용, 한국 영화 VC 투자 조건 완화 등을 제안했다. 이미 여러 분야에서 선진국임을 자부하고 있는 우리나라이지만, 서비스산업은 주요국 대비 한참 뒤처져 있다. 그에 대한 체계적인 지원책이 필요하고, 그를 위한 관련 법 제정이 시급한 상황이다. 하지만 2011년 국회에서 최초 발의됐던 서비스기본법은 여태껏 감감무소식이다.

한경협은 그 같은 상황을 타개하기 위해서는 서비스산업발전기본법 제정이 반드시 필요하다"라며 국회가 진정성을 갖고 법 제정에 나서줄 것을 촉구했다. 그와 관련하여 이상호 한경협 경제산업본부장은 "우리나라 서비스산업의 경쟁력이 취약한 건 지나친 영업·진입규제, 미흡한 정책적 지원에 기인한다"라며, "제조업에 비해 차별적인 지원과 규제장벽을 개선해 서비스산업 선진화의 토대를 마련해야 한다"라고 강조했다.

한국서비스산업총연합회도 작년 말 기자회견을 열고 21대 국회에서 서비스산업발전기본법을 반드시 통과시켜 줄 것과 보건·의료 분야에서 여야 대타협을 촉구하는 성명을 발표한 바 있다. 연합회는 성명에서 "국회가 서비스산업 육성을 통한 민생경제 활성화와 일자리창출에 기여할 수 있도록 진정성을 갖고 서비스산업발전기본법 제정에 임해 달라"라고 촉구했다.

신진국에 한참 뒤처진 서비스업

한경협에 따르면, 경제 선진국일수록 산업 비중이 서비스업 쪽으로 옮겨가고 있으나, 유독 우리나라만 그렇지 못하다. 우리나라 GDP 대비 서비스업 비중은 58% 수준으로, 미국 77.6%, 일본 71.4%, 프랑스 70.7%보다 한참 낮다. 또한 우리나라의 서비스업 노동생산성은 미국의 절반 수준이고 OECD 36개국 중 27위에 불과하다.

서비스산업발전기본법안은 의료, 교육, 법률, 관광, 교통, 에너지, 환경 등 각종 서비스 분야를 체계적으로 지원하는 것이 골자다. 그중 몇 가지만 들여다보자면, 현행법상 국내 공유숙박은 외국인만을 대상으로 영업을 허용하고 있다. 그에 따라 공유숙박업 생태계 조성과 다양한 숙박수요 대응이 어려운 실정이다. 한시라도 빨리 관련 산업을 제도화하고 내·외국인 구분 없이 적용해 공유숙박업 생태계 조성을 촉진할 필요가 있다.

다음으로 대형마트 문제다. 현재 대형마트는 매월 공휴일 중 이틀간의 의무휴업과 야간 영업시간 제한을 적용받고 있다. 그 시간대엔 온라인 배송도 금지된다. 하지만 전통시장 보호라는 입법목적은 달성하지 못하고 오히려 소비자의 불편만 늘었다. 거기다 온라인 유통업체의 난립만 촉발했다는 비판을 받고 있다. 이에 한경협은 "공휴일 휴업 관련 의무조항을 지자체별 권한으로 변경하고 영업금지 시간

중 온라인 거래를 허용해야 한다"라고 지적했다.

자율주행 로봇에 관한 규제 해제도 주요 사안이다. 기술 발전으로 자율주행 로봇의 다양한 서비스 응용이 가능해졌지만, 관련 법규상 모자이크 처리한 영상정보만 학습에 활용할 수 있어 기술 경쟁력 확보에 어려움을 겪고 있다. 미국 등 주요국들은 일찌감치 원본 영상 활용을 허용하고 있다. 그에 대해서도 한경협은 "자율주행 기술개발 목적의 원본 영상 활용을 허용해서 물류, 배달, 순찰, 안내 등 다양한 상용화 서비스가 발달할 수 있도록 해야 한다"라고 밝혔다.

📖 법안 표류는 오롯이 국회 책임

서비스산업 발전을 위한 지원책이 긴요하고 관련 법안의 처리가 시급하지만, 서비스산업발전기본법은 매번 발의와 폐기를 반복하며 표류하고 있다. 13년째 그러고 있으니 관련 업계는 물론 일반 국민도 답답하다. 그에 대해 한경협은 "서비스산업발전기본법을 조속히 제정해 산업 발전을 위한 법제도 기반을 마련하고, 장기 비전하에 지속·체계적인 서비스산업 육성책이 필요하다"라고 강조했다.

이상호 한경협 경제산업본부장은 "우리나라 서비스산업의 경쟁력이 취약한 것은 지나친 영업·진입규제, 미흡한 정책적 지원에 기인한다. 제조업보다 차별적인 지원과 규제장벽을 개선해 서비스산업 선진화의 토대를 마련해야 한다"라고 주장한다. 이유원 한국서비스산업총연합회 회장도 "서비스산업은 내수기반 확충과 일자리 창출을 동시에 견인하는 우리 경제의 핵심 산업이다. 제조업만이 산업이라는 생각에서 벗어나 반드시 법안을 통과시켜라"라고 호소했다.

정부가 아무 일도 하지 않고 노는 건 아니다. 기획재정부에 따르면 정부는 최근 올해 하반기에 서발법 제정을 추진하겠다고 밝혔다. 법안에는 서비스산업의 불필요한 규제를 풀고 세제 지원을 위한 정부 지원 체계의 근거와, 사회적 갈등 조정기구를 설치·운영하는 내용을 처음으로 담을 방침이라고 한다. 추진하려는 각종 서비스가 기존 사업자와 극심한 갈등을 빚으면서 사업에 속도를 내지 못하는 경우가 많다는 걸 심각하게 받아들이고 있다는 방증이다.

국회의 일차적 역할은 입법 활동이다. 국민이 선량(選良)들에게 엄청난 특권을 부여해준 이유가 무엇인가? 제때 필요한 법을 제정함으로써 백성들의 삶을 도우라는 소명의식을 기대하기 때문이다. 그런데 그들은 종종 우리를 배신한다. 말로는 국민을 위한다면서 당리 당략을 앞세워 정쟁만 일삼는다. 세상은 급변하고 있는데 그들은 여전히 구태의 늪에서 헤어나지 못하고 있다. 지금이라도 정신 차리고 시급한 법안 심사에 집중하는 모습을 보고 싶다.

〈2024년 10월 23일, 나병문〉

폭증하는 전력 수요, 전력망법 시급

지난여름 역대급 폭염(暴炎)으로 인한 냉방기 가동이 최고조에 달했다. 그에 따라 전기요금 누진제 최고구간에 속한 가구가 무더기로 늘어난 것으로 나타났다. 가뜩이나 팍팍한 살림살이에 전기요금까지 늘어나니 부담스러울 수밖에 없다. 그렇다면 다가올 겨울은 괜찮을까? 장담컨대 올겨울 혹한도 만만치 않을 것이다. 문제는 그런 현상이 일시적이지 않다는 데 있다. 지구 온난화가 멈추지 않는 한 갈수록 심화(深化)될 게 자명하다.

AI가 대세가 되어갈수록 전력 수요는 기하급수적으로 늘어날 것이다. 지금처럼 어영부영하다간 우리나라도 전력 부족국가가 될 수 있다. 그와 관련해서 조홍종 단국대 경제학과 교수는 "이제 우리는 인공지능을 일상적으로 활용하고, 데이터센터에 수많은 데이터를 저장하고 AI 반도체로 처리하는 세상에 살아야 한다. 그러자면 전기는 더욱 많이 필요해질 것이고 24시간 끊임없이 전기를 사용해야 하는 산업체가 늘어날 것이다"라고 단언한다.

그는 또 "결국 전기의 품질이 산업 경쟁력, 더 나아가 국가 경쟁력을 좌우하게 된다"라며 "한국은 제조업 중심으로 경제를 일으켜왔고, 수출로 먹고 살아왔다. AI 시대에 급증할 전기 수요를 예상한다면 제조업의 효율적 생산과 경쟁력 확보를 위해 저렴하고 안정적인 전원 공급이 매우 중요하므로, 합리적이고 현실적인 전력 믹스를 통해 전력시장의 난제를 해결해야 한다"라고 강조했다.

조 교수의 말처럼 전기가 부족하게 되면 첨단산업 발전은 꿈도 꾸지 못한다. AI 산업에 필수적인 반도체 생산단지에 충분한 전기를 공급하지 못한다면 어떤 일이 생길지 상상해보라. 피 튀기는 국가 간 경쟁에서 낙오될 게 뻔하다. 정부와 국회가 송전망 구축과 전기 공급을 아우르는 전력망 구축에 힘을 모아야 하는 이유다.

🔍 국가적 과제로 떠오른 전력망 확충

인공지능 시장이 폭발적으로 성장하면서 막대한 전력을 소모하는 첨단산업을 지원할 국가전력망 확충이 그 어느 때보다도 중요해졌다. 안정적인 전력 공급을 위한 대책 마련이 이전보다 한층 절실해진 것이다. 무엇보다 전력의 송배전망이 잘 깔려 있어야 산업 단지 등에 안정적 전력 보급이 가능하다. 그런데 현재의 송전선로, 변전소 용량으로는 불안하기 짝이 없다. 전력망 확충을 위한 특단(特段)의 대책이 필요한 이유다.

박종배 건국대 교수는 "해외에선 민간으로부터 투자받고, 민간기업이 송전선로 건설에 참여하는 것이 일반적이다. 우리도 막대한 비용 마련과 건설 속도를 높이려면 그렇게 하는 게 필요하다"라고 밝혔다. 조홍종 단국대 교수도 "송배전망 문제는 여야도, 민관도, 재생이냐, 원전이냐의 문제도 아니고, '반도체가 국내에 있을 수 있느냐'의 문제"라고 지적했다.

22대 국회 들어서 여야는 '국가기간 전력망 확충 특별법안'을 8건이나 발의했다. 법안을 살펴보면 국가기간 전력망을 제때 건설하기 위한 전방위적인 지원체계를 구축하고, 속도감 있는 사업 추진을 위해 인허가 절차를 대폭 개선하는 내용이 포함돼 있다. 그와 함께 현행법과 차별화된 보상·지원 제도를 통해 국민 피해를 최소화하는 등 정책적·제도적으로 전방위적인 지원이 가능한 내용도 담겨있다.

산업계는 이번 국회에서 관련 법안이 조속히 통과되어야 한다고 주장한다. 한국경제인협회는 '22대 국회에 바라는 경제계 110대 입법과제'를 통해 전력망법이 신속하게 입법되어야 한다고 강조했다. 한경협은 또 "현재 전력망 건설은 한국전력이 주도하고 있는데 전력망 건설에 수반되는 인허가, 주민 협의와 보상, 건설재원 조달 등을 적기에 계획대로 추진하는 데 한계가 있다"라며 정부와 국회의 적극적인 역할을 주문했다.

한시가 급한 전력망법, 정쟁으로 미뤄서야

한국전력의 한 관계자는 "전력망 건설 지연으로 발전원가가 저렴한 발전기 가동이 불가능해, 제약 비용이 발생하고 이는 전기요금 인상 요인으로 작용될 수 있다"라며 "반도체 등 첨단 전략 산단에 대한 전력 공급의 지연으로 국가 경쟁력이 저하될 수 있다"라고 우려했다. 그의 말처럼 미래 먹거리인 반도체 등 첨단산업이 대부분 에너지 다소비 업종이란 현실을 감안하면 국가 전력망 확충은 더 이상 늦출 수 없는 생존의 문제가 되었다.

현재 논의되는 전력망법은 전력망을 적기에 건설할 방안을 담고 있다. 특히 국무총리를 위원장으로 하는 '국가전력망확충위원회'에 인접 지역 주민과의 갈등을 조정·중재하는 역할을 맡겨 공기 지연의 주요 원인인 주민 수용성 문제를 해결하고, 각 부처의 지원을 통해 인허가 절차를 최대한 단축하도록 하는 게 핵심이다. 무엇보다 국가 차원에서 주민 보상 확대 등 지원 방안을 규정, 주민 수용성을 높임으로써 전력망 구축 속도가 더욱 가속화될 것으로 전망된다.

전력망 건설 촉진을 위해 정부가 직접 나서서 이해관계를 조정하고 신속히 전력망을 구축할 수 있도록 하겠다는 발상은 꽤 긍정적이다. 문제는 법률안을 논의할 국회 내에서의 정쟁이다. 해당 법안에 대한 여야 간 의견 차이가 그리 크지 않지만, 그들은 늘 그랬던 것처럼 티격태격하는 중이다. 발의된 법안을 제대로 논의하고 통과시키려면 꽤 시간이 필요할 것으로 보인다.

경쟁력 있는 제조업을 키우고 양질의 일자리를 만들어내는 건 중요한 국가적 과제 중 하나다. 반도체를 비롯한 첨단산업 공장에 경제적이고 안정적으로 전력을 공급해야 할 의무 또한 국가에게 있다. 그런데 국가전력망 구축에는 막대한 비용이 소요된다. 그런 만큼 투자 용의가 있는 발전사나 투자사 등과 손잡을 방법을 찾아야 한다. 그것을 가능케 하려면 전력망법을 제대로 정비하는 것이 시급하다. 정부와 국회는 그 점을 간과하지 말기 바란다.

〈2024년 10월 14일, 나병문〉

갈수록 독이 오르는
'딥페이크'

사촌 여동생 사진으로 딥페이크(deepfake) 성범죄물을 만든 남성이 구속됐다는 보도가 많은 이들을 경악시켰다. 가해자는 다름 아닌 사촌오빠였다. 그는 피해자의 SNS에서 얻은 사진으로 딥페이크 성범죄물을 만들었다고 한다. 이번 사건은 경찰이 '딥페이크 집중 대응 TF'를 가동한 이래, 가족이나 친척을 대상으로 한 범행으로 확인된 최초 사례다.

최근 들어 가족이나 친구, 지인의 사진에 음란물을 합성해 만든 딥페이크 음란물 파문이 무섭게 확산하고 있지만, 이를 막아낼 제도적 장치는 미흡하기 짝이 없다. 22대 국회에 들어와서 관련 법안이 발의는 되어 있지만 본격적인 논의 움직임은 보이지 않는다. AI 기술을 범죄에 악용한 생성물을 식별하고 걸러낼 방법이 없어, 갈수록 독해지는 범죄로 말미암은 심각한 사회 문제와 인권 유린을 방치한다는 비판이 끓어오르고 있다.

딥페이크의 폐해가 우리나라만의 문제는 아니다. 이미 지구촌 전체를 강타하는 골칫거리로 부상했으며, 각국이 그에 대한 대책 마련에 골몰하고 있다. 외신에 따르면, 인스타그램을 운영하는 메타플랫폼스는 청소년 이용자를 위한 안전 사용 강화 방안을 발표했다. 가장 먼저 취한 조치로는, 18세 미만 인스타그램 이용자 계정을 '비공개'로 일괄 전환한다. SNS가 청소년에게 미치는 악영향이 걷잡을 수 없는 단계에 이르자 최소한의 안전장치를 도입하기로 한 것이다.

메타는 또 팔로어가 아닌 사람은 해당 계정에 올라온 콘텐트를 보거나 상호 작용할 수 없도록 했다. 개인 메시지도 팔로우하거나 기존에 연결된 사람으로부터만 받을 수 있으며, 부모의 감독 기능을 이용하여 자녀의 인스타그램 사용 시간을 제한할 수 있도록 조정했다. 미국·영국·캐나다·호주에서는 즉시 시행하고, 유럽연합(EU)은 올해 말, 우리나라를 비롯한 나머지 국가들은 내년 1월부터 적용할 계획이다.

낮잠 자는 '딥페이크 방지법안'

딥페이크 성범죄와 같은 디지털 범죄가 미치는 파급력은 상상 이상이다. 피해자는 물론이고 가족의 삶에도 엄청난 상처를 입히기 때문이다. 하지만 그에 대한 법적 조치는 지나치게 관대하다는 비판이 높다. 그에 대해 류영재 의정부지법 남양주지원 판사는 "딥페이크 성범죄가 실제 신체 접촉이 이뤄지지 않거나 신체 일부를 합성하는 특성 때문에 법원의 인식 변화가 늦어지는 것으로 보인다"라며 "딥페이크 성범죄가 피해자의 사회적 정체성이나 인적 관계를 완전히 무너뜨리는 피해를 발생시킨다는 맥락이 더 고려될 필요가 있다"라고 짚었다.

법원의 관대함이 딥페이크 성범죄를 뿌리 뽑는 데 걸림돌이 된다는 우려는 국회에도 있다. 더불어민주당 김남희 의원은 "딥페이크 등 디지털 성범죄의 문제점은 온라인상으로 피해가 지속적으로 확산될 수 있어 피해 구제가 어렵고 피해자에게 심각한 정신적 고통을 입힌다는 것"이라며 "법원이 딥페이크 성범죄 가해자가 초범이거나 반성한다는 이유로 관대한 판결을 계속한다면 범죄 예방과 근절, 실질적인 피해 구제가 요원할 수 있다"라고 강조했다.

현재도 '인공지능 산업 육성 및 신뢰 확보에 관한 법률안' 등이 국회에 계류되어 있지만, 논의에 별다른 진전이 없는 상황이다. 법안들의 상당수는 21대 국회에서 결론을 내리지 못한 채 폐기된 것들로, 22대 국회에서 재발의된 것들이다. 국민의힘 김승수 의원이 대표 발의한 정보통신망법 일부개정안이 국회 과학기술정보방송통신위원회 전체 회의에서 법안소위로 넘어가는 등 일부 법안에 대한 논의가 시작되는 건 그나마 다행스러운 일이다.

이 법안은 AI 생성물에 가상의 정보라는 특정 표식인 '워터마크'나 메타데이터를 넣도록 하고, 플랫폼 기업들은 표식이 없는 AI 생성물을 즉시 삭제할 것을 의무화하고 있다. 국회 입법조사처는 "이미지·영상·음성 등을 인공지능으로 만들었다는 것을 의무적으로 표시할 경우 사람들이 가상 정보와 실제 사실을 쉽고 효과적으로 구분하게 되고, 최근 고도로 정교해진 딥페이크 문제를 줄이는 효과를 기대할 수 있다"라고 기대를 표시했다.

◎ 법안 통과, 더 미룰 시간 없어

일각에서는 규제 법안을 만들면 생성형 AI 산업발달을 가로막는 것 아니냐는 우려도 제기한다. 입법조사처도 "표시 기술과 제도의 불완전성, 산업계 부담 증가, 개인 표현의 자유 제한 등 문제가 예상되므로 적절한 보완 조치가 필요할 것"이라고 조심스러운 입장이다. AI 생성물이 딥페이크가 아니라는 증명이 안 될 시 즉시 삭제하도록 강제한 데 대해서도 플랫폼 기업들은 "기술적으로 난도가 높아 즉시 삭제는 어렵다"라며 부정적인 반응을 보이고 있다.

정부도 규제와 산업발달 사이에서 고민하는 것으로 알려졌다. 과학기술정보통신부 강도현 제2차관은 국회에서 텔레그램을 이용해 확산한 딥페이크 음란물 문제를 "굉장히 심각한 상태이고 피해자 입장에서 검토해야 하는 것 아닌가 싶다"라고 말했다. 하지만 법안 추진에 데 난관도 따른다. 과기정통부 관계자는 "AI 워터마크는 워터마크처럼 정확히 표시할 수 있는 성격이 아니고 산업발달을 저해하지 않는 방안도 필요하다"라며, "방법론을 고민 중"이라고 밝혔다.

보도에 따르면, 과기정통부는 성균관대 산학협력단 등과 함께 악의적으로 변조된 콘텐츠 대응을 위한 딥페이크 탐지 고도화 및 생성억제 기술을 연구개발 중이다. 또 진짜 데이터가 가짜 데이터를 찾아진위를 가리는 기술인 '생성적 적대 신경망' 기술을 활용하는 방안도 검토 중이라고 알려졌다. 한국정보통신기술협회도 법 제정과는 별도로, 플랫폼 및 생성형 AI 업계에 제시할 지침인 'AI 워터마크 적용 가이드라인'을 연내 마련할 계획이라고 한다.

무릇 선진국이라면 인권을 무엇보다 우선시하는 게 당연하다. 하물며 개인의 사생활을 침해하고, 죽는 날까지 씻을 수 없는 치욕감을 안겨주는 범죄 행위는 엄단(嚴斷)해야 한다. 그러기 위해선, 앞에서 언급한 여러 기술적 한계나 제약에도 불구하고 서둘러 관련법안을 통과시켜야 할 것이다. 이참에 국회가 국민을 실망만 시키는 기관이 아니라는 걸 보여주길 기대한다.

〈2024년 9월 20일, 나병문〉

전쟁 양상 바꿔놓은
'드론'

얼마 전 젤렌스키 우크라이나 대통령은 자국산 드론으로 러시아를 공격했다고 밝혔다. 그는 독립기념일 연설에서 "우리의 새로운 무기인 '팔랴니차' 드론을 성공적으로 전투에 사용했다"라면서 이 무기가 "침략자인 러시아에 대한 우리의 새로운 보복 방법으로, 기존에 사용해온 자국산 드론보다 더 빠르고 강력하다"라고 덧붙였다.

북한도 최근 자폭형 무인기를 새로 공개했다. 북한의 관영통신은 "김정은 국무위원장이 8월 24일 국방과학원 무인기연구소의 무인기 성능 시험을 현지 지도했다"라고 밝혔다. 그러면서 자폭 드론으로 우리 군의 K2전차 모형을 타격해 폭발하는 사진을 공개했다. 군 당국은 이번에 공개한 자폭형 드론이 유도 방식과 비행 성능, 정밀도 등에서 과거 노출한 드론보다 몇 단계 진화한 것으로 평가했다.

사람이 직접 탑승하지 않는 무인기인 드론이 현대전 양상을 획기적으로 바꿔놓고 있다. 과거에는 정찰용으로만 사용했으나 최근에는 지상공격과 전자전 등으로 활용 범위가 확대되고 있다. 그와 관련하여 홍민 통일연구원 선임연구위원은 "자폭형 무인기는 저소음에 저공비행이 가능하며 레이더에도 잘 잡히지 않아 사전에 요격할 시간적 여유가 적다"라고 평가했다.

군사 전문가들에 따르면, 자폭형 무인기는 제작 비용이 저렴하면서도 다양한 표적에 은밀하게 접근할 수 있어서 순항미사일의 역할을 일부 대체할 수 있다고 한다. 반면 이에 대응할 만한 방어무기 체계는 아직 미흡한 실정이다. 우리 군도 진작부터 자폭형 무인기 전력의 중요성을 파악하고 있다. 현재 이스라엘제 자폭 드론을 운용하고 있으며, 성능이 더 뛰어난 중거리 자폭 드론 확보 사업도 진행 중인 것으로 알려져 있다.

🔍 국가 간 치열한 개발 경쟁

드론은 건설, 통신, 운송, 농·임업, 레저 등 다양한 분야에서 활용된다. 그중에서도 가장 두드러진 쪽이 국방 분야다. 현재 전쟁 중인 나라들 말고도, 지구촌 곳곳에서 전운이 감도는 곳이 적지 않기에 군용 드론 수요가 급증하고 있다. 과거에는 미국을 비롯한 일부 선진국들만 드론으로 표적을 공격하거나 전자전을 벌일 수 있었다. 하지만 지금은 사정이 달라졌다. 웬만한 중견 국가들도 어렵지 않게 고성능 군용 드론을 만들고 있다.

대표적인 나라가 중동의 튀르키예다. 그들이 만든 "바이락타르' 드론은 여러 차례 실전에 투입되어 탁월한 성능을 인정받았다. 가격이 싸면서도 성능이 우수하다는 평가를 받고 있다. 대만과 끊임없는 갈등을 조장하고 있는 중국도 몇 종류의 공격용 드론을 개발해서 수출까지 했다. 이스라엘도 '하롭'이라는 무인기를 운용 중이며, 미국은 전자기파 교란을 통해 적의 레이더나 통신기지를 공격하는 드론을 개발 중이다.

이제 드론은 전장(戰場)을 지배하는 '게임체인저'가 되어가고 있다. 과거에 전투기나 수송기가 수행했던 전자전도 앞으로는 드론이 담당할 것이다. 더 나아가 선진국들은 전투기 호위나 전폭기를 대체할 드론까지 앞다투어 개발 중이다.

우리나라는 드론 개발과 운용 측면에서 후발주자에 속한다. 군사 전문가들은 적 방공망의 무력화나 지상 표적을 타격할 군사용 드론을 다양하게 보유해야 한다고 조언한다. 경쟁국들의 개발 속도를 따라가기엔 시간이 별로 없다는 점도 강조한다. 북한을 비롯한 주변국들의 점증하는 군사적 위협에 대응하기 위해서는 얼마 전에 창설된 '합동드론사령부'도 확대 발전시켜야 한다고 주장한다.

◎ 우물쭈물하다가는 뒤처질 것

북한과 대치하고 있는 우리는 어느 나라보다 드론의 필요성이 크다. 하지만 현실은 이스라엘, 튀르키예보다 뒤지고 있다는 지적이 나온다. 정부는 북한 소형무인기 침투에 대응해 스텔스 무인기와 소형 드론 등을 올해부터 생산하고, 합동드론사령부를 더 발전시킨다는 계획을 밝히고 있지만, 그 정도로는 선진국과의 격차를 줄이는 게 쉽지 않다. 조속히 드론 관련법을 정비하고, 국가적 역량을 집중하여 첨단드론 개발에 박차를 가해야 한다.

더불어민주당 박상혁 의원은 드론 관련 사업 및 안전을 체계적으로 관리하기 위해 '드론의 관리 및 이용 등에 관한 법률안'을 대표 발의했다. 박 의원은 "기존의 드론 관련법은 기체 등록, 조종 자격, 비행 승인, 사업체 관리 등 사업 지원과 안전관리를 모두 포괄하기에는 한계가 있다"라며 "새 법안에 드론 관련 사업 및 안전을 체계적으로 관리하고 산업 발전에 따른 규제혁신을 적시에 대응하기 위한 내용을 담았다"라고 밝혔다.

권영세 국민의힘 의원도 드론 관련법안을 발의할 예정이다. 그는 자신이 21대 국회에서 발의했던 '소형드론의 안전관리 및 사업 등에 대한 법률안'이 정쟁으로 인해 통과되지는 못했다며, "기술 변화에 맞춰 법이 바뀌어야 산업이 활성화될 수 있는데, 사업자들조차 규정을 이해하기 힘들다. 항공안전법과 항공사업법 체계에서 무인항공기, 초경량 비행장치의 일부로 규율하고 있을 뿐 드론을 정의하고 산업을 지원하기 위한 별도 법안이 없다"라고 지적했다.

앞에서 살펴보았듯이, 다양한 분야에서 드론의 역할이 날로 커지고 있다. 그에 따라 나라마다 앞다투어 드론 개발에 열을 올리고 있다. 우리도 관련법 정비를 서둘러야 하는 이유가 거기에 있다. 엊그제 국회에서 11년 만에 여야 대표의 만남이 있었다. 그것만으로 꽉 막힌 정국이 뚫리진 않을 것이다. 하지만 이를 계기로 지긋지긋한 정쟁을 멈추고, 여러 민생법안과 더불어 드론 관련법도 조속히 통과시킬 것을 기대한다.

〈2024년 9월 3일, 나병문〉

발등에 떨어진 불, 'AI 기본법'으로 꺼야

인공지능(AI) 기술이 눈부시게 발전하고 있는 가운데 'AI 기본법'을 신속하게 제정해야 한다는 목소리가 높아지고 있다. 인공지능에 의한 부작용과 위험은 줄이면서도, 온전한 혜택을 누릴 수 있도록 하는 입법 필요성이 커지고 있기 때문이다. 얼마 전 여야 국회의원과 관련 단체들이 모여 '국민의 안전, 인권 및 민주주의와 AI의 공정을 위한 입법 방향'이라는 주제를 놓고 토론한 것도 그와 같은 사회적 요구를 반영한 것이라 하겠다.

EU(유럽연합)는 내년부터 'AI Act'를 전면 시행한다. 고위험 등급으로 분류된 AI 시스템에 대한 규제와 처벌 규정의 필요성이 갈수록 커지고 있는 가운데, 'AI Act'는 규제 조항을 위반하면 높은 과징금을 부과하는 내용을 담고 있다. 우리도 그들에게 뒤처지지 않으려면 자율성과 역동성을 포괄하는 AI 시스템의 구축이 시급하다는 전문가들의 목소리에 귀를 기울일 필요가 있다.

22대 국회 개원 이후 여야 의원들이 앞다투어 AI 관련법을 발의했다. 지난 5월에 국민의힘 안철수 의원이 'AI 산업 육성 및 신뢰 확보에 관한 법률안'을 처음으로 발의했으며, 6월엔 여당 당선인 108명 전원이 'AI 발전과 신뢰 기반 조성 등에 관한 법률안'을 공동 발의했다. 그에 질세라 민주당도 곧바로 권칠승 의원이 'AI 개발 및 이용 등에 관한 법률안'을 대표 발의했다. 하지만 민생과 관련 없는 사안을 놓고 싸우느라 정작 법안엔 손도 대지 못하고 있다.

여야가 경쟁적으로 들고나온 그만그만한 법률안을 두고 유승익 한동대 교수는 "현재까지 발의된 법안은 AI 산업 육성과 신뢰 확보 등 두 가지 키워드로 요약되는데 대부분이 비슷한 표현으로 구성돼 있다"라며 "안철수 의원을 제외하곤 발의된 법안이 정의한 AI는 '지능정보기술' 정의 조항 규정에 '지각', '언어의 이해' 등을 덧대는 방식으로 규정하는 정도에 그치고 있다"라며 비판했다.

🔍 무섭게 진화하는 AI, 우물쭈물할 시간이

AI가 인간과 동등하거나, 필적할 만한 지능을 갖췄을 때 AGI(Artificial General Intelligence, 범용 인공지능)라고 부른다. 특정 문제뿐 아니라 주어진 모든 상황에서 생각과 학습은 물론 창작까지 할 수 있는 인공지능을 말한다. 전문가들은 가까운 미래에 그런 존재가 출현하여 인간의 판단까지 대신할 수도 있다고 경고한다. 인공지능의 눈부신 발전 속도는 우리에게 경이로움을 넘어 두려움으로 다가오고 있다.

버크셔 해서웨이의 워런 버핏 회장이 인공지능을 핵무기에 비유하며 "두렵다"라고 말했다는 기사가 화제가 된 적이 있다. 그는 AI를 활용한 사기(scams)에 대해서 전례 없는 성장 산업이 될 수 있다면서도, "인류에게 해를 끼칠 수 있는 엄청난 잠재력도 있다"라고 덧붙였다. 그는 특히 딥페이크처럼 실체와 구분할 수 없는 조작 기술에 대해 심각한 우려를 표했다. AI의 기술적 성장성을 크게 보면서도 악용될 것을 걱정하는 발언이다.

인공지능 기술이 놀라운 속도로 발전하고, 관련 시장이 기하급수적으로 커지는 가운데 MS와 오픈AI가 함께 데이터센터 건립에 나섰다. 그 조치는 AI 관련 서비스를 확장하는 과정에서 전 세계 주도권을 확실히 가져가기 위해서라는 분석이 나온다. 세계적인 대기업 간에

AI 경쟁이 불붙고 있음을 알리는 신호다.

그뿐이 아니다. OpenAI와 구글도 새로운 멀티모달리티(Multi-modality) 기능을 갖춘 AI를 발표했다. 이용자가 일일이 입력할 필요 없이 마이크 버튼을 눌러 말을 걸면 AI와 대화를 나눌 수 있으며, 스마트폰 카메라를 켜서 칠판에 적힌 문제를 보여주면 척척 풀어낸다. 더욱 놀라운 건 단 하나의 AI 모형이 여러 모달리티를 통합하여 처리한다는 점이다.

◎ '산업 육성과 위험성' 함께 고려한 입법을

EU의 AI 법안은 용인할 수 없는 AI 시스템에 대한 개발과 활용을 금지하고 있다. 오병일 진보네트워크센터 대표는 "AI 안정성에 대한 신뢰 없이는 AI 산업 발전도 불가능하다"라며 "인권과 안전, 민주주의에 기반한 AI 거버넌스가 필요하며, EU와 미국의 규제 사례를 참조한 국제적인 규율이 필요하다"라고 주장한다. 유승익 교수도 "우리 사회에서 AI 시스템이 어디까지 용인될 수 있는지에 대한 숙의와 합의가 필요하다"라고 강조한다.

업계에선 AI 역기능 방지를 위한 규율의 필요성에 공감하면서도 최근 AI 경쟁이 국가 간 경쟁 성격을 띠기 때문에, 규제 일변도보다는 육성에 초점을 맞춰야 한다고 주장한다. 그들은 최근 발의된 AI 관련 법안들이 산업 발전이나 육성보다는 규제에 초점을 맞춤으로써 AI 산업 혁신을 저해할 수 있다고 우려한다.

김영규 한국인터넷기업협회 실장은 "주요국들은 자국 기업에 막대한 투자를 통해 AI 생태계 강화를 지원하고 있다. 우리나라의 경우 세계 세 번째로 초거대 AI를 상용화하고, 주요 ICT 기업은 AI를 미래 수출 먹거리로 추진하는 등 수출 경제에도 기여하고 있다. 그런데도 법안은 AI를 연구목적으로 개발하는 사업자까지 규제 대상으로 하고 있어 연구개발이나 산업 발전을 저해할 가능성이 있다"라고 지적했다.

정부는 일찌감치 AI 안정성 확보를 위한 규정을 도입하되, 단계적 보완 입법을 통해 글로벌 규범에 맞추겠다는 청사진을 제시하고 있다. 이제는 국회가 거들어야 할 차례다. 여야는 주도권 다툼으로 시간을 허비하지 말고 제대로 된 관련 법안을 조속히 통과시켜야 한다. 하지만 요즘 국회의 행태를 보면 국민의 기대가 무엇인지에는 전혀 관심이 없어 보인다. 그런 정치권을 지켜보는 백성들의 속만 점점 타들어 간다.

〈2024년 8월 5일, 나병문〉

말 잔치만 무성했던
'온플법'

22대 국회 들어와서 온플법(온라인 플랫폼 규제 법안) 제정을 위한 논의가 본격화되고 있다. 지난 21대 국회에서도 같은 이름의 법안이 발의됐지만 통과하지 못했다. 플랫폼 기업의 독과점 구조를 바로잡아야 한다는 당위성에도 불구하고 이러저러한 이유로 지지부진했던 법안 추진이 급물살을 타게 된 계기는 크게 두 가지다. 최근 쿠팡이 검색 순위와 상품 후기를 조작한 사실, 그리고 배달 플랫폼의 출혈경쟁으로 직격탄을 맞은 배달 라이더의 딱한 사정 등이다.

이미 3년 전에 공정위가 온플법을 입법 예고했으나 별다른 진전이 없었다. 윤석열 정부 초기에는 업체의 자율적 규제에 무게를 두었다. 하지만 2022년 말 카카오톡 먹통 사태 등이 발생하자 정부 입장도 강경한 쪽으로 선회했다. 대통령실 내에서도 플랫폼 기업에 온전히 주도권을 넘기는 방식에 변화가 불가피하다는 공감대가 형성된 것으로 알려졌다. 작년 말 공정거래위원회가 내놓은 '온라인 플랫폼 경쟁촉진법' 입법 계획도 그 결과물이다.

규제의 목적에도 변화가 있었다. 2020년엔 '플랫폼 사업자와 입점 업체 간 거래 관계의 투명성과 공정성을 높이는 것'을 규정하려는 목적이었지만, 이번엔 독과점 규제가 주목적이다. 플랫폼의 시장 지배적 지위 남용을 견제할 필요성이 커진 까닭이다. 이 법안에는 거대 플랫폼의 불공정 거래행위 및 독점적 지위 남용행위 금지, 입점 사업자와 소비자 보호 등의 내용이 담겨 있다.

돌이켜보면, 플랫폼 규제안은 찬성과 반대 목소리가 뒤섞여 논란이 그치지 않았다. 한쪽에선 강력한 규제가 필요하다는 주장을 줄기차게 제기했고, 다른 쪽에서는 섣부른 규제는 곧바로 소비자의 피해로 이어질 뿐이라며 목소리를 높였다. 법안의 직접 당사자라고 할 수 있는 온라인 플랫폼 사업자들은 이 법안이 기업 경쟁력을 현저히 떨어뜨릴 수 있다며 극렬하게 반발하고 있다.

◎ 정치권과 거대 플랫폼 간의 힘겨루기

쿠팡 검색 순위 조작이 공론화되자 국회의원들이 나섰다. 민주당 김남근 의원은 "플랫폼 독과점 규제법과 플랫폼 거래 공정화법, 전자상거래법 등 세 가지 방향에서 입법을 추진할 계획"이라고 밝혔다. 그는 "온라인 플랫폼 기업이 자체브랜드(PB) 상품 우대, 상품 끼워팔기 등 독과점 남용행위로 시장 지배력을 공고히 구축하고 있다. 법안을 발의한 의원들과 제재 수단, 기준을 합의해 당론으로 추진하겠다"라고 밝혔다.

이번에 발의된 온플법안은 온라인 플랫폼의 독점적 지위 악용을 방지하는 데 중점을 두고 있다. 계약서 교부 및 계약 해지, 서비스 제한 통지 의무 등이 담겨 있다. 한국공정거래조정원 내에 플랫폼 사업자와 이용 업체 간의 분쟁 조정을 위한 '분쟁조정협의회'를 설치하고, 플랫폼 이용 사업자에게 단체 구성권과 교섭권을 부여하는 내용도 들어있다.

정치권이 들고나온 법안에 대해서 플랫폼 업계는 국내 기업에 대한 역차별이라며 억울해하고 있다. 그들은 그동안 나름대로 자정 노력에 앞장서 왔다고 주장한다. 자율규제를 기대했던 만큼 이 법안을 감당하기 힘든 압박으로 받아들이는 것이다. 법안이 통과되면 '알리익스프레스' '테무' 같은 중국계 플랫폼이 국내 쇼핑 앱으로 치고 들어와, 값싼 공산품을 대량 공급함으로써 국내 기업의 경쟁력 약화가 불 보듯 뻔하기 때문이다.

업계는 특히 이번에 새로 추가된 단체교섭권에 대해 우려의 목소 리를 내고 있다. 플랫폼 기업의 영업 행위에 과도한 제약을 가할 수 있다는 것이다. 교섭 과정에서 의사결정 지연과 비용 증가가 불가피 하다는 볼멘소리도 나온다. 거기다 이번에 제기된 온플법은 플랫폼 업계 특성을 고려하지도 않았고, 오프라인 시장보다 더 많은 규제가 담겼다며 불만을 터뜨리고 있다.

⊕ 선진국 사례 참고해 합리적 법안을

EU(유럽연합)는 이미 2020년부터 '온라인 플랫폼 공정성·투명성 규정'을 시행 중이다. 플랫폼이 일방적으로 입점 업체와의 계약을 중 단할 수 없으며, 자사 상품에 대한 검색 순위를 조작했는지도 투명하 게 공개하도록 강제하는 내용을 담고 있다. 플랫폼이 규정을 위반할 때는 입점 업체뿐 아니라 관련 기관도 플랫폼에 대해 소송을 제기할 수 있도록 했다. 법적 분쟁으로 인한 업체의 부담을 줄이고 플랫폼의 보복 위험을 막으려는 조치다.

민주당 박주민 의원은 "EU, 미국 등 주요국들도 온라인 플랫폼의 불공정행위와 이용자 보호 등에 관한 규제를 진행 중이며, 정부도 입 법 필요성을 인정하고 있어서 관련 논의를 진행하고 있다"라고 밝혔 다. 민주당 내에선 EU보다 더 강력한 법안을 만들어야 한다는 주장까 지 나온다. 그에 대해 업계는 "미국, 유럽 등은 플랫폼 규제를 통해 자 국의 이익을 위한 정책을 펴고 있는데, 지금 추진 중인 온플법은 국내 플랫폼 기업을 규제하려 든다"라며 반발하고 있다.

한승혁 법무법인 율촌 변호사는 "민주당이 추진하는 온플법은 플랫폼과 이용 업체 간 갑을(甲乙) 관계 개선에 초점이 맞춰질 것"이라고 설명했다. 그와 관련하여 김현경 서울과기대 교수는 "미국은 바이든 집권 이후 강력한 플랫폼 규제법을 거의 폐기하고 경쟁 당국 중심의 사후 지배력 규제로 방향을 변경했다. 글로벌 플랫폼과 경쟁해야 하는 상황에서 국내 산업을 규제하는 기조는 국제적 추세와 반대된다"라며 우려를 표했다.

앞에서 언급했듯이, 정부와 여당은 그동안 업계의 자율규제에 맡기자는 태도를 보여왔다. 하지만 최근에 변화의 조짐이 엿보인다. 한기정 공정거래위원장은 기자간담회에서 "'온플법'과 관련하여 이해관계자, 학계의 의견을 듣고 해외 사례 등을 참고하고 있다. 여야와 충분한 논의를 거쳐 입법을 추진할 계획"이라고 밝혔다. 백번 옳은 말이다. 이제 말 잔치는 그만하고 실천에 옮길 때다. 국민은 정치권에서 모처럼 멋진 작품을 만들어 내길 기대하고 있다.

〈2024년 7월 22일, 나병문〉

'임금체불방지법안' 외면한
후진국 국회

보도에 따르면 최근 임금체불 규모가 급격히 늘어나는 추세에 있다. 임금 노동자들의 생계를 위협하는 이 같은 현상을 두고 여기저기서 우려하는 목소리가 터져 나온다. 상습적으로 임금을 지급하지 않는 사업주를 실질적으로 제재할 수 있는 법안을 조속히 마련해야 하는 이유도 거기에 있다. 하지만 21대 국회에서 어렵사리 발의된 '임금체불방지법안'은 여야의 정쟁에 휘말려 통과되지 못하고 자동 폐기되었다.

임금체불은 경기에 매우 민감하기에 불경기일수록 급증한다. 올해도 건설 경기가 극도로 침체하는 등 경제 상황이 호전될 기미가 없는 만큼, 임금을 제때 지급하지 못하는 업체 수도 가파르게 늘어날 전망이다. 고용노동부에 따르면 올해 1분기 체불임금 발생액은 5,718억 원으로, 전년 동기보다 40.3% 증가했다. 이 같은 추세가 연말까지 이어지면 역대 최고치를 기록했던 지난해 규모를 뛰어넘어 2조 원을 넘어설 가능성이 크다.

정부는 '무관용 원칙'을 내세우며 임금체불을 철저히 단속하겠다고 공언했다. 고용노동부는 최근 '임금체불신고사건 처리지침'을 만들어 사업주의 부동산·예금 등 재산 관계에 대한 조사를 강화하고, 출석을 거부하거나 지급 여력이 있음에도 고의나 상습적으로 임금 지급을 미루는 사업주에 대해선 체포영장 발급 및 구속수사를 강화하겠다고 밝혔다. 하지만 매년 임금체불액이 기하급수적으로 늘어나는 상황에서 그 정도 대책으론 뭔가 부족한 느낌이다.

현행법은 임금을 받지 못한 당사자가 원치 않으면 사업주를 처벌할 수 없다. 2005년부터 반의사불벌 조항을 도입했기 때문이다. 사업주에게 합의 동기를 제공해 원활한 청산을 유도하기 위한 취지다. 하지만 사업주가 근로자에게 미지급한 금액보다 적은 금액으로 합의를 종용하거나, 합의 성사 이후 임금을 돌려주지 않는 등의 악용 사례들이 나타나면서 노동계를 중심으로 반의사불벌 조항을 폐지해야 한다는 목소리까지 나왔다.

◎ 정쟁에 몰두하느라 민생법안 외면한 정치권

임금체불을 막기 위한 법과 제도를 시급하게 손봐야 한다는 세간의 요구가 봇물 터지자, 지난 국회에서 '상습적 임금체불 방지법'이 발의되었다. 미지급 임금 지연이자 제도를 재직자에게 적용하는 내용을 핵심으로 한 근로기준법 개정안이다. 지난해 임금체불액이 역대 최고치를 기록하는 등 상황이 심각해지자 여야를 막론하고 현행 근로기준법을 대폭 개선하는 임금체불방지법을 허겁지겁 발의한 것이다.

환경노동위원회 여당 간사인 임이자 국민의힘 의원이 대표 발의한 근로기준법 개정안은 재직 근로자를 대상으로 한 미지급 임금에 대한 지연이자를 부과하는 내용을 담고 있다. 민주당의 이수진 의원은 체불 사업주에 대한 징벌적 배상, 반의사불벌죄 규정 축소 등이 포함된 개정안을 발의했다. 사업주가 상습적으로 체불임금을 지급하지 않으면 사업주가 지급해야 하는 임금의 두 배 이내 금액을 지급할 것을 노동자가 법원에 청구할 수 있도록 하자는 내용이다.

하지만 여야가 해당 법안 처리는 외면한 채 정쟁에 몰두하느라 임금체불방지법은 폐기되고 말았다. 일이 그렇게 꼬이게 되자, 이지현 한국노총 대변인은 "정부와 여당은 본인들이 입법 필요성을 주장했던 민생법안 입법을 포기했다"라며 "임금체불이 역대 최고치인 상황에서, 정부와 여당의 정책 추진에 대한 진정성을 의심하지 않을 수 없다"라고 신랄하게 질타했다.

박성우 직장갑질119 노무사도 "임금체불방지법은 국민의힘과 민주당 모두 비슷한 내용으로 발의한 만큼 여야 간 이견이 크게 없는 사안"이라며 "이미 '체불 공화국' 수준으로 임금체불액이 불어나고 있는 상황에서 관련 법이 통과되지 못한 것은 정치권의 의지가 없다고 봐야 한다"라고 꼬집었다.

🔍 관련 법안 통과, 여야의 결단만 남아

빗발치는 국민의 비난을 더 이상 방치할 수 없었던지 정부도 움직이기 시작했다. 얼마 전 고용노동부는 국회 본회의에서 '임금채권보장법 일부개정법률안'이 의결됐다고 밝혔다. 일부개정법률안에는 사업주가 임금체불에 책임을 지고 직접 해결할 수 있도록 '사업주 융자 요건'을 완화하는 내용을 담고 있다. 이에 따라 앞으로는 임금 체불 사업주는 일시적인 경영상의 어려움을 증명하지 않더라도 고용노동부 장관의 체불 사실 확인만으로도 융자가 가능해진다.

이정식 고용노동부 장관은 지난 4일 임금 체불 근절 관련 현장 간담회에서 국회를 향해 "노동자의 생계를 위협하는 고의·상습적인 임금 체불에 대해 신용제재 대상을 확대하고, 각종 정부 지원을 제한하는 등 실효성 있는 경제적 제재를 실행할 수 있도록 근로기준법 개정안을 하루빨리 처리해달라"라고 요청했다.

임금 노동자는 우리 사회를 지탱하는 데 없어서는 안 될 중요한 자산이다. 그들이 안정적인 생활을 유지할 수 없다면 산업 현장도 제대로 돌아가기 힘들다. 무엇보다 피땀 흘려 일한 대가를 제때 받는 건 근로자의 정당한 권리다. 이는 삼척동자도 알만한 명백한 이치다. 그런데도 실상은 그런 상식과 전혀 다르게 돌아가고 있다. 21세기 대명천지에 악덕 기업주들이 버젓이 판을 치고 있다니, 보고도 믿어지지 않을 정도다.

이제는 국가가 적극적으로 나서야 한다. 정부와 정치권은 약자들이 핍박받는 후진적인 현실을 하루빨리 바로잡아야 한다. 특히 정치권은 반성해야 한다. 지난 21대 국회에서 관련 법안을 통과시킬 기회가 있었음에도, 그들은 무의미한 정쟁으로 시간을 허비하고 국민의 먹고사는 문제를 도외시했다. 그러고도 염치없이 선진 국회 운운할 수 있는가? 22대 국회는 더 이상 지체하지 말고 관련 법안을 통과시켜 선배들의 부끄러움을 씻어야 할 것이다.

〈2024년 6월 19일, 나병문〉

알리·테무 '해외직구'에
쩔쩔매는 한국

정부는 최근 안전성에 문제가 있는 해외직구 제품에 대하여 안전 인증이 없으면 직구를 금지하겠다던 방침을 철회했다. 관계부처는 5월 19일 '위해 품목의 해외직구를 사전적으로 전면 금지·차단한다'라는 방침은 사실이 아니라고 발표했다. 국가통합인증마크(KC 인증)를 받지 못한 제품 전부가 아니라 안전성 조사에서 위해성이 확인된 제품만 직구를 금지한다는 것이다.

앞서 정부는 '국민 안전을 해치는 해외직구 제품 원천 차단'이란 제목의 보도자료를 내고 "13세 이하의 어린이가 사용하는 어린이 제품 34개 품목은 철저한 안전관리를 위해 KC 인증이 없는 경우 해외직구를 금지한다"라고 밝혔었다. 하지만 소비자들의 즉각적인 반발에 부딪히자 한발 물러선 것이다. 한바탕 해프닝으로 끝나버린 이번 사태는, 그간 정부가 여러 차례 보여온 졸속 행정의 한 단면이라 할 수 있다.

소비자들이 거세게 반발하는 가장 큰 이유는, 정부의 발표가 소비자의 선택권을 과도하게 침해하는 내용을 담고 있기 때문이다. 국내에 없는 물건이나, 가성비 높은 제품을 사고 싶은 소비자의 기본적인 욕구를 무시한 지극히 행정 편의적 발상이라는 것이다. 급기야 규제를 반대하는 국민청원까지 등장했다. 한 청원인은 "국민을 그런 식으로 과보호한다면 이는 국민 자유의 본질을 훼손하는 것"이라고 주장했다.

정치권에서도 우려의 목소리가 나왔다. 한동훈 전 국민의힘 비상대책위원장은 자신의 페이스북에 "개인 해외직구 시 KC 인증 의무화 규제는 소비자의 선택권을 지나치게 제한하므로 재고되어야 한다"라고 밝혔고, 유승민 전 국민의힘 의원도 "KC 인증이 없는 80개 제품에 대해 해외직구를 금지하겠다는 정부 정책은 빈대 잡겠다고 초가삼간 태우는 격"이라며 "안전을 내세워 포괄적 일방적으로 해외직구를 금지하는 것은 무식한 정책"이라고 강하게 비판했다.

📉 정부의 어설픈 대처로 소비자 반발만

알리익스프레스, 테무 등 중국 직배송 업체들이 우리나라에 진출해 파격적인 저가 공세를 펼치면서, 국내 소상공인과 오픈마켓 플랫폼의 매출액이 급감하는 등 관련 산업에 위협이 되고 있음은 주지의 사실이다. 이에 대한 대비도 필요하다. 하지만 그렇다고 정부가 무리한 규제를 성급하게 들고나오는 건 어설프다. 소비 경제에 적지 않은 영향을 미칠 중대한 사안을 신중하게 접근하지 않고 주먹구구식으로 해치우려 든다면 동의할 국민이 얼마나 될지 의문이다.

업계의 한 관계자는 "KC 인증 의무화의 방향성에는 공감하지만, 그 대상을 전체 해외직구 물품으로 잡은 것은 다소 무리한 측면이 있어 보인다"라며 우려를 표했다. 이은희 인하대 소비자학과 교수도 "안전성 정보를 쉽게 확인할 수 없는 어린이들을 위해 유아용품은 꼼꼼하게 따져볼 필요가 있지만, KC 미인증이면 무조건 안 된다고 하는 건 국내 소비자의 합리적인 소비를 원천 차단하는 것"이라고 지적했다.

물론 정책 당국 나름의 고충이 있을 것이다. 규제가 필요한 이유 중 하나는 이른바 '정보의 비대칭성'이다. 일반 소비자는 구매하려는 제품이나, 제조사에 대한 정보가 충분치 못하다. 그런 상태에서 외국 기업의 선의에만 의존하게 되면 안전성 보장이 어렵다. 해외직구는 일반적인 수입과는 달리, 불량품 발생 시 반품이나 손해배상도 매우 힘들다. 판매국 기업에 대해 국내법을 적용할 수 없다는 점도 큰 걸림돌이다.

정부 고위 관계자는 "안전 미인증 제품 직구 금지는 해외직구를 통해 들어온 제품에서 유해 물질이 다량으로 검출되는 사례가 잇따르는 상황에서, 정부가 손을 놓고 있을 수 없어 긴급하게 대응하려 했던 것"이라며 "국민의 합리적인 소비를 위한 직구를 막으려던 것이 아니다"라고 밝혔다. 그의 주장에 일리가 있음을 인정하더라도, 이런 문제에 당사자인 소비자 의견이 충분히 반영되지 않은 졸속 대응은 비난받아 마땅하다.

관련법 정비 서둘러 국민 안심 시켜야

개인이 자유롭게 상품을 선택하고 구매하는 건 헌법에 명시된 국민의 기본적 권리다. 정부는 이번 조치의 근거로 소비자 보호를 내세웠지만, 이미 대세가 되어버린 해외직구를 손쉬운 규제를 통해 막아보려는 발상은 지나치게 순진하다. 이를 두고 '지나친 통제', '국민의 선택권 제한', '자유권 침해' 등의 비판이 쇄도하는 것만 보더라도 정부의 미숙한 대처에 대한 국민의 반발이 얼마나 큰지 짐작할 수 있다.

정부는 해외직구 제품으로부터 국민 안전을 강조하는 과정에서 정책의 오해가 생겼다고 해명했다. 그렇지만 정교한 해결책이 준비되지 않은 상태에서, 당장 '특단의 조치'가 필요한 것처럼 과장된 제스처를 보인 건 설익은 악수(惡手)였다. 정부는 강제로 해외직구를 막기 위한 법적 근거로 '국민 보건 등을 해칠 우려가 있는 물품의 통관을 보류할 수 있다'라는 관세법 237조를 내세웠다. 하지만 그 대상의 범위가 불분명하여 얼마든지 다르게 해석될 여지가 많다.

정부는 산업부와 환경부, 서울시 등 관계기관이 그동안 진행해 온 해외직구 제품에 대한 안전성 조사 결과 등을 바탕으로 위해성이 확인된 제품에 대해서만 반입을 제한한다고 입장을 정정했다. 그나마 다행이다. 하지만 그 정도에서 그쳐서는 안 된다. 이참에 온라인 분쟁 해결(ODR) 시스템의 도입, WTO 등 국제기구와의 협력 강화, 제품 인증전략 강화를 위한 법 정비는 물론, 국내 소비자 보호를 위한 KC 인증 적용 대상 조정 작업에 속도를 내야 한다.

　국민 의식은 선진국 수준으로 올라선 지 오래다. 그런데 정부 정책은 아직도 툭하면 규제를 들먹이는 단계에 머물러 있다. 물론 정부 입장에선 국내 소비자 보호가 급선무였을 것이다. 하지만 앞에서 언급했듯이, 아무리 국민을 위한 정책일지라도 그들의 선택권을 지나치게 제한하는 순간, 강력한 저항에 부딪힌다는 사실을 명심해야 한다. 정부도 이제는 선진국의 위상에 걸맞게 바뀌어야 한다.

〈2024년 6월 4일, 나병문〉

전쟁 즐기는 인류, 'AI의 배신' 막을까

세계는 지금 곳곳에서 전쟁 중이다. 러시아의 침공으로 촉발된 러·우 전쟁은 2년 넘게 끄는 중이고, 작년 10월에 터진 이스라엘과 하마스 간의 충돌도 쉽게 끝날 기미가 보이지 않는다. 그뿐이 아니다. 중국은 언제든 대만을 침공할 수 있다고 으름장을 놓으며 세계를 긴장시키고, 시도 때도 없이 미사일을 난사하는 북한까지 가세하면서 지구촌 전체가 온통 전쟁의 풍랑(風浪) 앞에 위태롭게 흔들리고 있다.

무질서와 공포의 기류(氣流)가 지구촌을 뒤덮고 있는 형국이다. 평화가 파괴되고 전쟁이 일상화된 세계라니, 생각만 해도 끔찍하다. 하기야 따지고 보면, 이런 현상이 새삼스러운 것도 아니다. 인간들은 오래전부터 서로 싸우며 살아왔다. 선사 시대 이후로 전쟁 없이 보낸 시기가 얼마나 있었던가? 오히려 평화로운 시기를 '예외적으로 전쟁 없었던 기간'이라고 보는 편이 맞을지도 모르겠다. 이렇듯 인류 역사는 곧 전쟁사(戰爭史)라고 해도 과언이 아니다.

하지만 전쟁은 가능한 한 피하는 게 좋다. 인류가 전쟁을 즐기고 그것을 통하여 기술적 진보를 이루어왔음을 인정한다 해도, 전화(戰禍)로 인한 희생이 너무 크기 때문이다. 그런데 최근 들어, 인류에게 새로운 경고장이 날아들었다. 지금까지의 전쟁이 인간들끼리의 놀음이었다면, 앞으로의 전쟁은 인간과 다른 종(種) 사이의 쟁투(爭鬪)가 될 수도 있다는 섬뜩한 내용이다. 더 놀라운 사실은, 인간과 싸울 상대가 외계인이 아니라 우리가 만든 기계라는 점이다.

그동안 인간의 지시에 충실하게 복무하던 인공지능이 자신을 만든 인류에게 반기(反旗)를 드는 날이 가까워진 느낌이다. 그것은 마치 인류가 조물주에 대한 절대복종을 거두고, 첨단과학기술을 앞세워 신의 권위에 겁 없이 도전하는 격이다. 물론 인간과 기계의 싸움이 당장 일어날 것 같지는 않다. 그렇지만 시간이 흐를수록 AI는 진화할 것이고, 기계가 인간의 역할을 대신하는 분야도 늘어날 것이다.

기계의 도전과 인간의 응전, 새로운 전쟁

인공지능이 인류의 잠재적인 위협으로 등장할 거라는 조짐은 사방에 널렸다. 최근 샘 올트먼 오픈AI 최고경영자가 한국을 찾아 삼성전자·SK하이닉스의 경영진과 회동했다. 이는 AI 소프트웨어 세력이 하드웨어까지 넘보는 '칩워(chip war)'의 상징적 이벤트다. 이에 대해, 낸드리서치의 스티브 맥도웰은 "올트먼의 행보는 AI 수직 계열화와 하드웨어 맞춤화를 위한 트렌드를 보여준다"라며 "새로운 반도체 경쟁 시대를 예고하는 것"이라고 평가했다.

다른 장면들도 있다. 세계 최대 IT 박람회인 CES(Consumer Electronics Show) 2024 개막을 앞두고 미국의 IT 관련 매체인 와이어드(Wired)는 "인공지능 쓰나미를 준비하라"라며 목소리를 높였다. 영국의 로이터(Reuters)통신도 '지금은 모든 면에서 AI의 시대'라고 단언한다. CES의 관계자들은 "인공지능이 모든 사물에 들어가는 시대가 왔다"라며 "AI가 적용되지 않으면 '신제품'이라는 말도 꺼내기 어려운 분위기"라고 밝혔다.

일론 머스크가 소유한 뇌신경과학 기업인 뉴럴링크(Neuralink)는 최근에 인간의 뇌에 칩을 이식하는 데 성공했다고 발표했다. 뉴럴링크는 '신경 레이스(neural lace)'라고 부르는 기술을 개발하는 회사다. 그곳에선 가까운 시일 내에, 생각을 전송(upload)하고 내려받는

(download) 기능을 갖춘 작은 전극을 뇌에 이식하는 것을 목표로 삼고 있다. 그와 유사한 'AI 기업'들이 우후죽순처럼 출현할 날도 멀지 않아 보인다.

가까운 시일 내에 인간처럼 생각할 수 있는 인공지능이 과연 출현할까? 전문가들의 견해에 따르면, 인공지능은 아직 인간과 같은 의식(意識)을 갖지 못했다고 한다. 그들에게 의식이 필요 없기 때문이란다. 하지만 그것만으로 안심하긴 이르다. 인간끼리의 전쟁에서도 AI의 비중이 높아질 것이며, 미래의 전쟁은 지금과 전혀 다른 양태가 될 것이기 때문이다. 바뀐 전장(戰場) 환경에서 승리하기 위한 국가 간의 경쟁도 갈수록 치열해질 것이다.

🔍 'AI의 배신'은 '인류의 종말'로

지금까진 인간이 기계와 생사를 걸고 맞서는 장면은 영화에서나 만날 수 있었다. 하지만 이젠 실제로 그런 일이 벌어질 가능성이 점점 커지고 있다. 인류가 어느 날 자신을 배신한 AI와 싸우는 날이 온다고 가정해보라. 생각만 해도 끔찍한 일이다. 한데 요즘 돌아가는 상황을 보면, 그 같은 우려가 머지않아 현실이 되고 말 것만 같다는 불길한 예감을 떨치기 어렵다.

고도의 지능을 가진 기계가 인간과 동등한 의식을 갖기를 원하고, 딥러닝을 통하여 그걸 심화하는 날이 온다면 어떤 일이 벌어질지 아무도 예측할 수 없다. 그러기에 공포가 더 커진다. 역사에서 보았듯이, 처음엔 극히 사소해 보이던 사건이 나중에 엄청난 재앙을 몰고 왔었다. 인류는 그때마다 막대한 대가를 치르고 힘겹게 극복했다. 지금의 인류 또한 저항하기 힘든 격랑에 휩쓸리는 희생양이 되지 않는다는 보장은 어디에도 없다.

인공지능이 인간에 대한 맹목적인 충성심을 버리고, 자신의 창조주를 압살하려 드는 시대가 생각보다 빨리 닥쳐올 수 있다. 그렇다고 그것이 오늘이나 내일 일어날 일은 아닐 것이다. 하지만 인류가 그런 가능성을 도외시한 채 경각심을 잃고 살아간다면, 언제라도 걷잡을 수 없는 사태가 몰아칠 수 있다. 그리되면 오랫동안 지구촌의 주인행세를 해왔던 인류와 그들이 쌓아 올린 문명이 송두리째 허망하게 무너져내릴 수 있다.

'AI의 배신'은 언제라도 현실화할 수 있으며, 그것에 어떻게 대처해야 할지를 고민하는 것이 우리의 과제다. 그렇다고 막연한 공포심에 질려 우왕좌왕하거나 지나친 규제 위주의 과민반응을 보이는 것만이 능사는 아니다. 변화의 본질을 제대로 이해하고 그에 걸맞은 대책을 준비하여 지능을 가진 기계를 적절히 통제할 수만 있다면, 인류가 쉽사리 멸종의 길로 빠지지는 않을 것이다. 장담컨대, 먼 훗날에도 AI는 우리의 충실한 조력자로 남아있을 것이다.

〈2024년 2월 7일, 나병문〉

노벨 문학상 다음은,
노벨 과학상

우리나라에서도 드디어 노벨 문학상 수상자가 나타났다. 전 세계 인들이 즐기고 있는 K-Culture가 한국 드라마와 케이팝(K-pop) 중심으로만 알려졌었는데 이제는 노벨 문학상 수상으로 인해 한국 문화의 우수함까지 세계에 알릴 수 있게 되었다.

노벨상은 1985년 스웨덴의 발명가이자 실업가인 알프레드 노벨이 자신의 재산을 헌납하며'인류를 위해 최대의 공헌을 한 사람들'에게 매년 수여하라는 유언을 남기면서 시작되었다. 그의 유언에 따라 노벨상은 노벨 물리학상, 화학상, 생리·의학상, 문학상, 평화상으로 총 5개 부문이 노벨상으로 정해졌다. 이후 스웨덴 국립중앙은행은 노벨상 제정 300주년을 기리기 위해 1968년 노벨경제학상을 제정하여 1969년부터 노벨상과 함께 수여하게 되었다. 우리나라는 2000년 김대중 대통령이 한국 및 동아시아의 민주주의와 인권 신장, 한반도의 평화와 화해를 증진한 공로를 입증받아 첫 노벨 평화상을 수상하였었다. 이후 24년 만에 한강 작가가 노벨 문학상을 수상하게 됨으로써 한국은 또 하나의 노벨상 수상자를 배출하게 되었다.

◎ 범용성 기술(General-purpose Technology)의 가능성

따라서 이제는 과학 분야에서도 이와 같은 글로벌 성취를 이루어야 할 때가 왔다. 우리나라가 선진국에 비해 기초 연구와 혁신적 발견의 축적 기간은 짧으나 글로벌 기술 패권 경쟁에서 중요한 원자력, 반도체와 같은 첨단기술을 보유하고 있다는 점에서 새로운 가능성은 이미 시작되었다. 더욱이 우리나라는 인공지능, 반도체 등 12대 국가 전략기술을 선정하여 과학기술 주권국가를 도모하는 것을 비전으로 삼고 있어 과학기술계의 새로운 도약을 도모하고 있다.

한편 올해의 노벨 물리학상과 화학상은 모두 인공지능(AI) 전문가가 수상했으며 노벨 화학상 수상자 중 일부는 구글 딥마인드의 최고 경영자(CEO)와 수석연구원이 수상하였다. 2014년 노벨물리학상 수상자인 일본의 나카무라 슈지 또한 청색 LED 소자 개발 후 상용화까지 이끈 공로로 수상하게 되었다. 이는 과학계의 혁신적 발견이 기초 연구에서만이 아닌 기초와 응용을 아우르는 과학분야로 이어지고 있음을 알 수 있다.

이번 노벨 물리학상과 화학상 모두 기초와 응용연구의 경계를 두지 않고 있다는 점에서 응용과 개발에 많은 투자를 하는 우리나라 또한 가능성을 놓을 수 없다.

◎ 노벨과학상 수상을 촉진하는 일본의 과학기술 자신감

현재까지 노벨상을 가장 많이 수상한 나라는 1위가 미국(411명), 2위가 영국(137명), 3위가 독일(115명)이다. 아시아 국가로서는 일본이 7위(29명)를 차지하고 있다. 일본은 노벨 과학상을 무려 25명이나 수상한 것으로 가까운 나라임에도 우리나라와는 다른 상황이다. 일본이 과학기술 분야에서 우수한 업적을 남길 수 있었던 이유는 지난해 한 일간지에 칼럼을 게재했던 강철구 일본학 교수의 글에서 찾을 수 있다. 그는 일본은 메이지유신(1868년) 이후 일본 과학계를 이끈 지도자들의 열정과 이를 실천한 관료들, 그리고 장인정신으로 무장한 연구자들로 인해 과학기술 수준에 대한 자신감이 높다고 하였다.

이러한 일본의 자신감은 지폐 발행에서도 엿볼 수 있다. 올해부터 새롭게 교체되는 일본의 1000엔권 지폐에는 첫 노벨과학상 후보자의 초상이 삽입되어 있다. 일본의 과학에 대한 위상을 보여주는 증거이다.

🔍 노벨 과학상을 향해 우리나라가 나아가야 할 길

우리나라가 노벨 과학상으로 나아가기 위한 방안은 여러번 논의되었다. 먼저, 가장 중요한 것은 안정적으로 연구를 수행할 수 있는 환경을 제공하는 것이다. 한강 작가는 한국인 최초로 노벨 문학상을 수상하면서도 유명해지고 싶지 않고 조용히 글을 쓰는 삶을 살기를 소망하였다. 이는 지속적으로 글쓰기에 집중하기 위해 외부 영향을 최소화하기 위함이 아닐까 한다.

따라서 과학 분야의 지속적인 연구를 위해 꾸준히 연구를 지속할 수 있도록 장기적인 관점에서 연구비와 인프라를 제공해야 한다.

두 번째는 이전부터 과학계에서 노력하고 있으나 잘 실현되지 않는 것으로 성과와 평가에 치우치지 않은 창의적이고 자율적인 연구 환경 조성이다. 노벨상을 받은 연구는 대개 기존의 틀을 깨는 혁신에서 비롯된 것이 많다. 이에 성과보다는 연구자들이 자유롭게 아이디어를 실현하고, 실패를 두려워하지 않는 연구 문화를 만들어야 한다. 과학적 발견은 예상치 못한 곳에서 비롯되기 때문에, 연구자들이 자율적으로 다양한 분야에 도전할 수 있는 환경을 구축하는 것이 중요하다.

마지막으로 노벨 과학상 수상자들은 대개 다국적 연구팀과 협력하거나 해외에서 연구 경험을 쌓은 경우가 많다. 최근 우리나라는 이민청을 설립하고 우수인재를 확보하기 위한 방안을 마련하고 있다. 이에 우리나라의 매력적인 연구 조건을 제시함으로써 세계적인 과학 인재를 유치하기 위한 시도를 해야 한다. 또한 이와 함께 국제 공동 연구 프로젝트를 활성화하고, 우리나라 과학자들이 해외에서 연구하며 다양한 관점을 배우고 돌아올 수 있는 기회도 확대해야 한다.

🔍 대한민국이 노벨과학상을 수상할 그 날을 기다리며

노벨 문학상 수상은 한국의 문화적 성취를 세계에 알리는 중요한 이정표이다. 이제 우리나라는 노벨 과학상 수상을 기다리고 있으나 모든 지 한걸음에 되는 것은 없다. 우리나라가 공적개발원조(ODA) 수혜국에서 원조국으로 전환되고 개발도상국에서 선진국 대열에 합류하기까지 시간이 걸린 것처럼 노벨과학상 수상에도 시간이 필요하다. 그러나 지속적으로 논의되고 있는 부족한 점을 보완한다면 노벨과학상 수상자를 배출하는 날이 멀지 않을 것이다.

우리나라의 과학기술계를 이끌어갈 주요 자리는 여전히 공석이다. 곧 경험 많고 실력있는 리더가 자리할 것이라 믿으며, 노벨과학상 수상자로 환호할 우리나라의 미래를 그려본다.

〈2024년 10월 18일, 백승희〉

엇갈리는 IT 인재들의
취업의 길

최근 대한민국 IT 기업들이 개발도상국의 저임금 소프트웨어 엔지니어를 고용하는 사례가 증가하고 있다.

소프트웨어 업종인 A기업은 최근 중소벤처기업부가 운영하는 벤처기업협회의 문을 두드렸다. 올해부터 인도 개발자 채용을 연계해주고 취업 시 비자제도와 체류 등을 지원해주기 때문이다. 중기부와 벤처기업협회는 올 초 인도 인재를 확보하기 위해 인도 뉴델리에서 국내 기업 채용행사를 진행하여 인도 소프트인재 200명 이상 채용을 목표로 잡았다.

대기업인 B기업은 베트남에 연구개발(R&D) 센터를 운영하고 있다. 우수한 개발자를 기업에 지속적으로 공급하기 위해서다. 스타트업인 C기업은 국내 인력을 줄이고 개발부분을 동남아시아 국가로 아웃소싱하고 있다.

증가하는 개발도상국의 IT 인재

기업들이 IT 인력을 찾기 위해 개발도상국을 찾는 이유는 글로벌 인재 활용을 통한 경쟁력 강화의 목적도 있지만 무엇보다 비용 절감이 가장 크다. 오픈 서베이의 자료에 의하면 한국 개발자의 평균 연봉은 5,700만원으로 개발자 상위 약 20%가 8천만원 이상의 연봉을 받고 있는 것으로 나타났다.

반면 세계 최대 규모의 직장 평가 사이트인 Glassdoor에서는 베트남 개발자의 평균 연봉이 840만~2,600만원 사이인 것으로 조사되 이들 국가들의 개발자를 구직 시 인건비를 절반 이상이나 절감할 수 있는 것으로 나타났다. 또한 시간대가 다른 국가의 인재를 고용할 시 기업은 24시간 연속 운영이 가능해져 프로젝트의 신속한 진행과 문제 해결 속도를 높일 수 있다는 장점이 있다.

이렇다 보니 기업들은 임금이 낮은 베트남이나 인도와 같은 국가의 엔지니어 인재를 선호하게 됨으로써 개발도상국으로 인재확보에 나서고 있다.

🔍 국내 우수 IT 인재들의 엑시트(EXIT KOREA) 코리아

한편, 국내의 우수 IT 인재들은 고액 연봉을 따라 구글, 마이크로소프트와 같은 글로벌 빅테크 기업으로 떠나고 있다. 글로벌 기업들은 우리나라의 우수한 IT 기술력과 경쟁력 있는 역량을 높이 평가하여 한국 출신의 인재들을 적극적으로 채용하고 있다.

미국, 독일, 캐나다 등 선진국들의 IT 기업들이 국내 기업보다 높은 연봉과 융통성 있는 근무 시간, 다양한 복지 혜택과 같은 혁신적인 근무 환경을 제공함에 따라 우리나라의 고경력, 우수 IT 인재들이 주저 없이 해외로 떠나고 있다. 더욱이 선진국에서의 근무 경험은 글로벌 경력 개발과 국제적인 네트워크를 구축하는 데에 큰 도움이 되어 젊은 엔지니어들 사이에서 이상적인 일자리로 여겨진다.

🔍 기술과 인재 유출로 핵심 원동력을 잃을 수 있는 상황

이처럼 우리나라의 고숙련 IT 인재들은 국내를 떠나고 성장할 수 있는 저숙련 신입 인재들은 저임금 해외인재들에 밀려 일자리를 잃을 수 있는 상황이다.

현재 우리나라의 IT 산업은 세계적인 경쟁력을 갖추고 있다. 대한민국 성장의 핵심 동력이 지속적인 기술혁신과 글로벌 시장 진출에 의한 것이라는 것은 의심의 여지가 없다. 이러한 과정에서 값싸고 우수한 해외 인재의 영입은 글로벌 시장 트렌드와 기술변화를 빠르게 따라잡기 위한 전략으로 글로벌 네트워크를 확장하고 최신 기술을 지속적으로 확보할 수 있다.

그러나 저가의 인재 영입은 댓가가 따른다. 개발에서 사업화까지 도맡아 해야 하며, 비용으로 존폐위기에 처해있는 벤처, 중소기업의 입장에서는 저임금 IT 인재 도입이 시급한 불을 꺼주는 단비일 수 있지만 주요한 사업 아이디어나 핵심 기술이 유출될 수 있는 위험 또한 공존한다. 또한 해외 인재가 차지하는 자리가 늘어남에 따라 국내 인재들이 기회를 잃을 가능성이 있다.

기업들이 대부분의 일들을 해외 저임금 인력으로 해결할 수 있게 된다면 국내 인재 육성에는 소홀해 질 수 있기 때문이다. 이러한 여파는 특히 신입 또는 경력 개발 단계에 있는 국내 인재들에게 미쳐 커리어 개발의 기회를 잃고 양질의 일자리를 갖지 못하게 할 수 있다.

결국 이러한 상황은 국내 IT 산업의 경쟁력을 약화시키고, 인재 부족 문제를 초래할 수 있다. 더욱이 가장 우려스러운 것은 기술 유출로 인한 핵심 역량 원동력 잃어버릴 수 있다는 점이다.

◎ 인재양성은 강화하고, 인재 영입은 걸러내야

이를 예방하기 위해 정부는 기업들에게 해외 인재와 국내 인재들의 균형 있는 영입을 할 수 있도록 권고할 필요가 있다. 또한 늘어나는 해외 인력 고용만큼 국내 인재 육성에도 지속적인 투자를 해야 한다. 국내 인재들에 한해 인턴십의 기회를 제공하도록 의무화하고 이를 통해 국내 인재들의 커리어를 발전시켜 취업할 수 있도록 유도해야 한다.

반면 반도체, 인공지능 등 첨단기술의 유출을 막기 위해 우려가 되는 국가 출신의 인재 영입이나 유학생 제한에 대한 검토도 진행되어야 한다. 이는 최근 네델란드 정부가 기술 유출 우려로 중국 유학생 제한을 하도록 교육 당국에 제안한 것과 일맥상통한다.

세계는 점점 경계가 사라지고 있다. 국경없는 고용시장에서 우리나라의 핵심 인재와 기술이 유출되지 않도록 각별한 주의가 필요하다.

〈2024년 7월 31일, 백승희〉

'농정4법'은 악법,
'농정장관'은 나쁜 사람

지난달 28일 양곡관리법 개정안이 야당 주도로 국회 본회의를 통과했다. 이 개정안은 쌀값이 기준 가격에서 폭락 또는 폭등할 경우 정부가 초과 생산량을 매입하도록 하는 내용이 골자이다.

양곡관리법은 지난 21대 국회에서도 본회의를 통과했으나 윤 대통령이 취임 후 첫 거부권 행사를 한 법안이다. 이번에도 '시장 왜곡'을 이유로 이 개정안에 반대해온 정부와 여당은 윤대통령에게 거부권 행사를 건의했다.

이미 송미령 농림축산식품부 장관은 양곡관리법 개정안을 비롯, 농수산물 유통 및 가격 안정에 관한 법률 개정안(농안법 개정안), 농어업재해보험법 개정안, 농어업재해대책법 개정안 등 등 4개 법률에 대해 '농업을 망치는 4법'이라고 대놓고 비판과 거부감을 드러내고 있던 상황이었다.

심지어 송 장관은 "4개 법안 모두 집행이 불가능하고, 농업의 미래를 없애는 법"이라며 "특히 재해법 2건은 그 자체가 재해 수준이다"라고 거칠게 주장하고 있다.

🔍 농민이 찬성하는 농정 4법을 반대하는 장관

특히 송 장관은 양곡법 개정안에 대해 "양곡법은 남는 쌀을 정부가 의무 매입해야 한다는 내용인데 남는 쌀 강제 매수법"이라고 규정하고 있다. "강제적으로 (정부가) 쌀을 매입하고 일정 액수를 보장하면 아무도 쌀 농사에서 벗어나지 않으려고 해 쌀 가격이 더욱 떨어질 것"이라는 논리다.

주요 농산물 최저 가격을 정부가 보장하도록 하는 농안법 개정안에 대해서도 송 장관의 입장은 단호하다. "특정 품목으로의 생산 쏠림 현상이 발생할 수 있는데 농산물 수급이 매우 불안해지고 물가가 폭등하는 악순환이 이어질 수 있다"고 우려한다.

재해대책법에 대해서는 "생산비, 응급복구비, 생계비를 전부 정부가 지원하면 농가가 배추 생육 관리를 열심히 할 유인이 없어져 오히려 열심히 생육 관리를 잘한 농민들이 손해를 보게 되는 것"이라고 지적했다.

농정의 구조를 잘 모르는 이들이 들으면 얼핏 그럴듯하게 들릴지 모른다. 그러나 농정 4법을 주도하는 야당, 농민단체, 시민사회단체 등의 의견은 송 장관의 입장과는 정확히 대척점에 서 있다.

이들은 "쌀은 한국 식량안보의 근간이며, 농업인구와 농지는 점점 감소 추세인 가운데 농민이 안정적으로 쌀농업에 종사하도록 해야 한다"면서 "의무매입은 정부의 임의매입보다 더 적기에 매입할 수 있는 시스템"이라며, 양곡관리법에 찬성하고 있다. 정부의 의무매입을 수확기에 실시해서, 쌀값이 폭락한 다음 뒷북 격리하지 않는 것이 효율적이라는 주장이다.

전국쌀생산자협회는 "쌀 생산비는 200평당 66만원 수준으로, 자가노동비를 제외하고도 쌀 판매 수익에 못미친다"면서 "현 정부가 초과생산량을 시장격리하고 가격 하락을 막지 못 했으며, 단경기 수급조절은 잠시의 쌀값 폭락은 막을 수 있을지 몰라도 지속 상승하는 생산비를 감당할 수 있는 적정 가격으로 회복시킬수는 없다"는 의견이다.

민주당은 "쌀 재배면적을 연도별로 관리하고 관련 시책을 수립, 추진하고 논 타작물 재배, 전략작물 재배 등을 정부가 하도록 하는 게 양곡관리법의 기본"이라면서 "시장격리 의무화 규정은 그럼에도 쌀이 과잉 생산될 경우에 한해 적용되는 안전장치"라고 설명하고 있다.

따라서 양곡관리법은 "농민에게는 적정한 쌀 가격을 보장하는 법이고, 국민과 정부에게는 시장격리에 드는 재정 부담을 줄이는 법" 이라는 주장이다.

◎ 농민이 농사를 못 지으면, 모두 굶어야 한다

농식품부장관 등 반대하는 측의 입장과 논리는 법안의 국회 통과 이후에도 여전히 집요하다. 야당 등 찬성하는 진영과 평행선을 내달리고 있을 뿐 타협의 여지는 없어보인다. 특히 농식품부는 관변 연구소인 한국농촌경제연구원을 앞세워 '쌀 시장격리 의무화의 영향 분석' 보고서를 통해 반대논리를 설파하고 있다.

야당의 개정안대로 쌀 시장격리 의무화가 이뤄질 경우, 지난해 385만 7000t인 연간 쌀 생산량이 2024년 384만 2000t, 2026년 385만 9000t, 2028년 386만 1000t, 2030년 386만t으로 늘어날 것으로 관측했다. 또한 쌀 시장격리 조치가 의무화될 경우 2022년부터 2030년까지 연평균 1조 443억원의 예산이 소요될 것으로 예상했다.

심지어 해외의 유사한 실패 사례까지 거론하며 반대에 총력전을 펼치고 있다. 유럽은 1962년에 '유럽 공동 농업 정책(Common Agricultural Policy, CAP)'을 마련, 버터, 쇠고기 등의 최저 가격을 보장했으나 생산 과잉, 가격 추가 하락, 농가소득 감소라는 악순환으로 이어졌다는 것이다.

또한 일본은 1960~70년대에 일부 농가를 상대로 대부분의 비용을 부담해 과잉 물량을 매입한 사례가 있었으나 당시 과잉은 해소되지 않고 막대한 재고 관리비용이 소모되었고 많게는 한 해 소비량의 60% 이상이 재고로 쌓였다는 것이다.

반대 논리로 해외 사례를 제시함으로써, 정부가 의무적으로 매입한다면, 수요가 없어도 일단 생산해 정부가 사 주면 '정부의 과잉생산분 매입→ 이듬해 벼 초과생산→ 쌀값 폭락'의 악순환이 이어진다는 우려를 내비치는 것이다.

결국 양곡관리법 등 농정 4법에 대해서는 여전히 찬반 논리가 난무하고 합의점을 찾기 어려운 난감하고 막막한 상황이 이어지고 있다. 이럴 경우에는, 피해 당사자이자 식량주권의 보루인 농민의 의견을 최우선적으로 경청하는 게 상책일 듯 싶다.

"양곡 수매로 쌀값을 안정화시켜 농민들이 안정적으로 농사를 지을 수 있도록 해야 한다."

여기에 한마디 덧붙인다.

"농민들이 농사를 짓지 못하면, 국민들은 모두 굶어야 한다."

〈2024년 12월 5일, 정기석〉

쌀은 누가 먹고,
소는 누가 키우나

쌀과 소는 농민이 키우지만, 쌀도 도시민이 주로 사서 먹고, 소도 도시민이 즐겨 먹는다. 농민이 쌀과 소를 키우지 않으면, 도시민은 쌀과 소를 사 먹을 수 없다. 심하면 굶을 수도 있다.

그런데 대다수 도시민들은, 많은 국민들은 농민이 쌀과 소를 키운다는 사실을 잊고 산다. 쌀과 소를 먹을 수 있도록 애쓰는 고마움과 소중함을 잘 모르고 산다. 다들 오직 먹고 사는 일에 매달리느라 농사의 이치, 농민의 삶을 생각해볼 겨를이 없는 것이다.

그냥 그렇게 살아도 쌀과 소를 먹고 사는 데는 전혀 불편과 지장이 전혀 없기 때문이다. 쌀을 키우는 농민, 소를 키우는 농민의 수고를 미처 깨닫지 못해도 별 문제가 없기 때문이다. 쌀과 소가 어떻게 키워져서 내 밥상에 오르는지 구태여 알 필요를 못 느끼기 때문이다.

도시민들은 그저 회사와 공장에 나가 일해 월급만 받으면 된다. 통장과 지갑에 돈만 있으면, 신용카드에 한도만 남아있으면 마트에 산더미처럼 쌓여놓은 쌀과 소를 얼마든지, 언제든지 사서 먹을 수 있기 때문이다.

🔍 키우는 농민 따로, 먹는 도시민 따로

올해도 국회 농해수위 야당 의원들은 공동기자회견을 가졌다. 농민단체들은 일제히 농정당국 성토에 나섰다. 이즈음이면 어김없이 벌어지는 연례행사와 같은 풍경이다.

지난 10일, 농해수위 야당 의원들이 모여 윤석열 정부 민당정 쌀 및 한우 수급안정 대책 발표에 대한 우리의 입장을 발표했다. "쌀값 정상화 및 한우 농가 경영안정 위한 특단의 대책을 수립하라"며 정부의 무성의와 무책임을 규탄했다.

정부와 여당의 민당정 협의회에서 발표한 쌀 및 한우 수급안정대책에 대해, 쌀값 하락과 한우 경영 불안정으로 타들어가는 농심(農心)에도 불구하고 여전히 미흡하다는 것이다.

우선 이번 쌀 수확기 수급안정대책은 23년산 쌀 수급정책 실패로 인한 쌀값 하락 사태를 답습할 가능성이 높다고 지적했다.

정부는 쌀 초과생산량 만큼만 시장에서 격리하기로 했고, 9월에 밥쌀 재배면적 2만ha를 사료용으로 처분, 10월초 사전격리 이외 초과생산량이 발생하면 시장격리, 11월 중순 이후 시장 상황을 고려하여 필요시 추가 대책을 추진하겠다고 발표했다.

하지만 이는 초과생산량 이상을 격리하고도 쌀값 하락을 막지 못한 23년산 쌀 수급정책 실패이 반복에 다름 아니라는 것이다. 23년산의 경우 초과생산량을 9.5만톤으로 예측했으나 그 이상으로 격리했음에도 쌀값 하락을 막지 못했다.

따라서 이는 생산량 및 소비량 추정에 문제가 있음을 의미하고 정부도 이를 개선하겠다고 하는 만큼 24년도산 시장격리 물량을 초과생산량 이상으로 정해야 한다고 주장하고 나섰다.

아울러 시장격리 시점을 놓친 늑장대처와 의도적 찔끔 대책 및 꼼수 대책인 23년산 쌀 수급정책을 그대로 답습하는 것이라는 우려도 표명했다.

농식품부는 지난해 수확기인 11월 시장격리를 발표했으나 올 1월부터 4차례에 걸쳐 5만톤씩 매입하는 늑장대처로 격리 시점(타이밍)을 놓쳤다. 지난해 11월 이후 쌀값이 10개월째 계속 떨어지고 있음에도 일시에 20만톤을 격리한 것이 아니라 5만톤씩 나눠서 격리한 것이 문제라는 것이다.

정부 대책은, 과감하고 신속하게, 근본적으로

정부의 과감하고 신속한 정책 발표와 이행만이 쌀 수급 및 가격안정을 이룰 수 있다. 따라서 정부는 24년산 쌀은 최소한 20만원 이상(+물가인상률) 연중 유지하겠다는 명확한 정책 목표를 제시하고 초과생산량 이상을 과감하고 신속하게 시장에서 격리해야 한다.

야당은 지난해 양곡관리법 대통령 거부권 이후 23년산에 대해 정부가 20만원 이상 보장을 약속한만큼 올해도 24년산 쌀에 대해 20만원 이상의 적정가격 유지를 반드시 약속해야 한다고 촉구하고 있다.

나아가, 정부는 더이상 쌀값 하락을 통한 강제구조조정으로 타작물 전환을 이루겠다는 구시대적 정책을 폐기할 필요가 있다. 근본적인 대책을 위해 적정 수준의 쌀값 유지와 타작물 지원 확대를 통한 지속가능한 구조개선으로 식량자급 확대를 추진해야 한다.

쌀만큼 한우 수급 안정대책도 실효성이 의심된다. 농협과 자조금에 수급대책을 떠넘기는 기존 대책에서 크게 다를 것이 없기 때문이다. 정부는 한우협회의 암소 시장격리 2만두 요구에 대해 예산 부족을 이유로 1만 마리 감축으로 축소하고 이마저도 농축협에 떠넘겼다.

심지어 정부는 여당 의원이 대표발의한 축산법 개정안에 한우농가가 요구하는 한우법 개정의 취지가 반영된 것처럼 주장하지만 이는 사실을 호도하고 있는 것이라는 지적이 많다.

결국 윤석열 정부가 발표한 대책은 멀어지는 민생을 붙잡기는커녕, 분노한 농심(農心)을 더욱 실망시키는 미봉책에 불과한 수준이라는 평가다.

정부가 대책을 발표하자, 농민단체들은 일제 성명과 논평을 냈다. 수확기 쌀값 정상화를 위해 정부·여당이 적극적으로 대응해 줄 것을 촉구했다. 또다시 늑장대처하거나 찔끔대책, 꼼수대책으로 농심을 외면한다면 거센 저항에 직면할 수도 있음을 엄중히 경고하고 나섰다.

쌀은 농민이 키우고 소도 농민이 키운다는 분명한 진실을, 농민이 쌀과 소를 키우지 않으면, 우리 국민들은 아무도 쌀과 소를 먹지 못한다는 틀림없는 사실을, 정부와 국민들에게 새삼 확인시켰다.

〈2024년 9월 2일, 정기석〉

아직도,
제조업은 영원할까?

"제조업은 영원하다." 1991년에 출간돼 경제인, 기업인들에게 많이 읽힌 책의 제목이다. 일본 미쓰비시 종합경제연구소장이었던 저자 마키노 노보루는 '제조업주의자'라 할 수 있다. 제조업의 중요성과 가치를 확신하고 제조업의 전망에 대한 통찰력과 혜안이 투철한 사람으로 보인다.

그는 제조업 비중이 국내총생산(GDP) 대비20% 이하로 떨어지면 국가경쟁력도 떨어진다고 역설했다. 경제와 산업에서 '물건을 만든다(제조·製造)'는 기본이 가장 중요하다고 주장했다. 그래야 정보기술(IT) 혁명, 서비스업 진흥도 가능하다는 그럴듯한 논리였다.

일본 뿐 아니라 한국 경제에서도 제조업은 마찬가지였다. 한국은 GDP대비 제조업 비중이 27.8%(2019년 기준)로서 독일 21.6%, 일본 20.8%보다 높다. 제조업이 경제발전을 견인했고 제조업으로 경제위기를 극복했다.

다만. 마키노 노보루는 제조업은 본업으로 지키되, 본업을 자꾸 혁신(Innovation)해서 신산업을 일으켜야 한다는 당부를 잊지 않았다. 혁신을 해야 비로소 제조업이 영원할 수 있다는 뜻으로 읽힌다.

오늘, 한국의 제조업은 안녕한가?

최근 나이스신용평가는 '주요 이슈산업 12개월 전망 및 산업점검

종합' 자료를 통해, 주요 수출산업과 내수산업의 향후 12개월 업황 전망을 점검했다. 반도체, 자동차, 조선, 정유, 석유화학, 철강, 2차전지, 전력기기 산업 등의 수출산업과, 건설, 소매유통, 항공운송산업 등 내수산업 등 11개 산업분야의 가까운 미래를 살폈다.

일단, 국내경제는 2024년 1분기 내수 부진에도, 반도체, 자동차 등 주요 산업 수출 호조에 힘입어 개선되는 모습을 보였다고 평가했다. 아직 부족하지만, 전분기 대비 1.3%, 전년 동기간 대비 3.4% 성장했다.

대미 수출의존도가 높은 산업과 대중 수출의존도가 높거나 중국 수급영향이 큰 산업 간에는 실적차별화가 나타났다. 자동차, 전력기기 등 선진국 향 수출비중이 높은 산업은 양호한 실적을, 중국향 수출의존도가 높은 석유화학산업과, 중국 내수부진에 따른 수출 확대로 수급부담이 확대된 철강 등의 산업에서는 부진한 실적이 이어졌다.

주요 내수산업은 가계부채 증가와 고금리에 따라 소비여력이 위축되는 부정적 영향을 받았다. 특히 건설업은 고물가 및 고금리에 따른 사업성 저하, PF조달여건 악화로 인한 사업지연 등의 요인과 고분양가 부담에 따른 수요위축으로 인해 업황 침체에 빠져있다.

소매유통업은 전반적인 수요부진과 함께 국내외 이커머스 기업의 영향력 확대 등으로 고전하고 저조했다. 반면, 해외여행 정상화로 항공산업은 국제여객 수요가 코로나 이전 수준까지 회복되었다.

이처럼 각 산업별로 12개월의 전망을 살펴보면, 유리한 업황의 유지 및 개선이 예상되는 산업은 2차전지, 자동차, 전력기기, 조선, 항공운송, 정유로 나타났다. 2차전지는 광물가격 안정화와 생산량 증가에 따른 세제혜택 확대로 수익성이 개선되고, 자동차는 판매량 증가율 둔화에도 우수한 판매실적 유지한다는 것이다. 전력기기는 국내외 전력기기 수요 호조에 따른 수주 및 실적 개선세가 이어지고, 조선은 저선가 물량 해소에 따라 실적이 개선되며, 항공운송은 여객 수요 확대와 항공기 공급 지연에 따라 영업환경이 우호적으로 바뀌고, 정유는 안정적 수요기반과 낮은 재고수준, 제한된 정제설비 투자로 수급상황이 호전된다는 전망이다.

⚲ 내일, 한국의 제조업은 영원할까?

불리한 업황의 유지 및 저하가 예상되는 산업은 소매유통, 철강, 석유화학, 건설이며, 개선이 예상되는 산업은 반도체를 꼽는다. 철강은 중국 경기 둔화 및 공급증가에 따른 국내기업의 상대적 경쟁력이 약화되고, 건설은 고금리 지속에 따른 PF우발채무 부담 확대 및 분양경기 둔화를 피할 수 없으며, 소매유통은 소비여력 저하에 따른 내수 소비가 부진하고, 반도체는 메모리가격 반등 및 고부가가치 D램 수요가 확대된다는 근거를 제시한다.

제조업 부문을 따로 살펴보면, 조선업은 저선가 물량 해소에 따라 실적 개선이 예상되나, 건조 인력의 양적·질적 저하에 따른 공정 지연 리스크 상존한다. 자동차는, 이연수요 해소에 따른 공급자 우위의 시장기조 약화에도 불구하고, 우수한 영업실적이 지속된다.

전력기기는, 미국의 전력망 투자 확대로 수주 및 수익성 개선세이나, 통상 및 인프라 정책 변화에 따른 리스크가 상존한다. 2차전지는, 판가 하락과 가동률 저하로 상반기 실적부진이 예견된 가운데 신규 진입 확대와 성장 둔화로 경쟁 심화가 우려된다.

메모리반도체는, 침체기를 벗어나고 있으나 본격적인 반등을 위한 전통 IT 분야의 수요 회복이 필요하다. 철강은, 국내외 경기 둔화, 수입재 공급 부담 증가 및 원가 부담 확대에 따른 부정적인 업황이 지속된다. 석유화학은, 기존 사업 수익성 회복 지연, 신사업 투자로 재무 부담이 가중된다. 정유는, 양호한 수익성이 전망되나, 비정유 부문 저조한 투자 성과는 부담요인이다.

제조업 이외 부문에서 항공운송은, 여객 수요 확대와 항공기 공급 지연으로 견조한 실적이 유지될 전망이다. 소매유통은, 민간소비 위축 및 경쟁심화 기조 하에서 부진한 업황이 지속된다. 건설은, 높은 운전자금 부담, PF 우발채무 현실화로 현금유동성 감소 추세가 지속된다.

불과 12개월치의 도상전망 자료를 놓고 한국의 산업과 제조업의 미래를 예단하는 건 불확실하고 위험한 행동이다. 그저 참고할 따름이다. 다만, 이것만은 확실히 전망하고 판단할 수 있다. 「제조업은 영원하다」 저자의 당부처럼 혁신(Innovation)을 하지 않으면 제조업도, 산업도, 기업도, 영원할 수 없다는 사실.

〈2024년 6월 3일, 정기석〉

농촌에 버려야
'돈'이 되는 '쓰레기'

국가 전반적으로 불황이 길고 깊어지는 가운데 국내 폐기물산업은 활황이다. 성장성, 높은 진입장벽, 고단가 등의 강점으로 시장은 날로 확장되고 있다. 마침내 SK(에코플랜트), 태영(에코비트), IS동서 등 Big3의 3파전 활극이 펼쳐지는 양상이다.

폐기물산업이 현재 상황에 이르기까지 단연 대기업과 PE(사모펀드)가 그 중심에 서 있다. 2018년까지는 JP모건, IMM인베스트먼트, Keppel Infrastructure, PE맥쿼리 국제적 PE들이 지분 차익을 목적으로 국내 폐기물업체 인수전에 대거 참전했다. 2019년 이후에는 동부건설, 태영건설 등 대형 건설사들이 경기 노출도가 높은 건설사업의 변동성을 줄이기 위해 폐기물사업에 다투어 뛰어들었다.

특히, 폐기물 산업의 속성 상, 높은 진입장벽으로 폐기물사업의 신규 진입이 사실상 불가능하다. 따라서 상위권업체들을 중심으로 M&A를 위한 투자/자금 수요가 점차 확대될 것이다. 점유율을 확대를 위해서는 기존 가동업체를 인수할 수밖에 없기 때문이다.

나아가, 시장규모는 물론 폐기물산업의 사업영역도 확장되는 추세이다. 전기차 보급이 따라 성장한 폐배터리 시장을 중심으로 Downstream(소각·매립)에서 Upstream(재활용)으로 확장되고 있다.

이처럼 국내 폐기물산업은 산업의 수명주기에서 성숙기에 위치한 것으로 판단된다. 국내 폐기물 산업 Big3 등 상위권 업체들은 수처리로 전반적인 사업 안정성을 더하고, 소각처리와 매립처리 부문에서의 점유율 확대를 위해 고부가가치 재활용을 위한 투자에 박차를 가하고 있다.

🔍 수집위치와 처리장이 가까울수록 돈을 더 버는

그런데, 폐기물산업의 성패는 수집위치와 처리장의 거리와 밀접하게 좌우된다. 수집위치가 처리장과 멀어질수록 처리단가는, 처리비용은 더 올라가기 때문이다. 따라서 애초에 폐기물 발생량이 많은 지역에 처리시설을 보유할 수 있다면 보다 안정적인 거래기반과 수익성을 확보할 수 있다.

일반적으로 사업장폐기물의 약 70%는 건설폐기물과 산업단지폐기물에서 발생한다. 따라서 폐기물이 많이 발생하는 건설현장과 산업단지 인근 폐기물 처리시설을 보유하고 있다면 폐기물사업자로서는 입지적 강점이 더 생기는 셈이다.

2022년 지역별 폐기물 발생 비중을 살펴보면, 경기지역이 전체 폐기물 발생의 21.9%로 가장 높다. 그리고 충남 10.5%, 경북 10.4%, 전남 9.8%, 서울 8.5% 순으로 높은 비중을 차지하고 있다.

폐기물산업 상위업체들의 지역별 처리시설 보유 현황을 살보면, '양대 라이벌' 에코비트(태영)는 충북과 경북지역에서, SK에코플랜트는 충남과 충북지역에서 처리시설을 다수 확보하고 있다. 상대적으로 사세가 뒤지는 '넘버3' IS동서의 경우, 특별히 편중된 지역이 나타나고 있지 않다.

폐기물산업의 사회적 문제는 바로 이 지점에서 발생한다. 수집위치와 처리장이 가까울수록 돈이 더 된다는 점, 폐기물이 많이 발생하는 산업단지 인근 폐기물 처리시설을 보유하고 있다면 입지적 강점이 더 생긴다는 점. 폐기물업체들이 폐기물이 많이 발생하는 충남, 경북 등 지방의 농촌지역에 처리시설을 많이 보유하고 있는 이유이다.

◎ 돈은 업체가 벌고 피해는 농어촌지역이 입고

그래서, 폐기물업체들이 동시다발적으로 산업폐기물 사업을 추진하고 있는 전국 농어촌지역마다 규탄과 반대행동이 본격화되고 있다. 전국 각지에서 산업폐기물 처리시설 관련 주민대책위와 시민·환경단체들이 나서서 업체들과 싸우고 있다.

그들의 목소리는 한결같이 합리적이고 단순명쾌하다. "이익은 업체가 벌고 피해는 농어촌지역이 입고 사후관리는 국민세금으로 하는 부정의한 시스템을 바꿔달라"는 것. 지난 총선 직전에는 환경운동연합과 공익법률센터 농본이 주도, 각 정당에 산업폐기물처리의 공공성 확보, 발생지 책임 원칙 확립, 주민감시 보장과 실태조사, 환경영향평가제도 개선, 정책전환을 위한 국회 주관의 정·민·관 합동 TF 구성 등 5개 정책 질의 및 요구서를 전달하기도 했다.

'산업폐기물 처리의 공공성 확보'는, 생활폐기물은 지방자치단체가 책임지고 있는 것처럼 산업폐기물도 민간업체에 맡기지 말고 국가 또는 광역지방자치단체가 책임지고 관리하는 역할분담이 필요하다는 요구이다.

'발생지 책임원칙 확립'은, 자기 지역에서 발생한 산업폐기물은 자기 지역에서 처리하도록 하는 발생지 처리 원칙을 확립해야 한다는 요구이다.

물론 정치권의 대답은 실망스러운 수준이다. 이른바 보수진영인 국민의 힘, 개혁신당, 새로운 미래는 무응답, 중도보수인 민주당은

5개 중 2개 찬성, 3개 보류, 진보진영으로 나뉘는 조국혁신당은 4개 찬성, 1개 보류, 녹색정의당, 노동당, 진보당, 새진보연합은 5개 모두 찬성으로 나타났다.

 이에 이들 시민·환경단체는, 산업폐기물사업의 피해는 국민과 주민들이 볼 수밖에 없는 것이 현재 산업폐기물 처리 정책의 현주소라며, 산업폐기물 처리업체들의 폐해를 막기 위해서는 허점이 많은 환경영향평가 제도를 손 보고, 발생지 책임 원칙을 무시하고 규제가 느슨한 농어촌 지역에 시설을 집중하는 문제를 해결해야 한다고 지적한다.

 지금 우리 농어촌지역을 지키려고 대기업과 국제적 사모펀드와 열심히 싸우고 있는 시민·환경단체들은, 예산군 조곡그린컴플렉스 반대대책위원회, 사천시 대진산단 산업폐기물처리장 반대대책위원회, 강릉·양양 지정폐기물매립장 반대대책위원회, 연천군 산업폐기물매립장 반대연대회의, 천안시 성남면, 수신면, 동면 지정폐기물매립장 반대대책위원회, 평택 청북폐기물소각장 반대대책위원회, 곡성 겸면토석채취장 폐기물처리장반대주민대책위, 전남 벌교 지정폐기물매립장 반대대책위, 산업의료폐기물문제해결을 위한 경북공동대책위원회, SRF발전소 및 소각장대책전국연대, 영주납폐기물제련공장 반대대책위, 중앙환경운동연합, 전북환경운동연합, 대구환경운동연합, 충남환경운동연합, 청주·충북환경운동연합, 공익법률센터 농본, 내성천보존회, 평택시민환경연대 등이다.

〈2024년 4월 19일, 정기석〉

'대파 한 단'의
합리적 가격은

'대파 한 단'의 여파가 좀처럼 가시지 않고 있다. 가히 총선 판을 뒤흔드는 지경이다. 국민들이 채소 하나에, 농산물 가격 하나에 이토록 관심이 쏟은 적이 있나 싶을 정도이다. 채소가 그냥 채소로 보이지 않고, 농산물이 그저 농산물에 그치지 않고, 총선의 승패를 좌우하는 정치 한복판을 차지하고 있다.

아닌 게 아니라, 대파뿐 아니라 농산물 가격 급등 추세는 심상치 않다. 정부에서 발표하는 통계를 인용해 봐도, 과실, 채소, 곡물의 물가 상승률이 전년 동월 대비 각각 40.6%, 12.2%, 7.9%에 달한다. 가령, 2020년의 물가지수가 100이라면 2024년 2월 품목별 물가지수는 과실 162.9, 채소 132.0 수준에 이른다.

관련 전문가들은 기후위기로 인한 생산기반 붕괴, 유통구조 왜곡 등 다양한 입장에서, 다각적인 추론 및 분석으로 농산물 가격 폭등 이유를 설명하려 든다. 가령, 지난달, 네이처의 지구·환경과학 전문 저널은 '인플레이션 압력을 상승시키는 지구 온난화와 폭염'이라는 연구보고에서, 평균기온 상승으로 인한 2035년 물가가 식량분야는 최대 3.2%p, 전체 물가는 1.18%p까지 상승할 수 있다고 예측했다.

심지어 국민농업포럼이라는 농업운동단체에서는, 이번 대파 파동을 '기후위기발 인플레이션의 시작'으로 규정, 기후위기가 이상기후뿐 아니라 농수산물 생산량의 변화, 물가 등에도 영향을 주기 시작했다고 단언하기도 한다.

어쨌든, 이유 여하를 불문하고 '대파 한 단 875원' 파동으로 촉발된 작금의 농산물 가격 폭등국면은 이전에는 유사한 전례를 찾아볼 수 없을 정도로 드문 현상이고 예상치 못한 상황임은 틀림없는 사실이다.

농정을 합리적으로 전환해야, 대파 가격도 합리적으로

이번 '대파 한 단 파동' 등 과일, 채소 가격에 놀란 정부는 1500억 원의 자금을 풀어 납품업체 단가 지원(755억 원), 농수산물 할인쿠폰 지원(450억 원), 과일 직수입(100억 원), 축산물 할인(195억 원) 등에 투입하고 있다.

물론 근본적인 처방이 될 수는 없다. 눈앞에 다가온 총선에 맞춰 생산자의 농심과 소비자의 민심을 의식하는 응급처방이자 대증요법 수준의 내과적 처방에 불과할 뿐이다. 단지 발등에 붙은 급한 불을 허겁지겁 끄는 반짝 할인 효과 밖에 없을 것이다.

근본적인 대책은 당연히 비합리적이고 비효율적인 농정의 대수술을 위한 외과적 처방이라야 한다. 기후위기에 대응을 비롯해 초국적 글로벌 5대 곡물메이저가 지배하는 세계농정 질서에 대비한 농정패러다임의 대전환이 필요한 시점이다.

더불어민주당은 이번 총선의 농정공약을 발표하는 자리에서, 농산물 수입 확대를 골자로 한 정부 대책이 소비자 피부에 닿지 않을 뿐 아니라 국내 농업 생산을 위축시켜 장기적으로 농산물 가격이 더욱 불안정해지는 악순환을 초래할 것이라고 지적했다.

이에 따라 농산물 '적정 가격안정대' 유지를 통한 서민경제 보호, 농산물 계약재배 확대 등 통한 국내 공급망 확보, 농축산업을 식량안보와 탄소중립을 선도하는 전략산업으로 육성, 국민 모두에게 건강하고 안전한 먹거리 보장 등을 골자로 한 농정 공약을 발표했다.

특히 농산물 가격대책 관련해서는, 농산물 가격이 '적정가격'보다 오르면 소비자에게 할인쿠폰을 지원하고 취약계층엔 먹거리 바우처를 제공하는 '기후물가 쿠폰제'를 도입하겠다고 했다. 반대로 적정가격보다 떨어지면 차액을 농가에 지원하는 '농가손실 보전제도' 도입도 약속했다. '적정 가격안정대'를 정하고 정책수단 발동을 매뉴얼화해 가격 급등락에 대응해 정부가 자동 개입하는 체계를 만들어 생산자와 소비자 모두를 보호한다는 취지이다.

또 품목별 계약재배를 50% 이상으로 대폭 확대해 안정적 국내 생산기반을 구축, 계약재배 이행과정에서 시장가격 상승 등으로 농가손실이 우려된다면 이를 보전하는 '계약재배 이행지원제도'를 도입한다. 아울러 먹거리 수매 비축을 확대하고 의무자조금 조직을 품목별 대표조직으로 육성하는 한편 이들 조직에 품목별 수입 쿼터 운영권을 단계적으로 부여하려는 계획이다.

이렇게 민주당은 국민의 먹거리문제 해결을 위해서 수요·공급 변화를 살피고 구조적 문제를 해결해 수급 안정을 도모해야 한다는 인식을 가지고 "서민 장바구니 비상이 지속하지 않도록 농산물 가격 안정과 국민 먹거리 보장에 최선을 다하겠다는 다짐을 하고 있다. 물론 아직은 선거용 공약일 뿐이다.

🔍 농부를 먼저 대접하면, 대파 가격은 합리적으로

기후위기와 농정에 정치와 정책의 비중을 상대적으로 많이 두고 있는 녹색정의당은 "농어업은 국민 경제와 건강의 핵심"이라며 역시 기후위기와 농업재해에 방점을 둔 총선 농정공약을 발표했다. 기존 공익직불제의 '기후생태직불금' 중심 개편, 공공영역 공급 확대로 판로 확보, 농업재해보험의 '농어업재해보상제도' 확대 등이 주요 공약이다.

특히, 진보적인 정당에 걸맞게 전국 모든 농어민에게 월 30만 원의 기본소득 보장, 농민과 소비자가 적절한 가격으로 농산물을 사고파는 '직거래 공공도매시장' 수도권 설치 등의 구상을 밝혔다.

아울러 현재 3.7%(농업 2.7%, 어업 1%) 수준인 농어업 예산을 6%(농업 4.5%, 어업 1.5%)까지 높이고 기후 대응과 여성농의 중요성을 반영해 농림축산식품부에 기후생태정책실과 여성농민정책관을 신설하겠다는 차별화된 공약도 개발했다. 물론 소수 정당의 선거용 공약 수준일 뿐이다.

국민의 2% 남짓 되는 독일의 농부들은 아무나 될 수 없고, 함부로 농사를 지을 수 없다고 한다. 독일 정부와 국민들은 국민의 먹거리, 생명을 책임지는 성직 같은 공익노동을 아무에게나 맡겨서는 안 된다고 생각한다는 것이다. 생산자인 농부들은 소비자인 국민의 세금으로 직불금 등 사회적 지지와 경제적 지원을 받으며 당당하고 자랑스러운 농부의 삶을 살아간다고 한다. '돈 버는 농업'이 아닌 '사람 사는 농촌'을 위한 '농부의 나라'를 지킨다는 책임감과 소명의식을 잊지 않는다고 한다.

우선, 독일의 농부처럼 정부와 국민들이 우리 농민을 대접하는 게 꼬이고 비틀린 농정을 푸는 첫 단추이다. 그러면, 우리도 어느 시장이나 가게에서든 농산물의 공정한 유통과 활발한 거래가 이루어질 수 있을 것이다. '합리적 가격의 대파 한 단'을 농민 누구나 팔고, 국민 누구나 살 수 있을 것이다.

〈2024년 4월 1일, 정기석〉

100만 플랫폼노동자여, 단결하는가

평생, 한 직장에서 열심히 일해도 퇴직금을 받을 수 없는 노동자들이 있다. 4대보험도 언감생심이다. 이들은 노동자가 아니라, 고용주와 근로계약이 아닌 위탁계약을 맺은 개인사업자, 자영업자 신분이라 그렇다. 그래서 우리 사회는 이들을 특수한 이름으로 특별히 따로 구분짓는다. 일명 '특고'. 특수고용노동자, 또는 '플랫폼노동자'.

지난해말 민주노총서비스연맹은 택배·배달·퀵서비스·마트배송기사, 대리운전기사, 학습지교사·방과후강사, 가전제품 방문점검·설치수리직 등 특고노동자 1183명을 대상으로 '특고·플랫폼 노동자 노후대책 실태조사'를 진행했다. 이 조사에서 응답자들의 평균나이는 50.1세, 평균 월 소득은 242만원이었다.

이 조사분석결과에 따르면 특고·플랫폼노동자 4명 중 1명은 노후준비를 사실상 아예 하지 못한다. 특고노동자들의 노후준비 정도는 4점 만점에 1.53점으로 나타났다. 노후생활을 시작할 나이를 묻자 '가능하면 오래 일하겠다'가 36.2%로 가장 많았으며 '66~70세까지 일하겠다'도 29.6%에 달했다. 특고노동자들은 노후를 준비할 소득도, 준비할 여력이나 의욕도 없는 것이다.

🔍 플랫폼법으로 문제가 해결될까

지금 공정거래위원회는 플랫폼 공정경쟁촉진법(플랫폼법) 제정을 위해 관계부처와 막바지 협의 중이다. 일단 플랫폼법상 규제 대상인 '지배적 사업자'를 최소화하겠다는 정책 목적으로, 지배적 사업자를 지정할 때 매출과 시장 점유율, 이용객 수 등 정량적 기준을 적용하고 정성적 평가도 병행한다는 방침이다.

이 법은 플랫폼 시장에서 일정 규모를 넘어선 기업을 지배적 사업자로 지정하고, 이들의 반칙행위(자사우대·끼워팔기·멀티호밍 제한·최혜대우 강제)를 미리 차단하겠다는 내용이 담긴 사전 규제 법안이라 할 수 있다. 다만, 법안이 국회를 통과하고 하위 법령이 제정되는 시간까지 고려하면 실질적인 법 시행은 1년 후쯤이 될 것으로 보인다.

이에 따라 이른바 '네카오'(네이버·카카오)와 구글, 애플 등 4~5곳 정도가 우선 규제 명단에 오를 것이란 관측이다. 하지만 이 같은 정부의 정책에 대해 해당업체 및 관련 업계, 경제단체의 불만과 항의가 잇따르고 있다. 공정거래법으로도 플랫폼 사업자에 대한 규율과 제재가 가능한데 추가 법안은 과도한 '이중 규제'라는 주장을 편다. 플랫폼 업체들의 경쟁력 저하, 나아가 먹거리 산업의 발전을 해친다는 우려까지 제기하고 있다.

한편, 야당도 정부가 준비하는 법안의 수준과 내용에 호의적이지 않다. 공정위가 마련한 법안으로는 부족하다는 입장이다. 문재인 정권 당시 추진했던 대로 갑을 관계 규율에도 입법을 통한 강력한 규제가 필요하다는 것이다. 정부와 업계, 정부와 여·야 간 견해차가 해소되지 않는다면 실제 입법이 되기까지는 변수와 장벽이 적지 않을 전망이다.

🔍 플랫폼노동은 유연하나 불안하다

'플랫폼 노동(Platform Labor)'이란 앱이나 SNS 등 디지털 플랫폼을 매개로 노동이 거래되는 고용 형태(플랫폼 노동)에 종사하는 노동자를 의미한다. 노무 제공자가 사용자에게 종속되지 않은 자영업자로서 특수고용노동자(특고)와 유사하다는 이유로 디지털 특고라고도 불린다.

인터넷을 통해 일자리를 제공하고 노동자와 수요자를 연결하는 게 큰 특징이다. 이처럼 새로운 형태와 방식의 노동시장에서 복무하는 노동자들인만큼 으레 일반적 노동자들과 다른 특성을 지니게 마련이다.

우선 플랫폼 노동자들은 일시적이고 유동적인 일자리를 가진다. 자율적으로 근로시간과 장소도 조절할 수 있다. 이같은 특징으로 인해 일부 노동자들은 유연성과 경제적 이점을 수혜받을 수 있다. 하지만 다수의 노동자들은 일자리의 불안정성과 근로자 보호 부족 등이라는 약점에 항시 노출된다. 플랫폼노동자들에게 노동자의 취약한 권리, 근로 조건의 불확실성, 사회적 불평등 등의 쟁점과 숙제가 불가피하게 따라붙는다.

무엇보다 플랫폼 노동의 미래는 인공지능(AI)과 자동화 기술의 발전과 밀접히 연결된다. 플랫폼 노동시장이 성장하면 할수록 플랫폼 노동자의 권리와 보호, 공정한 경쟁 조건, 명확한 고용 관계 등의 법적 대응이 절실히 요구되는 이유다. 적정한 임금, 근로시간 규제, 사회적 보장 등 플랫폼 노동자의 권익과 복지를 보장하는 정책이 우선적, 체계적으로 시행되어야한다.

싫든 좋든, 원하든 원치않든, 플랫폼 노동은 이미 전 세계적 차원에서, 우리의 일상생활을 지배하고 있다. '음식배달서비스'가 대표적이다. 플랫폼을 통해 음식점과 소비자를 연결하여 음식 배달을 수행하는 서비스를 말한다. 우버 같은 플랫폼을 통해 개인 차량 운전자가 승객을 운송하는 '라이드 쉐어링' 서비스도 생활 속 깊이 들어와 있다. 플랫폼을 통해 다양한 작업을 완료하는 '작업 완료 플랫폼'도 흔한 사업모델이다.

현재 우리나라만 해도 배달 라이더·웹툰작가 등 플랫폼 노동 종사자 수는 100만 명에 이른다고 한다. 최근 사회적 대화 기구인 경제사회노동위원회(경사노위)에서 노동시장 구조개선을 논의하는 회의를 통해, 플랫폼·프리랜서 종사자들의 불공정 계약 관행 개선 및 저작권 강화 등의 보호 방안을 특별히 논의해야하는 단계에 이른 것이다. 특히 플랫폼 노동자들이 현행 제도로는 공정거래법·민법 등을 적용받지만, 향후 근로기준법 상의 최저임금·근로시간·계약해지와 같은 보호장치를 일부 적용하는 방안도 본격 논의된 것으로 알려진다.

플랫폼노동자는 고용관계 없이 독립된 자격으로 일을 해 근로자성과 사업자성을 동시에 갖고 있지만, 근로자로서 법적 사각지대에 놓여 대우도 열악하고 주로 육체노동에 종사해 사고 위험도 크다. 이같은 플랫폼노동자의 처지와 문제를 더 이상은 방치할 수 없다는 사회적 공감대가 비로소 형성되는 분위기다. 그렇다면 지금, 100만 플랫폼노동자들은 서로, 함께 단결할 준비는 되어 있는가.

〈2024년 2월 5일, 정기석〉

대한민국
사회개조론

무안에서 되풀이된
비극의 연대기

🔍 무안공항 참사, 30년 전 데자뷔의 재현

비극은 결코 예고 없이 찾아오지 않는다. 우리가 외면했던 수많은 경고와 무시해 온 징후들은 이미 오래전부터 우리의 곁에 존재해 왔다. 그러나 대한민국은 문제를 정면으로 직시하기보다는 회피하는 방식을 선택해왔다. 눈앞의 안정을 우선시하며 변화와 개선의 기회를 놓쳤다. 이러한 선택의 결과로, 2024년 12월 29일 무안국제공항에서 또 한 번의 대형 참사가 발생했다.

태국 방콕에서 출발한 제주항공 여객기는 착륙 과정에서 비상상황을 맞이하며 공항 외벽에 충돌했고, 곧이어 대규모 폭발이 일어났다. 이 사고로 승무원 2명을 제외한 탑승객 179명이 목숨을 잃었다. 이는 단순한 기술 결함이나 예측할 수 없는 자연재해 때문만이 아니었다. 반복적으로 방치된 구조적 문제, 안전 불감증, 그리고 관리 부재의 산물이자 필연적 결과였다.

30년 전으로 거슬러 올라가면, 1993년 목포공항에서 발생한 아시아나항공 사고를 떠올리게 된다. 당시 악천후 속에서 기장의 무리한 착륙 시도와 공항 측의 안전 관리 부족이 복합적으로 작용해 대형 사고로 이어졌다. 이 사고로 68명이 목숨을 잃었고, 항공 안전 체계 개선의 필요성이 대두되었다. 그러나 30년이라는 세월이 흘렀음에도 안전을 소홀히 하는 문화와 책임을 회피하는 관행은 여전히 현재진행형이다.

무안공항 참사는 과거의 상처를 떠올리게 할 뿐 아니라, 우리의 현재 상태를 되돌아보게 한다. 이는 단순히 항공 사고의 문제가 아니라 대한민국 사회의 안전 의식, 시스템의 결함, 그리고 관리와 문화의 총체적 부실을 보여주는 명확한 증거다.

🔍 새만금 잼버리, 국제적 실패로 드러난 위기의 민낯

2023년에 개최된 새만금 세계 스카우트 잼버리는 대한민국이 대규모 국제 행사를 준비하고 운영하는 능력의 한계를 적나라하게 드러냈다. 이 행사는 세계 각국의 청소년을 한데 모아 대한민국의 위상을 높이고 새만금 지역의 개발 가능성을 홍보하기 위한 목적으로 기획되었다. 그러나 준비 과정에서부터 운영, 사후 처리에 이르기까지 모든 면에서 부실함을 보이며 국제적 비난을 피할 수 없었다.

가장 근본적인 문제는 개최지 선정이었다. 새만금은 폭염이 잦고 인프라가 부족한 지역임에도 철저한 검토 없이 대규모 야외 행사의 장소로 결정되었다. 이로 인해 대회 기간 동안 참가자들은 폭염과 열악한 환경 속에서 심각한 불편을 겪어야 했다. 더운 날씨에 적절한 대책 없이 행사가 강행되면서 건강 이상을 호소하는 참가자들이 속출했다. 부족한 물과 식량, 열악한 위생 시설은 상황을 더욱 악화시켰다. 일부 국가들은 참가자를 조기 철수시키며 대회를 사실상 포기하기도 했다.

운영 과정에서 나타난 위기 관리 능력 부족은 더욱 심각한 문제였다. 폭염, 해충, 물자 부족 등 예측 가능한 문제들에 대해 주최 측은 효과적으로 대응하지 못했다. 혼란스러운 현장 관리와 불투명한 의사소통은 참가자와 관계자들에게 깊은 실망감을 안겼다. 대회 종료

후에도 문제 해결은커녕 책임 규명조차 제대로 이루어지지 않았다. 정부와 지자체는 서로에게 책임을 떠넘기며 본질적인 문제를 외면했다. 이는 단순히 행사의 실패를 넘어 대한민국 시스템의 구조적 결함을 드러낸 사례로 남았다.

🔍 교훈 없는 반복, 비극의 공통된 원인

무안공항 참사, 목포공항 사고, 새만금 잼버리의 실패는 대한민국 사회가 직면하고 있는 구조적 문제의 공통된 단면을 보여준다.

첫째, 사전 타당성 검토의 부재다. 세 사례 모두 위험 요소를 과소평가하고, 실질적인 문제 해결보다는 과대포장된 기대 효과만을 강조했다. 지방 공항의 열악한 환경과 새만금의 기후 및 인프라 문제는 충분히 예측 가능한 상황이었다. 하지만 이를 무시한 결과 돌이킬 수 없는 비극으로 이어졌다.

둘째, 부실한 실행과 관리다. 항공 운영과 대규모 행사는 철저한 계획과 관리가 필요하다. 그런데도 실행 과정에서 드러난 관리 부실은 문제를 더욱 악화시켰고, 피해를 키웠다. 특히 항공 안전과 국제 행사의 경우, 안전이 최우선으로 보장되어야 함에도 이를 소홀히 한 결과는 치명적이었다.

셋째, 사후 책임 회피와 개선 미비다. 실패 이후, 책임 소재를 명확히 하고 문제를 본질적으로 해결하려는 노력은 부족했다. 이는 단순히 일회성 사건이 아니라 대한민국 사회의 구조적 한계와 관리 문화의 허점을 드러냈다.

🔍 미래를 위한 성찰, 더 늦기 전에 변화 필요

비극의 반복은 선택이 아니라 우리의 무책임한 방관과 안일함의

산물이다. 이제는 과거의 실패를 뼈아픈 교훈으로 삼아야 한다. 진정한 변화는 구호나 책임 회피로 이루어지지 않는다. 우리는 근본적인 시스템 개혁과 철저한 책임 의식을 바탕으로 한 새로운 길을 열어야 한다.

더 이상 미루지 말자. 지금이 바로 대한민국이 진정한 안전과 신뢰를 향해 나아가야 할 때다. 우리 아이들에게는 더 나은 내일을, 희생자들에게는 늦었지만 진심 어린 책임을, 그리고 우리 자신에게는 미래를 두려움 없이 맞이할 용기를 줄 수 있는 그런 사회를 만들어야 한다. 이 선택이야말로 우리의 역사를 비극의 되풀이에서 희망의 전진으로 바꾸는 위대한 출발점이 될 것이다.

〈2025년 1월 10일, 권의종〉

대한민국 정치,
개헌으로 풀 과제들

🔍 1987년 체제의 성과와 한계: 민주화 이후의 딜레마

1987년 민주화 이후 도입된 5년 단임 대통령제는 국민적 요구를 반영한 제도적 선택이었다. 권위주의 체제를 종식하고 민주주의를 정착시키는 데 크게 기여했다. 당시로써는 혁신적인 변화로 평가받았다. 그러나 시간이 흐르면서 이 체제는 구조적 한계를 드러냈다. 강력한 대통령 중심 체제가 권력 집중을 심화시켜 정치적 갈등과 비극을 반복하는 결과를 초래한 것이다.

현행 대통령제의 가장 큰 문제는 '승자 독식' 구조다. 선거에서 승리한 정당이 행정권을 독점하는 반면, 패배한 정당은 극단적 반대에 치중하는 정치 패턴이 굳어졌다. 정권 교체 시마다 정치 보복이 빈번하고, 반대를 위한 반대가 난무한다. 이로 인해 정치는 대립과 갈등의 장으로 변질되기에 이르렀다.

여소야대 상황에서는 대통령의 권한조차 국회의 견제에 막혀 제대로 작동하지 못하는 모순이 발생한다. 역대 대통령들이 탄핵, 구속, 정치적 논란에 휘말린 사례는 이 같은 구조적 한계를 명확히 보여준다. 이는 대통령 개인의 문제가 아니라 제도 자체의 문제로, 근본적인 개선이 필요함을 시사한다.

한국 정치의 지속 가능성을 위해 개헌 논의는 이제 더 이상 미룰 수 없는 과제로 떠오르고 있다. 최근 정치권, 학계, 국민 사이에서도 개헌 필요성에 대한 공감대가 확산되고 있다. 국회의장까지 개헌의 필요성을 제기하고 나선 상황이다.

◎ 승자 독식의 정치 구조: 대립과 갈등의 원인

개헌 논의의 핵심은 권력 구조를 재설계하여 정치적 균형과 협치를 강화하는 데 있다. 이를 위해 대통령에 집중된 권력을 분산하려는 다양한 방안이 논의되고 있다.

첫째, 대통령 권한을 조정하기 위해 4년 중임제와 책임총리제를 도입하는 방안이 있다. 이 제도는 대통령의 권한을 대외적 역할에 집중시키고, 내정은 총리가 전담하도록 권한을 분리하는 구조다. 국민이 대통령을 직접 선출하는 현행 제도의 장점을 유지하면서도 권력 집중 문제를 완화할 수 있다.

둘째, 분권형 대통령제, 즉 이원집정부제 도입도 고려할 만하다. 대통령과 총리가 각각 외치와 내치를 분담함으로써 정치적 균형과 협치를 도모하는 체제다. 프랑스와 포르투갈처럼 이 체제를 성공적으로 운영하는 국가의 사례를 참고해 한국에 적합한 모델을 마련할 수 있다.

셋째, 의원내각제 도입 가능성도 논의되고 있다. 의원내각제는 의회 다수당이 정부를 구성하기 때문에 입법부와 행정부 간의 긴밀한 협력을 가능하게 한다. 다양한 정치적 목소리를 반영할 수 있는 장점이 있다. 그러나 국민 대다수가 대통령 직선제를 선호하는 현실을 감안할 때, 이를 도입하는 과정에서는 상당한 설득과 논의가 필요할 것이다.

또한, 선거제도 개혁도 개헌 논의와 병행되어야 한다는 주장이 힘을 얻고 있다. 현행 소선거구제는 양당 체제를 강화하고 정치적 양극화를 심화시키는 원인으로 지적된다. 이를 중대선거구제로 전환하면 소수 정당의 진입 장벽을 낮추고 협치 가능성을 확대할 수 있다. 이는 단순한 권력 구조 개편을 넘어 한국 정치 문화를 근본적으로 변화시키는 계기가 될 것이다.

◉ 개헌 논의의 방향: 협치와 분권의 실현

개헌은 단순히 제도를 바꾸는 데 그치지 않아야 한다. 국민의 삶에 실질적인 변화를 가져오는 방향으로 추진되어야 마땅하다. 이를 위해서는 다음과 같은 과제가 선행되어야 한다.

첫째, 국민적 공감대 형성이 필수적이다. 개헌의 필요성과 목표를 국민에게 충분히 설명하고 널리 이해를 구해야 한다. 개헌이 국민의 권리와 삶에 어떤 긍정적 변화를 가져올지 명확히 알릴 필요가 있다.

둘째, 정치권의 초당적 협력이 요구된다. 정쟁을 넘어 국가적 차원의 협력이 이루어져야만 개헌 논의가 실질적으로 진행될 수 있다. 여야 간 합의가 뒷받침될 때, 개헌 논의는 단순한 정치적 이슈를 넘어 구체적인 변화를 이끌어낼 수 있다.

셋째, 효율적이고 실행 가능한 로드맵 마련이 필요하다. 예를 들어, 2026년 지방선거와 개헌 국민투표를 연계하면 국민 참여를 높이고 개헌 추진의 동력을 얻을 수 있을 것이다.

◉ 한국 민주주의의 새로운 지평과 눈부신 도약

한국 정치는 변화의 기로에 서 있다. 현행 대통령제는 대립과 갈등을 반복하며 국민의 기대에 부응하지 못하고 있다. 개헌은 이러한 구조적 문제를 해결하고 협력과 조화의 정치를 실현하는 첫걸음이 되어야 한다. 권력 집중을 완화하고 다양한 목소리를 반영하는 정치 체제를 통해 국민 신뢰를 회복하며, 민주주의에 부합하는 새로운 정치 문화를 정립할 수 있을 것이다.

특히, 12·3 비상계엄 사태는 제왕적 대통령제가 초래할 수 있는 폐해를 다시금 상기시킨다. 이제는 문제를 지적하는 데 그치지 않고, 근본적인 변화를 이끌어야 할 시점이다. 정치권과 국민이 함께 뜻을 모아 행동한다면 한국 민주주의는 새로운 지평을 열고 눈부신 도약을 이룰 수 있다. 우리는 이 가능성을 굳게 믿으며, 대한민국의 이름으로 반드시 해낼 것이다.

〈2024년 12월 23일, 권의종〉

국민연금 개혁,
건강보험에 해답이

근시안적 프레임에 갇힌 정부 개혁안

정부가 질질 끌던 국민연금 개혁안을 발표했다. 보험료율을 현행 9%에서 13%로 올릴 계획이다. 1998년 이후. 26년 만의 인상이다. 명목 소득대체율도 42%로 2%포인트 상향 조정된다. 국민연금 도입 당시 70%, 1999년 60%, 2008년 50%로 낮아진 이후, 매년 0.5p씩 인하해 2028년까지 40%로 조정할 예정이었다. 소득대체율은 국민연금 가입 기간 40년을 기준으로 한 월평균 소득에서 매월 받는 연금 액수가 차지하는 비율이다.

기금 수익률을 높이기 위한 계획도 세워졌다. 현행 대비 1%포인트 이상 증가한 5.5% 이상의 수익률을 목표로 한다. 해외 대체투자를 위해 기금 운용 전문 인력을 확충하고, 해외사무소를 개설하는 등 운용 인프라를 강화할 예정이다. 보건복지부는 기금 수익률이 1%포인트 높아지면 2056년 기금 소진 시점이 2072년까지 연장될 것으로 전망한다.

연금 인상액을 조정하는 '자동조정장치'도 도입한다. 이르면 2036년, 늦으면 2054부터 재정 안정화를 위한 자동조정장치가 도입되면 물가 상승률에 따른 가입자 수 및 기대 여명 변화를 반영해 연금액과 보험료율이 자동으로 조정된다. 현재 59세까지인 의무가입 연령을 64세로 상향하는 방안도 검토 중이다.

청년 부담 완화 및 세대 간 형평성을 개선할 방안도 포함됐다. 보험료율 인상으로 인해 납입 기간이 긴 젊은 세대의 부담이 커지므로, 세대별 대표 연령을 20, 30, 40, 50세로 정하고 보험료율 인상 속도에 차등을 두는 방안을 추진한다. 소득 공백을 보상하기 위해 군복무 크레딧과 출산 크레딧 지원을 강화한다. 연금 지급 보장을 법제화해 미래에 연금을 받지 못할 수 있다는 인식을 개선하고 연금의 지속가능성을 담보할 예정이다.

재정안정론자·소득보장론자 간 '설전'

정부의 국민연금 개혁안에 대해 상반된 의견이 충돌한다. 재정안정론자와 소득보장론자 간 설전이 뜨겁다. 재정안정론자는 단기적 시각에서의 모수 개혁안이 현재 정할 수 있는 가장 적절한 방식의 수치 조합으로 평가한다. 국회에서 올리자는 제안이 있었으나 정부가 올해 기준인 42% 정도에서 멈추려 고민했던 것으로 분석한다.

소득보장론자는 정부의 소득대체율 42% 제안을 협상 상대방을 무시한 안으로 간주한다. 연금개혁 공론화 과정에서 소득대체율 50%를 전제로 보험료율 13%로의 인상이 논의됐으며, 소득대체율과 보험료율을 따로 떼어놓고 이야기할 수 없다고 말한다. 소득대체율 42%는 한국 내 기준으로, 경제협력개발기구(OECD) 기준으로는 32.9%에 불과하여 이는 심각한 노인 빈곤 문제를 해소할 수 없다고 강조한다.

자동조정장치 도입에 대해서는 양측 모두 부정적이다. 자동조정장치 도입은 연금의 실질 가치를 유지하는 폭을 줄인다는 우려에서다. 예를 들어, 물가가 5% 오르고 임금이 3% 오른다면, 연금의 실질 가치가 줄어들 것이라고 주장한다. 미래 급여 지급 가능성에 대한 국민의 불신과 불안이 상당한 상황에서 자동조정장치를 도입하면 연금

개혁 논의에서 사회적 합의에 이르는 데 도움이 되지 않을 거라는 진단이다.

정부 개혁안은 국민연금 재정이 불안정해질 거라는 근거 없는 가정에서 출발한다. 보험료를 더 걷을 방법은 없는 것으로 전제하고 보험료 수입 범위 안에서 지출하는 것에 집중한다. 하지만 이런 근시안적 프레임에 갇히면 연금개혁은 한 발짝도 나아갈 수 없다. 난제일수록 발상의 전환이 필요한 터. 한정된 연금재정을 얼마만큼 지출하느냐보다 어떻게 하면 연금재정을 더 확충할 수 있느냐를 궁리할 필요가 있다.

⊙ 근로소득 외 소득에서도 보험료 징수

현재 국민연금은 근로소득에서만 보험료를 징수한다. 여기에 문제와 해답이 함께 공존한다. 월급뿐 아니라 다른 소득에서도 보험료를 걷는 건강보험에서 답을 찾아야 한다. 여기서 다른 소득은 사업소득, 이자소득, 배당소득, 연금소득, 기타소득을 말한다. 즉, 직장에서의 급여 말고 외부에서 발생한 소득을 합산하여 건강보험료를 추가로 징수하는 방식을 국민연금이 벤치마킹할 필요가 있다.

국민연금도 건강보험처럼 다른 소득에서도 보험료를 징수하면 긍정적 효과가 크다. 국민연금의 재정적 기반이 확대되고, 연금 지급의 안정성이 향상될 수 있다. 보험료율 인상을 최소화하면서 소득대체율을 높일 수 있다. 다양한 소득을 포괄적으로 반영하면 소득이 높은 사람들이 더 많은 기여로 사회적 공정성이 증대될 것이다.

사업소득 및 금융소득에 대한 보험료 징수로 고소득자와 저소득자 간 소득 불균형이 완화될 수 있다. 더욱 많은 사람이 국민연금에 가입하게 되고, 결과적으로 수급자 수가 늘어나 사회 복지적 효과가 생길 수 있다. 금융소득, 사업소득, 부동산 임대소득 등이 증가하는 현실을 고려할 때 국민총생산(GDP)의 30% 남짓한 근로소득에서만 국민연금을 징수하는 현행 시스템이 오히려 불공평하고 불합리할 수 있다.

넘어야 할 산도 높다. 사업소득, 이자소득 등에서도 보험료를 거두면 자영업자와 투자자의 부담이 커져 반발이 일어날 수 있다. 그럴수록 국민연금 제도의 목적과 재정 안정성을 높이기 위해서는 소득이 있는 곳에 보험료가 부과돼야 한다는 당위성에 사회적 합의를 이루고 저항을 최소화하는 접근이 필요하다. 연금 고갈에 위기감을 갖고 미래를 예상하고 전체를 내다보는 큰 그림을 그려야 한다. 그것도 하루라도 어서 빨리.

〈2024년 10월 7일, 권의종〉

'늙어가는 대한민국', 고(GO)하라

⚗ 어느새 훌쩍 다가온 '초고령사회'

대한민국이 늙어간다. 65세 이상 주민등록인구가 1,000만명을 넘었다. 행정안전부 발표에 따르면 65세 이상 주민등록인구가 정확히 1,000만62명. 전체 인구 5,126만9,012명의 19.51%를 차지했다. 저출산 고령화가 가속하는 현재 흐름대로라면 올해 말이면 65세 이상 인구가 전체 인구의 20% 이상인 '초고령사회'에 진입한다. 일본이 고령사회에서 초고령사회로 옮겨가는 데 12년이 걸린 데 비해 우리나라는 7년 정도 소요에 그쳤다.

앞으로 10년 뒤인 2034년에는 전체 인구의 30%가 65세 이상이 될 거라는 전망이다. 생산연령인구 100명당 부양해야 할 고령 인구를 뜻하는 노년부양비는 26.3으로 지난해보다 1.4 증가했다. 총인구를 연령순으로 나열할 때 정중앙에 있는 사람의 나이를 의미하는 중위연령은 45.7세로 1년 만에 0.6세 상승했다.

기실 알고 보면 고령화 현상은 이미 시작됐다. 사회적, 경제적, 의료적 변화가 뚜렷하다. 우선 경제적 반향이 가시적이다. 생산 가능한 연령층의 인구가 줄어들면서 노동력 부족 문제가 현실화하고 있다. 고령 인구가 늘어남에 따라 연금 수급자 수가 증가하고 그에 따른 재정 부담이 커지고 있다.

당장 연금 제도에 과부하가 걸려있다. 국민연금은 내는 사람보다 타는 사람이 많아져 2055년이면 연금 재정이 바닥을 드러낸다. 피부양 인구 증가로 건강보험 재정 압박도 커지고 있다. 노동력 부족 속에 고령 활동 인구는 빠르게 늘고 있다. 고용노동부에 따르면 근로자 평균연령이 2020년 42.9세, 2021년 43.4세, 2022년 43.8세, 2023년 43.8세로 매년 올라가고 있다. 제조업계 고령화는 더 심하다. 통계청에 따르면 지난해 제조업 취업자 중 60세 이상은 59만9,000명으로 20대 취업자(55만5,000명)를 웃돌았다.

◎ 노인은 국가 역동성 높이는 '적극 자산'

사회적 반향도 작지 않다. 가족 구조 변화가 뚜렷하다. 핵가족화가 본격화함에 따라 고령자 돌봄 문제가 사회적 이슈로 떠오른다. 젊은층과 고령층 간의 가치관 차이로 세대 간 갈등이 심화한다. 의료적 변화 또한 우려된다. 만성 질환과 노인성 질환의 발생 빈도가 높아지면서 관련 의료 서비스 수요가 늘고 있다. 장기 요양 시설과 돌봄 서비스에 대한 수요도 커지고 있다.

노인 빈곤도 문제다. 우리 사회에는 돌봐야 할 가난한 노인, 병약한 노인, 소외된 노인들이 너무도 많다. 세계 10대 경제 강국인 대한민국의 노인빈곤율이 40.4%로 OECD 회원국 중 압도적 1위다. OECD 국가의 평균 노인빈곤율 14.2%의 세 배 수준이다. 통계청 2023 인구주택총조사에 따르면 65세 이상 고령 인구 가운데 1인 가구가 213만8,000명으로 역대 최대다.

100세 시대가 거론되는 현실에서 65세를 '노인'으로 봐야 하느냐는 논란이 거세진다. 보건복지부 노인실태조사(2020년)에 따르면 노인의 52.7%가 '70~74세'를 노인으로 봐야 한다고 답했다. 대한노인회도 노인 나이를 올려야 한다는 의견을 개진한 바 있다. 서울특별시 또한 늘어난 기대수명을 고려해 신규 복지 사업 추진 시 나이 기준을 60~80세 등 유연하게 적용한다는 방침이다.

고령자 이미지는 부정적 일색이다. 병약, 가난, 무기력 등을 떠올린다. 의료비와 복지비나 잡아먹는 사회적 부담 계층이라는 인식이 널리 퍼져 있다. 과연 그럴까. 절대 그렇지 않다. 고령 세대야말로 주요 경제 주체이자 우수 소비집단이다. 대다수는 정신적·신체적으로 건강하고 더 일하고 싶어 한다. 통계청 조사 결과, 55세부터 79세까지 고령층 중 계속 일하기를 원하는 사람이 69.4%다. 특히 지금 일하고 있는 고령층의 경우 93.2%가 계속 일을 하고 싶다고 응답했다.

미리미리 대책 세워 차근차근 실행

고령화 극복에는 지름길이 없다. 미리미리 대책을 세워 차근차근 실행해 나가는 수밖에 달리 방도가 없다. 출산율 제고를 위해 출산 및 양육 지원금을 늘리고 육아휴직 제도를 강화하는 등 출산 장려 정책을 꾸준히 펴나가야 한다. 늦게나마 정부가 인구 국가비상사태를 선언하고 단기 육아휴직 도입, 육아휴직 급여 상한 인상, 아빠 출산 휴가 확대, 직장어린이집 확산을 시행하기로 한 건 잘한 일이다. 다만, 그걸로 그쳐선 안 되고 새로운 출발점으로 삼아야 한다.

노인 인력 활용을 활성화해야 한다. 노인들이 계속해서 경제 활동에 참여하도록 정년 관련 제도를 손봐야 한다. 현행 60세인 정년을 연장하거나 정년이 지난 근로자를 계속 일할 수 있도록 해야 맞다. 65세로 제한된 고용보험 가입 나이를 폐지하고 일하는 노인에 대한 국민연금 감액을 중지하는 등 일하는 노인 지원책을 재설계해야 마땅하다.

지속 가능한 연금 제도와 의료비 부담을 줄이는 개혁이 필요하다.

노인의 삶의 질을 높이기 위해 복지 시설 확충과 복지 프로그램을 강화해야 한다. AI와 로봇 등을 활용한 노인 돌봄 서비스를 제공하고 스마트 헬스케어 시스템을 구축해야 한다. 고령화 문제에 대한 인식을 개선하고 세대 간 연대와 협력을 강화하는 프로그램 가동도 필수다. 이런 일련의 조치를 통해 초고령사회 문제를 효과적으로 해결하고 사회 전체의 지속 가능한 발전을 도모해야 할 것이다.

어차피 맞게 되는 초고령사회라면 피하는 게 능사가 아닌 터. 차라리 정면으로 돌파하는 게 방책이 될 수 있다. 오히려 고령 인력을 국가의 역동성을 살리고 경제의 효율을 높이는 '적극 자산'으로 활용하는 지혜가 더없이 절실하다. 가까이 있는 인재를 알아보지 못하는 것만큼 어리석은 게 없다. 그런 정책은 정책도 아니다. 실책 중의 실책이다.

〈2024년 8월 1일, 권의종〉

'기초연금 40만원'
대선공약, 안 지켜도

🔍 선심성 포퓰리즘, 소요 예산 폭발적

기어이 하기는 할 모양이다. 윤석열 대통령이 지난 어버이날 기념식에 참석해 기초연금을 임기 내 40만 원까지 올리겠다고 했다. 지난 대선 때 내세웠던 공약을 재확인한 것이다. 기초연금은 65세 이상 중 소득 하위 70%를 대상으로 1인 가구에 최대 33만4,810원, 부부가구에 53만5,680원을 주고 있다.

기초연금을 받는 사람이 매년 늘고 있다. 2014년 435만 명에서 올해 701만 명으로 증가했다. 소요 예산도 덩달아 불어난다. 올해만도 24조 원에 달한다. 앞으로가 더 문제다. 연간 출생아 수가 90만 명이 넘는 베이비붐 세대(1955~1974년생)의 은퇴가 본격화하면서 기초연금 소요액이 폭발적으로 증가할 전망이다.

국민연금연구원은 기초연금 재정 소요액을 국비와 지방비를 합쳐 2030년 39조7,000억 원으로 추정했다. 2040년 76조9,000억 원, 2050년 125조4,000억 원, 2060년 179조4,000억 원으로 늘어날 것으로 추계했다. 여기에 기초연금이 월 40만 원으로 오르게 되면 소요 예산은 더 늘어날 것이다. 기초연금을 받는 입장에서야 많아서 나쁠 리 없다. 하지만 주는 정부로서는 큰 부담이 아닐 수 없다.

기초연금 인상에는 고려할 사항이 많다. 재원 조달부터가 풀기 힘든 난제다. 더구나 세수결손으로 정부 곳간이 비어간다. 지난해 56조 원의 세수가 펑크 났다. 올해도 대규모 세수 부족이 예상된다. 금년 1~3월 누계 국세 수입이 84조9,000억 원. 지난해 같은 기간보다 2조 2,000억 원 줄었다. 연간 목표 세수 대비 징수 실적을 나타내는 진도 율은 23.1%로, 작년보다 2.2%포인트 낮았다. 2015년 이후 가장 낮은 수치다. 최근 5년 평균치보다도 2.8%포인트 떨어졌다.

◎ 공약도 타당성 따지고 재정 살펴야

이 와중에 기초연금을 더 올리려면 빚을 내는 수밖에 없다. 그리되 면 부담은 다음 세대 몫으로 돌아간다. 생색은 현세대가, 빚은 차세대 가 지는 꼴이다. 그리해서라도 노인 빈곤율을 줄일 수 있다면 무리를 해서라도 강행할 수 있을 터. 그렇지 못한 현실이 안타깝다. 그동안 기초연금을 계속 올려 왔으나 노인 빈곤율은 개선되지 않고 있다. 2020년 우리나라 66세 이상 인구의 소득 빈곤율은 40.4%, OECD 회 원국 중 가장 높다.

국민연금과의 형평성도 크나큰 문제다. 현재 국민연금 평균 수급 액은 62만 원. 기초연금은 40만 원으로 오르게 되면 부부의 경우 20% 를 감액하더라도 64만 원을 받게 된다. 나랏돈에서 주는 기초연금이 자기 돈 내고 받는 국민연금보다 더 많아진다. 뼈 빠지게 일하면서 꼬 박꼬박 연금을 낸 사람만 바보가 된다. 모순도 이런 모순이 없다.

대선 공약을 지키려는 대통령의 심정은 이해가 간다. 하지만 공약 도 타당성을 따지고 재정을 살펴야 한다. 2008년 제도 도입 당시 10 만 원 안팎에서 출발했던 기초연금이 수차의 대선을 거치면서 인상 약속이 반복되어 지금의 40만 원에 이르렀다. 앞으로도 대선 때마다 이런 식으로 올리다 보면 소요 예산이 천문학적 규모로 불어날 것이 다. 약속은 물론 지켜야 한다. 하지만 사정이 생기면 미루거나 못 지킬 수 있다. 공약은 수단에 불과할 뿐 목적이 될 수 없다.

무상 지원에는 묘한 중독성이 숨어 있다. 한 번 받으면 자꾸 받고 싶어지는 속성이 있다. 공짜는 처음 받을 때는 고맙기 그지없으나, 시간이 지나면서 당연한 것으로 여기게 된다. 한 번 맛을 들이면 쉽게 줄이거나 그만두기 어렵다. 성실한 근로자들로서는 실로 통탄할 일이다. 국민연금을 내고 싶은 마음이 싹 가시게 마련이다. 젊은 층을 중심으로 연금에 대한 저항감이 커지는 이유다.

◎ 기초연금은 소득 하위계층에 집중해야

난제일수록 기본에서 출발해야 한다. 기초연금이 뭔가. 평생 국가 발전과 자녀 양육에 헌신하느라 자신의 노후를 미처 대비하지 못해 생활이 어렵게 된 노인들의 생활 안정에 도움을 주기 위해 마련된 제도다. 그렇다면 선심성으로 표류하는 지금의 운영 방식은 바로 잡아야 한다. 제도의 본질과 취지에 맞게 원점에서의 재검토가 필요한 이유다.

기초연금은 미래세대의 부담을 줄이겠다는 취지로 국민연금과 연계한 특징이 있다. 국민연금수령액이 많으면 기초연금을 적게, 적으면 많게 지급하는 방식을 채택했다. 그렇다면 기초연금 지원을 소득 하위계층에 집중하고 국민연금과 형평성을 맞추는 게 바람직한 방향일 것이다.

특히, 소득 하위 70%의 획일적 선정 기준은 기준 중위 소득의 일정 수준 이하로 강화할 필요가 있다. 그래서 받는 사람 수를 줄이는 선택과 집중이 필요하다. 국민연금 개혁과도 보조를 맞춰야 한다. 국민연금을 받는 사람이 기초연금 수급자보다 불리한 일만큼은 절대 생기지 않게 해야 한다. 노인 빈곤율을 낮춘답시고 청년과 중장년의 근로

의욕을 꺾는 잘못도 범해서는 안 될 것이다.

옥석도 가려야 한다. 65세 이상이고 월 소득이 없는 부유층이 기초 연금을 받는 경우가 적지 않다. 자녀나 지인 앞으로 재산을 돌려놓고 호의호식하는 부유층은 지급대상에서 솎아내야 한다. 소득인정액 산식도 고쳐야 한다. 공시지가가 낮아 소득인정액이 낮게 잡히는 자산가에 대한 기초연금 지급을 막아야 한다. 나랏돈도 새는 곳을 막고 아껴 써야 한다. 후대에 부는 못 물려줄망정 빚을 대물림하는 건 온당치 못하다. 선대로서 도리가 아니고 할 짓이 못 된다.

〈2024년 5월 21일, 권의종〉

인구절벽, 재앙은 생각보다 가까이

🔍 인구위기 대응 못 하면 '국가 소멸'

인구절벽이 가파르다. 통계청이 발표한 '2023년 한국의 사회지표'가 섬뜩하다. 지난해 합계출산율이 0.72명으로 역대 최저다. 지난해 우리나라 인구는 5,171만 명, 전년보다 13만 명 줄었다. 2020년 정점을 찍은 이후 감소세다. 65세 이상 고령 인구는 944만 명으로 전체 인구의 18.2%를 차지했다. 고령화 현상이 갈수록 심화된다.

인구감소는 올해도 악화일로다. 1월 출생아 수가 2만1,442명으로 1월 기준 역대 최소치를 기록했다. 지난해 1월 출생아 수 2만1,788명보다 7.7% 줄었다. 올해 1월 사망자 수는 1년 전보다 0.5% 감소한 3만2,490명, 전체 인구가 1만1,048명 감소했다. 1981년 통계 집계 이후 1월 기준으로 최대의 자연감소다. 인구가 2019년 11월부터 올해 1월까지 51개월째 내리막이다.

'결혼과 아이는 선택'이라는 인식이 보편화되면서 출생아 수가 2015년 12월부터 98개월째 감소다. 인구 1천 명당 출생아 수를 뜻하는 조출생률은 5.0명으로 역대 최저치를 기록했다. 학령인구 절벽이 특히 가시적이다. 매년 초중고교 학급수가 줄어들고 폐교 수는 늘어난다. 2025학년도 서울지역 일반고교 불합격자가 26년 만에 '0명'으로 나타났다.

저출산 위기 대응에 경제단체들까지 나서고 있다. 한국경영자총협회, 대한상공회의소, 한국경제인협회, 한국무역협회, 중소기업중앙회, 중견기업연합 등 6개 경제단체가 저출산 대응을 위한 민관협의체를 발족했다. 기업이 미래 인재 확보와 사회적 책임 완수를 위해 저출산 문제 해결의 중추적 역할을 해야 한다는 점에 공감대를 이룬 것이다.

저출산·고령화로 인구감소 최악

민관협의체는 기업의 저출산 대책, 특히 일과 가정의 양립과 양육 부담 완화를 위한 실태 파악을 첫 번째 과제로 정했다. 실태 조사 결과를 바탕으로 정부에 정책을 건의하고 제도개선을 논의할 계획이다. 매달 정기적으로 전체회의를 개최한다. 사업별 진행 상황을 공유하며 추진 과제를 발굴해 나갈 예정이다.

기업·가족 친화 제도 운용 매뉴얼 제정, 포럼과 공동연구, 경진대회 등 대국민 캠페인 등을 추진한다. 개별 기업에서도 인구 소멸 대응 노력이 활발하다. 일부 기업들은 파격적인 출산지원금을 지급한다. 다자녀 직원의 승진 우대도 시행한다. 저출산 위기 극복을 위해 대체인력 확보나 유연근무제를 도입하는 기업도 늘고 있다.

정부도 지원을 강화한다. 혼인 여부와 무관하게 출산 가구라면 혜택을 받도록 한다. 신생아 특별공급을 신설하고 다자녀 특별공급 요건을 완화한다. 지원 자격은 입주자모집 공고일 기준, 청약 신청자의 가족관계증명서상 확인이 가능한 2년 이내 출생 자녀가 있는 경우다. 임신한 상황이거나 입양한 자녀라도 가능하다. 신생아 특별공급 소득 기준은 도시근로자 월평균 소득의 150%다. 맞벌이일 경우 200% 이하여야 하며 자산은 3억7,900만 원 이하이어야 한다. 이를 위해 연 3만 가구가 공급된다.

민간분양 신생아 우선 공급도 새롭게 시행한다. 생애 최초·신혼부부 특별공급 시 출산 가구에 우선 공급이 이뤄진다. 소득요건은 도시근로자 월 평균소득 160% 이하로 신생아 특별공급보다 상한선이 10%p 높다. 연 1만 가구 수준이 공급된다. 출산 가구에 대해 최저 수준의 금리로 주택 구입과 전세자금 대출도 지원된다. 구입자금 1.6~3.3%, 전세자금 1.1~3.0% 수준의 특례 금리를 적용하며 출산 시 1명당 0.2%p 추가로 우대한다.

🔍 인구위기 대응, 더 미뤘다간 회복 불가능

시니어 금융지원도 두터워진다. 연금, 퇴직 계획, 재무 계획 등을 통해 안정적 노후를 계획할 수 있도록 금융 상품과 서비스를 늘린다. 노후소득 확대와 노후자산 축적을 돕기 위해 고령층 대상 우대형 주택연금의 지원 범위를 넓힌다. 월지급액이 높은 고령층 우대형 주택연금 대상을 기존 주택가격 2억 원에서 2억5,000만 원으로 확대한다. 실버타운 이주자는 주택연금을 계속 받을 수 있도록 실거주 예외사유로 인정한다.

고령화를 대비한 신탁상품 개선도 추진한다. 신탁 재산의 범위를 확대하고, 다양한 방식의 신탁을 허용하는 방향으로 제도를 손본다. '신탁'이란 금전이나 부동산, 유가증권 등을 가진 사람이 자산 운용을 신탁회사에 맡기고 운용수익을 받는 제도다. 신탁 계약으로 재산을 맡겨두면 신탁 계약자와 관리자가 파산해도 신탁 재산이 보호돼 향후 파산이나 압류 등 법적 분쟁에서 벗어날 수 있다.

인구절벽에 대비한 저출산·고령화 지원을 신혼부부나 노인층만을 위한 지원으로 이해하면 곤란하다. 국민 모두와 나라 전체의 중대사라는 인식이 긴요하다. 1971년 100만 명이 넘게 태어난 신생아가 2022년부터 25만 명을 못 넘고 있다. 50여 년 만에 1/4 토막 났다. 앞으로 25~30년 후에는 1/10 토막 나고, 노인 인구 비율이 40% 수준에 이르러 세계 최고령국가 반열에 오른다.

인구가 줄어들면 되는 일이 없다. 소비가 줄어 상점이 문을 닫고 기업의 매출이 떨어진다. 생산가능인구 감소로 경제가 뒷걸음친다. 지금의 출산율이 지속되면 지역이 없어지고 나라가 소멸한다. 세계 지도에서 존재가 사라질 수 있다. 인구위기 대응은 지금도 늦었지만, 더 미뤘다간 돌이킬 수 없는 지경에 이르고 만다. 재앙은 생각보다 가까이 있다.

〈2024년 5월 9일, 권의종〉

국민연금 개혁,
21대 국회서 끝장을

🔍 개혁은 정답 아닌 비교우위 선택지

이미 예견됐던 일. 은퇴를 앞둔 60세 미만 성인 10명 중 8명은 소득 공백 기간에 대한 대비가 부족하다는 조사 결과가 나왔다. 보험연구원의 '소득 크레바스에 대한 인식과 주관적 대비' 보고서에서다. 60세 미만 전국 성인 남녀 1,508명을 대상으로 설문한 내용이다. 응답자 81.3%가 은퇴 후 소득 공백 기간에 대한 준비를 못 했다고 답했다. 잘 준비하고 있다고 답한 비중은 12%에 그쳤다. 6.7%는 준비할 필요성을 느끼지 못한다고 밝혔다.

더 놀라운 사실은 따로 있다. 소득 공백 기간을 의미하는 소득 크레바스에 대해 알고 있는 사람이 10명 중 3명에도 못 미쳤다. 전체 응답자의 28.5%만 '소득 크레바스를 알고 있다'고 답했다. '들어본 적은 있다'는 답은 42.1%, '전혀 모른다'고 답한 사람은 29.4%였다.

은퇴 후 주된 소득원 1순위로 국민연금이 꼽혔다. 응답자 46.9%가 국민연금을 선택했다. 16.1%는 예금·적금·저축성 보험을, 8.9%는 퇴직연금을, 8.7%는 주식·채권을, 8.6%는 개인연금을, 7.1%는 부동산을 지목했다. 국민연금을 선택한 75.5%는 원래 정해진 국민연금 수령 연령에 연금을 받기 시작할 것이라고 답했다. 12.8%는 수급 연령보다 미리 받겠다고 밝혔다. 수령 시기를 연기할 예정이라고 답한 경우는 11.7%에 불과했다.

당장 먹고 살기가 힘들다 보니 노후 대비가 부실해질 수밖에 없다. 게다가 우리나라 근로자의 절반 이상이 60세 정년은커녕 50세 이전에 퇴직한다. 통계청 집계에 따르면, 지난해 55~64세 중 자의든 타의든 주된 직장을 관두는 나이가 49.4세였다. 보험연구원이 분석은 잘하나 제시된 대안은 현실성이 떨어진다. 소득 크레바스에 대응하기 위해서는 '사적 연금'을 활용할 필요가 있다는 원론적 내용에 그친다.

🔍 노인빈곤율 해소에 국민연금도 역부족

국민연금도 노인빈곤율 해소에는 역부족이다. 제5차 국민연금 재정 추계에 따르면, 국민연금 적립기금은 2041년부터 적자에 빠져 2055년이면 고갈된다. 21대 국회가 연금특위를 구성해 놓고 두 차례나 활동 기한을 연장해 왔다. 그러다 이번에 국회 연금개혁특별위원회 산하 공론화위원회가 국민연금 보험료율을 현행 9%에서 13%로 올리고, 소득대체율도 40%에서 50%로 높이는 방안을 시민대표단 492명 중 56.0%가 선택했다고 발표했다.

보험료율만 12%로 올리고 소득대체율은 유지하는 또 다른 방안은 42.6% 선택을 받는 데 그쳤다. 시민대표단의 선택이 그대로 법안으로 이어지는 것은 아니다. 연금특위에서 시민대표단의 선택을 고려해 법안을 만들어 발의하면 21대 국회 임기인 5월 이내로 법안 통과 여부가 결정된다.

공론화위 발표가 나오자 반대 주장이 봇물을 이룬다. 기성세대 노후보장을 위한 반대급부로 미래세대 부담을 키웠다는 비판이 거세다. 올해 초등학교 3학년인 2015년생은 46살이 됐을 때 월급의 35.6%를 국민연금 보험료로 내게 됐고, 생애 평균 보험료율이 22.2%에 달한다는 구체적인 수치까지 나열한다. 내년에 태어나는 신생아는 국민연금 납부가 끝날 때까지 평균 29.6%의 보험료를 내야 한다고 불만을 터뜨린다.

총인구 구성비로 배분한 시민대표단 구성 방식까지 들먹인다. 앞으로 국민연금을 낼 사람을 고려하면 젊은 층 비중이 높아야 하고, 가장 큰 부담을 지게 되는 미래세대는 참여할 수 없는 구조적 한계까지 제기한다. 연금 지속가능성을 악화시키는 것은 세계 연금개혁 역사에 유례가 없고 초고령사회를 맞이하는 한국으로서는 선택해선 안 될 카드라는 혹평까지 쏟아낸다.

ⓠ 백 마디 말보다 한 번의 실천이 긴요할 때

정부도 반대의견이다. 보건복지부는 국회 연금특위에 제출한 '재정 추계 보고'에서 소득대체율 50%·보험료율 13% 안에 대해 "현재보다 재정을 더 악화시켜 재정 안정을 위한 연금개혁 목적에 부합하지 않고, 미래세대 부담만 가중시킨다"고 했다. 반면, 소득대체율 40%·보험료율 12% 안은 "현재의 저부담-고급여 구조를 개선하는 것으로 재정 안정에 도움이 된다"고 평가했다.

자체 개혁안도 마련하지 못했던 정부는 입이 열 개라도 할 말이 없다. 상황이 이 지경에 이른 데는 정부 책임이 크다. 지난해 10월 정부가 국회에 제출한 국민연금 운영계획안은 보험료율과 소득대체율을 어떻게 조정할 것인지 숫자가 빠진 백지안이었다. 장기재정 균형을 위해 보험료 조정 계획을 내도록 규정한 국민연금법상 의무를 저버렸다. 윤석열 대통령이 취임 후 첫 국회 시정연설에서 더 이상 미룰 수 없는 과제라고 공언했으나 개혁은 산으로 가고 있다.

세상사 완벽은 없다. 흠을 잡으려 들면 한도 끝도 없다. 개혁은 희생이 필요하다. 원하는 결과를 얻으려면 걸맞은 대가를 지급해야 한다. 국민연금 개혁을 놓고 보험료율을 인상해 재정의 지속가능성을 높여야 한다는 재정 안정론과 소득대체율을 올려 보장성을 높여야 한다는 보장성 강화론. 도긴개긴이다. 두 안 모두 보험료를 올려야 하는 점에는 차이가 없다.

개혁은 정답이 없다. 비교우위의 선택지다. 문제 제기는 공론화 이전에 해야 했다. 나무에 올려놓고 밑에서 흔드는 것은 백해무익이다. 문제 해결은커녕 방해만 할 뿐이다. 지금도 한참 늦어진 국민연금 개혁, 21대 국회가 책임지고 마무리해야 한다. 22대 국회로 넘긴다고 뾰족한 수가 나올 리 없다. 지금은 최고의 결과를 얻기 위한 끝없는 논쟁보다 최선의 대안을 선택하는 과감한 결단이 필요한 때다. 백 마디 말보다 한 번의 실천이 낫다.

〈2024년 5월 2일, 권의종〉

교육개혁 '지지부진', 미적대면 '지지하천'

🔍 사람 잡는 '설마', 경제 잡고 나라 잡아

교육이 뭐길래. 지난해 진학·학업·자녀교육 등 '교육' 목적의 서울 전입 인구가 증가했다. 통계 작성 이래 최다였다. 높은 집값 등으로 '탈서울' 인구가 늘고 있으나 교육과 직장 때문에 서울로 이동하는 인구 또한 줄지 않고 있다. 서울 과밀화 해소와 지역 균형 발전을 위한 정책이 봇물을 이루나 서울로 향하는 발길을 돌리기에는 역부족이다.

통계청 국가통계포털(KOSIS)이 방증하는 바다. 지난해 행정구역 경계를 넘어 서울로 전입한 인구는 120만7,000명. 전입 사유별 통계가 작성된 2013년 이래 가장 많았다. 교육 사유의 서울 전입은 2013년 6만8,000명에서 2017년 7만3,000명, 2020년 8만8,000명으로 늘었다. 그러다 코로나19 때인 2021년 7만6,000명으로 줄었다. 이후 2022년 8만3,000명, 지난해 9만2,000명으로 도로 느는 추세다. 10년간 2만4,000명 증가했다.

7가지 전입 사유 중 지난해 역대 최대를 나타낸 항목은 '교육'이 유일했다. 내 집 마련, 전·월세 계약 기간 만료 등의 '주택' 사유에 따른 서울 전입은 줄었다. 2013년 68만2,000명에서 지난해 38만3,000명으로 10년간 29만9,000명 급감했다. '가족' 사유도 대동소이. 2013년 32만3,000명에서 꾸준히 줄어 2022년 26만5,000명, 지난해 27만

2,000명으로 나타났다.

교육 외에 직장, 교통·문화시설 등 주거환경도 서울 전입을 유인하는 요인이다. '직업' 사유는 2013년 26만7,000명에서 지난해 29만 명으로, '주거환경' 사유는 같은 기간 3만6,000명에서 7만6,000명으로 늘었다. 서울 자치구별 교육 사유의 전입은 강남구가 9,100명으로 1위였다. 대학가가 있는 관악구와 성북구, 동대문구가 그 뒤를 이었다. 이어 노원구, 동작구, 서대문구 순이었다. 집값이 비싸 서울을 떠나도 교육 때문에 서울 진입이 늘고 있다.

◎ 통계적 함의와 시사점, 정책이 못 담아내

통계와 정책이 따로 논다. 통계가 주는 함의와 시사점을 정책이 담아내지 못한다. 교육이 왜 서울 이주를 촉진하는지에 대한 원인을 분석하고 대응하는 노력이 부족하다. 파이를 키울 생각은 못 하고, 그저 있는 파이를 나누는 것에 그친다. 한쪽을 억눌러 다른 쪽을 살리는 제로섬 정책이 고작이다.

수도권 대학 정원을 억제하고 지방 대학 정원을 늘려 온 이분법적 교육정책이 단적인 예다. 공공기관 지역인재 의무채용 제도도 그렇다. 지역 균형 발전의 취지에서 지방 이전 공기업에 일정 비율 이상의 해당 지역인재 채용을 의무화한 조치. 역기능이 상당하다. 서울 소재 대학 출신은 절대적 박탈감과 상대적 역차별에 두 번 울어야 한다.

신입 직원의 절반 내지 3분의 2가량이 특정 대학 출신으로 채워진다. 공기업이 지역 대학 동문회로 전락해 간다. 파벌화 가능성에 인사와 조직관리 측면에서 부담으로 작용한다. 지역인재 기준도 엉터리다. '졸업 대학'만 따진다. 지역에서 초중고를 다닌 토박이도 다른 지역 대학을 나오면 지역인재 대우를 못 받는다. 2023년 지역인재 합격의 68.8%가 타지 고교 출신이다. 소외감에 타 대학 출신은 탈출 러시다. 이직을 위해 '도둑 공부'를 불사한다. 초기 퇴사율이 높은 이유 중 하나다.

'기울어진 운동장' 정책이 어디 이뿐이랴. 19년간 묶여있던 의대 정원 확대 또한 그러한 예다. 2025년부터 2,000명을 증원하면서 지방 의대에만 배정했다. 서울 지역 의대에는 단 한 명의 증원도 없었다. 40개 대학으로부터 증원 수요와 교육 역량에 대한 자료를 제출받았으며 현장점검을 포함한 검증과 의료계를 비롯해 사회 각계각층과 130차례 이상 소통한 결과라는 보건복지부 브리핑. 정부만의 독백이다.

◎ 엉클어진 한국 교육, 대혁신 긴요

연금·노동과 함께 3대 과제로 꼽히는 교육개혁. 정부는 당위성만 강조할 뿐 진척은 지지부진, 하대명년이다. 윤석열 정부의 교육개혁 국정과제로는 '초등 늘봄학교'와 유치원과 어린이집의 '유보통합' 등이 꼽힌다. 늘봄학교는 국가 책임 돌봄을 실현하기 위해 학교에서 촘촘한 돌봄을 제공하고 방과 후 교육의 질을 높이기 위해 교육부가 올해 시범 도입했다.

유보통합은 정부가 저출산 대책의 하나로 추진하는 프로그램. 유치원과 어린이집 관리체계를 일원화한 게 핵심이다. 기존 교육 업무를 주로 맡고 있던 유치원과 돌봄 업무를 주로 담당했던 어린이집을 하나로 통합했다. 영유아들이 상향된 서비스를 받게 하려는 게 주목적이다. 잘하는 일이다. 하지만 그래봤자 긴급 현안에 대한 응급 대응에 불과하다.

개혁 대상이 도처에 널려 있다. 시대적·사회적 요청에 부응하고 환경 변화에 대응하기 위해 새로운 비전을 수립하고 효율적인 전략과 전술을 실행해야 마땅하다. 미래를 적극적으로 계획하여 교육 발전을 획기적으로 도모해야 맞다. 교육의 대중화, 교직의 전문화, 교육 내용과 방법의 현대화, 교육 행정·재정의 효율화를 서둘러 이뤄내야 한다.

엉클어진 한국 교육. 대대적인 정비와 혁신이 긴요하다. 4차 산업 혁명 시대를 맞아 교육의 기본 방향을 새롭게 설정하고 장기 발전을 위한 체계적인 실천이 절실하다. 1인당 국민소득 5만 달러 수준의 선진국 진입을 위해서는 교육을 통한 우수 인적자원 확보가 필수이고 급선무다. 개혁을 더 미뤘다간 지지하천(至至下賤). 교육의 품질 저하, 사회적 불평등 심화, 경제 발전 저해, 국제 경쟁력 하락을 피할 수 없다. 설마가 사람만 잡는 게 아니다. 경제도 잡고 나라도 잡는다.

〈2024년 4월 22일, 권의종〉

정부 지원에 따라붙는
소득 요건과 나이 기준, "적정한가?"

⊗ '결혼이 걸림돌', '나이 먹은 게 죄'

'천원의 아침밥'. 아침 식사 결식률이 59%인 청년층에 건강한 아침 밥을 단돈 1,000원에 제공하는 정책 사업이다. 올해부터는 중앙정부 지원 단가가 1,000원에서 2,000원으로 오르고 지난해보다 42개교 늘어난 186개교가 사업에 참여했다. 전국 17개 광역시·도 가운데 16개 시·도에서 38억 원 수준의 추가 지원계획도 수립했다.

5,000원의 식사 원가를 농림축산식품부가 2,000원, 지자체와 학교, 학생이 각각 1,000원씩 부담하는 구조다. 수혜자인 대학생의 인기가 폭발적이다. 지난해 140개교 5,711명을 대상으로 벌인 설문 조사 결과에 따르면 '아침밥의 중요성을 느꼈다'는 응답자 비율이 90.4%에 달했다. '건강한 식습관에 도움이 됐다'는 의견도 90.5%에 이르렀다.

여기까지만 놓고 보면 누가 봐도 나무랄 데 없는 성공한 정책이다. 그런데 웬걸. 제도 시행 후 현장은 딴판으로 돌아간다. 대학마다 이른 아침부터 식당 오픈런이 벌어진다. 수업시간보다 2~3시간 일찍 학교에 나온 학생들이 식당 앞에 긴 줄을 늘어선다. 준비된 식권이 순식간에 동나고 대다수 학생은 허탕을 치고 발길을 돌려야 한다.

현실과 동떨어진 탁상행정이 어디 이뿐이랴. 주택 청약도 그러하다. 부부 합산 소득금액을 요건으로 하다 보니 결혼이 걸림돌로 작용한다. 신혼부부 특별공급의 경우 도시근로자 가구당 월평균 소득의 130%(846만 원) 이하(맞벌이는 140%, 911만 원)이어야 청약 신청이 가능하다. 1인 가구도 신청 가능한 일반 청약이 월평균 소득 100%(651만 원)가 기준이다. 월 500만 원가량 버는 두 사람이 부부가 되면 청약 요건에 미달한다.

⊚ 정책 지원은 초기 마중물 역할에 그쳐야

정책 대출도 부부보다 미혼이 유리하다. 주택 구입 때 저금리로 돈을 빌릴 수 있는 디딤돌대출은 신혼부부는 연 소득 7,000만 원 이하가 지원 대상이다. 30세 이상 미혼 1인 가구도 첫 주택 구입이면 소득 요건이 연 7,000만 원 이하로 같다. 주택 수요자 지원을 위한 특례보금자리대출의 우대금리 조건도 비슷하다. 청년 1인 가구는 연 소득 6,000만 원 이하, 신혼가구는 7,000만 원 이하로 별 차이가 없다.

전세 또한 신혼부부에게 불리하다. 청년 버팀목 전세자금 대출의 경우 34세 이하 세대주에 전세보증금을 2억 원까지 저금리로 대출한다. 이때 청년 1인 가구의 소득 기준은 연 5,000만 원, 신혼가구는 연 6,000만 원 이하다. 거기서 거기, 도긴개긴이다.

소득 지원에서도 부부는 밀려 있다. 소득이 적은 가구에 근로장려금을 주는 근로장려세제(EITC)는 1인 가구에 유리하게 설계됐다. 단독가구는 연 소득 2,200만 원 미만, 맞벌이 가구는 3,800만 원 미만이어야 받을 수 있다. 결혼하면 단순 계산으로 가구원이 2배로 늘어나는데 소득 인정액은 1.7배에 불과하다. 국회입법조사처 보고서에 따르면 2019년 기준 맞벌이 가구의 근로장려금 수급률은 6.5%로, 단독가구(27%)의 4분의 1에도 못 미친다.

소득 요건이 따라붙는 정부 지원 제도는 이 말고도 또 있다. 여성가
족부가 운영하는 아이돌봄 서비스의 경우 소득에 따라 지원 금액이
달라진다. 중위소득 75% 이하 가구는 85%를, 120% 이하면 60%를,
150%를 넘으면 단 한 푼도 못 받는다. 서울시가 지원하는 돌봄수당
또한 소득 기준을 적용하는 건 매한가지. 만 2세 아이를 할아버지·할
머니가 돌봐 줄 때 수당 명목으로 월 30만을 지급하는 데 지원 대상을
중위소득 150% 이하로 한정한다.

🔍 명분·형식 집착하면 실속·실질 줄어

소득 요건의 최대 피해자는 노령층이다. 빈약한 연금만으로는 생
활하기 어려워 노구를 이끌고 일을 하게 되면 불이익을 당한다. 일정
금액 이상을 벌면 그 알량한 노령연금마저 깎이고 만다. 더구나 65세
이상은 취업을 해도 고용보험에 가입하지 못한다. 실직해도 실업수
당을 받을 수 없다. 고령화 진도가 세계에서 가장 빠르고 노인빈곤율
이 OECD 최고인 나라에서 벌어지는 일들이다. '나이 먹은 게 죄', '돈
좀 벌면 눈엣가시'다.

물론 만능의 정책은 있을 수 없다. 빛이 있으면 그림자가 생기게 마
련이다. 하지만 그럴수록 현실에 맞는 정책을 세우고 환경 변화에 맞
춰 그때그때 수정과 보완을 가해야 맞다. 천원의 아침밥도 '천원'이라
는 가격에 집착해선 안 된다. 초과 수요를 충족하기 위해서는 부담되
지 않는 범위 내에서 가격을 올려서라도 소수의 특혜에서 다수의 혜
택으로 바꿀 필요가 있다.

정책은 멀리 보고 크게 그려야 한다. 만들 때 없어질 것까지 염두에
둬야 한다. 국가 재정으로 운용하는 정책은 어디까지나 초기 마중물
역할에 그쳐야 한다. 시장 실패에 따른 정부 개입은 소기의 목적이 달
성되면 중단하고 시장기능에 맡기는 게 순리다. 정책은 만들기는 쉬

우나 없애기는 어렵다. 한번 만들어지고 나면 수혜자가 생기다 보니 원래대로 되돌리는 게 불가능에 가깝다. 엄청난 저항과 반대에 부딪혀야 한다.

정책 간에는 손발이 맞아야 한다. 엇박자 정책은 혈세만 낭비할 뿐 효과를 거두기 어렵다. 앞서 예와 같이 저출산 고령화 시대를 맞아 결혼과 출산을 후원하고 노령화에 대비해야 할 정부 지원에서 소득이나 나이를 따지는 건 앞뒤가 안 맞는다. 비현실·비효율의 전형이다. 묘한 게 정책이다. 명분에 집착하면 실속이 줄어들고, 형식에 치우치면 실질이 떨어진다. 그래도 이 두 가지 모두를 충족해야 정책이 제 몫을 한다.

〈2024년 4월 1일, 권의종〉

'갑질'하는
선진국은 없다

🔍 우리 사회 곳곳에 만연한 갑질 횡포

듣던 중 반가운 소리다. 공직 인사에 희망이 보인다. 정부가 고위 공무원 승진심사 때 소통과 협업 역량을 갖췄는지를 평가한다. 부처 이익만 추구하고 기관 내·외부 고객을 상대로 '갑질'하는 공직자는 국·과장이 될 수 없도록 걸러낸다. 국·과장 역량평가 때 평소 생각이나 행동이 부처 이기주의와 우월적 사고를 하고 행동하는지를 중점적으로 본다는 방침이다

언제부턴가 공권력이 강자에 약하고 약자에 강해져 있다. 법 집행과 행정 서비스가 공정치 못하다는 불만과 비난이 잇따른다. 공권력의 위압과 공무원의 갑질로 상처받는 사람들이 끊이지 않는다. 이들에게는 민생 안정, 행정 편의, 주민 중심 등은 관청 외벽에 내걸린 현수막 슬로건 불과하다.

산하기관을 대하는 공직자 태도가 유독 오만하고 권위적이다. 인사권과 예산권, 업무감독과 경영평가를 무기로 독단과 전횡을 일삼는다. 시시콜콜 따지며 불통불통 대한다. 공기업에서 자율성은 씨가 말랐다. 고위직은 으레 정부나 정치권 인사들 차지. 기관장 자리는 내부 출신에겐 언감생심, 꿈도 꾸기 어렵다. 존귀 영광 모든 권세는 공무원이 누리고, 멸시 천대 십자가는 산하기관이 져야 한다. 순종을 미덕으로 인고를 숙명처럼 여겨야 하는 서글픈 처지다.

'을'인 산하기관이 업무적으로 간섭과 감독을 받는 거야 어쩔 수 없다. 비하와 하대는 견디기 어렵다. "관(官)은 치(治)하기 위해 존재한다"는 어느 얼빠진 공무원의 망언이 두고두고 회자된다. 하는 짓거리가 치졸하기 짝이 없다. 산하기관 직원에게 출퇴근 때 운전을 시키고 자녀 숙제를 하도록 하는가 하면, 명절 때 가족과 먹을 한우 고깃값을 파견 나온 공기업 직원에 부담시켰다가 감사원에 적발되기도 했다. 극히 일부의 사례일 것이나 빙산의 일각일 수도 있다.

◎ '존귀 영광' 공무원, '멸시 천대' 공기업

지방의회의 갑질은 공무원은 저리 가라다. 2023년도 지방의회 종합청렴도 평가 결과가 뜻밖이다. 이 조사에서, 지방 공직자 16%는 지방 의원이 권한을 넘어서는 부당한 업무 처리를 요구하거나 갑질을 하는 것을 겪었다고 응답했다. 계약 업체 선정에 부당하게 관여(9%)하거나 특혜를 위해 부당하게 개입(8%)하는 때도 경험했다고 대답했다.

갑질은 공직자 전유물이 아니다. 공무원에 대한 민원인의 갑질 또한 못지않다. 부처마다 민원 처리에 골머리를 앓고 시달리는 공무원이 부지기수다. 극한 갑질에 극단 선택을 하는 사례가 꼬리를 문다. 민원 유형도 가지가지. 전국시군구공무원노동조합연맹이 지난해 공무원 1,873명을 대상으로 벌인 설문 조사가 방증하는 바다. 10명 중 9명은 최근 6개월간 혼잣말 욕설 등 폭언(88.9%)을 경험했다고 했다. 반복 전화(85.8%), 장시간 전화(85.4%), 인격 모독(80.8%)도 공무원이 자주 겪는 악성 민원 사례로 꼽았다.

공무원은 민원인에게 괴롭힘을 당해도 속수무책이다. 참고 넘어가는 경우가 거의 전부다. 인사혁신처가 지난해 2월 공무원 1만98명을 대상으로 한 '공무원 감정 노동에 대한 실태 조사'만 봐도 심각성이 감지된다. 공무원 61.1%는 악성 민원에도 '아무 조치를 하지 않았다'고 답했다. 그런데도 책임은 오롯이 공무원 개인 몫. 부처는 여론을 의식해서인지 공무원 보호보다 처벌과 징계에 치중한다.

갑질은 힘을 가진 권력 집단에서부터 시작됐다. 관련 설문을 보면, 정치권(94%), 대기업(93%), 사법부(90%), 언론(85%)이 최대 갑질 집단으로 꼽힌다. 지금은 많이 달라졌다. 이익단체(81%), 정부·공무원(75%), 노동조합(74%)도 따가운 눈총을 피해가지 못한다. 중소기업(63%)과 소비자(57%)도 강도는 약하나 갑질 집단으로 지목을 받고 있다.

⊚ 갑질은 지독한 고질병, 무서운 망국병

갑질 횡포가 우리 사회 곳곳에 만연한다. 본사-대리점(93%), 고용주-직원(93%), 고용주-인턴·견습생(87%) 등 기업·고용자 관련 갑질이 성행한다. 감정노동자와 소비자 관계(85%), 비정규직과 정규직 관계(84%), 임대-임차 관계(75%), 직장 상사-후배직원 사이(74%) 등 생활형 갑질도 난무한다.

한국리서치가 2018년 전국 성인남녀 1,000명을 대상으로 벌인 웹 조사 결과만 봐도 그렇다. 우리나라의 갑질 문화에 대해 전체 응답자의 50%가 "매우 심각하다"고 했고, 46%가 "대체로 심각하다"고 답했다. 갑질을 당해본 경험이 있는지 물어본 설문 내용도 놀랍다. "매우 자주 당하고 있다"는 응답은 6%, "가끔 당하고 있다"는 응답이 46%, "한두 번 당해본 경험이 있다"는 응답이 38%였다. "전혀 경험한 바 없다"는 응답은 10%에 그쳤다.

갑질이 줄지 않는 이유 중 하나는 호소할 데가 마땅찮다는 점이다. 갑질 사건이 터질 때마다 언론과 인터넷이 들끓고 정부나 사법부가 엄단 의지를 밝히나 그때뿐이다. 이내 흐지부지되고 만다. 피해자도 해당 기관의 담당 부서에 도움을 청하거나 사법 조치 등 공적 제도를 활용하는 게 문제 해결에 도움이 안 된다고 여긴다. 피해자를 규합한 집단행동이나 SNS-언론 폭로 등의 제도 밖 수단에 더 의존하려 한다.

갑질은 약육강식 원리가 지배하는 동물의 세계에서나 있을법한 일이다. 인간 사회, 특히 민주 국가에서는 용납될 수 없는 악행이다. 갑질 관행을 청산치 않고는 진정한 선진국이 될 수 없다. 그런 예는 과거에도 없었고 앞으로도 없을 것이다. 갑질은 지독한 고질병, 무서운 망국병이다. 어서 뿌리를 뽑아야 한다.

〈2024년 3월 11일, 권의종〉

기로(岐路)의 대한민국, 힘을 합쳐야

세상이 미쳐 돌아가는 형국이다. 인류는 지금껏 스스로를 꾸준히 진보하는 종(種)이라고 철석같이 믿고 살았다. 그런데 그 믿음이 흔들리고 있다. 시간이 흐를수록 문명은 발달하고 긍정적으로 변화하는 것이 정상일진대, 그와는 반대 방향으로 움직이는 해괴한 현상들이 지구촌 곳곳을 휩쓸고 있다. 도처(到處)에서 벌어지는 이해하기 힘든 '초현실적인 사건'들 앞에서 너 나 할 것 없이 머릿속이 하얘지며 당혹감에 빠져있다.

언제부터인가 등장한 기이한 뉴노멀(New normal)은 어느 한 분야나 지역에 국한된 게 아니다. 별다른 명분도 없이 툭하면 전쟁을 일으키는 국가들, 도덕성이 형편없거나 장기집권을 밀어붙이는 독재자들이 권력을 잡는 나라가 늘어나는 것만 봐도 그렇다. 일찍이 토머스 홉스가 경고했던 '만인에 대한 만인의 투쟁(The war of all against all)'을 떠올리지 않을 수 없다. 정녕 이런 게 새로운 질서란 말인가? 상상만 해도 끔찍한 일이 아닐 수 없다.

그런데 불행하게도 우리나라가 그 혼란의 대열에 끼고 말았다. 난데없는 비상계엄을 둘러싸고 온 나라가 두 조각으로 갈라져서 죽기 살기로 싸우고 있다. 예기치 못한 충격적인 사태를 맞아, 지금 이 나라 백성들은 망망대해 속에 위태롭게 떠 있는 일엽편주 신세가 되었다. 거센 파도를 넘어 어떻게든 살아남으려고 발버둥 치는 꼴이다.

세계는 빠르게 변화하고 그 격랑(激浪)이 무섭게 덮쳐오고 있는데, 지도자를 자처하는 이들은 오로지 자신들의 안위와 권력투쟁에만 몰두하고 있다. 입만 열면 국민을 들먹이던 정치꾼들은 혼란한 정국 속에서 저만 살아남겠다고 머리를 굴리고, 그들을 맹목적으로 추종하는 세력들은 곳곳에서 '불난 집에 부채질'을 해대고 있다. 마치 지구상에 우리밖에 없는 양 좁은 땅에서 이전투구에 골몰하는 작태를 바라보는 국민의 가슴은 미어지다 못해 터져나갈 지경이다.

🔍 역사의 준엄한 심판이 눈앞에

우리 민족은 유난히 고난으로 점철된 아픈 기억을 품고 살아간다. 멀리 갈 것도 없이, 70여 년 전에 지긋지긋한 일제 치하(治下)에서 벗어나자마자 곧바로 동족상잔의 비극을 맞았다. 하지만 우리는 불굴의 투지로 그것들을 극복했다. 그리고 선진국으로 발돋움했다. 우리가 이루어낸 도약은 세계사에서도 보기 드문 일이다. 국제사회도 그 짧은 기간에 산업화와 민주화를 동시에 성취한 거의 유일한 국가라는 걸 인정하고 있지 않은가.

물론 그 과정에서 겪어서는 안 될 갈등과 증오, 편을 갈라 서로를 저주하는 불행한 일들도 있었다. 그리고 그런 현상이 여전히 남아있는 점도 안타깝다. 지금 이 순간에도 서로를 경멸하고, 특정한 이념이나 관점을 고집하며, 상대방의 의견이나 주장을 무시하는 태도를 고집하는 자들의 우스꽝스러운 광대극이 판치고 있다. 그런 세태가 국민의 자존감을 얼마나 훼손했는지 짐작하기조차 힘들다.

최근 들어 정치권은 극심한 정쟁으로 국론을 분열시켰다. 국민 수준을 한참 밑도는 정치 모리배들은 천박한 행태를 일삼으며 나라를 어지럽혔다. 그런 와중에 계엄이라는 최악의 사태를 맞게 된 것이다. 비록 몇 시간 만에 해제되긴 했지만, 국제적으로 한껏 높아진 대한민국의 위상을 일거에 무너뜨리고, 수십 년에 걸쳐 힘들게 쌓아 올린 국격(國格)은 물거품이 되었다. '청천 하늘에 날벼락'을 맞은 백성들의 깊은 탄식이 온 나라를 뒤덮고 있다.

도도한 역사의 흐름 속에서 지금은 찰나에 불과하다. 하지만 우리가 겪고 있는 이 혼돈은 감당하기 힘들 만큼 크고 무겁다. 역사는 지금의 사태에 대한 책임을 준엄하게 물을 것이다. 그리고 그 대상은 어느 한 사람이나 정파에 그치지 않을 것이며, 당리당략을 일삼던 정치권 전체를 향할 것이다. 나라를 안정적으로 이끌고 번영시켜야 할 본연의 책무는 도외시하고, 사리사욕만 탐하는 철면피한 행태를 역사가 용서할 것 같은가?

⊕ 힘내자 대한민국, 이 또한 지나가리니

이 대목에서 솔로몬과 푸시킨을 떠올리지 않을 수 없다. 우리가 익히 아는 '이 또한 지나가리라(This too shall pass away)'라는 경구는 다윗 왕의 반지에 새겨진 최고의 문구로 솔로몬이 썼다고 한다. 세상의 온갖 고뇌를 안고 사는 백성들에게, 지금 겪고 있는 상황을 참고 견디면 언젠가는 좋은 날이 올 거라는 희망을 주려는 뜻에서 한 말일 것이다.

알렉산드르 푸시킨도 그의 시 〈삶이 그대를 속일지라도〉에서 "삶이 그대를 속일지라도 슬퍼하거나 노여워하지 말라! 슬픈 날을 참고 견디면, 기쁜 날이 오고야 말지니."라고 노래하지 않았던가? 그렇다. 지금은 우리 모두 흥분과 비탄에 잠겨있지만, 가만히 생각해보면 내일의 태양은 또 떠오르고, 강물도 그 자리에서 도도히 흐를 것이다. 오랜 세월 동안 그래왔던 것처럼.

예기치 못한 돌발 상황을 맞아 잠시 당황했지만, 우리는 이대로 주저앉지 않을 것이다. 우리가 누구던가? "대한민국에서 민주주의가 꽃피는 것은 쓰레기통에서 장미꽃이 피는 것과 같다"라는 세상의 조롱과 동정을 딛고 일어나, 보란 듯이 선진국 대열에 진입한 저력을 지닌 나라다. 지금은 잠시 비틀대는 것처럼 보이나, 머지않아 상황을 추스르고 다시 한번 비상(飛上)할 것을 믿어 의심치 않는다.

오천만 국민이여, 대한민국의 놀라운 회복력을 추호도 의심하지 말자. 오늘의 이 아픔을 '제2의 도약'을 위한 디딤돌로 삼자. 그리하여 세계 속의 당당한 주역으로 우뚝 서는 계기로 만들자. 이보다 몇 배 더 큰 고난도 의연하게 극복해낸 우리다. 이제는 차분하게 일상으로 복귀하자. 담담하지만 꺼지지 않는 범국민적 열망을 바탕으로 용약(勇躍) 전진하자! 세계가 우리를 숨죽여 지켜보고 있다.

〈2024년 12월 23일, 나병문〉

대참사 우려되는
'사이버 해킹'

보도에 따르면 경찰이 법원과 검찰청, 경찰청 소속 직원 수십 명의 내부망 계정 및 비밀번호로 추정되는 정보가 온라인에 공개된 사건에 대해 내사에 착수한 것으로 확인됐다. 개인정보 유출 피해자 명단에는 최근 대법관 후보에 들어갔던 고위 법관도 포함된 것으로 파악됐다. 기자가 피해자들에게 연락해 보니 모두 실존 인물이었고, 그들 중 절반 이상이 "본인이 실제 사용했던 계정과 비밀번호가 맞다"라며 해킹당한 사실을 인정했다고 한다.

해당 정보를 온라인에 공개한 인물은 자신을 '워페어(Warfare)'라는 이름으로 소개하며 해킹을 통해 그 정보들을 얻었다고 주장했다. 그는 해킹에 성공했다는 증거도 공개했는데, 연초에 서울경찰청이 작성한 '2024 상반기 물리력 대응훈련 일정' 등의 파일 목록이 담긴 경찰 내부망 캡처 화면, 경찰 전용 메신저 설치 파일을 비롯하여 삼성그룹과 현대그룹 계열사 직원들의 계정과 비밀번호 등을 공개했다.

일반인들보다 보안 의식이 훨씬 높을 거라 믿어지는 법원이나 검·경 직원들, 그리고 대기업의 전산망이 이처럼 쉽게 뚫렸다는 것 자체가 충격으로 다가온다. 평소 우리가 신뢰하던 국가 기관의 사이버 보안이 그 정도로 허술했다는 사실을 알게 된 국민의 걱정도 이만저만이 아니다. 일정 수준의 해킹 능력을 갖춘 범죄자가 마음만 먹으면 언제든지 우리의 사생활 속으로 침투할 수 있다는 데 생각이 미치면 경악하지 않을 수 없다.

요즘 들어 북한의 해킹 공격도 갈수록 극성스러워지고 있다. 경찰과 국정원 등에 따르면, 북한의 법원 전산망 해킹은 지난 2021년부터 2023년까지 최소 2년간 계속됐다. 지난달 국방부 고위 공무원과 장성 등 백여 명의 개인 이메일이 해킹당한 사건 역시 북한 정찰총국 산하 해킹조직의 소행인 것으로 분석됐다. 그러자 여기저기서 우려의 목소리가 터져 나왔다. 정부 기관의 정보보호 역량을 강화해야 한다는 요구도 거세지고 있다.

🔍 21대 국회에서 좌절된 관련 법안

국회가 개인정보보호위원회로부터 제출받은 자료에 따르면, 올 상반기 5개월 동안 개인정보 유출을 신고한 공공기관은 50곳으로 역대 최고치를 기록했다. 임종인 고려대 석좌교수는 "법원과 같은 헌법기관은 사실상 자율적으로 대응해야 하는 상황에 놓여 있다. 하지만 정부 기관들이 개별적으로 해킹에 대응하는 건 사실 불가능하다. 기관별 독립성을 훼손하지 않으면서 서로 안보협력이 가능하게 국회에서 관련 법안을 만드는 것이 시급하다"라고 말했다.

지난 21대 국회에서 국회와 법원, 선거관리위원회 등 주요 정부 기관의 정보보호 책임과 권한을 강화하는 내용의 '사이버안보 기본법안'이 발의됐지만 결국 본회의 문턱을 넘지 못한 채 폐기된 적이 있다. 그에 대한 우려와 비난이 높아지자 여당 소속 박충권 의원이 제22대 국회 공동 1호 법안으로 '전자정부법 개정안'을 발의했다. 대법원 등 행정기관에 대한 심각한 사이버공격 발생 시 즉시 국정원에 알리도록 하는 내용을 담은 법률안이다.

현행법에서도 행정기관장이 정보통신망을 이용해 전자문서를 보관·유통할 때 유출 등을 방지하기 위해 국정원장이 안전성을 확인한 보안 조치를 취할 것을 의무화하고 있다. 하지만 법원·헌법재판소·중

양선거관리위원회 등은 '해당 기관의 장이 필요하다고 인정하는 경우'에만 그 의무를 적용하게 되어있다. 기관장이 필요치 않다고 인정하면 자율에 맡기도록 허용한 것이다.

박충권 의원이 공동 발의한 이번 개정안은 대법원 등 행정기관의 장은 정보통신망과 행정정보 등에 국가의 안전보장에 심각한 위협 또는 업무수행에 현저한 지장을 초래하는 사이버공격·위협이 발생하면 그 사실을 즉시 국가정보원장에게 알리도록 의무화했다. 박 의원은 "이번 대법원에서 개인정보가 유출된 피해자 수는 가늠하기 어려울 정도로 심각한 상황"이라며 "법원행정처는 기관의 독립성을 이유로 해킹 사실을 숨기기에만 급급했다"라고 꼬집었다.

🔍 22대 국회에서 반드시 통과시켜야

박충권 의원은 "북한은 사이버 해킹을 통한 자금 마련을 위해서 IT 엘리트 양성에 집중적으로 투자하고 있다. 그런 상황에서, 국민 생활과 직결되는 사이버안보에 있어서 대법원 등의 행정기관도 예외가 돼서는 안 된다. 이번 사태와 같은 해킹의 재발 방지를 위한 범정부적 차원의 노력이 필요하다"라며 우려를 표명했다.

갈수록 독해지는 사이버공격을 막아낼 제대로 된 대응책이 없다는 건 보통 심각한 문제가 아니다. 그와 관련하여, 사이버 보안 전문가인 국방대학교 김정호 교수는 보안 정책의 획기적 전환을 위한 몇 가지 대책을 주문했다. 그는 사이버 공간에 저장·유통되는 데이터별 보호 등급 기준의 재정립과 등급별 보호 대책의 구체화, 그리고 민간기술을 효과적으로 활용하여 암호화 체계의 적용 기준을 수시 업데이트 해야 한다고 제안한다.

김 교수는 "한 단계 높은 차원의 사이버 정보보호 개념을 도입해야 한다. 일정한 보호 장벽 안에서 데이터를 보호하는 현행 정책은 작은 취약점만으로도 시스템 전체가 무력화될 가능성이 크기 때문에, 모든 컴퓨팅 과정의 신뢰성을 반복 검증하는 H/W 기반을 구현함으로써 기존 정책의 맹점을 보완해야 한다. 나아가 예견되는 미래 위협에 대응할 제도를 조기에 정착시켜야 한다"라고 주장했다.

사이버 보안의 중요성은 아무리 강조해도 지나치지 않다. 하물며 국가 주요 기관이라면 더욱 그렇다. 그런데도 국회는 무슨 이유에서인지 관련 법안의 통과를 미적대고 있다. 물론 새로운 보안 체계 구축에는 수많은 시간과 노력, 막대한 비용이 든다. 하지만 사이버 대란이 언제 닥칠지 모르는 상황에서 느긋하게 팔짱만 끼고 있는 건 명백한 직무유기다. 재앙적 사태를 막기 위한 정부와 국회의 분발을 촉구한다.

〈2024년 7월 2일, 나병문〉

누군가 사생활을
들여다본다!

우리가 평소 별생각 없이 자주 쓰는 사생활이란 용어의 사전적 의미는 '개인의 사사로운 일상생활'이다. 여기서 사사롭다는 말은 '공적(公的)이 아닌 개인적인 범위나 관계의 성질이 있다'라는 뜻이다. 그렇기에 사생활은 당사자 동의 없이 타인에게 공개될 수 없으며 만일 이를 위반하는 행위를 하면 사생활 보호법에 저촉된다.

법률적 관점에서의 사생활 보호란 개인의 사생활 영역에서 인간의 존엄성 유지를 위한 주거의 자유, 사생활의 비밀과 자유, 통신의 비밀과 자유 등을 본인의 동의 없이 타인에게 침해(개인정보의 유출, 오용, 남용 등을 포함)당하지 않도록 보호하는 것이다. 그와 관련하여 대한민국 헌법 제17조는 '모든 국민은 사생활의 비밀과 자유를 침해받지 아니한다.'라고 규정하고 있다.

사생활 문제에 대한 갈등은 가족 간에도 빈번하게 발생한다. 서구적인 문화와 사고방식에 익숙한 신세대는 변화를 잘 이해하지 못하는 부모 세대와 이 문제를 놓고 심각하게 대립하기도 한다. 한 세대 전만 하더라도 부모가 자녀의 삶에 광범위하고 깊숙하게 간여하는 가정이 많았다. 그때는 진학이나 취업은 물론, 배우자 선택 등 자녀의 사생활 전반에 걸쳐 부모가 좌지우지하는 걸 용인하는 사회적 분위기가 있었다.

요즘도 부모의 자녀에 대한 사생활 간섭은 여전하다. 자녀가 누구를 만나는지, 돈을 어디에 썼는지 등 시시콜콜한 일상을 속속들이 알아야 속이 풀리는 부모가 생각보다 많다. 심지어 전화나 문자 기록까지 들여다보고, 공부하는지 감시하려고 방문을 닫지 못하게 강요하는 일조차 있다. 자녀를 독립적인 인격체로 보지 않는 그런 행위로 인해 자녀에게 마음의 상처를 입히고 미래를 망친다는 사실을 몰라서 그러는 걸까.

⊛ 불신(不信) 키우는 비열한 범죄행위

사생활 침해는 보통사람들의 일상에서도 부지불식간(不知不識間)에 발생한다. 아직도 우리 사회에서는 초면이나 서로 잘 알지 못하는 사이에 민감한 질문을 해대는 이들이 적지 않다. 이성 교제나 결혼 여부, 연봉 등에 관해서 아무렇지도 않게 묻는 이들도 여전히 존재한다. 하지만 신세대에게 다짜고짜 그런 질문을 해보라. 분명 무례하고 모욕적인 행동으로 받아들일 것이다. 당사자의 의도와 관계없이 자칫 인간관계를 망칠 수도 있다.

특정 집단 내에서의 사생활 침해도 심각하다. 군대에서 선임 병사가 후임병의 가족이나 애인에게서 온 편지를 읽어본다든가, 일기장을 검열하는 행태도 있다. 운동선수들의 합숙소나 공장 내 기숙사 같은 곳에서도 그와 유사한 불상사가 일어나곤 한다. 하지만 어떤 경우에도 본인이 원치 않을 때 개인의 사생활을 엿보는 건 용납할 수 없는 범죄행위다. 특히 조직 특성상 공동생활을 할 수밖에 없는 장소에서는 구성원 모두의 각별한 주의와 협조가 요구된다.

인터넷상에서의 사생활 침해도 최근 들어 급증하고 있다. 지구촌 곳곳에서 기관이나 개인에 대한 도·감청 사건이 속속 드러나면서 그에 대한 경각심이 날로 높아지고 있다. 국내에서도 이러저러한 사찰로 논란이 된 적이 있다. 국가 기관에서 행해지는 통신감청에 대한 찬반 의견도 다양하다. 안보나 범죄 예방을 위해 불가피하다는 주장도 있지만 오용될 소지가 있기에 허용해선 안 된다는 주장도 거세다.

몰래카메라는 사생할 침해의 전형적인 형태다. 촬영 대상이 인지하지 못하는 상황에서 무단으로 촬영하기 때문에, 온라인의 발달에 따른 새로운 형태의 범죄로 대두되고 있다. 개인의 성적 욕망을 채우거나 경제적 이익을 위하여 은밀하게 촬영, 저장, 유통하는 범죄행위가 극성스러워지며 심각한 사회 문제로 비화하고 있다. 자신도 모르는 사이에 피해자가 된 당사자는 수치심에 치를 떨거나 심할 경우 극단적인 선택을 하기도 한다.

ⓠ 사생활은 불가침 영역, 확실한 보호책을

이희성 前 원광대학교 교수는 "사생활의 자유는 주거의 자유, 사생활의 비밀과 자유, 통신의 비밀과 자유로 나눌 수 있다. 주거의 자유는 개인이 사생활을 공간적으로 보호받을 수 있는 권리이다. 사생활의 비밀과 자유는 각자가 '나만의 영역'을 갖는 걸 말한다. 통신의 비밀과 자유는 편지, 전화, 소포 등의 합법적 통신 수단의 이용이 자유롭고 통신 형태, 내용, 배달 방법 등이 본인의 의사에 반하여 공개될 수 없는 것을 말한다"라고 설명한다.

정보화 사회에서는 정보가 곧 능력이기에 누구나 최신 정보 습득을 위해 다양한 정보 시스템을 빈번하게 이용할 수밖에 없다. 그러다 보면 자연스레 각종 위험에 노출될 확률도 높아진다. 현대인들은 하루 24시간 사생활 침해의 위험성에 노출돼 있다고 해도 과언이 아니다. 그러한 위험을 예방하기 위해서는 각자의 보안 의식 함양이 최우선이다.

가정이나 직장 등의 일상에서 메일이나 인터넷 사용 시 비밀번호를 수시로 변경하고, 주민등록이나 휴대전화 번호 같은 뻔한 비밀번호는 피해야 한다. 신용카드나 신분증, 각종 청구서와 우편물 등도 철저히 관리해야 한다. 자칫 방심하다 정보가 노출되는 경우, 명예를 잃고 공동생활에서 배제될 수도 있다. 최악의 경우엔 전 재산을 날리거나, 친구나 지인과의 인간관계가 송두리째 무너질 수 있다.

정보보호의 일차적 책임은 개인에게 있다. 하지만 그렇다고 개인에게만 맡겨서 될 일은 아니다. 진화하는 범죄 수법을 전문적 지식이 부족한 일반인이 막아내는 건 거의 불가능에 가까우므로 부족한 부분을 국가가 채워줘야 한다. 정부는 시급히 관련 법과 제도를 개선하고 피해 방지책을 정교하게 수립하여 시행해야 한다. 나아가 억울한 피해자 발생 시 그들의 명예훼손을 막고, 손해배상청구로 법적 대응을 할 수 있도록 적극적으로 도와야 한다.

〈2024년 5월 7일, 나병문〉

'은둔형 외톨이'
양산하는 사회구조

어떤 세상이든 대중과 교감하지 못하는 소외 계층은 늘 존재한다. 그런데 최근 들어 '은둔형 외톨이' 문제가 심각한 사회문제로 대두되고 있다. 보건복지부가 지난해 12월 발표한 '2023 고립·은둔 청년 실태조사'에 따르면 우리나라의 고립·은둔 청년은 전체 청년 인구의 약 5%에 달하는 54만 명이다. 그중에서 13~18세 사이의 청소년이 약 14만 명이라고 한다.

은둔형 외톨이란 집 안에만 칩거한 채 가족 이외의 사람들과는 인간관계를 끊고 장기간 사회적 접촉을 하지 않은 사람들을 일컫는 말이다. 그들은 타인과의 대화를 거부하고 일상(日常)의 대부분을 방 안에 틀어박혀 지낸다. 외부와 연락도 끊은 채, 인터넷을 통하여 글을 읽거나 게임이나 음악 등에 빠져 시간을 보낸다. 그렇게 살다 보니 갈수록 의지는 나약해지고 종종 자살 충동이나 우울증, 강박증, 폭력성을 보이기도 한다.

그들이 은둔을 택하게 되는 계기는 학교폭력이나 경쟁적 교육환경, 직장 내 갑질, 대인관계의 어려움 등 다양하다. 어떤 이유에서건 일단 마음을 닫은 후에는 쉽게 회복하기 어렵다는 특성이 있다. 좌절이나 우울감, 비관적 사고에 빠져 재기불능 상태가 되는 경우도 적지 않다. 더러는 반사회적 행동을 표출하기도 한다. 가족과의 소통도 원활하지 않은 탓에 부모조차 그런 자녀를 어떻게 대해야 좋을지 모른다. 제대로 훈육하지 못했다는 죄책감에 빠지기도 한다.

홍순경 경남 청소년지원재단 원장은 "사회가 고속 성장하면서 핵가족화, 개인화, 한부모 가정, 청년실업 등 구조적 상황 외에도 부모 간 불화, 학교폭력, 부적응 등의 요인이 은둔하게 되는 계기가 되지만, 은둔을 선택한 이들이 남다른 기질을 가진 것은 결코 아니다. 그리고 은둔이 만성화되면 회복이 쉽지 않으므로 조기 개입이 중요하다"라며 특히 청소년기에는 주변의 적극적인 관심이 필요하다고 덧붙였다.

🔍 은둔형 외톨이, 사회적 병리 현상

은둔형 외톨이 현상은 개인이나 가정의 문제를 넘어선 사회문제다. 앞에서 정부가 추정한 은둔형 외톨이 수가 54만여 명이라고 밝혔지만, 전문가들은 실제 규모는 그보다 훨씬 클 것으로 본다. 은둔형 외톨이가 그렇게 늘어난 까닭은 핵가족화와 인터넷 보급 등 사회구조와 환경의 급속한 변화에 미처 적응하지 못했기 때문이다. 비대면과 개인화가 보편화된 사회에서 경쟁 구도에 내몰린 청소년·청년들은 누구나 은둔형 외톨이가 될 수 있다.

은둔형 외톨이를 아들로 둔 한 엄마는 "아들이 오랫동안 은둔 생활을 지속하다 보니 심리 상태가 불안하고 충고나 조언에 반감도 센 것 같다"라며 어려움을 호소했다. 그와 관련하여 주상희 '한국은둔형외톨이부모협회' 회장은 "외부의 도움을 받는 것 자체만으로도 자식을 은둔형 외톨이로 낙인찍는다고 생각해 상담을 기피(忌避)하는 부모도 있다"라며 "은둔을 숨기고 혼자 해결하고자 하는 행동은 자칫 자식의 은둔 생활을 장기화시킬 수도 있다"라고 우려했다.

허언정 경남청소년재단 은둔 청소년 담당자는 그들을 '기름 떨어진 차'로 비유하며 "개인의 노력이 결과로 잘 드러나지 않는 오늘날의 사회에서 많은 청소년·청년들이 발버둥 치다가 좌절한다. 반복된 좌절 속에서 더는 일어날 힘조차 없다고 느껴질 때 회피를 선택하는 게 은둔의 시작"이라고 설명했다. 하지만 또 다른 전문가는 "은둔형 외톨이들 스스로 현 상태가 행복하지 않다는 걸 인지하고 있으며 가능하면 벗어나고 싶어 한다"라고 주장한다.

현외성 '경남평생교육원구원' 원장은 "우리가 은둔형 외톨이에 더 관심을 가져야 하는 이유는 그들이 사회로 돌아가고 싶은 의지가 있기 때문"이라며 "인간은 사회적 동물이기에, 외로움은 극복하는 게 아니라 사랑과 관심으로 밀어내야 하는 것"이라고 강조했다. 그는 "인간은 사람들 사이에서 사랑을 주고받는 본능이 있다. 사랑받지 못해 고장 난 이들을 다시 움직이게 할 수 있는 사람은 우리뿐이다"라고 강조했다.

주위의 따뜻한 손길, 치유의 지름길

날로 각박해지는 세태는 우리가 사는 사회를 승자독식의 살벌한 세상으로 변모시켰다. 지난 시절 우리를 괴롭혔던 지독한 가난을 이겨내고 먹고사는 걱정을 겨우 면하나 싶었는데, 앞만 보고 달리느라 미처 살피지 못했던 문제들이 비로소 보이기 시작한 형국이다. 치열한 생존경쟁 과정에서 소외된 이들이 속출했으며, 그중의 한 유형이 은둔형 외톨이 집단이라는 걸 뒤늦게 알아차린 것이다.

지금 우리가 해야 할 일은 그들을 적극적으로 돕는 것이다. 자신이 처한 상황에서 벗어나려 발버둥 치는 그들을 외면한다면 건강한 사회를 지켜내기 힘들 뿐 아니라, 엄청난 국가적 손실을 초래하게 될 것이다. 그들의 존재는 우리 사회가 만들어낸 병리 현상임을 인정하고, 그에 대한 책임을 느끼는 것이 우선이다. 다음으로 그들이 하루빨리 사회에 복귀할 수 있도록 필요한 조치를 서둘러야 한다.

이 문제는 복잡하고 난해한 사회심리적 영역이므로 정교하게 접근할 필요가 있다. 무엇보다 정부와 관련 기관들의 적극적인 역할이 중요하다. 먼저 관련 예산과 전문가를 대폭 확충해야 한다. 그리고 체계적인 시스템을 구축하여 다양하고 실효적인 치유 프로그램을 운용해야 한다. 그들이 원활한 인간관계를 형성하는 것에서부터 학업과 취업에 이르기까지 단계별로 일상에 복귀할 수 있도록 맞춤형 지원을 제공해야 한다는 말이다.

그들에게 가장 절실한 것은 이웃의 따뜻한 시선과 응원이다. 이제 우리도 사회적 약자에게 한층 원숙한 관심을 기울일 때가 되지 않았나. 이 땅의 소외된 이들이 어려움 없이 사회로 복귀할 수 있도록 온정의 손길을 보내는 것만으로 그들에겐 큰 힘이 된다. 그렇게 하는 것이 우리 사회의 미풍양속을 이어가는 길이요, 선진국 시민의 도리(道理)가 아니겠는가.

〈2024년 4월 22일, 나병문〉

도박 중독,
국민과 국가를 모두 망쳐

얼마 전 경북 성주경찰서는 불법 사행성 도박장 업주인 A씨를 입건했다. 그는 자기 집에서 인터넷 피시방을 운영하며, 등급 허가를 받지 않은 바카라, 마작 등의 게임을 손님들에게 제공하고 함께 화투 도박을 한 혐의를 받고 있다. 충북 음성에서도 상가 건물 등에서 불법 게임물을 이용해 영업하던 업자가 적발됐다. 그는 게임장 외부를 평범한 설계 사무소처럼 꾸며놓고, 폐쇄회로를 통해 단골손님만 받는 등 은밀하게 영업을 이어왔다.

이들은 대부분 슬롯머신 형태의 게임물을 취급했는데, 주택과 상가 건물에서 일반 피시방처럼 위장하고 영업했다. 그런 불법 게임장에는 일확천금을 노리는 손님들로 온종일 북적거린다. 최근에는 유튜브 등에서 사행성 도박을 부추기는 영상을 보고 도박을 시작하는 청소년도 늘어나고 있다. 익히 알려진 형태의 도박이 아니라는 점에서 별다른 경계심이나 죄의식 없이 빠져드는 것이다.

대표적인 사행업종인 경마도 심각하다. 내년 6월부터는 마권을 온라인을 통해서 구매할 수 있게 되었다. 그에 따라 호기심 넘치는 청소년들 사이에서 경마 열풍이 불지도 모른다는 우려도 커간다. 도박의 유형은 거기서 그치지 않는다. 얼마 전부터 홀덤펍 형태의 불법도박도 성업 중이다. 홀덤펍은 경품을 걸고 포커 게임의 일종인 '텍사스 홀덤'을 즐기면서 술을 마실 수 있는 공간을 일컫는다. 그곳의 업주들 역시 다양한 편법을 동원해 법망을 피해 간다.

우리나라에서 불법도박으로 규정하는 범위는 '합법적으로 인정된 도박에서 금지 또는 제한하는 행위', '사행성 게임물'. '정보통신망을 통해 사람들이 사행행위를 할 수 있는 서비스를 제공하는 행위' 등이다. 문제는 이 같은 불법 게임장이 나라 곳곳에 퍼져있다는 사실이다. 도심 대로변은 물론 골목 주택가, 학교 인근까지 우후죽순처럼 늘어나고 있다.

◎ 사행성 도박 중독, 패가망신의 지름길

'한국도박문제관리센터'의 한 관계자는 "불법 사행성 게임장 출입자는 자신이 도박이 아니라 게임을 하고 있다고 착각하는 경우가 많다. 대부분은 수억에 달하는 빚을 떠안고, 대인 관계도 모두 잃은 뒤에야 심각성을 깨닫고 센터를 방문한다"라며 한탄했다. 다른 경찰 관계자도 "사행성 불법 게임장은 건전한 근로의욕을 저해하고 게임중독 및 신용불량자를 양산하고 있다"라며 불법 게임이 끼치는 해악의 위험성을 강조했다.

경찰청에 따르면 도박 범죄로 검거되는 10대 청소년이 꾸준히 증가하는 추세다. 그들이 도박에 유인되는 경로는 친구나 지인이 알려준 경우가 가장 많았고, 온라인상의 도박 광고, 금전적 욕심이나 호기심 등이다. 특히 친구의 권유나 단순한 호기심으로 도박에 손을 대는 청소년들이 증가하면서 그에 대한 근절 대책이 시급해졌다.

스마트폰의 확산에 따라 온라인 도박 사이트나 사행성 게임에 노출되는 청소년 문제가 갈수록 심각해지고 있다. 가상계좌와 인터넷 통장의 범죄 악용도 늘어나는 추세다. 비대면으로 개설한 통장이 손쉽게 불법 거래에 동원되기도 한다.

그와 관련하여, 금감원은 은행의 '불법 거래 의심 계좌 사전탐지 능력'을 강화하기로 했다. 은행들도 자체 시스템을 활용하여 불법용도 이용 의심 계좌 색출을 강화하고 있다.

금감원이 발표한 조치를 보면, 가상계좌의 악용을 막기 위해 은행의 가상계좌 발급 실태점검 및 불법 거래 의심 계좌 탐지 능력을 고도화하기로 했다. 또한 쇼핑몰을 가장한 결제 대행사(PG)가 가상계좌 발급계약을 맺을 때 하위가맹점 업종과 거래 이력 등을 제대로 관리하는지를 확인하고, 도박 등 사행성 업종은 물론 상품권 유통, 다단계 등의 업종을 제한하기로 했다. 아울러 미성년자가 의심 계좌로 송금할 때 사전에 안내하고, 법정대리인에게 알리도록 했다.

◎ 청소년 미래 걸린 일, 특단(特段)의 대책을

청소년은 성인보다 도박의 유혹에 취약한 경향이 있다. 일단 도박에 빠지고 나면 중독에 따른 우울감, 자살 충동, 불안감 등의 정신건강 문제와 학업 저하 등으로 학교생활 자체가 어렵게 된다. 도박자금 마련을 위해 학우를 협박하거나 절도를 저지르기도 한다. 더 나아가 사채(私債)의 함정에 빠지거나, 마약이나 성매매 알선 같은 2차 범죄에 가담하는 사례도 적지 않다.

특히 청소년들은 인터넷과 온라인을 통해 게임처럼 도박을 접하고 친구들과의 놀이나 또래 문화쯤으로 인식하는 경향이 있어 불법성을 인지하지 못할 가능성이 크다. 그와 관련하여 조호연 '도박 없는 학교' 교장은 "불법도박 사이트 마케팅 방법 중 첫 번째가 '학교를 공략하라' 랍니다. 더욱 잔인한 것은 수수료를 미끼로 친구들을 도박판에 끌어들이게 한다는 겁니다. 거대한 도박판이 된 학교, 도박 브로커가 된 학생, 이것이 가장 무서운 현실이죠"라며 개탄했다.

그는 또 청소년 도박 문제에 대한 정부 대응에도 아쉬움을 토로했다. 정부 기관 관계자를 만나봐도 서로 다른 기관으로 떠넘기기 바쁠 뿐 청소년 도박 문제를 담당하는 '컨트롤 타워'가 없다는 것이다. 조 교장은 "청소년 도박 문제에 나설 주체가 없다. 교육부, 행안부도 서로 눈치만 보고 '사행성 통합감독위원회'도 안 움직인다. 나서는 기관이 한 군데도 없다. 청소년 도박의 문제는 청소년이 아닌 공무원의 문제일 수도 있다"라며 신랄하게 비판했다.

사행성 도박은 개인의 삶과 사회의 건전성을 갉아먹는 망국적 해악이다. 더 무서운 건, 그것들이 청소년을 노리고 집요하게 마수를 뻗치고 있다는 사실이다. 일찌감치 구부러진 나무가 곧게 자라날 수 없듯이, 어려서부터 도박에 빠진 아이들이 나라의 동량(棟梁)으로 성장할 수 있겠는가. 우리 사회 전체의 각성과 관심이 절실히 필요한 시점이다. 머뭇거릴 시간이 없다. 정부는 관련 실태를 면밀하게 파악하고, 확실한 대책을 세워 강력하게 대처해야 한다.

〈2024년 4월 4일, 나병문〉

'치매의 늪',
죽음보다 더 깊고 힘든

"나는 이제 인생의 황혼으로 가는 여정을 시작하려 합니다" 1994년 초겨울의 어느 날, 레이건 前 미국 대통령은 자신이 치매에 걸린 사실을 처음으로 공개하며 이같이 말했다. 그는 대통령 재임 시절 암살범에게 권총 저격을 당한 적이 있었고, 대장암과 전립선암을 앓은 경험도 있다. 하지만 그때마다 의연함을 잃지 않았다. 그랬던 그가 말년에 치매의 공격 앞에 허망하게 무릎 꿇는 모습을 지켜보며 많은 이들이 안타까움을 금치 못했다.

한때 영화배우였던 그는 잘생기고 유머 넘치는 신사로 대중에게 각인되어 있었다. 하지만 치매의 일종인 알츠하이머병이 깊어지면서 그는 사람을 알아보지 못하고 말도 통하지 않는 상태가 되었다. 거동도 불편해서 집 안에서 미끄러져 골반 수술을 받기까지 했다. 급기야 부인인 낸시 여사조차 알아보지 못하게 되면서 바깥출입은 고사하고 외부 인사의 방문을 받을 수조차 없게 되었다. 위대한 정치가도 무력하기 짝이 없게 만드는 무서운 병이 바로 치매다.

치매에 걸린 유명인 이야기는 나라 안에도 드물지 않다. 이름만 대면 누구나 알만한 이들이 치매의 늪에 빠져 힘든 시간을 보내고 있다는 소식이 들려올 때마다, 그들의 눈부셨던 전성기를 떠올리며 새삼 인생무상(人生無常)을 떠올리곤 한다. 사람과 동물을 구분하는 전형적인 기준이 정신(精神)일진대, 그 정신이 무너짐으로써 인간으로서의 품격을 더 이상 지킬 수 없게 된다면 그보다 끔찍한 상황이 또 있을까.

문제의 심각성은 그토록 무서운 질환이 우리 곁으로 성큼 다가왔다는 데 있다. 중앙치매센터에 따르면, 2023년 기준 우리나라 65세 이상 노인 중 치매 환자가 약 92만 명이라고 한다. 전문가들은 2024년 말에 그 숫자는 100만 명을 넘어설 것으로 예상한다. 그것만 보더라도, 이제 치매는 운이 나쁘면 만날 수도 있는 드문 병이 아니라, 언제라도 우리를 덮칠 수 있는 흔한 질병이 되어버린 것이다.

🔍 치매(癡呆), '인간 존엄성' 짓밟는 치명적 병마

치매란 뇌세포의 손상으로 인지 기능이 소실되는 증세를 말한다. 그로 인해 기억력이 현저히 저하되고, 정서나 성격이 변하거나 행동장애가 발생하는 등 정상적인 일상생활이 어려워지고 대인관계도 불가능해진다. 의학이 발달하지 못했던 시절엔 '노망'이나 '망령'이라고 불리며, 나이 들면 으레 겪어야 하는 노환쯤으로 여겨지기도 했었다. 하지만 지금은, 치매는 단순한 인지 기능의 감퇴 현상이 아니라 매우 특이한 질병이라는 사실이 밝혀졌다.

치매를 도로 아기가 되는 병이라고도 칭하는 이유는 환자의 사회적 능력을 하나씩 소멸시키기 때문이다. 그런 치매의 원인은 여러 가지다. 미국 하버드대학의 〈노화유전연구소〉는 치매에 걸릴 위험 요인으로 나이, 가족력, 두뇌 손상 등을 들었다. 치매의 유형도 다양한데, 20년 전만 해도 우리나라에서 발생하는 치매 1, 2위는 '알코올성 치매'와 뇌졸중의 원인인 '혈관성 치매'였다. 하지만 현재는 노화에 따른 '알츠하이머성 치매'가 가장 높은 비율을 차지하고 있다.

다른 병과 마찬가지로 치매도 조기에 발견하는 것이 매우 중요하다. 이를 위해서는 치매로 의심되는 증상에 대해 미리 알아둘 필요가 있다. 치매는 가장 흔하게 기억력 장애를 보인다. 깜빡 잊은 내용을 주위에서 상기시켜줬을 때 금방 기억해내는 건망증과는 달리, 조금

전에 한 일도 기억하지 못한다. 그런 기억력 장애 말고도 감정조절 불가, 성격 변화, 길눈 둔화 등의 인지 기능 손상이 전형적인 초기 증세다.

고려대안암병원 뇌신경센터 박건우 교수는 가족이나 가까운 사람 중에서 정상적이던 사람이 어느 순간부터 확 달라졌다면 치매를 의심해봐야 한다고 조언한다. 평소 불같았던 성격이 온순해진다거나 반대로 자상하고 온건했던 사람이 조그마한 일에도 화를 잘 내거나 이기적으로 변하는 경우도 마찬가지다. 그럴 땐 방치하지 말고 병원을 찾아서 전문의의 정확한 진단을 받을 필요가 있다는 것이다.

🔍 국가는 '치매와의 전쟁' 선포해야

앞에서 살펴본 것처럼, 치매는 인간의 존엄성을 짓밟는 무서운 병마(病魔)다. 평소에 잊고 있던 삶의 의미를 새삼 묻게 만드는 '정신적 죽음에 이르는 병'인 것이다. 누구라도 치매의 늪에 빠지면 거의 모든 걸 잃게 된다. 인간으로서의 품격을 지키는 건 고사하고 먹고 입는 것 같은 초보적인 행위도 할 수 없는 무능력자가 되는 것이다. 그로 인한 가족과 보호자의 정신적, 물질적 고통은 말할 수 없을 정도다. 그 어떤 병보다 비참한 질병이라 할 것이다.

아주대병원 문소영 교수는 "치매에 걸리더라도 이것이 밖으로 덜 발현케 하려면 개인의 인지 기능 보존 능력을 키워야 한다. 그런데 치매의 증상은 개인차가 크므로 전문가의 판단에 따라 맞춤형 치료가 필요하다"라고 강조한다. 그와 관련해서 한양대구리병원 최호진 교수는 "중증 환자의 단기 집중 치료를 위한 시스템의 확립이 시급하며, 이를 위해 '치매안심병원'과 지역 사회의 인지 중재 치료 시스템을 연결하는 조치가 필요하다"라고 피력했다.

치매 환자 수가 빠른 속도로 증가하고 있는 만큼, 우리도 이제는 이 질병이 매우 흔하면서도 무서운 존재라는 사실을 받아들여야 한다. 나아가 그것의 퇴치를 위한 다양하고 실효적인 대책 수립을 미루지 말아야 한다. 먼저, 현재 시행 중인 '치매환자 돌봄지원사업'을 대폭 확대할 필요성이 있다. 치매 환자에 대한 인지 교육, 안전 및 생활용품 제공은 물론, 주거환경개선 같은 개인별 맞춤 돌봄 서비스도 진지하게 고민해야 한다.

　그 정도에서 그치지 말고, 국가가 나서서 보다 근본적인 대책을 세워야 한다. 정부는 '치매와의 전쟁'을 선포하고, 관련 업무를 수행할 인력과 예산을 대폭 늘려야 한다. 물론 그러기 위해서는 정치권의 전폭적인 뒷받침이 필요하다. 정쟁을 일삼는 그들이 얼마나 관심을 가질지 모르겠지만, 이 문제만큼은 한목소리를 내주었으면 한다. 살아 있는 동안 맑은 정신을 유지하고 싶은 국민의 간절한 심정을 국가가 외면하면 되겠는가.

〈2024년 3월 20일, 나병문〉

존엄사를 선택할 권리, '사전연명의료의향서'

지난 2월 5일, 드리스 판 아흐트(93) 전 네덜란드 총리가 동갑인 아내와 함께 저세상으로 떠났다. 93세의 노정치가는 뇌출혈로 쓰러진 뒤로 거동이 어려웠고, 70여 년을 함께 한 반려자도 노환으로 간병인의 도움을 받던 차였다. 인간으로서의 존엄을 잃지 않은 상태에서 죽음을 맞이하자고 합의한 두 사람은 고향으로 돌아가, 서로의 손을 잡은 채 안락사를 택했다.

네덜란드는 2002년 세계 최초로 안락사를 합법화했다. 당시 네덜란드 의회는 그 법을 통과시키며 "회복 가능성 없이 극심한 고통에서 신음하는 사람들에게 가장 인간적인 방법으로 죽을 수 있는 기회를 주는 조치가 필요하다"라고 천명했다. 입법 초기엔 참아내기 힘든 고통과 치료 가능성이 희박한 경우에만 적용했지만, 시간이 흐르면서 기준이 조금씩 완화되는 추세다. 하지만 모든 안락사는 지역 위원회의 엄격한 검토를 거쳐야 한다.

이번 사건을 계기로 국내에서도 안락사를 비롯한 '죽음을 택할 권리'에 대한 관심이 높아지고 있다. 현재 우리나라는 환자가 죽음에 이르도록 약물을 투여하는 '안락사'는 금지하고 있지만 존엄사는 허용하고 있다. '연명의료결정법'이 2016년 국회에서 통과한 뒤 2018년 2월부터 시행되었다. 이 법은 담당 의사가 임종 과정에 있는 환자 중 일정한 요건을 갖춘 환자에게 연명의료를 중단하는 행위를 허용하고 있다.

국회는 '조력 존엄사'를 허용하는 법안도 발의했다. 조력 존엄사란 존엄사보다 더 적극적인 개념으로 환자가 의료진의 도움을 받아 스스로 삶을 마무리할 수 있도록 하는 개념이다. 2022년 6월에 '호스피스·완화의료 및 임종과정에 있는 환자의 연명의료결정에 관한 법률 일부개정법률안'이 상정되었다. 이 법은 감당하기 힘든 고통을 겪는 말기 환자 중에서, 본인이 희망하는 경우 담당 의사의 도움을 받아 스스로 삶을 마칠 수 있도록 도와주는 내용을 담고 있다.

⊜ '존엄하게 죽을 권리'에 관한 관심 고조

존엄사와 안락사에 관한 세간의 관심이 갈수록 높아지고 있다. 하지만 의료계는 여전히 조심스러운 입장이다. 소중한 생명을 사람의 손으로 중단시키는 것에 대한 심리적 저항이 매우 크기 때문이다. 사람을 살려야 하는 의사로선 당연한 반응일 것이다. 거기다 시한부와 말기 환자를 판정하는 것이 생각보다 쉽지 않고, 자칫하면 애먼 생명을 죽음으로 빠트리는 도덕적 해이를 유발할 수 있다는 우려도 있다.

종교계는 안락사에 관해 더욱 엄격한 태도를 보인다. 생명은 '신의 영역'이니만큼, 인간은 치료를 할 수 있으되 생명을 거둘 권한이 없다는 논리다. 그와 관련해서 어느 법조인은 "안락사 제도의 장점도 분명히 존재한다"라면서도 "스스로 생명을 끊을 권리를 제도화하는 방안에 대해선 여전히 윤리적 딜레마가 존재한다"라며 조심스러운 태도를 보였다.

가장 먼저 안락사를 인정한 지역은 유럽이다. 네덜란드, 스위스, 벨기에, 룩셈부르크 등 11개 국가에서 이를 허용하고 있다. 그중 스위스는 외국인의 조력 자살까지도 허용하고 있다. 유럽 이외의 지역에선, 캐나다가 2014년 6월 퀘벡주에서 '존엄사법'을 제정했으며, 2016년부터는 전국에서 적극적 안락사와 의사 조력 자살을 허용했다. 미국 같은 경우는 10여 개 주에서 '의사조력자살'을 허용하고 있다.

이제는 우리나라도 '죽음에 관한 자기 결정권'을 진지하게 논의할 때가 되었다. 초고령화 사회 진입을 코앞에 둔 상황에서 웰다잉(well-dying)에 관한 사회적 논의를 마냥 미룰 수만은 없다는 말이다. 무의미한 수명 연장보다 존엄한 죽음을 선택하겠다는 이들이 늘어나고는 있지만, 아직은 심폐소생술·인공호흡기·수혈 등의 연명의료를 중단하는 것에 대해서만 의사와 가족을 처벌하지 않는 초보적인 단계에 머물고 있다.

◎ '사전연명의료의향서'는 시작에 불과

최근 들어 '사전연명의료의향서' 등록자가 급증하고 있다. '사전연명의료의향서'란 향후 본인이 임종 과정에 있는 환자가 되었을 때 연명의료를 시행하지 않거나 중단하겠다는 의사를 담은 자필 문서를 말한다. 통계에 따르면, 2016년 연명의료결정법이 제정된 이후 2023년 10월까지 200만 명 이상이 등록했다고 한다. 이처럼 '죽음에 대한 자기 결정권'을 적극적으로 행사하려는 이들이 늘어나면서, 내친김에 안락사를 허용하자는 목소리도 덩달아 커지고 있다.

하지만 그 같은 주장에 대한 반론도 만만치 않다. 김율리 도쿄대 박사는 "의사조력자살이 허용되면 애초 취지와 달리 최후 수단이 아닌 조기 개입 수단으로 변질될 우려가 있다"라고 우려했다. 백수진 국가생명윤리정책원 생명윤리센터장도 "사회적 공론화가 없는 성급한 법제화는 국가 안전망에 대한 불신을 초래하고 또 다른 인권 사각지대를 양산할 것이라는 비판과 우려에 공감한다"라고 말했다.

그럼에도 불구하고, '인간답게, 존엄하게 죽을 권리'를 주장하는 목소리는 점점 커질 것이다. 안락사를 허용하자는 사회적 요구가 늘어나는 추세도 분명해 보인다. 그와 관련해서 윤영호 서울대 부총장은 "스스로 의사 결정을 할 수 있는 말기 환자가 의학적으로 해결되지 않는 극심한 고통이 지속할 경우, 자발적이고 합리적이며 진정성 있는 조력 존엄사에 대한 자기 결정권을 존중해 줘야 한다"라고 피력했다.

100세 시대를 맞아 죽음에 관한 인식도 바뀌고 있다. '잘 먹고, 잘 사는 것'에 더해서, '잘 죽는 것'이 새로운 화두(話頭)로 떠오르고 있다. 존엄성을 간직하며 생을 마감하고자 하는 사회적 공감대가 자리 잡고 있음이다. 그에 따라 정부의 역할도 중요해졌다. 죽음에 관한 국민의 의식이 바뀐 만큼, 전문가들의 중지를 모아 시대의 변화에 걸맞은 방안을 진지하게 검토해야 한다. 가까운 시일 내에 '사전연명의료의향서'를 뛰어넘는 전향적(前向的)인 정책이 등장하기를 기대한다.

〈2024년 3월 8일, 나병문〉

장수(長壽)는
축복인가, 재앙인가

보건복지부는 연초에 '2024년도 제1차 국민연금심의위원회'를 열고 올해 연금액을 3.6% 인상한다고 밝혔다. 이에 따라 국민연금을 받는 약 649만 명이 지난해 물가상승률(3.6%)만큼 오른 기본연금액을 이달부터 받게 된다. 65세 이상 전체 노인 인구 중 소득 하위 70%(약 701만 명)에게 주는 기초연금도 같이 오른다.

국민연금과 기초연금, 공무원연금, 사학연금, 군인연금 등 공적연금은 매년 소비자물가 변동률을 반영해서 지급액을 조정하는데, 이는 물가 인상으로 화폐가치가 떨어져 실질 연금액이 하락하는 걸 방지하기 위해서다. 하지만 그 정도 인상으로 연금 이외의 별다른 수입원이 없는 노인들의 삶이 유의미하게 좋아질 수 있을까? 그렇게 생각하는 사람은 많지 않을 것이다.

치솟는 물가(체감물가는 정부 발표보다 훨씬 높다)로 인해 국민의 생활이 갈수록 팍팍해지고 있다. 그중에서도 나이 든 이들은 더 심각하다. 몇 푼 안 되는 연금으로 먹고사는 노인 비율이 점점 높아지면서, 갈수록 골치 아픈 사회문제로 떠오르고 있다. 지금껏 그에 대한 대책이 숱하게 논의됐지만 뾰족한 대책을 내놓지 못하고 있는 현실은 뼈아픈 대목이다.

흔히들 노후는 '제2의 삶'이요 인생 2막이라고 한다. 젊은 시절 앞만 보고 치열하게 달리던 이들이 나이 들어 힘이 빠지면, 고단한 심신을 달래며 조금은 여유롭게 살고 싶은 꿈을 가지게 마련이다. 그것은 지극히 당연한 바람이고 누구도 비난할 수 없는 최소한의 기대치다. 하지만 현실은 그렇게 만만치 않다. 나이 들수록 상황이 나빠지는 경우가 더 많다. 자칫하면 젊은 시절에 겪어보지 못한 인생 최대의 '고통기(苦痛期)'가 될 수도 있다.

⊘ '비참한 老年' 걱정하는 베이비부머들

베이비붐 세대가 노인이 되어가고 있다. 그들은 1955년~1963년 사이에 태어난 사람들을 일컫는다. 전후(戰後)의 높은 출산율로 말미암아 약 730만 명에 달하는 그들은 산업 시대의 주역으로 국력 신장에 큰 역할을 한 세대이기도 하다. 오늘날 우리나라가 선진국으로 우뚝 서게 된 것도 그들이 흘린 땀 덕택이다. 그런 그들이 나이 들어 인간답게 사는 게 힘들다며 토해내는 아우성이 곳곳에서 들려온다.

그들에게 절박한 문제는 최소한의 생계유지가 힘든 생활고다. 그토록 열심히 살아왔건만 그들 중 상당수는 여전히 가난하다. 이럴 때 필요한 게 국가의 역할이건만 기대에 미치지 못한다. 그들은 미래에 대한 두려움도 감추지 못한다. 소득 부족, 경제 불확실성·물가 상승, 예기치 못한 사고 발생 가능성, 자녀의 교육이나 결혼 등 지출 부담에 더해서, 열악한 거주지와 의료시설, 건강관리·질병 대비 등 고민거리가 한둘이 아니다.

'2022년 가계금융복지조사'에서 가구주가 은퇴하지 않은 가구 중 '노후 준비가 잘 돼 있다'라고 대답한 가구는 8.7%에 불과하다. 66세 이상 노인의 '상대적 빈곤율(중위소득 50% 이하인 인구 비중)'은 39.3%로 OECD 회원국 중 가장 높은 수준이다. KB금융이 발표한 '2023 KB골든라이프 보고서'도 비슷한 결과를 보인다. 전국 주요 도시에 거주하는 20~79세 남녀 3천 명을 대상으로 조사한 설문조사 결과 53.5%가 "경제적 준비가 부족"하다고 답했다.

그에 대해 신석하 숙명여대 경제학부 교수는 "은퇴할 세대가 제대로 노후 준비를 할 수 있도록 국민연금에 더해 2, 3층 연금까지 아우르는 연금 전반의 구조개혁이 시급하다"라고 말한다. 하지만 현재의 연금제도는 노후생활을 보장하기에 턱없이 부족하다. 국민연금은 고갈 위기에 놓였고 퇴직·개인연금은 허약하기 짝이 없다.

🔍 '한강의 기적' 세대 배려하는 정책 발굴을

문제는 노인이 되고 나면 열악한 경제환경을 스스로 극복할 가능성이 급격히 줄어든다는 점이다. 정재훈 서울여대 사회복지학과 교수는 "현재 한국의 베이비부머들은 3층 연금을 제대로 준비하기 힘들었던 세대"라며 "부족한 연금에 고령층의 질 낮은 고용 문제까지 맞물려 힘겨운 노후를 보내고 있다"라고 진단했다. 부동산에 쏠려 있는 자산 구조와 노후에 급증하는 의료비는 고령층의 노후를 더 고단하게 만든다.

취약계층을 돕는 정부의 지원체계에 대한 의견도 분분하다. 정호원 보건복지부 국민연금정책과장은 "국민연금의 1인 1연금 체계와 기초연금 내실화, 퇴직·개인연금, 주택·농지연금 활성화 등이 현실적인 대안"이라고 말한다. 그와는 결이 다른 목소리도 있다. 정무성 숭실대 사회복지학과 교수는 "무조건 사회보장 체계에 의존하는 것은 지속 가능하지 않다. 고령자들의 사회 참여를 적극적으로 유도해야 한다"라고 말한다.

최근 보건복지부에서 '제3차 기초생활보장종합계획(2024~2026)'을 발표했다. '노인 일자리 및 사회활동 지원에 관한 법률'도 국회를 통과해 2024년부터 시행될 예정이다. 의료 요양-돌봄서비스 연계·통합 지원을 위한 법률 제정, 정보통신기술(ICT)을 활용한 돌봄서비스, 경로당에 대한 지원 강화 등도 추진 중이다. 하지만 왠지 가슴에 확 와닿지 않는다. 여전히 지엽적이고 생색내는 조치라는 생각이 들기 때문이리라.

이 땅의 노인들은 폐허 속의 나라를 반석 위에 올리느라 땀 흘리며 살아왔다. 그들이 가꾼 과실을 향유(享有)하는 현재 세대는 '산업 시대의 역군'들이 장수를 재앙으로 받아들이게끔 방치해선 안 된다. 우리는 이미 선진국이 아니던가, 노인들이 최소한의 자존감을 지키며 살아갈 수 있도록 배려할 책무가 있다. 문제는 그것을 실행할 의지와 제도적 뒷받침이다. 그들이 흘린 땀을 보상할 특단의 대책이 나오길 염원(念願)한다.

〈2024년 1월 23일, 나병문〉

대학현실에 맞는
「고등교육법」 개정을

오늘날 학령인구가 줄어들면서 대학들은 신입생 유치에 어려움을 겪고 있다. 이는 대학 운영에 있어 큰 위기로 다가오고 있지만, 동시에 새로운 가능성이자 기회이기도 하다. 대학은 고등 교육을 통해 전문성을 갖춘 인재를 양성하고 새로운 지식을 연구하고 창출한다는 점에서 국가 발전에 매우 중요한 역할을 한다.

우리나라의 대학은 2000년대 초반까지만 해도 학령 인구에 해당하는 젊은 세대를 중심으로 지식을 전달하는 역할에 집중하고 있었다. 그러나 지식산업사회로 변모되고 학령 인구의 감소와 평균 수명 연장이 실현된 시점에서 대학은 모든 세대를 아우르는 평생 교육 기관으로 탈바꿈되었다.

급변하는 시대, 다양한 니즈를 충족시켜야 하는 대학

100세 시대가 현실화된 현재에는 정년이 연장되고 기술 발전으로 인해 일자리가 빠르게 변화하면서 개인의 직업적 경력은 과거보다 훨씬 길어지고 복잡해졌다. 이에 따라 사람들은 인생 후반부에 할 수 있는 새로운 직업에 관심을 두고 있다. 이러한 변화 속에서 대학은 중장년층을 포함한 다양한 연령층의 학습 욕구를 충족시키고 경력을 기반으로 한 새로운 직업을 탐구하도록 하며 직업과 연계시켜야 하는 역할이 주어졌다.

특히 대학원 과정은 이러한 인생 이모작을 준비하려는 이들에게 중요한 기회를 제공하고 있다. 이를 반영하듯이 최근에는 중년층으로부터 대학원 진학에 대한 문의가 늘어나고 있다. 현재는 대학원 진학이 단순히 학문적 성취를 위한 것이 아니라, 새로운 기술과 전문성을 습득하려는 사회적 요구가 반영된 결과를 의미한다. 현재 대학원 과정은 더 깊이 있는 지식을 성취하려는 20대는 물론, 승진과 이직을 목표로 하는 30대와 40대, 재취업을 꿈꾸는 50대 이상에 이르기까지 다양한 세대가 문을 두드리고 있다. 이들은 다양한 목적으로 자신에게 맞는 학문과 실무 지식을 배우기 위한 목표를 갖고 있다.

이처럼 평생교육은 이제 구호가 아닌 현실이 되었다. 이에 대학은 이를 수용하는 체계를 갖추어야 하며, 특정 연령층에 국한된 교육기관이 아닌 전 생애에 걸친 학습을 지원하는 중심지로 거듭나기 위한 준비를 하고 있다. 이를 위해 대학은 더 유연한 커리큘럼과 다양한 학습 방식을 도입하기를 원하고 있다. 또한 사회가 요구하는 최신 기술과 변화에 발맞춘 교육과정을 마련하며, 이를 통해 단순히 학문적 지식을 전달하는 것을 넘어 개인의 삶의 질을 높이고 사회 전반의 발전에 기여하는 역할 또한 담당하고 있다.

대학의 자율성을 저하시키는 「고등교육법」의 한계

대학이 혁신적인 역할을 수행하기 위해서는 자율성을 보장받는 것이 필수적이다. 그러나 현재의 「고등교육법」은 대학의 자율성을 제한하는 요소가 많다. 법적 틀은 전통적인 고등교육 체계를 유지하기 위해 만들어졌지만, 급변하는 사회적 요구를 반영하기에는 부족함이 크다.

현재 「고등교육법」 제29조 2항에는 대학에 대학원을 둘 수 있다고 규정하고 있으며, 그 외에 산업대학 및 교육대학, 대학원대학에 대한 대학원 설치에 규정을 하고 있다. 세부적으로 살펴보면 대학원 정원 조정 및 설치 기준을 지나치게 세세하게 규정하고 있다.

이는 교육의 질을 유지하려는 의도로 만들어졌지만, 실제로는 대학이 시대적 요구에 맞는 새로운 교육 모델을 설계하고 도입하는 데 걸림돌로 작용하고 있다. 일반대학원, 특수대학원, 전문대학원으로 분리된 현재의 체계는 교육 목적과 대상이 다름에도 불구하고 지나치게 경직되어 있다. 특히 일반대학원과 전문대학원 외에는 박사과정 설치가 어렵게 되어 있어, 다양한 학문과 실무를 아우르는 다학제적 접근을 제한하고 있다.

교육부 역시 이에 대한 사회적 니즈를 인식했는지 현재 「고등교육법」 개편을 시도하며 각 대학으로부터 의견 수렴을 하고 있다. 이에 대학이 지식의 창출과 연구를 수행하는 핵심적인 역할을 하되 이러한 활동이 지역사회와 산업계에 흘러갈 수 있도록 제도 개편이 이루어져야 한다. 특히, 시대적인 요구에 발맞춰 필요한 교육과정을 유연하게 제공할 수 있도록 법적 제약을 완화하고 대학의 자율성을 보장하는 방향으로 진행되어야 한다.

◎ 「고등교육법」 개정의 확대 필요

최근 교육부는 기존 고등교육법 제29조의 2(대학원의 종류)를 삭제하였다. 이는 각 대학에 석사학위와 박사학위 과정의 설치 및 운영을 학칙에 따라 대학의 자율에 맡긴다는 조항이라고 판단된다.

현대 사회는 빠르게 변화하고 있으며, 다양한 분야가 융합되는 다학제적 접근이 필수적인 시대가 되었다. 이러한 흐름 속에서 전문대학원은 실무와 학문을 접목한 교육을 제공할 수 있는 중요한 역할을 맡고 있다. 그러나 기존의 법은 전문대학원에서 박사과정을 운영하는 것을 금지하고 있거나 인원 수를 제한하고 있다.

이러한 측면에서 「고등교육법」 제29조의 2의 개정은 대학의 자율성을 일부 확대하는 계기가 되었다. 이 개정은 각 대학이 석사 및 박사학위 과정을 설치하고 운영하는 것을 학칙에 따라 자율적으로 결정할 수 있도록 한 내용으로 해석할 수 있다. 최근 사이버대학교는 이러한 개정이 이루어진 시점에서 박사과정을 운영할 수 있게 되었다.

이에 이러한 변화가 전문대학원과 같은 다른 대학에도 적용될 수 있도록 제도적 개편이 필요하다. 이를 통해 대학의 자율성과 혁신이 확보되어 더 많은 사람들이 평생교육의 혜택을 누리고 사회 발전에 기여할 수 있는 체계가 마련되어야 한다.

자원이 부족한 우리나라는 인적 자원을 통해 개도국에서 선진국이라는 비약적인 발전을 이루었다. 새로운 자원을 찾지 않는 한 우리나라가 가진 최고의 자원은 앞으로도 계속 인적 자원이 될 것이다. 대학이 사람을 소중한 자원으로 육성할 수 있도록 현실적인 제도개편이 이루어지기를 기대해 본다.

〈2024년 11월 25일, 백승희〉

부동산 가격 띄우는 다양한 꼼수

전 세계 어디든 부동산은 매우 중요한 자산이다. 특히 우리나라에서 아파트는 개인의 부를 상징하며, 경제적 안정의 핵심 요소로 인식된다. 화폐 가치가 떨어지고 물가상승 등으로 인해 집값 또한 급격히 오르자 사람들은 집을 '안식처' 보다 '투자처'로써 경제적 성공의 상징으로 인식하게 되었다.

이로 인해 일부 부동산 소유주들은 자신의 자산 가치를 유지하거나 더 높이기 위해 다양한 편법을 동원하고 있다.

집값을 올리는 다양한 꼼수 사례들

최근 언론과 정부가 주목한 사례들은 그 심각성을 잘 보여준다. 일부 아파트 단지의 소유주들이 소셜미디어나 메신저 등을 통해 매매 정보를 공유하며 특정 금액 이하로는 거래하지 않도록 합의를 하는 경우가 있다. 이는 시세 하락을 막기 위한 불법적 담합으로, 시장의 자유로운 경쟁을 저해하는 대표적인 사례라 할 수 있다. 아파트 가격이 거래량이나 실거래가에 따라 조정되어야 함에도 이러한 인위적 개입은 가격 왜곡을 초래하고 있다.

또한, '가짜 매물'을 통해 시세를 부풀리는 경우도 빈번하다. 판매할 의사가 없는 고가 매물을 부동산 사이트에 올려놓고, 이를 통해 주변 아파트의 매매가를 높이는 방식이다. 이러한 가짜 매물은 실제로 매매를 할 목적으로 내놓은 주변 매물의 금액 또한 높이게 되고 실수 요자들에게 잘못된 시장 정보를 제공해 합리적인 의사결정을 방해한다. 그 결과, 수많은 사람들이 비싸게 매입하거나 주택 구입을 포기하게 되는 악순환 또한 발생하게 한다.

더 나아가, 이해관계가 있는 사람들끼리 업계약을 한 후 현금으로 다시 돌려주는 방식도 있다. 예를 들어, 시세보다 높은 가격임에도 거래를 한 후 다시 일정 금액을 반환받아 실제 거래 금액과 신고 금액이 상이한 경우이다. 이러한 행위들은 부동산 시장의 투명성을 심각하게 훼손하며, 투기를 조장한다.

🔍 정부의 대책에도 근절되지 않는 집값 띄우기

정부는 이러한 행위들을 차단하기 위해 집을 얼마 이하로 내놓지 못하게 하는 등 집값을 담합하려는 집주인이나 공인중개사에게 3년 이하의 징역 또는 3000만원 이하의 벌금에 처하도록 규정하였다.

또한 실거래가 공개 시스템의 도입, 허위 매물 단속 강화, 그리고 공정거래위원회의 감시 확대 등 집값을 띄우기 위한 불법행위들을 막기 위한 대책을 제시하였다. 그러나 이러한 노력에도 불구하고 부동산 소유주들의 꼼수는 끊임없이 진화하고 있다. 규제가 강화되면, 더 교묘한 방식으로 가격 부풀리기나 거래 조작이 일어나고 있다.

부동산 가격의 인위적 부양은 단지 시장에 국한된 문제가 아니다. 이는 전반적인 경제와 사회 구조에 부정적인 영향을 미친다. 집값이 상승하면서 젊은 세대와 실수요자들은 주택 구입에서 멀어지고 있으며, 이는 세대 간 불평등을 더욱 심화시키고 있다. 아파트 가격이 치솟으면 전세나 월세까지 함께 오르며, 주거비 부담이 늘어 서민들의 생활은 더 어려워진다.

🔍 실거래가 및 허위 매물·담합, 신고 제도 강화해야

부동산 가격이 안정되기 위해서는 가격 조작과 인위적인 시장 개입을 철저히 막아야 한다. 이를 위해 부동산 매매를 하였으나 의도적으로 등기를 하지 않은 경우 과태료 부과료를 좀 더 높일 필요가 있다. 또한 허위 매물이나 담합에 대한 신고 제도가 활성화되도록 포상금 또한 높일 필요가 있다.

현재 일부 지자체는 신고를 통한 포상금은 공인중개사법 위반 신고자에게 최대 50만 원, 부동산 거래신고법 위반 신고자에게는 최대 1,000만원까지 포상금을 지급하고 있다. 이처럼 포상금이나 신고 등에 대해 적극적일 수 있도록 제도를 적극적으로 홍보하고 절차를 간소화하며, 포상금 또한 파격적인 금액으로 제시해 볼 필요가 있다.

더불어 시장 참여자들 간의 자정 노력이 동반되어야 한다. 나만 잘 살면 된다는 식의 사고방식은 사회 전체로 퍼져 사회의 모든 구성원들이 동반자가 아닌 경쟁자로 인식하게 만들어 위화감만 조장할 뿐이다. 공정한 거래와 자유로운 경쟁이 보장될 때, 부동산 시장은 보다 안정적으로 운영될 수 있을 것이다.

〈2024년 9월 25일, 백승희〉

'로컬'이 '로컬'을
먹여 살린다고?

로컬 푸드부터 로컬 브랜드, 로컬 컨텐츠, 로컬 투어, 로컬 맛집, 로컬 크리에이터, 로컬 비즈니스에다, 마침내 로컬경제학이나 로컬리즘까지 등장했다.

오늘날, 마치 '로컬(Local)'의 바람이 도처에서, 무시로 난무하고 있다. 지방소멸을 막고 지역활성화를 촉발할 특효처방전이라도 되는 듯 용어가 과도하게 범람, 남발되고 있다.

지역마다 분에 넘치는 각광을 받고 지역을 넘어 지역으로, 전국적으로 유행의 파도타기를 이어가고 있다. 과유불급이라는 말이 자꾸 떠오른다.

심지어 시류를 잘 읽은 어떤 대학의 경제학자는 난데없이 로컬경제학자를 자임, 특화되어 마치 로컬의 복음을 전파하는 신교의 전도사인양 로컬의 골목길 또는 골목상권을 누비고 다닌다.

특히 관행과 관습이 답답하고 유행과 트렌드에 민감한 청년들에 탄착점을 맞추고 집중적으로 공략하고 있다. 이때, 로컬이라는 유행어와 신문물의 사정과 처지를 잘 모르는 중앙의 청년들일수록 그저 귀가 솔깃해질 수 밖에.

아마도 로컬의 현실과 진실을 선진외국의 교재나 연구보고서나 논문으로 배웠을지도 모를 이 학자는, "중앙의 청년들이여, 지방의 골목길로 내려가라. 거기 '먹고 살 길, 재미나는 일거리'가 많다"며 자신 있게 선동, 유인, 호객하고 있다.

마치 비장한 로컬리즘의 전도사나 격정적인 나팔수 행세를 하고 나선 지경이다. 다만, 본인이나 가족들 스스로는 청년들에게 그토록 권유하듯 로컬의 골목길경제로 먹고 살지는 않는 것으로 보인다.

로컬은커녕, 이른바 수도 서울의 사립명문대학에서 높은 연봉과 안정된 사회적 지위를 누리며 살고 있다. 평범한 학자들의 일반적인 특징대로 굳이 말과 행동은 일치하지 않는다.

그렇다면 "로컬을 알지니 로컬이 너희를 자유케하리라"는 그 자신 감은 대체 어디서 우러나는 것일까. 로컬을 잘 알고 싶고 로컬로 인해 먹고사는 일에서 자유롭고 싶은 심정에서, 몹시 궁금하고 불안하다.

⊕ 지방소멸의 해법, 로컬리즘을 넘어 '뉴로컬리즘'까지

로컬전도사를 자처하며 유명해진 이 로컬경제학자는 "골목상권이 활성화되면서 로컬의 시대가 열렸다"고 선언하기에 이른다. 그는 2000년대 초반부터 중앙의 로컬에서는 홍대, 삼청동, 이태원, 가로수길이 뜨고 지방의 로컬에서는 전주의 한옥마을, 경주 황리단길을 대표적 사례로 거론하고 있다.

나아가, 가히 골목길의 소상공인들이 새로운 라이프스타일을 주도하며 '로컬문화'를 창조했다고 단언하고 있다. 국가적으로도 로컬생태계 구축이 중요한 시대적 과제라며 앞으로 경제의 중심은 지역이 되고 골목조차 새로운 시대의 대안이 된다고 강변하고 있다.

그러나, 지금 그가 거론한 홍대에도, 삼청동에도, 이태원에도, 가로수길에도, 전주한옥마을에도 로컬리즘이나 로컬크리에이터나 로컬컨텐츠는 없다.

그저 그냥. 일반적인 자본주의와 자본력으로 무장한 자영업자와 영리 목적의 유사한 상품만 로컬의 거리와 가게와 진열대를 가득 채우고 있을 뿐. 로컬의 감성이나 문화나 생태계를 되살리기는커녕 을 씨년스러운 젠트리피케이션의 깃발만 나부낄 뿐.

한편, 이른바 인구 통계와 세대 분석 전문가 전영수 한양대학교 국제대학원 교수는 '뉴 로컬리즘'을 제시하고 있다. '인구소멸과 로컬리즘'에서 실패한 정부의 인구대책 해답이라는 것이다.

일자리·문화·교육·의료 등 모든 인프라와 자원을 빨아들이지만 안온한 둥지가 없는 서울 중심주의가 문제라는 주장을 하고 싶은 것이다.

그는 "정작 로컬리즘에는 지자체와 주민은 빠져있는 구조"라면서 "로컬리즘의 주체는 민관산학이 되어야 하며 경쟁력 있는 아이디어와 아이템을 가진 로컬크리에이터를 지원하는 지자체의 뒷받침이 필수적"이라고 강조한다.

어쨌든, 그럼에도 로컬 재생을 위한 '로컬'의 행렬에 전국 각지의 지역들이 다투듯 각축전을 벌이고 있는 게 작금의 현실이다. 거의 선도적인 사례지의 유행과 시류를 따라 하는 모양새와 수준이기는 하지만 말이다.

안타깝게도, 일단 정책이나 제도나 예산을 앞세워서 말이다. 로컬리즘의 성패를 좌우할 로컬을 지키고 살릴 사람, '로컬크리에이터'는 많이 보이지 않는다. 게다가 상품성과 시장성과 수익성을 넉넉히 갖춘 '로컬컨텐츠'는 눈에 잘 띄지 않는다. 현실을 바라보는 보는 관점과 입장이 차이일 수도 있겠다.

◎ 로컬크리에이터의 미래, 청년몰에서 미리 배우기를

문제의 원인은 근본에서 찾는 게 좋다. 정책 매뉴얼에서는 로컬크리에이터가 갖추어야 할 요건 세가지를 든다. 우선 문화예술, 지연생태, 생활문화, 지역특산물 등 지역의 유무형의 자원과 특성을 기반으로 할 것.

이를 바탕으로 혁신적인 아이디어를 접목한 비즈니스모델을 수립해 중소기업을 창업할 것. 그리고 지역의 특색과 장소성을 살려 고용창출, 관광객 유치 등 지역 경제 활성화를 도모할 것.

근본적으로, 로컬크리에이터는 "농산어촌 로컬공간의 재생실험과 가치창출을 주도하는 핵심주체"를 뜻한다. 당연히 오늘날 인적, 물적 자원이 사막화되고 박제화된 거의 모든 농산어촌에는 그만큼 준비된 로컬크레이에터가 있을리 없다.

물론 정부와 지자체의 예산부터 선제적으로 투입, 로컬크레이어터를 발굴하고 양성하고 육성하는 역량강화 프로그램을 선행하기 마련이다. 심지어 거액의 지원예산이 아직 로컬과 비즈니스를 잘 모르는 청년들에게 무리하고 과도하게 투자되는 실수와 실패가 예정된 경우도 다반사다.

지난날 전주 남부시장의 선례를 흉내내며 전국의 전통시장마다 우후죽순처럼 들어섰으나 오늘날 가쁜 숨을 몰아쉬고 있는 청년 로컬크리에이터들을 잊지말아야 한다.

그럼에도, 마침 지역소멸 대응의 책임을 분담하고 있는 농정책임자인 농식품부도 '로컬 대세'에 편승, 농촌 읍·면 소재지에 자원을 집적한 '로컬콘텐츠타운' 사업을 새로 내걸었다. 새로운 개념의 농촌마을을 조성, 청년 크리에이터와 로컬컨텐츠, 지역 브랜드가 지속적으로 양성한다는 목표다.

그런데 정부가 제시한 사업지침에서 선도적이라 평가한 홍성, 남원, 완주, 제주의 농촌마을 골목상권 사례를 살펴보니 역시 기대보다는 걱정이 앞선다. 그 농촌마을의 골목에서 본인이 가족들과 한번이라도 인생을 걸고 먹고 살아봤는가?

'로컬'이 '로컬'을 먹여살린다고? '로컬'이 '로컬의 삶'을 자유롭게 한다고?

〈2024년 12월 16일, 정기석〉

우리나라 최초의
어보(魚譜)를 아십니까?

정약전의 '자산어보'보다 11년이나 앞서, 1803년에 저술된 우리나라 최초의 어보가 따로 있다. 방어·꽁치 등 어류 53종(연체동물 포함)과 갑각류 8종, 패류 10여 종 등 수산물을 소개하고 있다.

각종 이명(異名)·형태·습성·맛 등을 비롯, 이용법·어획법·유통 등의 문제도 언급하고, 특히 풍류를 겸한 관찰이었던만큼 말미에 '우산잡곡(牛山雜曲)'이라는 칠언절구의 자작시도 첨가한 게 이채롭다.

현재 이 책의 실물은 연세대 도서관에 소장되어 있다. 이 책이 탄생한 경남 창원시 율티마을에 가면 그 특별한 책 이야기만 들을 수 있다. 조선후기 어느 실학자가 신유사옥에 휘말려 유배된 마을이다. 그 실학자, 그러니까 그 책의 저자가 2년여 유배생활을 했던 집은 이제 흔적조차 없다. 오래 전 공단이 들어서면서 안밤티마을 '우소헌' 집터마저 사라진 것이다.

이제는 그 실학자의 후손도, 유배의 흔적도 마을에 남아있지 않지만, 율티마을 사람들은 그 사실만은 똑똑히 기억하고 있다. 그 책의 저자가 그들의 고향에 머물렀다는 역사적 사실을 매우 자랑스럽게 생각하고 있다. 한국 최초의 어보가 그곳에서 탄생했다는 문화적 사실에 뿌듯한 자긍심을 품고 있다.

🔍 율티마을 사람들만 기억하는 '어보'

그런데, 율티마을 사람들이 그토록 귀하게 여기는 그 어보의 존재를 아는 국민들은 많지 않다. 그보다 늦게 저술된 정약전의 자산어보는 교과서에도 등장하고 영화로도 제작되고 저자의 흑산도유배지는 문화유적지로까지 지정되었음에도 말이다.

이 책을 집필한 우소헌은 물론 낚시를 하며 창포만의 물고기를 관찰하던 고저암과 개구리바위 등 저자의 흔적을 알려주는 안내판 조차 하나 세워져 있지 않은 것과 극명히 비견된다. 지역성의 차이일까, 지역주민들의 문화의식 차이일까. 아니면 지역정치인들의 인문학적 소양과 품격 차이일까. 안타까울 뿐이다.

다행히, 율티마을 사람들은 지난해부터 이 책을 기리는 축제를 스스로 열기 시작했다. 어촌계를 중심으로 지역의 국회의원도 초청하고 도의원, 시의원도 불러서 250여명의 시민들이 마을광장에 모여 큰 행사를 치렀다. 그 어보를 주제로 펴낸 여러 책들도 전시하고, 그 어보에 기술된 조리법대로 모시조개와 바지락을 재료로 와각탕 음식 시식회도 가지고, 갯벌체험 프로그램도 창포만 습지 갯벌에서 펼쳤다.

그날, 율티마을에서 나서 자라고, 율티마을 앞바다에서 물고기를 잡으며 살아가는 이상율 어촌계장은 "진전면의 자랑인 이 물고기 도감을 전국적으로 알릴 수 있는 소중한 기회가 정말 기쁘게 생각한다"며 감격스러워했다.

이처럼 율티마을의 자랑이자 자산인 이 어보는 저자인 담정(薄庭) 김려(1766~1821) 선생이 1801년 천주교도 박해로 창원시 마산합포구 진전·진동면 앞바다 진동만(옛 진해현 우해)에 유배와 저술한 우리나라 최초의 어보로 공인되었다.

김려 선생은 2년 6개월 동안 기이한 물고기, 갑각류, 패류 등 72종을 형태와 습성을 기록하고 이용법, 어획법, 유통과정 등을 세밀히 조사·관찰해 1803년에 최초의 어보를 완성한 것이다.

그동안 정약용의 형인 정약전이 유배지 흑산도에서 1814년에 저술한 '자산어보'가 한국 최초의 어보라고 잘못 알려진 것이다. 율티마을에서 탄생한 이 어보가 자산어보보다 11년이나 앞선 것은 역사적 사실이다.

자산어보나 이 어보나 저자가 유배 생활 중에 듣거나 관찰한 내용을 정리한 실학사상의 결과물이라는 공통점을 가진다. 둘 다 신유사옥이라는 천주교박해로 인해 유배당한 사연도 같다. 다만, 자산어보는 중·고교 교과서에도 실렸고, 영화로도 만들어 잘 알려진 반면, 이 어보는 잘 알려지지 않았을 뿐이다.

특히, 이 어보는 글의 말미에 어촌 생활상을 표현한 시(詩)가 우산잡곡(牛山雜曲)이란 이름으로 39수가 실려 있어 자산어보에는 없는 인문적, 사료적 가치도 따로 지니고 있다. 김려선생은 각박하고 혹독한 유배생활 중에도 탁월한 시적 감수성을 발휘, 어촌풍경, 어로현장, 어민생활 등을 잘 묘사해 시로 승화시킨 것이다.

⊛ 모든 국민이 기억해야할 '어보'

물론 지역 차원에서는 그 귀중한 역사적 저작물, 문화적 컨텐츠의 가치를 방치한 것만은 아니다. 그 책의 가치를 높게 평가하고 문화콘텐츠로 활용하려고 2015년부터 마산문화원에서는 매년 학술심포지엄을 개최하고 7권의 자료집까지 발간했다.

일단, 학술심포지엄을 통해 문화지도 제작, 물고기 탐사길, 캐릭터 개발, 음식 발굴 등을 제안했다. 뿐만 아니라 관련 바다예술제를 열어

낚시대회, 뮤지컬, 연극, 물고기 체험행사 등을 열고 관련 음식을 홍보하고 판매하면 지역경제 활성화로 이어질 수 있음을 강조하고 역설했다.

창원시에서도 '관련 그림책' 발간, '관련 음식 특화거리' 조성, '와각탕 축제' 등을 벌였다. 또한 마산박물관과 창원문화재단의 '관련 기획전', 마산대학의 '관련 레시피' 개발, MBC경남의 '관련 기획보도' 등이 이어졌다.

이러한 지역의 노력으로 이 어보에 대한 지역민들의 관심은 점점 늘어나고 있다. 하지만 여전히, 많이 부족하다. 관련 문화컨텐츠와 프로그램을 지속적으로 개발하는 한편, 한국 최초의 어보 탄생지라는 가치와 위상에 걸맞게 관련 박물관 또는 기념관을 세울 필요도 충분하다.

마침 이같은 지역민들의 열망과 의지를 모아, 오는 26일 마산합포구청에서 이 한국 최초의 어보 탄생의 배경과 의미를 기리는 포럼이 열린다. 이 자리에는 이 어보를 기억하는 지역민들 뿐 아니라, 김려 선생의 후손인 12만여명의 연안 김씨 대종회, 그리고 천주교박해를 추념하는 18만여명의 마산교구의 신도회 등에서도 참여, 이 어보의 역사적, 문화적 가치와 의미를 더불어 되새기고 되살릴 예정이다.

'우해이어보(牛海異魚譜)'. 1801년 신유사옥에 연루된 김려 선생이 율티마을에 유배, 1803년 늦가을에 탈고한 한국 최초의 어보이다.

〈2024년 11월 21일, 정기석〉

율티리 갯벌에 부는
신바람, '신활력'

지금 창원의 한 작은 어촌마을 바닷가에는 새 바람이 불고 있다. '신활력'이라는 신바람이다. 해수부의 '어촌신활력증진사업'이라는 어촌마을공동체사업이 율티리에서 한창 벌어지고 있는 중이다.

어촌신활력증진사업은 3가지 유형으로 진행한다. 첫 번째 유형은 '어촌 경제플랫폼'을 조성하는 사업이다. 수산업을 기반으로 한 어촌 경제거점화에 1곳당 300억원을 지원한다.

국가어항 등 수산업 기반 도시에 수산물 유통·가공·판매 복합센터, 해양관광 단지 등 경제 활성화 기반을 조성하는 내용이다. 마트 등 수익시설과 어업인 물리치료 등 복지시설이 융합된 생활서비스 복합시설도 조성한다.

두 번째는 율티리처럼 '어촌 생활플랫폼'을 조성하는 사업이다. 이른바 어항 자립형 어촌을 육성하는 사업으로 100억원씩 투입한다. 빈집을 리모델링하거나 청년 등 새 유입인구의 정착을 지원하는 건물론, 어촌공동체의 신규 소득원과 부가가치 창출을 위한 제조·가공 및 판매시설을 지원한다.

세 번째는 '어촌 안전인프라 개선'으로 소규모 어촌 시설을 확충하는 50억원 규모의 사업이다. 태풍·해일 등 대비 재해 안전시설 보강, 선착장·방파제 등 여객선 접안시설 확충 등이 주요내용이다.

강도형 해수부 장관은 "지역주민과 지자체가 원팀이 되어 소멸 위기에 처한 우리 어촌이 활력을 되찾는 성공적인 사례로 거듭나길 바란다"고 강조하고 있다.

'신활력' 바람이 먼저 불어온 곳은 농촌

그런데 이같은 '신활력' 사업의 원조는 농식품부다. '농촌 신활력플러스 사업'이라는 이름으로 2018년부터 총 100개 시·군을 선정해 총 7000억원의 예산이 투입되고 있다. 지난 정부에서 시작된 사업이라 그런지 내년에 이 사업은 일몰될 예정이다.

이 사업은 농촌의 다양한 자원을 활용한 현장의 창의적 아이디어가 실제 사업과 활동으로 이어지도록 지원하는 정부 프로그램이다.

특히 이 사업의 핵심주체는 '액션그룹'이라 불리는 주민 주도의 법인, 협동조합, 공동체 등 활동조직이다. 액션그룹은 지역 농업인과 협업을 통한 특화 제품 개발, 문화·예술 활동 기회 제공, 농가 컨설팅 등 지역 문제 해결과 지역 내 필요로 하는 다양한 서비스 제공을 스스로 기획·추진한다.

농식품부는 최근 '농촌 신활력플러스 사업' 결과 창업 620건, 일자리 5940명 창출, 지역활동가 5400명 양성 등의 성과가 나타났다고 밝혔다. 또한 현재 전국 2754개 액션그룹에서 약 2만3000명이 활동 중으로 1418개의 액션그룹이 '신활력플러스'를 통해 새로 생겨났다고 발표했다.

송미령 농식품부 장관은 "농촌소멸 대응을 위해 액션그룹의 역할이 중요하며 액션그룹과 같은 주민 참여가 활성화될 수 있도록 지원을 아끼지 않겠다"면서 "지역의 추진단과 액션그룹들이 성과를 계속 창출할 수 있도록 자립화 지원 방안을 마련하겠다"고 약속하고 있다.

🔍 '주민'과 '앵커'와 '링커'의 3위일체가 '신활력'의 원천

율티리는 해수부 장관이 당부하고 농식품부 장관이 약속한대로 사업을 실행하고 실천하고 있다. 지역주민과 지자체가 원팀이 되고, 지역의 추진단과 주민의 액션그룹들이 중심을 잡고 있다.

'어촌신활력증진사업'은 사업의 책임자인 '마을주민', 사업의 지원자인 '앵커(Anker)조직', 그리고 사업의 협력자인 '링커(linker)그룹' 사이의 '3위 일체'에 사업의 성패가 달렸다고 명심하고 있다.

당연히, 38인의 율티어촌계원을 중심으로 뭉친 '율티권역 마을주민 275인'이 가장 중요하므로, 마을공동체가 함께 책임지려는 각오와 책임감을 날로 다지고 있다.

이 사업의 계획과 운영을 수탁받은 현장지원센터로서 '앵커조직'은, 지난해부터 마을에 상주하며 주민들과 어촌마을의 일상을 실시간으로 공유하고 있다. 여전히 부족하지만, 마을주민이 믿을만한 지원자로서 자세와 역량을 더욱 갖추려 애쓰고 있다.

이제, 사업의 성공을 위한 3위일체의 필요충분조건을 완성할 '링커그룹'을 씨줄날줄로 묶고 엮는 네트워킹에 박차를 가하고 있다. 율티권역 사업플랫폼 위에서 서로 협업하고 상생할 경제, 문화, 생태, 교육, 복지, 공동체 등 각 분야의, 각 지역의 '전문가그룹'을 발굴하고 제휴하고 협업을 모색하고 있다.

율티권역은 '링커그룹'의 전문역량과 사회적책무를 바탕으로 기꺼이 지원하고 협력하고 협업할만한 이유와 의미가 있는 사업지라 할 수 있다. 거점마을인 율티리는 탄소중립실천시범마을이다. '한국의 아름다운 길' 남파랑길 11코스의 주요 거점마을이다.

무엇보다 자산어보보다 20여년 더 먼저, 유배지 율티리에서 조선

후기 실학자 김려선생이 국내 최초의 어류도감 '우해이어보' 집필한 마을이다. 후손인 연안 김씨 대종회에서도 각별하게 생각해 수시로 방문하는 역사적, 문화적, 인문적 가치가 특별한 상서로운 마을이다.

게다가, 염전을 갈아엎도 들어선 율티공단의 28개 입주기업들에 동남아 이주노동자 등 수백명의 '율티리 생활인구(리퀴드 폴리탄)'들이 원주민들과 일과 삶을 함께 하고 있다. 이 사업을 통해 링커그룹들이 사회혁신적인 마을공동체사업의 모델을 함께 실험, 실습, 개발, 인구 및 지역소멸 위기라는 난제를 푸는 대안이 도출되리라는 사회학적인 가치와 기대도 크다.

율티리는 이 사업을 통해 오는 2026년까지 마을협동조합을 중심으로, 마을공유게스트하우스, 마을공유가게, 마을공유주방, 마을공유세탁소, 마을경로당(요양원) 등 '생활사업', 갯벌-우해이어보-남파랑길 테마 생태어촌체험·휴양마을사업 등 '경제사업'을 사업화할 계획이다.

주관부처 장관들도 잘 깨닫고 있듯이, 이 일을 '마을주민'과 '앵커조직'과 '지자체'만으로는 결코 잘 할 수 없다. 그래서 외부의 협력자인 '링커그룹'의 용기와 지혜를 한데 모으는 협력 네트워킹 구성과 협업 플랫폼 구축 작업이 가장 중요하다. 그래야 경상도 남녘 바닷가 작은 어촌마을인 율티리에 '신활력'이라는 새 바람이 불어올 수 있다. '새 세상'을 열어젖힐 수 있다.

〈2024년 11월 4일, 정기석〉

물처럼 지역으로 흘러드는 '리퀴드폴리탄'

리퀴드폴리탄(Liquid Politan)이란 현대 도시의 인구 유동성을 강조하는 조어다. 도시와 인구, 지역이 모두 물처럼 섞이고 연결된다는 뜻이다.

최근 인구감소나 지역소멸 대책을 고민하고 궁리하는 곳마다 유행처럼 번지는 '생활인구'라는 표현과 일맥상통한다. 사람들이 '고정적'으로 생활하는 정주장소에서 벗어나, 유연하고 다양한 방식으로 지역을 이동하며 삶을 영위하는 '유목사회'의 모습을 떠올리면 된다.

아닌 게 아니라, 요즘 한국사회에서 1인 가구가 늘어나며, 고향 또는 내가 사는 동네나 마을이라는 개념에 매달리거나 갇히지 않고 필요에 따라 여러 지역을 이동하며 사는 사람들이 눈에 띄게 늘어났다.

🔍 '생활인구', 감소하는 인구, 소멸하는 지역의 대책인가?

마침 지난 6월부터 정부에서도 인구 감소지역 지원 특별법을 시행, 생활인구를 토대로 맞춤형 지원 정책을 펼치겠다는 계획과 의지를 밝히고 나섰다.

이에 적극 발을 맞추어 정부와 지방자치단체들마다 인구감소, 지역소멸 등에 대응하기 위해 지역에 일정 시간 이상 머무르는 '생활인구' 유치에 열을 올리고 있다.

행정안전부는 정주인구가 아닌 생활인구를 늘려 지역경제를 활성화하고 궁극적으로 지역소멸을 막자는 취지로 지난해부터 '고향올래(Go鄕All來)사업'을 추진하고 있다. 사업은 '두 지역살이', '로컬 벤처', '로컬 유학', '워케이션(workation)', '은퇴자 마을' 등 총 5개 유형으로 나뉜다.

'두 지역 살이'는 도시 거주자가 정기적으로 지역에 체류하며 추가적인 생활거점을 갖도록 지원하는 것이다. '로컬벤처'는 주거공간과 구직 활동(취창업 공간·프로그램 마련 또는 연계)을 동시에 제공한다.

'로컬유학'은 도시에 거주하는 초·중학생이 로컬학교에 일정기간(6개월 이상) 전학해 생태학습 등 교육을 체험할 수 있도록 가족 체류 공간을 지원한다. '워케이션(Workation, Worcation)'은 근로자가 휴가지에서 일상적인 업무를 수행하면서 휴양을 동시에 즐길 수 있다. '은퇴자 마을'은 은퇴자에게 전원생활 등 단기(2~3개월) 체험 기회를 제공한다.

전남 강진군은 생활인구 유입과 지역경제 활성화라는 목표를 내걸고 '반값 가족여행 강진'을 내걸고 나섰다. '강진 누구나 반값 여행'으로 강진을 여행하는 누구나 여행비 절반을 최대 20만 원까지 돌려받을 수 있다.

실제로 '반값 여행'과 '지역 축제'를 결합, 지난 9월에는 전년 동기 대비 37% 더 늘어난 213만 명의 관광객을 불러 모으는 성과를 거두어, 지역경제 활성화와 지역인지도 상승이라는 두 마리 토끼를 잡았다는 평가를 받고 있다.

우리나라 국가정원 1호인 '순천만국가정원'을 소유한 전남 순천시는 정원을 품고 자연 속에서 쉬면서 일하는 '정원워케이션' 사업을 추진하고 있다. 지역의 랜드마크인 국가정원을 배경으로 숙소와 오피스 환경, 고품격 정원 문화를 접목한 차별화된 콘텐츠로 평가를 받고 있다.

경남 의령군은 '퇴계이황 처갓집 가는 길 치유마을 로컬유학' 프로젝트로 눈길을 끌고 있다. 일단 '퇴계 선생 처갓집'이라는 스토리텔링을 바탕으로 공모사업을 준비, 치유를 테마로 교육프로그램을 제공하기 위해 유학생 및 학부모를 위한 생활 인프라 조성에 나섰다.

🔍 '삶과 일과 쉼과 놀이'가 하나 되는 리퀴드폴리탄이라야

이밖에 인구소멸지역에 은퇴자 공동체마을을 조성하는 제주도의 '슬기로운 은퇴생활 카름플레이', 청년 주거공과 창업테스트베드 등을 조성하는 대구시의 '대굴대굴 대구온나! 천년 귀환 채널 구축', 충북 청주시의 '옥화9경 은퇴자 산촌행복마을', 충남도의 '뷰티 ON(溫) 워케이션@충남온양', 전남 광양시의 '청춘을 스케치하는 공간, 레트로시티 광양', 경북 포항시의 '나는 '성(城)'에 산다! 장기읍성으로 입성하세요' 등을 대표적인 생활인구 정책실례로 들 수 있다.

이와 관련 최근 국토연구원은 '생활인구 제도 정착과 활성화를 위한 정책대안' 보고서를 통해 「인구감소지역 지원 특별법」에 근거해 도입된 '생활인구' 제도는 주민등록인구 중심 정책에서 벗어나 지역의 실질적 활력을 증진하기 위한 새로운 정책 패러다임을 제시했다고 평가하고 있다.

그러나 현재는 인구감소지역으로 체류인구 유입 규모에 주로 초점을 맞추고 있으며, 체류일수 데이터의 정책적 활용을 위한 구체적 방향 제시 및 전략 수립은 아직 미흡한 상황이라고 지적했다.

국토연구원은 체류인구 활성화를 위해서는 체류기간을 고려한 체계적 접근이 필요하며, 인구감소지역의 체류인프라 개선이 주요 과제라고 제언하고 있다. 생활인구 활성화를 위해서는 공간과 사람에 대한 균형 잡힌 접근이 필요하다는 것이다.

따라서 지역의 매력도 향상과 체류기반 강화를 위한 공간전략 수립으로 '방문-체류-정주'의 매력적인 지역환경을 조성하고, 저활용·유휴자원을 활용한 생활인구 거점 플랫폼 조성을 위해 토지이용규제나 건축물 용도 규정, 목적 외 활용에 대한 규제 개선 및 특례 적용도 시급하다고 강조한다.

가령, 농어촌 빈집을 활용한 공유숙박모델 도입과 인구감소지역의 농어촌민박 질적 향상과 더불어, 기존 농업진흥지역과 보전산지의 현재 적합성 재검토 및 그 외 농지·산지 활용의 유연성 제고로 체류형 생활인구 대상 부가소득 창출시설 설치가 허용되어야 한다는 것이다.

인구감소지역을 실효적으로 지원하려면, 상부나 외부에 의한 구호나 축제나 공모사업 같은 이벤트성, 전시성, 일회적 정책과 제도로는 역부족이다. 삶과 일과 쉼과 놀이가 하나 되는 자발적이고 자생적인 리퀴드폴리탄(생활인구)이라야 소멸하는 지역을 되살릴 수 있다.

〈2024년 10월 20일, 정기석〉

한국의 인구위기,
프랑스에 해답이

약 50년 후인 2072년에는 한국 인구는 3600만 명에 그칠 것이라는 조사 결과가 최근 발표되었다. 이는 지금으로부터 50여 년 전인 1970년대 인구와 맞먹는 것으로, 100년 전 그때 그 시절로 한국사회가 돌아가는 셈이 된다.

이는 개인 인구학자의 연구결과가 아니라 국가기관의 발표라서 더 놀랍다. 통계청에 따르면 오는 2072년까지 전 세계의 인구는 25% 규모로 증가, 올해 81억 6000만 명에서 2072년 102억 2000만 명으로 증가한다.

하지만 이 같은 세계적 추세에 한국은 역행, 인구가 30% 거꾸로 줄어든다. 이로써 한국은 5200만 명에서 3600만 명으로 인구가 급감, 현재 29위인 한국의 인구 순위는 전 세계 59위로 추락하게 된다. 세계 인구에서 차지하는 비율도 올해 0.6%에서 2072년 0.4%로 감소한다.

프랑스의 '차원이 다른' 인구관리와 가족정책

이와 관련 최근 국회입법조사처에서 발표한 '프랑스 인구위기의 사회적 구성 및 가족정책의 시사점' 보고서를 주목할 필요가 있다.

이 보고서에 따르면, 프랑스의 합계출산율은 1997년 처음으로 OECD 평균을 넘어섰고, 2001년부터는 줄곧 0.2명 이상의 격차를 유지하고 있다.

이 같은 프랑스의 인상적인 인구관리는 일반적으로 프랑스 가족정책의 성공에 기인하는 것으로 초저출산 장기지속 상태가 심화하고 있는 한국 사회가 저출산 대응의 전환점을 찾는 데 능히 참고가 될만하다.

20세기 전환기에 프랑스도 인구위기가 사회적 의제로 대두되었다. 그 양상은 빈곤한 노동자 계층은 자녀를 갖고 싶어도 출산할 수 없었던 반면, 부르주아와 사무직 종사자는 자녀를 가질 수 있어도 출산하지 않아 사회 전 계층에서 출산감소가 일어났던 것이다.

특히 1997년에서 2021년까지, 현행 프랑스 가족정책의 전체적인 윤곽이 드러난 시기였다. 가족혜택의 지속적인 확대와 사각지대 해소, 영유아기 수당 및 서비스의 통합과 재편, 가족혜택 조정에 대한 오랜 논의 결과를 구체화한 2015년 「사회보장재정법」 개정, 빈곤과 불평등에 대응하기 위한 사회통합적 생계소득 제도화 등이 이때 이루어진 것이다.

특히, 가족정책을 자녀의 출산·양육 지원 조치로 정의하고, 그 목표를 세대 간 재생산 지원 및 유자녀 가족의 생활수준 유지에 두었다는 점이 혁신적이었다. 기능을 수평적·수직적 소득 재분배 메커니즘을 통해 출산으로 인한 유자녀 가족의 생활수준 저하를 줄이는 것으로 명시하고 있다.

구체적으로, 가족정책의 주요 조치를 가족혜택과 가족세제혜택으로 나누어 제시하고, 정책대상을 20세까지의 아동으로, 지급금액은 매년 재평가되는 소비자 물가변동률을 반영한 가족수당 월 산정 기준에 따라 정했다.

2024년 현재 가족혜택에는 가족수당, 정액수당, 가족보조금, 가족부양수당으로 구성된 일반 부양 혜택, 출산/입양 보너스, 기본수당,

자녀교육분담혜택, 보육방식자유선택보조금으로 구성된 영유아기 출산·보육 관련 혜택, 장애아동교육수당, 장애성인수당, 신학기수당, 일일부모동반수당, 자녀사망수당으로 구성된 취약계층 특수 할당 혜택, 기타 이사보너스와 노동연대소득 등이 있다.

가족세제혜택에는 누진세, 가족계수, 세액조정 등이 있어 이러한 가족정책은 정교한 재분배 메커니즘을 통해 가구 간 격차를 줄이는 기능을 하도록 설계되어 있다.

이 같은 가족정책의 결과, 2021년 기준 프랑스의 합계출산율은 1.80명으로 OECD 38개국 중 5위, 유럽국 중 1위라는 높은 수준을 유지하고 있다.

◎ 프랑스는 국가의 생존위기로, 한국은 단지 경제위기로

그렇다면, 프랑스 인구정책에서 한국사회가 배울 점은 과연 무엇이 있을까. 우선 프랑스는 인구국가의 생존위기 혹은 안보위기로 규정했다. 단순한 경제위기로 접근했던 한국 정부와는 해법을 구하는 관점이나 자세부터 차원이 달랐던 셈이다.

한국 정부는 인구위기를 생산연령인구 감소에 따른 성장잠재력 저하, 노년 인구 급증에 따른 부양비 부담 증가, 주택·교육 시장의 수요 감소로 인한 경제성장률 하락 등과 같은 경제주의적 관점에서 규정했을 뿐이다.

무엇보다, 프랑스는 아래로부터 가족단체와 같은 당사자의 적극적인 참여와 요구를 정부가 제도화함으로써 가족정책을 발전시켜왔다. 그러나 한국은 양육 당사자의 참여 없이 정부, 학계, 정부출연 연구기관 등 전문가 체계 중심의 의사결정 과정을 통해 극히 포괄적인 정책적 대응을 해왔다. 다분히 공급자 중심 정책 기조를 고수했던 것이다.

또한 프랑스는 가족정책을 자녀의 출산·양육 지원 조치로 정의했다. 그 목표를 유자녀 가족의 생활수준 유지에 두고, 그 기능을 수평적·수직적 소득 재분배 메커니즘을 통해 출산으로 인한 유자녀 가족의 생활수준 저하를 줄이는 것으로 간명하게 제시했다.

가족정책을 가족에 대한 직접지원에 해당하는 일반 부양, 출산·보육, 취약계층 특수 할당 등의 가족혜택과 누진세, 가족계수 등으로 구성된 가족세제혜택으로 시행하고 있다.

이만하면 한국은 프랑스에서 배울 점이 참 많다. 일단 2023년도 중앙부처 시행계획 상 출산·양육 지원 제도들은 100여 개를 훨씬 넘는다. 이제 직접적인 가족지원을 중심으로 OECD 기준 가족지원 공공지출에 해당하는 현금급여, 서비스 급여, 세제혜택 등으로 간명하게 재정비할 필요가 있다.

그동안 한국의 내실 없는 가족정책은 출산·양육 확대를 지지하기보다는 인구감축을 가속화하는데 기여해 왔다는 혹평을 받고 있다. 이런 명백한 사실에 대한 뼈아픈 성찰에서 인구위기 대응책은 새로 설계, 시행되어야 옳다. 아니면 한국이라는 국가와 사회는 생존위기, 안보위기에서 빠져나오지 못할지 모른다.

〈2024년 10월 4일, 정기석〉

기부왕 李회장의 '돈 쓰는 재미'

이중근 부영그룹 회장이 제19대 대한노인회 중앙회장에 당선됐다. 이 회장은 "노인다운 노인으로 존경받는 노인으로 후대를 생각하는 노인으로 국가사회 발전에 기여하며 고령사회를 선도하는 존경받는 어르신으로 노인회를 자리매김하겠다"는 당찬 포부를 밝혔다.

그런데 이 회장의 그 말이 그냥 해보는 말은 아니라는 믿음이 간다. 이미, 이 회장은 기업 차원에서 1조 1800억 원이 넘는 ESG 경영을 펼치고, 개인으로는 2650억 원을 사회에 기부하며 다양한 사회공헌 활동을 몸소 실천하고 있기 때문이다.

최근에는 사재를 털어 설립한 우정문고를 통해 경영난에 빠진 국내 최고 권위의 월간 문학잡지인 '문학사상'까지 인수했다. 그야말로 타의 추종을 불허하는 '기부왕'다운 광폭 행보를 거침없이 내딛고 있는 중이다.

이번 문학사상 인수는 부영그룹 이중근 회장의 '문화는 경제의 산물'이라는 강한 의지가 반영되었다고 한다. 적자경영이 뻔히 예상되는 순수 문예지 출간을 지원하는 '메세나' 활동의 대표적 사례가 아닌가 싶다.

🔍 직원 자녀들에게 1억원씩 출산장려금을

지난 2월에는 부영그룹 시무식에서 직원들에게 거액의 출산장려금을 지급했다. 2021년 이후 태어난 직원 자녀 70명에게 1인당 1억 원씩을, 연년생 자녀를 둔 직원, 쌍둥이 자녀를 낳은 직원은 각각 2억 원을, 총 70억 원을 쾌척했다.

국내기업 최초로 직원 출산장려금을 단행한 이 회장은 저출산의 배경에는 자녀 양육에 대한 경제적 부담 그리고 일과 가정생활 양립에 어려움이 큰 이유로 작용하는 만큼 출산장려금 지급을 시행하게 됐다고 전했다.

이 같은 이 회장의 파격적이고 공격적인 기부 선행은 이게 처음이나 끝이 아니다. 지난해에는 고향 순천 운평리 280여 가구 주민에게 현금을 그냥 나눠줬다. 거주 기간에 따라 세금을 공제하고 2600만~9000만 원을 저마다 개인 통장으로 현금을 꽂아주었다. 그저 같은 고향사람이라는 이유 말고는 딱히 별다른 이유나 근거를 찾을 수 없다.

초중고 동창생들에게는 최대 1억 원, 친척과 군 동기들에게도 적게는 5000만 원부터 많게는 무려 10억 원까지 과감하게 베풀었다. 이렇게 이 회장이 고향 지인들에게 준 금액은 현금만 1400억 원, 선물 등 물품을 포함하면 2400억 원에 이르는 것으로 알려졌다.

이 같은 사실은 사재를 털어 베푼 선행이라서 부영그룹 회사 임직원들도 전혀 모르고 있다 언론 보도를 통해 뒤늦게 알게 됐다고 한다. 이 회장은 살면서 인연이 됐던 이들에게 도움을 주고자 하는 마음이 생겨 현금 선행을 베푼 것으로 알려졌다.

특히 기부 대상을 고향 마을로 특정한 것은 지방 소멸에 대한 문제의식 때문이었다고 한다. 고향을 떠나지 않고 지켜온 이들에 대한 그 나름의 감사 표시를 기부왕답게 현금으로 표현한 셈이다. 맞다. 누구에게나 고향은 그런 곳이다.

🔍 '기부왕 李회장'을 보는 삐딱하고 부러운 시선

그런데 이 같은 이 회장의 선행을 삐딱하게 보는 시선도 없지 않았다. 당시 특정경제범죄가중처벌법 조항에 따라 취업이 제한된 상태였던 이 회장이 경영 복귀를 위해 사면을 노린 '꼼수 선행'이 아닌가 하는 의심과 지적이었다.

이 회장은 2020년 회삿돈 횡령 및 배임 등의 혐의로 징역 2년 6개월에 벌금 1억 원을 선고받았다. 그것도 '5억 원 이상 횡령·배임 등의 범죄를 저지를 경우'에 해당, 형집행 종료일로부터 5년간 취업을 제한받고 있는 상태였다.

어쨌든 지난해 광복절 특별사면을 통해 이 회장은 경영 일선에 복귀했다. 그는 이후에도 사회 공헌 행보를 멈추지 않았다. 카이스트 기숙사 리모델링 비용 200억 원, 외국인 유학생 83명에게 장학금 3억 4000만 원, EBS 사회 공헌 프로그램 '나눔 0700'에 10억 원, 대한적십자사에 3억 원 등 기부 선행을 줄기차게 이어오고 있다.

이번 노인회장 선거에 다시 출마한 이 회장에게 보내는 시선도 따뜻하지 않았다. 횡령 판결로 17대 회장 임기를 못 마치고 하차했던 전력이 도덕성 논란 도마 위에 오른 것이다.

잇따른 기부 행보가 횡령 사건의 오명을 덮고 19대 회장 출마를 위한 사전 정지작업이었다는 불편한 시선이 적지 않았다. 노인회장에 재도전하는 게 지난번 중도 하차의 불명예를 회복하기 위한 욕심으로 해석하는 호사가들도 많았다.

그럼에도 불구하고, '기부왕' 이 회장은 노인회 복지에 관심을 갖고 일해달라는 회원들의 성원과 지지에 힘입어 노인회장 재선에 성공했다. 새 노인회장에게 거는 고령화사회의 기대가 더욱 클 수밖에 없다.

이중근 회장의 인생 여정을 살펴보면 가히 파란만장하다. 1941년 전남 순천 농촌마을 빈농의 아들로 태어나 건설업을 통해 큰 부를 일군 자수성가 기업인의 표본이라 할만하다.

순천에서 초중고등학교를 마치고 건국대 정치외교학과에 입학했지만 생계가 어려워 중퇴할 정도였다. 그러나 건국대 중퇴 학력에 머무르지 않고 50대 후반 독학 행정학사 학위를 취득한 데 이어 고려대 대학원에서 행정학 석박사 학위를 취득한 불도옹이다.

일찍이 건설업에 뛰어들어 부침을 거듭하다 1983년 삼진엔지니어링을 설립해 임대아파트 건설로 성공 발판을 마련하고 회사 이름을 지금의 부영으로 바꿨다.

지난해 경제 매거진 '포브스코리아'가 발표한 한국 50대 부자 순위에서 11억2000만 달러(약 1조5000억 원)의 자산을 보유, 29위에 랭크됐다.

창업주 이 회장이 80대에 접어들었음에도 부영그룹에는 후계 구도 이야기가 새어 나오지 않고 있다. 이 회장은 여전히 지주회사 격인 부영의 지분을 93.79% 보유, 막강한 1인 지배체제를 틀어쥐고 있다.

그나저나 '기부왕 이 회장'의 기부 선행, 또는 '돈 쓰는 재미'는 과연 어디까지, 언제까지 이어질까. '삐딱하지만 부러운' 시선을 차마 거둘 수 없다.

〈2024년 9월 5일, 정기석〉

인구론,
"그때는 맞고 지금은 틀리다"

"어느 시점부터는 기하급수적으로 늘어나는 인구로 인해 인구수가 식량의 양을 초과해 식량이 부족해진다."

산업혁명과 프랑스혁명의 격변기 1798년, 영국의 경제학자 토머스 맬서스는 인류의 멸망을 예언했다. 그는 인구는 기하급수적으로 증가하지만 식량은 산술급수적으로 증가한다고 주장했다. 결국 식량 생산 증가가 인구 증가를 따라가지 못해 전쟁, 질병, 기아 등의 재앙이 올 것이라며 '맬서스 트랩'을 경고했다.

그러나, 맬서스는 틀렸다. 적어도 그때는 맞았지만, 지금은 틀리다. 기술 혁신은 안정적인 식량 공급으로 이어졌고, 산업화한 사회에서 사람들은 이전보다 적은 수의 아이를 낳았기 때문이다.

오늘날 맬서스의 인구론은 괜한 걱정, 공허한 허구라는 사실을 더욱 명백해지고 있다. 현재 한국 사회는 출생률과 인구증가율이 감소, 인구절벽으로 추락하고 있다. 지역사회 소멸과 국가경제 붕괴를 걱정하고 있다.

"국가 인구 통계 그래프에서 급격하게 하락을 보이는 연령 구간." 벼랑 끝까지 내몰린 급격한 인구 감소 국면을 표현하는 '인구절벽'. 미국의 경제예측 전문가 해리 덴트가 2014년에 펴낸 '인구절벽(Demographic Cliff)'이란 책에서 용어는 유래한다.

🔍 경제위기의 '방아쇠'를 당긴 베이비부머의 퇴장

해리 덴트는 특히 세계 곳곳에서 베이비 붐 세대들의 은퇴가 본격화, 다음 세대의 소비 주역이 나타날 때까지 경제는 '인구절벽'이라는 위험한 상황에 놓이게 된다고 예측했다.

미국의 왕성한 소비를 주도해 온 베이비붐 세대가 은퇴하면서 빚을 갚고 소비를 줄이면, 자산 가격의 대폭락 시대가 온다고 경고한 것이다.

특히 부동산 가격은 40~60% 더 떨어질 것으로 전망했다. 그는 한국도 베이비부머 은퇴로 집값이 하방압력을 받을 것이라는 주장을 하면서 집값 폭락의 근거로 삼는 전문가들의 목소리도 덩달아 커졌다.

그는 전 지구적 차원의 고령화로 젊은 층의 인구가 절벽처럼 추락하는 시점에서 경제도 큰 타격을 입게 된다고 예견했다. 인구 감소, 인구 절벽이 경제위기로 직결된다고 주장했다.

그런데, 인구절벽은 미국이나 남의 나라 이야기가 아니다. 세계은행(WB)의 아시아·태평양지역 경제현황 보고서에서 한국은 15~64세 인구가 2040년까지 15% 이상 줄어들 것이라고 전망했다. 1980년 1,440만 명이던 한국의 학령인구는 2017년 846만 명으로 감소했다. 2040년에는 640만 명, 2060년에는 480만 명으로 떨어진다고 통계청은 예측하고 있다.

세계은행은 한국이 생산인구, 노동력의 감소로 성장 동력을 잃어버릴 수 있다고 경고했다. 생산인구 감소의 원인은 고령화와 저출산율이다. 가임기 여성은 10년 전에 비해 15% 감소했다. 청년들은 연애를 할 기분도 아니고, 결혼을 할 형편도 아니라고 국가와 사회에 항변한다.

지난해 한국의 연간 출산율은 0.72명으로 세계 최저 수준을 기록했다. 심지어 4분기 합계출산율은 사상 최저인 0.6명대를 기록했다. 현재 한국의 인구 수준을 유지하기 위한 합계출산율은 2.1명이다.

◎ 인구가 줄어도 경제는 성장할 수 있다

"출산율 세계 최저, 노령화 속도 세계 최고, 베이비붐 세대 은퇴까지, 이러다가 나라 망하나?"

최근 이런 도발적인 카피를 내건 책이 '인구 절벽'을 걱정하는 독자들에게 관심을 끌고 있는 듯하다. '한·미·중·일 인구 변화, 부의 지도를 바꾼다'라는 부제가 더 눈에 띄는 「인구와 투자의 미래 확장판」. 저자는 애널리스트 출신으로 투자자문사 대표 일을 하고 있다.

저자는 해리 덴트의 인구절벽과는 다른 이야기를 하고 있다. 급격한 인구 구조 변화에 따른 자산시장 대변동에 대비하는 투자 지침을 제시한다. 베이비붐 세대가 은퇴하면 경제에 큰 충격을 주고 주식시장과 부동산시장이 암울해진다는 우려는 하지 않아도 된다는 것이다.

오히려 향후 10년간은 경기 전망이 밝다고 그는 주장한다. AI 시대가 열리면서 생산성 향상이 기대되고 기업의 비용이 절감된다는 것이다. 노동시장이 유연해지면서 자본 투자도 확대될 것으로 낙관한다는 것이다.

이 책은 "인구가 줄어도 경제는 성장할 수 있다"며 투자자들에게 구체적인 행동지침도 제시한다. 실질금리 하락에 대비하고 한국 자산과 미국 달러 자산에 분산 투자하라. 부동산은 클러스터 지역에 집중하는 한편 해외 부동산 상장 리츠(REITs)에 투자하라.

이렇게, 오히려 인구 변화로 인한 '자산시장 대변동'을 기회로 만들라고 주문한다. 아울러, 글로벌 투자의 시대인 만큼 중국과 일본의 변화도 놓쳐서는 안 된다고 주문한다. 한국과 마찬가지로 급격한 고령화를 겪는 두 나라가 한국 경제에 미칠 영향을 분석하며 중국은 피하되 일본 시장을 노리라고 조언한다.

혹자는 한국이 세계 최하위 출산율을 기록하는 이유를 경제 성장과 여성의 학력 수준 향상으로 거론한다. 그런데 고학력자가 많은 선진국은 출산율이 낮지 않다. 영국, 독일 등 인구감소를 겪은 선진국 가운데 장기 경기침체를 겪은 것은 일본 뿐이라고 한다.

문제는 일자리의 질이다. 선진국에는 유연한 일자리가 많은데 한국에는 유연한 고소득 일자리가 많지 않다. 유연한 일자리가 많지 않고 노동환경의 질이 높지 않은 한국에서는 고학력자라고 해도 '벌어먹고사는 문제'가 녹록지 않기 때문이다. 가족을 꾸려 더불어 행복하게 생활하기가 쉽지 않다는 말이다. 그래서 결혼할 용기가 나지 않고, 아이를 선뜻 낳지 못하는 것이다.

한국은 경제협력개발기구(OECD) 회원국 중 출산율이 1을 밑도는 유일한 국가이다. 최근 한국 정부는 인구 감소 시대 대응을 위한 인구 전담부처 설치를 논의하고 있다고 전해진다. 만시지탄이지만, 아무 일도 하지 않으면, 어떤 일도 일어나지 않는다.

〈2024년 4월 22일, 정기석〉

'동등한 삶의 질'이 곧,
국가균형발전

현 정부는 새로운 국가 비전으로 '대한민국 어디서나 살기 좋은 시대'에 따른 지방시대를 내걸고 있다.

국토면적의 12%에 불과한 수도권의 극단적인 쏠림 현상과 그에 따른 지방소멸 위기는 한계상황에 다다른지 이미 오래되었다. 전체 시·군·구 226곳 가운데 약 40%(89곳)가 인구감소지역으로 지정된 상태이고, 매출액 기준 1,000대 기업 가운데 수도권에 입지한 기업의 비율은 86.9%에 달한다.

그 결과, 수도권의 1인당 GRDP는 비수도권보다 300만 원이나 높고, 청년들은 먹고살려고 지방을 떠나 수도권으로 몰려들고, 선뜻 연애하고 결혼해서 가정을 꾸릴 엄두조차 내지 못하고 결혼을 해도 선뜻 아이를 낳지 않는다. 물론, 정부나 정치권은 물론 국민 누구나 그 명백한 사실을 모르는 게 아니다. 잘 알고 있다.

그래서 지방정부 주도로 국가 발전과 국민의 행복이 증진되도록 중앙정부는 균형발전과 지방분권을 구호로, 목표로 크게 내걸고, 열심히 알리고 있는 것이다.

지방자치분권과 지역균형발전은 하나의 정책

마침내 지난해 7월 10일 방자치분권 및 지방행정체제개편에 관한 특별법」과 「국가균형발전 특별법」을 통합한 「지방자치분권 및 지역

균형발전에 관한 특별법」이 시행되었다.

'지방자치분권'은 민주, 다양화, 경쟁을 추구하는 반면 '지방균형발전'은 형평, 통합, 통일에 가치를 두고 있으므로 통합정책의 시너지 창출을 위한 '지방시대위원회'도 발족, 가동되고 있다.

이른바 지방시대 5대 전략으로 자율성 키우는 과감한 지방분권, 인재를 기르는 담대한 교육개혁, 일자리 늘리는 창조적 혁신성장, 개성을 살리는 주도적 특화발전, 삶의 질 높이는 맞춤형 생활복지도 제시했다. 그러나, 여전히 수도권 과밀과 지방소멸이라는 위기감과 위험이 해소되리라는 기대와 믿음은 생기지 않는다.

최근 국토연구원에서 발표한 「독일의 국가균형발전정책, '동등한 삶의 질' 내용 및 시사점」을 살펴보면 "우리도 독일처럼 잘 할 수 있을까", 불안과 걱정이 더 커진다.

독일 연방정부는 국가균형발전 관점에서 독일의 어디에 살든 누구나 동등한 삶의 질을 누릴 수 있도록 2019년에 국토 전 지역을 대상으로 '동등한 삶의 질' 정책을 도입했다.

독일 통일 이후 구 동독지역을 집중적으로 개발하던 독일 연방정부가 인구 감소와 산업구조 쇠퇴 등 다양한 사회적 문제가 구 서독지역으로 확산하는 현상을 목격하고 독일 전 지역을 대상으로 균형발전의 필요하다고 절실히 인식한 것이다.

'동등한 삶의 질 위원회(Kommission Gleichwertige Lebensverhältnisse)'를 구성하고 '독일 전 지역을 대상으로 하는 지원 시스템'을 구축했다. 6개 관련 부처에서 기존에 진행하고 있던 사업들과 신규 사업 22개를 '동등한 삶의 질' 정책이라는 하나의 구호 아래 협업을 통해 추진했다.

가령, 연방정부와 연방주가 함께 추진하고 있는 '공동과업-지역경제구조개선사업(Gemeinschaftsaufgabe Verbesserung der regionalen Wirtschaftsstruktur: GRW)'에서는 산업이나 경제활동 부진, 고용기회 부족, 인구 감소 등의 경제·사회적 지표에서 전반적으로 취약성이 나타난 지역을 22개 사업의 우선 추진 및 지원대상지역으로 설정했다.

특히, GRW는 경제·사회적으로 취약한 지역을 체계적으로 지원하기 위하여 전통적 행정구역이 아닌 '노동시장지역'을 기준으로 지원대상지역을 선정했다.

🔍 한국, 어디에 살든, 누구나 '동등한 삶의 질'을

이같은 방식의 독일의 균형발전정책의 특징은, 국가 차원에서 취약한 경제구조를 가진 지역을 지정하고 이를 대상으로 '동등한 삶의 질' 관련 사업을 추진했다는 점이다.

연방정부는 '경제적 구조가 취약한 지역'의 개념과 GRW에서 선정한 지원대상지역을 일치시켜 궁극적으로 인구감소현상 심화 및 경제적·사회적·문화적으로 어려움을 겪고 있는 지역에 혁신적 변화가 이루어질 수 있도록 꾸준하게 지원했다.

아울러, 지역경제구조개선사업(GRW)은 행정구역 대신 거주와 일자리가 연계되는 노동시장지역을 기준으로 지원대상지역을 선정했다.

특히, 대상지역 선정 시 생산성 혹은 고용률 등 지역현황을 나타내는 지표의 비중을 줄이고 '장래취업 가능한 인구 전망' 지표의 비중을 높임으로써, 경제위기가 발생하기 전에 예방 차원에서 지원효과를 거두었다.

한편, 지역경제 활성화, 산업구조 전환 등 공간적 경계를 제한하지 않고 지원, 지역에 혁신적 변화를 줄 수 있는 파트너십 형성에 중점을 두고 해당지역 외 관계자도 같은 지원을 제공했다.

한국도, 최근 뜨거운 지역현안으로 떠오른 메가시티 정책에서 노동시장지역을 고려하는 등 유연한 공간범위를 설정하고, 경제 및 산업 구조전환, 기후변화 대응 등 다양한 협력과제를 추진할 필요가 있다. 어디에 살든, 누구나 동등한 삶의 질을 누리는 독일처럼.

〈2024년 3월 19일, 정기석〉

정말, 도시는
재생되고 있는가

윤석열 정부의 도시재생사업은 안녕한가. 지난 정부들에서 벌어진 한낱 부질없고 쓸데없는 온갖 전시행정성 시행착오들은 정책적으로 개선되거나 치유되고 있는가. 문제를 해결할 실마리나 돌파구는 이제 좀 보이고는 있는가.

소멸 위기에 시달리고 있는 이른바 지방이나, 농산어촌은 그렇다 치고, 과연 도시나마 재생되고 있는가, 먹고살기가 어려워 지방과 농산어촌을 떠나 타향객지 도시에서 난민처럼 살아가는 수많은 국민들은, 그렇다면 도시에서는 잘 살아갈 수 있는가.

선뜻 그렇다고 평가하고 인정하기는 어려운 심정이다. 이 정부의 도시재생은 이전 정부의 그것과는 좀 다르다. 일단은 '경제거점'과 '특화재생'을 중심으로 사업을 추진하고 있다.

'경제거점 혁신지구' 사업은 폐교, 기반시설 이전적지 등 부지에 교통·新산업·업무·주거 등 기능을 복합개발, 경제거점을 조성하고 일자리를 창출하려는 사업목적이다. 국비 250억 원이 지원되고 지방비가 167억 원~250억 원 대응투자된다.

'지역특화재생' 사업은 역사·문화 등 지역 고유자원을 활용한 도시 브랜드화 추진 및 중심·골목상권 활성화 등을 통한 강소도시를 육성하려는 목적이다. 국비가 150억 원 지원되고 지방비는 100억 원~225억 원이 대응투자된다.

🔍 도시재생사업은 누가 책임지는가

이처럼 막대한 국비와 지방비 혈세가 투입되는 만큼 도시재생사업의 성과와 성패가 그 도시의 현재와 미래에 끼치는 영향이 적을 리 없다. 하지만 지난 정부에서도, 현 정부에서도 여전히 도시재생사업을 둘러싼 비판은 줄어들지 않는다. 행정, 전문가, 주민 등 각 이해관계자들의 갈등과 고민은 증폭되고 있다.

그런데, 도시재생이란 대체 무슨 사업인가. 도시재생 활성화 및 지원에 관한 특별법 제2조에 따르면, '도시재생'이란 인구의 감소, 산업구조의 변화, 도시의 무분별한 확장, 주거환경의 노후화 등으로 쇠퇴하는 도시를 지역역량의 강화, 새로운 기능의 도입·창출 및 지역자원의 활용을 통하여 경제적·사회적·물리적·환경적으로 활성화시키는 것으로 정의하고 있다.

그러나 도시재생사업은 법조항처럼, 정의처럼 추진되지 않는다. 우선, 그동안 추진돼온 정부의 각종 유사 또는 선행 지역개발사업처럼 도시재생사업도 주민 주도가 아닌 관이 주도하는 사업이라는 태생적, 구조적 한계를 안고 있다.

예산을 쥐고 있는 행정과, 행정이 위탁하는 용역을 수행하는 이른바 전문가집단이 주도하고 주민들은 들러리를 서는 경우가 다반사이다. 물론 민관 거버넌스라든가, 주민협의체라든가, 공동체협동조합이라는 형식을 빌어 주민의 대표가 의사결정구조와 참여하는 모양새는 갖춘 듯 보이지만 말그대로 결정권은 없는 유명무실한 형식에 그치는 경우가 일반적이다.

드물지만, 요행히 도시재생사업을 민과 관이 잘 협력해서 추진되었다는 사업지라해도 문제는 엉뚱한 곳에서 튀어나온다. 바로 '젠트리피케이션 (gentrification)'이다.

가령, 서울시에서는 과거 뉴타운 재개발 지역들이 도시재생 대상 지구로 변경되면서 지가가 폭등, 지주들의 월세 욕심으로 원룸촌과 오피스텔촌으로 둔갑했다. 이어 오른 월세를 감당하지 못한 세입자들이 빠져나간 후 도시재생 사업지는 재생은커녕 빛바랜 벽화와 주민잃은 공방과 카페만 난립하는 슬럼으로 쇠락하고 있다.

🔍 과연, 주민이 책임질 수 있는가

지금 도시재생사업은 고민이 깊고 크다. 누가 책임질 것인가, 사업의 주인이자 주체인 주민이 과연 책임질 수 있는가. 문제가 어려우니 답은 좀처럼 쉽게 구해지지 않는다.

혈세 수백억 원이 투입되는 도지재생사업이 벌어지는 지역에 가보면 이른바 여러 가지 목적과 효용의 도시재생거점시설들이 먼저 눈에 들어온다. 물론 사업이 진행되는 4~5년 동안 교육 등 주민역량강화 프로그램을 서비스하고 그 산물로 주민들이 모여 '주민주도형' 마을관리협동조합을 공동창업, 거점시설의 관리와 운영을 맡을 준비를 하지 않는 건 아니다.

그러나 현실의 현장에서는 역량강화 매뉴얼대로 되지 않는다. 애초 주민들의 관리 및 경영 능력도 문제이고, 근본적으로 사업성, 시장성 등의 사업의 지속가능한 운영을 담보하는 기본자적인 요건조차 갖추기 어렵다.

그동안 취지는 좋지만 실천이 어려운 '주민주도형'의 한계를 절감한 일부 사업지에서는 이른바 '지역사회 협력형' 방식으로 전환, 지역 기반의 역량 있는 단체와 주민들이 결합해 운영의 안정성과 지속가능성을 높이는 새로운 시도가 없지 않았다.

즉, 지역 내 주민이 내부갈등, 고령화, 참여율 저조 등 자체적으로 운영할 능력과 사정이 안 된다고 판단되는 경우, 도시재생사업의 목적을 달성할 수 있는 공익, 비영리 단체 등의 지역사회 기반의 외부단체와 지역주민의 협력네트워크를 구축, 가동하는 방식이다.

하지만 이 같은 특별한 역량과 책임감을 갖춘 지역단체가 자생하지 않는 일반적인, 대부분의 사업지에서 '지역사회 협력형' 방식을 적용하기는 쉽지 않을 것이다.

그래서, 국토부나 관련 지자체에서는, 센터형 공공기관에 관리전권을 맡기는 '민간위탁형'이나 아예 행정에서 직영하는 거점시설 운영방식을 불가피하게 선택하는 경향이 커지고 있는 것으로 보인다.

최근 국토연구원의 '도시재생사업의 지속성 제고를 위한 지자체 행정지원체계의 개편방안' 정책연구 자료에서도, 기초지자체 중심으로 전담행정조직과 도시재생지원센터에 거점시설 운영관리 및 사후관리 담당 필수인원 배치로 문제 해결 방안을 정리하고 있다.

그렇다면 비로소 문제의 해법은 단순해진다. 단 하나의 의구심과 의문에만 정확히 집중해 명쾌하게 해소하면 될듯하다. 결국, 도시재생사업이란 게 주민공동체나 지역사회는 도저히 감당할 수 대책없는 사업이라면 말이다. 불가항력적으로, 불가피하게 오직 행정이 온갖 책임을 떠맡을 수밖에 없는 골치 아픈 사업이라면 말이다.

왜, 그런 사업을 계속해야 하는지, 지금 당장, 그만 두는 게 가장 슬기롭고 지혜롭고 정의로운 상책은 아닌지 말이다.

〈2024년 2월 20일, 정기석〉

세계1위 저출산율,
국가소멸 디스토피아

믿기 어렵지만, 한국의 출산율은 세계에서 가장 낮다. 한국은행 경제연구원이 최근 발표한 '초저출산 및 초고령사회 : 극단적 인구구조의 원인·영향·대책' 보고서가 실증적으로 공증하고 있다. 한국의 합계출산율은 0.81 명에 불과하다. 한국 여성 1명당 15~49세 사이 낳을 것으로 기대되는 평균 출생아 수를 나타낸다.

1명도 되지 않는 놀라운 숫자는 OECD 회원국 중 가장 낮다. 전세계 217개 국가·지역 가운데 홍콩의 0.77 명 다음으로 뒤에서 두 번째다. 더 심각한 점은 출산율 하락 속도도 가장 빠르다는 것. 1960~2021년 합계출산율 감소율이 86.4%에 달한다. 베이비부머 시대인 1960년의 5.95명에서 2021년은 0.81 명으로 떨어진 것이다. 타의 추종을 불허하는 전세계 1위다.

한국은행 보고서에 따르면, 한국은 내년에는 마침내 초고령사회로 진입한다. 65세 이상 고령인구 비중이 20.3%를 기록하는 것이다. 2046년이 되면 OECD 회원국 중 고령인구 비중이 가장 큰 국가로 등극한다. 노인들의 나라, 일본마저 넘어서게 된다.

저출산, 초고령화, 인구 감소, 성장률 0%의 미래

지금 한국 정부가 아무런 대책도 세우지 않는다면 큰 낭패를 보게 될지 모른다. 2070년에 이르면 연 1% 이상 인구 감소를 피할 수 없다.

총 인구도 4천만명 이하로 떨어진다. 이런 저출산·고령화의 영향으로 2050년대 전체 평균으로 '성장률 0% 이하'의 위기가 닥칠 확률은 68%에 이른다. 단순한 통계의 경고가 아니다. 가까운 미래, 눈앞에 닥친 현실이다.

그렇다면 이런 저출산의 원인은 대체 무엇일까. 학계나 언론이나 이견이 없이 입을 모은다. 바로 청년층에 닥친 생존현장이다. 청년층이 느끼는 경쟁·고용·주거·양육에 대한 불확실성과 불안감 등으로 인한 결혼 및 출산 기피 때문이다.

오늘날, 한국의 15~29세 고용률은 2022년 기준 46.6%에 불과하다. OECD 평균인 54.6%에 훨씬 못미치는 수준이다. 대학 졸업시기와 결혼 적령기인 25~39세 고용률도 75.3%로 OECD 평균인 87.4%보다 현저하게 낮다.

고용률이라는 양적인 측면보다 질적인 측면의 문제가 더 심각해보인다. 출산율을 책임지고 있는 청년층에서는 비정규직이 무차별 양산되고 있다. 15~29세 비정규직 임금근로자는 2003년 31.8%에서 2022년 41.4%로 10% 가량 상승했다. 이처럼 일자리의 질이 나빠지면서 각자도생을 위한 치열한 경쟁도 날로 심화되고 있다.

저출산은 사회의 고령화와 바로 직결된다. 성장률 하락, 노인 빈곤 문제는 물론 전체 사회의 소득·소비 불평등도 더욱 악화시킨다. 따라서 문제를 해결하려면 도시인구 집중도, 주택가격, 청년고용률 등 출산 기피 요소들을 제거해야 한다.

🔍 2024년 합계출산율은 0.68명, 세계 최고

정부의 전망은 더 암울하고 끔찍하다. 최근 통계청이 발표한 '2022~2072년 장래인구추계'에 따르면 올해 합계출산율은 사상 최초로 0.6명대로 내려 앉을 것으로 전망한다. 이른바 심리적 최저점인 0.7명마저 무너지는 것이다. 정부의 출산율 저점 전망치는 새로 추계할 때마다 저점을 경신, 매년 역대 최저치를 경신하고 있다.

심지어 이같은 중위 체계가 아닌 저위 추계로 보면 2026년 합계출산율은 0.59명까지 떨어진다. 최악의 시나리오를 적용한 경우다. 하지만 통계청은 낙관적인 시나리오도 함께 제시한다. 출산율이 내후년 0.65명으로 바닥을 찍고 반등한다는 것이다. 2027년 0.7명대를 회복하고 2040년 1.05명, 2050년에는 1.08명에 이른다는 전망이다. 물론 이 경우라도 초저출산 1.3명 보다도 매우 낮은 수준을 벗어난 상태는 여전히 아니다.

통계청은 결국 50년 뒤에는 노인 인구 비중이 전체 인구의 절반에 이를 것으로 전망했다. 65세 이상 고령 인구는 2025년 1000만명을 돌파하고 2050년 1891만명까지 늘어난다는 것이다. 반면 유소년인구(0~14세)는 595만명(11.5%)에서 2040년 388만명(7.7%)으로 감소하고 2072년 238만명(6.6%)까지 줄어든다.

이처럼 극심한 저출생에 따라 생산연령인구 100명당 부양 인구인 총부양비가 폭등할 전망이다. 총부양비는 2022년 40.6명에서 2058년에 100명을 넘어서고 2072년에는 118.5명에 이른다. 노년부양비가 2022년 24.4명에서 2072년 104.2명으로 4배 넘게 오르기 때문이다. 마침내 50년 후인 2072년에 역시 세계 최고 수준을 기록하게 된다.

◎ 저출산 대책은, 국가소멸 대비책

한국은행 경제연구원은 나름대로 대책을 제시하고 있다. 비정규직 문제 등 질 측면의 일자리 양극화 등 노동시장 이중구조 완화, 주택가격과 가계부채 하향 안정, 수도권 집중 완화, 교육과정 경쟁 압력 완화 등의 '구조 정책'을 가장 중요한 저출산 대책으로 내세운다. 또 정부의 가족 지원 예산 대폭 증액, OECD 최하위권인 육아휴직 이용률 제고 등으로 실질적 일·가정 양립 환경을 조성해야 한다고 강조한다.

최근 다수당인 민주당도 총선공약으로 저출생 종합대책을 발표했다. 첫 자녀 출산시 대출이자 면제, 둘째는 원금 50% 차등 감면, 세자녀 가정에게 33평 분양전환 공공임대 제공 등이 주요 골자로서 주거, 자산, 돌봄, 일·가정양립 등 4개의 공약을 대책으로 제시했다.

일단 자산 지원책인 '결혼-출산-양육드림(dream)'이 눈에 띈다. 비용 부담으로 결혼을 포기하는 청년층을 지원하는 '결혼·출산지원금'을 도입하는 대책이다. 결혼하는 모든 신혼부부에게 가구당 10년 만기 1억원을 대출해주고 출생자녀 수에 따라 원리금을 차등 감면해주는 안이다.

카드와 펀드를 발급해 총 1억원의 혜택을 주는 양육 지원 방안, 주거 공약인 '우리아이 보듬주택', 돌봄 공약인 '아이돌봄 서비스 국가 무한책임 보장제', 일·가정양립 공약인 '여성경력단절 방지 및 남성육아휴직 강화' 등도 포함됐다. 민주당은 '인구위기 대응부'를 신설해 저출생위험을 대비하겠다고 밝혔다. 바야흐로, 인구소멸 위기, 국가소멸 위기의 시대에 살고 있다. 아니, 견디거나 버티고 있다.

〈2024년 1월 22일, 정기석〉

대한민국 개조론

발 행 일   2025년 3월 13일

지 은 이   권의종 · 나병문 · 백승희 · 정기석

발 행 인   최영무

발 행 처   (주)명진씨앤피

등   록   2004년 4월 23일 제2004-000036호

주   소   서울시 영등포구 경인로 82길 3-4 616호

전   화   편집 · 구입문의 : (02)2164-3005

팩   스   (02)2164-3020

가   격   20,000원

ISBN 979-11-94048-07-7 (93300)